21世纪高等院校教师教育专业教材

教育学

主　编：张相乐　郑传芹
副主编：熊德明　王世枚
朱少雄　饶清芝

河北大学出版社

图书在版编目（CIP）数据

教育学 / 张相乐，郑传芹主编．—保定：河北大学出版社，2012.6（2018.1重印）
ISBN 978-7-5666-0116-2

Ⅰ.①教…　Ⅱ.①张…②郑…　Ⅲ.①教育学Ⅳ.①G40

中国版本图书馆CIP数据核字（2012）第101540号

JIAOYUXUE

责任编辑：韩立霞
装帧设计：赵　谦
责任印制：靳云飞

出版：河北大学出版社
地址：河北省保定市七一东路2666号
经销：全国新华书店
印制：保定市北方胶印有限公司
开本：185mm×260mm　1/16
字数：420千字
印张：18
版次：2012年6月第1版
印次：2018年1月第4次印刷
书号：ISBN 978-7-5666-0116-2
定价：36.00元

前 言

随着教育理论与教育实践的发展，从 20 世纪 60 年代开始，世界各国的师范教育(normal school/normal university)逐渐被教师教育(teacher education)所替代。教师教育是在终身教育思想指导下，按照教师专业发展的不同阶段，对教师实施职前培养、入职培训和在职进修一体化连续的教育过程。教师教育是系统的教师培养活动，它统括各种各样的教师培养、培训或进修；是教师专业化的基础，对教师专业发展的全过程进行全程规划；是一个由不同类型高校的教师教育学院或独立设置的教育学院所构成的灵活多样的开放教育体系；是一个教师持续不断地提高专业素质的终身教育。而师范教育只是教师的职前教育，是一次性、终结性教育。在师范教育体制下，师范类专业毕业生顺利毕业就等于拥有了教师职业任职资格。而在教师教育体制下，师范生经过职前教育，通过教师资格证考试，取得教师资格并被聘用方认可获得教师职业，从业后还要接受入职教育，成为正式教师之后，要不断接受继续教育。

在教师教育体系中，职前教育是教师终身学习、持续发展的基础教育，注重的是教师终身发展所必须具有的智能。师范生通过职前教育不可能立刻成为一名合格的优秀教师，但可以奠定将来成为专家型教师的基础。因此，师范生学习公共课教育学，一是要掌握教育基本概念、基本原理；二是要形成正确的教育观，树立科学的教育理念；三是要掌握从事教育、教学的基本技能，为入职成为教师和今后的专业发展打下坚实的基础。公共课教育学也就成为一门具有一定应用性的基础理论课，这正是我们编写本书的出发点之一。其次，公共课教育学还要反映教育学学科逻辑。但作为教材的教育学固然追求逻辑性但不是一味地追求严密的教育学学科体系，它所体现的是教材体系。它也有一套由相互关联的概念、术语、范畴和命题构成的比较严密体系，但这一体系又要服从并服务于它的目的和任务。总之，本书的编写立足于教师教育体系中的职前教育，考虑教师专业发展的要求，既突出教育学的理论性又体现其实践品性，既考虑教育学学科发展的要求又突出基础教育改革的基本问题，使师范生通过学习不仅掌握基本的教育理论知识，而且能够运用所学的理论来认识、分析和解决教育实践问题。

教育知识只有转化为教师个人的知识时，教育知识才会在教育实践中起到指导作用。因此，教师在运用本书进行教学时，对概念、原理的阐述，既要精当，又要给学生预留学习、思考的空间，还要引进教育案例，启发引导学生积极思考，让学生自己去分析、去体验、去发现案例中渗透的一般教育原理。

在编写过程中，作者尽可能运用平实、朴实、简洁的语言来阐述教育的概念及原理。但是，由于我们的水平有限，特别是作者具有不同个性的写作风格，尽管主编在统稿时进行了协调，但在不同章节之间，行文风格方面的差异还比较明显，恳请广大读者批评指正并给予谅解。

本书由张相乐、郑传芹主持编写。参与编写者都是长期从事公共课教育学教学的中青年教师。各章编写人员分别为：第一章由潘友刚撰写，第二章由陈竞蓉撰写，第三章由彭先桃撰写，第四章由张相乐撰写，第五章由郑雪艳撰写，第六章由芦苇撰写，第七章由张相乐撰写，第八章由金鑫撰写，第九章由徐发秀撰写，第十章由吴淑娟撰写，第十一章由徐红撰写。

由于在编写过程中参考了一些研究者的研究成果，我们尽可能一一注明，疏漏之处，敬请谅解。由于时间紧迫，加之编者水平有限，书中难免会有一些不当之处，敬请批评指正。

编者

2012 年 5 月

目　录

第一章　教育学概述

学习目标：

1.掌握教育学的概念，理解教育学的对象及任务。

2.概括教育学从萌芽到创立的基本线索。

3.比较教育学发展过程中出现的主要教育学流派的不同观点。

4.分析当代教育学的发展趋势。

第一节　教育学的对象与任务

任何一门学科，都有自己专门的研究对象。任何一门学科也正因为其对象的特殊性而与其他学科区别开来成为一门特定的学科。教育学的对象是什么？教育学究竟是一门什么样的学科？教育学的任务又是什么？这是学习、研究教育学首先必须明确的问题。

一、教育学的对象

“教育学”(pedagogy)一词是从希腊语 pedagogue，即教仆派生而来。古希腊把照料、陪送年幼奴隶主子弟来往于学校，并帮助他们携带学习用品的人称为教仆。教育学的原始意义就是照看、管理和教育儿童的方法。随着教育实践的发展，pedagogy 在很多场合慢慢地被赋予“教学法”的含义。19 世纪末以来，英语国家开始用“education”一词指称整个教育领域，pedagogy 和 education 几乎成了同义词，甚至用 education 取代了 pedagogy。

在我国，“教育学”名称最早出现在 1901 年王国维主编的《教育世界》，该杂志第 9、10、11 号连续刊载了由日本学者立花铣三郎讲述，王国维翻译的《教育学》。这是中国目前可考的第一部“教育学”著作。

那么，什么是教育学？教育学是研究教育现象，分析教育问题，揭示教育规律的科学。教育学的研究对象就是教育现象。教育现象是指人类各种教育活动的外在表现。教育现象具有三个特性。(1)客观性。教育现象是教育实践或教育实践的表现物，是一种现实的客观存在。(2)目的性。教育是一种人为的社会实践活动，教育者总是有目的地通过一定的教育影响作用于受教育者，教育现象无不体现了教育的目的性。(3)多样性。教育现象包罗万象，并且不断发展变化，包括古今中外、各种形式、各种类型、各种模式的教育事实、教育活动、教育问题、教育理论研究等，具有丰富多样性。

然而，并非所有的教育现象都成为教育学的研究对象。许多教育现象如果从经济学、法律学的角度去考察，同样能成为经济现象、法律现象。某种教育现象在人们尚未去研究时只是可能的而非现实的教育学研究对象。某种教育现象要成为教育学的研究对象不仅要被意识到，而且，人们还要从中找出存在的教育问题，分析研究这些教育问题对社会的发展、对人的发展、对教育实践具有积极意义和指导作用，此时的教育现象才能真正成为教育学的研究对象。

二、教育学的任务

任何科学研究的目的，都在于通过对某一特定对象的考察，达到理性的认识。理性认识的标志主要有：概念的形成、规律的揭示、理论体系的建立。因此，教育学主要有以下任务：

（一）形成教育的基本概念

教育学就是要从众多繁杂的教育现象中抽象、提炼、加工出那些教育活动中若干质的规律，形成构成这门学科的若干基本概念。

（二）揭示教育规律

“规律就是关系。……本质的关系或本质之间的关系。”①教育规律就是教育现象与其他社会现象及教育现象内部各个要素之间本质的、内在的、必然的联系或关系。贯穿教育活动的基本矛盾、基本规律是：教育与社会发展之间的矛盾或关系；教育与人的身心发展之间的矛盾或关系。教育中方方面面的矛盾或关系都是由此派生出去。教育学就是要研究教育活动的客观过程及各种矛盾或关系，揭示教育过程的客观规律。

（三）构建教育学的理论体系

学科的理论体系是事物发展过程在理性思维中的再现。要完成教育理论体系的建构，首先要找出教育学的逻辑起点，然后沿着逻辑的进程，将各范畴之间复杂的联系形成一个概念、逻辑的体系，最后达到逻辑终点。教育学的任务，就是要研究教育的基本范畴，建立一门科学化的教育学。

我国教育理论界关于教育学体系的逻辑起点的研究始于20世纪80年代。逻辑起点是科学体系的起始范畴，它决定了教育学体系的性质，制约着教育学体系的展开。教育学逻辑起点探讨的是以什么样的假设作为理论构建与实践操作的前提。从已有的研究来看，关于教育学逻辑起点主要有以下观点：

1.知识论起点观

知识论起点观强调教育的目的在于培育人的理性能力，求知是理性能力的最高表现。教育学理论体系的建构以培养知识为目的，以知识的传递与学习为基础。从苏格拉底、柏拉图到亚里士多德都把理性知识的获得作为教育的重要出发点，在漫长的中世纪，知识为宗教信仰所取代，知识在教育中逐渐处于次要地位。直到近代科学创造出前所未有的人类奇迹，知识又重新走上教育的统治地位。从培根、赫尔巴特到斯宾塞，科学知识教育成为教育的主要载体。

---

① 《列宁全集》第55卷，人民出版社1990年版，第128页。

当代社会,知识经济成为影响现代社会发展的关键性力量,培养知识人再一次成为现代教育追求的目标。

2.道德论起点观

道德论起点观认为,道德性是人性的本质,教育应以人的道德本性为基础,把培养有道德的人作为教育的目标和理想。教育实践本质上是一种道德实践,教育过程与道德修养过程是完全一致的,教育工作可视为人类一项杰出的道德事业。中国古代教育,从本质上说,就是一种道德教育。空想理论家欧文、自然主义者卢梭一生都矢志于通过教育改善人的道德。

3.力量论起点观

力量论起点观的代表是一批生命论哲学家。叔本华将生命的本质视为力量的冲动,认为力量就是生命意志,是生命克服一切阻力,保存自我,努力向上的一种动力。这种动力是先于人的一切存在的本质。在力量论的逻辑起点观看来,无论是从人的理性本质出发,还是从人的道德本质出发,都不能促进人性的自由发展。因为理性与道德只有在生命的自我确认中,才能成为一种"为我"的存在,从而获得丰富的人性意义。

4.生命论起点观

生命论起点观强调生命的整体性与生成性,其包括以下主要内容①:

(1)生存的教育,追求生命的体验。生存教育的本质是培养每一个人坚强的意志品质和顽强的民族精神。教育应该体现出强烈的个人生存意识的培养,强调一种个人精神、集体精神、民族精神的形成,要教育儿童感受生活,学习生活;要从精神上领悟生命的真谛,学会自我放逐,体验在艰苦恶劣的环境中生存的乐趣。

(2)爱的教育,追求生命的活力。爱是生命的推动力,是生命行动的力量,是创造力的源泉。教育追求爱的理想。以爱为教育的重要价值,是教育表达生命之"力"的基本方式。教育要提供爱的机会,肯定爱的价值,使学生在感受爱的过程中,学会创造爱,给予爱,最终获得一种爱的能力。

(3)信仰的教育,追求生命的力量。意志与信仰是生命之"力"的核心,也是生命之"力"的升华。意志寻求生命的理性之根,并对感性生命进行理性规范。信仰是人内心深处对终极真理的无限追求和对生命价值的永恒确信。教育过程中的信仰陶冶,不仅依赖于引导学生发现生活中丰富的精神资源,还要让学生在生活的创造、追求、尝试和冒险中建立自己内心的信念。

(4)智慧的教育,追求生命的境界。智慧是生命发展及反思的理性力量,生命在智慧中获得灵魂和力量,有了智慧,人才能怀疑和批判,才能把握真实的自我,才能向世界无限开放。智慧不能在知识传递中实现,智慧需要超越既定的知识边界,进行永无止境的追问与探索才能获得。智慧的教育只能在启迪和批判中进行,只能通过与世界的对话和交往产生。智慧的教育力求避免把教育与知识灌输及智力训练相混淆。在智慧教育中,知识教育不是单纯的传递和灌输,也不是严格的智力训练,而是把知识视为精神愉悦的内容。教育目的不再是既定的知识体系,而是对有限知识的无穷追问与怀疑,在知识的学习中实现从"知性"到"智慧"的飞跃。

---

① 甘剑梅:《关于教育起点观的哲学解释》,《教育研究》2003年第1期。

第二节　教育学的产生与发展

教育学的产生与发展，不仅受社会生活和社会生产发展的制约，也受教育实践自身发展的制约，是人类社会和教育实践活动发展到一定阶段的产物。由于社会生活和社会生产的发展，教育实践经验的日益丰富，哲学、心理学、生物学、社会学等学科的发展，教育学也在不断发展和完善。

一、教育学的萌芽

人类步入奴隶社会后，由于学校的产生，教育实践的发展，人们开始对教育实践中积累起来的教育经验进行总结和概括，开始形成一定的教育观点和思想。

《论语》记载了孔子关于哲学、政治、伦理和教育的言论和主张。孔子(约前 551～前 479)是儒家学派的创始人。他创办私学，从教 50 多年，积累了丰富的教育经验。孔子注重学、思结合，提出了“学而不思则罔，思而不学则殆”和“温故知新”等命题；并提出“有教无类”“因材施教”“不愤不启，不悱不发”等教学思想。孔子还倡导教师要有以身作则、教学相长、学而不厌、诲人不倦的精神。汉代以后，孔子学说成为我国 2000 多年封建文化教育的正统，影响极大。他被后人称为师祖。清朝康熙皇帝称他为“万世师表”。今天，我国在世界许多国家成立“孔子学院”，广泛传播孔子的思想和中华优秀的传统文化。

《学记》是《礼记》中的一篇，成书于战国末期，相传是儒家思孟学派所撰写，是中国乃至世界教育史上第一部教育专著。《学记》仅有 1229 个字，却对教育的作用、目的、学制，教育教学的原则和方法，课内外关系、师生关系等做了概括性的描述。《学记》中：“君子欲化民成俗，其必由学乎”揭示了教育的重要性；“建国君民，教学为先”，阐述了教育与政治的关系。《学记》还提出了“学然后知不足，教然后知困。知不足，然后能自反也；知困，然后能自强也。故曰：教学相长也”，以及“长善救失”“豫时孙摩”“道而弗牵，强而弗抑，开而弗达”“藏息相辅”等教育思想。《学记》被认为是“教育学的雏形”，其所包含的教育思想反映了我国 2000 多年前对教育认识的水平，至今对教育学的科学化仍有启迪和指导意义。

此外，墨子(约前 468～前 376)、孟子(约前 372～前 289)、荀子(约前 313～前 238)、董仲舒(前 179～前 104)、韩愈(768～824)、朱熹(1130～1200)、王守仁(1472～1528)等人在他们的言论和著作中，也提出了很有价值的教育观点和主张。朱熹是宋代理学之集大成者，提出了“存天理，灭人欲”的教育目的论。朱熹提出的读书六法(循序渐进、熟读精思、虚心涵泳、切己体察、着紧用力、居敬持志)，被称为“朱子读书法”，对后人影响很大。朱熹撰写的《四书集注》《童蒙须知》《小学》等，自宋代开始成为封建社会学校的法定教材。

在西方，古希腊和古罗马时代，出现了许多思想家。古希腊的苏格拉底(Sokrates，约前 469～前 399 年)、柏拉图(Plato，前 427～前 347)、亚里士多德(Aristotle，前 384～前 322)，三人具有师承关系，被称为古希腊三大哲学家。苏格拉底注重启发式教学，提出“产婆术”。柏拉图曾在一所称为阿卡德米(Academy)的体育馆附近建立了一所学园，称为阿卡德米学院，并执教40年，直至逝世。柏拉图在《理想国》中提出了比较完整的教育体系。他认为教育的目的首先是培养哲学家，其次是培养和训练保卫国家和维持国家秩序的军人；第三是劳动者(农民和手工业者)。依据这一目标，柏拉图吸收并发展了智者派的“三艺”(文法、修辞、雄辩术)和斯巴达的军事体育课程，并在教育史上第一次提出了“四艺”课程——算术、几何、天文和音乐，“七艺”构成了希腊完整的课程体系。亚里士多德是世界古代史上最伟大的哲学家、科学家和教育家之一，曾被马克思称为古希腊哲学家中最博学的人，被恩格斯称为古代的黑格尔。亚里士多德曾创办吕克昂学园，他认为理性的发展是教育的最终目的，主张学生在德、智、体、美等方面全面发展，重视练习与实践的作用，设立了“百科全书”式的课程。他在师生关系上，提出了“吾爱吾师，吾尤爱真理”的名言。古希腊哲学家的许多教育思想被西方后来的教育家所继承和发扬，成为西方教育理论的源泉。

昆体良(Quintilianus，约35～约95)是古罗马时期的著名律师、教育家。昆体良的教育思想和实践以培养雄辩家为宗旨，他肯定儿童发展的可能性，对教师提出了很高的要求，重视学生记忆力的培养，倡导因材施教等。其教育思想集中在《雄辩术原理》一书中。《雄辩术原理》集古希腊、古罗马教育思想和经验之大成，是西方最早的一部专门论述教育的著作。

教育学萌芽时期，人们对教育的认识有了一定的概括和总结，但这种概括和总结还没有形成系统的理论体系。对于教育的思考还停留在对教育现象的描述、形象的比喻和简单形式的逻辑推理上，往往缺乏科学的依据，不免带有相当程度的主观臆断性，即使有些论述比较深刻，也显得比较零散，没有系统的理论论述。而且，此时对教育的论述，包含在一些思想家、政治家的言论和著作中，并同这些思想家、政治家关于社会的政治、伦理、道德等思想交织在一起，形成了一个庞大的哲学思想体系。这一时期由于没有自己独立的命题和范畴，教育思想还没有按照一定的学术规范形成系统的理论体系，教育学还没有形成自己独有的话语体系，还没有成为一门独立学科。但是，这丝毫不能掩盖思想家们对教育认识的价值，恰恰是他们的教育思想中所包含的大量科学成分，对后来教育科学的形成和发展产生了深远的影响，为教育学形成独立学科奠定了一定的基础。

二、教育学独立学科的形成

16世纪到19世纪末，从欧洲文艺复兴时期起，随着生产力的发展和资本主义生产方式的建立、科学技术的进步、文化的繁荣、教育对象的扩大，一批思想家和教育家运用较科学的方法专门把教育问题作为专门的领域进行研究，形成了专门反映教育本质和规律的有关教育概念和范畴，出现了一些专门的、系统的教育学著作。

英国学者培根(F.Bacon，1561～1626)是近代实验科学的鼻祖，他在《新工具论》(1620)一书中批判了亚里士多德三段论不能发现科学原理，指出旧的归纳法即简单枚举法得不出可靠的结论；强调观察和实验，提出了以三表法和排斥法为基础的实验归纳法，并将其看成是获得真正知识的必由之路，这为教育学的发展奠定了方法论基础。培根在《论科学的价值和发展》

(1623)一书中对科学进行了分类，首次把“教育学”作为一门与其他学科并立的独立学科提了出来。

然而，关于教育学成为一门独立学科的标志，理论界有不同的看法。[①] 美国心理学家舒尔茨(M.Schultze)在谈到心理学成为一门科学的标志时提道：第一个心理实验室，第一个心理学教授，第一个心理学学术组织，第一份心理学期刊。[②] 这些标志都与实践有关，可以说是实践的标志。但是，一门学科的标志除了实践性标志以外，还有理论性标志，如学科的对象、方法及理论体系等。因此，独立形态教育学创立的标志主要有：(1)从对象方面而言，教育问题构成一个专门的研究领域，受到了思想家或教育家们的特殊关注；(2)从概念和范畴方面而言，形成了专门的反映教育本质和规律的教育概念与范畴，以及概念与范畴的体系；(3)从方法方面而言，有了科学的研究方法；(4)从结果方面而言，产生了一些重要的教育学家，出现了一些专门的、系统的教育学著作；(5)从组织机构而言，出现了专门的教育研究机构。[③] 当然，这些标志并不是同时出现的，而是在比较长的历史时期内逐渐形成的。因此，教育学的创立是一个历史的过程，前后经历了 200 多年的时间。

在教育学的创立过程中，捷克教育家夸美纽斯(C.J.Amos，1592～1670)取得了突出的成就，受到后世教育学家们的高度赞誉。夸美纽斯一生写了大量的教育论著，其中，《大教学论》(1632)最为著名，被认为是近代最早的教育学著作。夸美纽斯提出，所有的人都可以受教育，而且，“假如要形成一个人，就必须由教育去形成”，“只有受过恰当的教育之后，人才能成为一个人”。[④] 教育应该培养有知识、有道德、有信仰的人。人及人类的教育活动都属于自然的一部分，教育必须适应自然规律。夸美纽斯提出了教育目的论、方法论、教育原则体系、课程与教学论、德育论以及一些学科教育思想，从理论上论证了班级授课制等。夸美纽斯的教育思想为近代西方教育理论的发展奠定了基础。

这一时期，英国的洛克(J.Locke，1632～1704)、法国的卢梭(J.J.Rousseau，1712～1778)、瑞士的裴斯泰洛齐(J.H.Pestalozzi，1746～1827)等哲学家、思想家对教育也进行了独立探索。洛克提出了“白板说”，指出“人类之所以千差万别，便是由于教育之故”。洛克的《教育漫话》(1693)曾是英国最重要的一部教育哲学著作，论述了“绅士教育”，指出绅士应受体育、德育和智育等方面的教育。1762 年，卢梭出版了世界上第一本小说体教育名著《爱弥儿》。卢梭被誉为第一个“发现儿童”的人。卢梭强调“出自造物主之手的东西，都是好的，而一到了人的手里，就全变坏了”[⑤]，认为“本性的最初冲动始终是正确的”[⑥]，坚决反对传统教育压抑儿童的天性，抹杀儿童与成人的区别，把儿童看成小大人，用成人的标准来要求儿童。教育要符合儿童的天

---

① 有的学者把夸美纽斯的《大教学论》作为教育学诞生的标志，有的学者把赫尔巴特的《普通教育学》作为标志。参见金一鸣著：《教育原理》，安徽教育出版社 1995 年版，第 16 页。

② 舒尔茨著，杨立能等译：《现代心理学史》，人民教育出版社 1981 年版，第 2 页。

③ 全国十二所重点师范大学联合编写：《教育学基础》，教育科学出版社 2002 年版，第 17 页。

④ 夸美纽斯著，傅任敢译：《大教学论》，人民教育出版社 1984 年版，第 39 页。

⑤ 卢梭著，李平沤译：《爱弥儿》(上卷)，商务印书馆 1996 年版，第 5 页。

⑥ 卢梭著，李平沤译：《爱弥儿》(上卷)，商务印书馆 1996 年版，第 94 页。

性，培养“完全是为他自己而生活”的“自然人”①。他一再告诫人们，儿童“他所知道的东西，不是由于你的告诉而是由于他自己的理解。不要教他这样那样的学问，而要由他自己去发现那些学问”②。卢梭强调教育活动必须注重感性、直观，必须遵循儿童的自然本性。卢梭的这种教育思想后来被人们总结为自然主义教育思想，对后世的教育家影响很大。裴斯泰洛齐一生写了许多教育论著，其中最著名的是《林哈德与葛笃德》(1781、1785、1787)。裴斯泰洛齐通过该小说中“具有美德的模特儿”的言行，阐述了自己的教育观。裴斯泰洛齐追随卢梭，主张“教育必须顺乎自然”，培养智力、道德和体力方面的和谐发展的人。他强调情感教育、爱的教育，注意教育与劳动的结合。裴斯泰洛齐还是教育史上第一个提出“教育心理化”的口号并付诸实践的教育家。

在18～19世纪，德国一批思想家、教育家对教育学的创立做出了卓越贡献。这批思想家、教育家群体主要有康德(I.Kant，1724～1804)、赫尔巴特(J.F.Herbart，1776～1841)、福禄培尔(F.W.A.Froebel，1782～1852)、第斯多惠(F.A.W.Diesterweg，1790～1866)等。在教育史上，教育学作为一门课程在大学里讲授，最早始于康德，他于1776年在哥尼斯堡大学的哲学讲座中讲授教育学。康德关于教育的讲演稿被他的学生编纂后于1803年以《论教育学》一书出版。在该书中，康德明确指出，“人只有通过教育才能成为人”③。而教育是一门艺术，它与“统治艺术”一道“是对人类来说最困难的东西”④。教育要取得满意的效果，“教育学就必须成为一种学问”⑤。康德关于“教育学”的理解超出他的前人和他的同时代人。福禄培尔是著名的幼儿教育家，其教育思想集中体现在他的《人的教育》(1826)一书中。1846年，福禄培尔将他开办的学前教育机构命名为幼儿园(Kindergarten)，把为幼儿进行游戏和其他活动所设计的一套教具称为“恩物”，认为幼儿园教师的人格至关紧要。福禄培尔的幼儿园及学前教育理论对后世影响很大，他也被称为“幼儿园之父”。第斯多惠被誉为“德国教师的教师”，1835年，他出版了其最重要的著作《德国教师培养指南》。第斯多惠认为，教育的目的在于培养完人，即发展人的天赋能力。他说：“德国的教育学首先要求人的教育，然后才是公民的和民族成员的教育。”⑥第斯多惠一生主要从事师范教育工作，他说：“不称职的教师强迫学生接受真知，一个优秀的教师则教学生主动寻求真知。”⑦他对教师的任务、条件等提出了许多要求。他指出，教师必须不断地进行自我教育；必须精力充沛，意志坚定；必须使自己的教学引人入胜；必须注意培养学生的表达能力。

赫尔巴特在世界教育学史上被认为是“现代教育学之父”或“科学教育学的奠基人”。1809年，他赴哥尼斯堡大学继康德后担任哲学和教育学讲座教授。赫尔巴特的主要教育著作有《普通教育学》(1806)、《科学的心理学》(1824)、《教育学讲授纲要》(1835)等。《普通教育学》是一

---

① 卢梭著，李平沤译：《爱弥儿》(上卷)，商务印书馆1996年版，第9页。
② 卢梭著，李平沤译：《爱弥儿》(上卷)，商务印书馆1996年版，第217页。
③ 康德著，赵鹏、何兆武译：《论教育学》，上海世纪出版集团2005年版，第5页。
④ 康德著，赵鹏、何兆武译：《论教育学》，上海世纪出版集团2005年版，第7页。
⑤ 康德著，赵鹏、何兆武译：《论教育学》，上海世纪出版集团2005年版，第8页。
⑥ 张焕庭主编：《西方资产阶级教育论著选》，人民教育出版社1979年版，第375页。
⑦ 第斯多惠著，袁一安译：《德国教师培养指南》，人民教育出版社2001年版，第129页。

本自成体系的教育学著作，标志着教育学已经成为一门独立的学科。赫尔巴特指出，“教育学是教育者自身所需要的一门科学”①，教育学“尽可能严格地保持自身的概念，并进而形成独立的思想，从而成为研究范围的中心，而不再有这样的危险：像偏僻的被占领的区域一样受到外人的治理”②。赫尔巴特第一个提出要使教育学成为科学，并认为，“教育学作为一种科学，是以实践哲学和心理学为基础的。前者说明教育的目的；后者说明教育的途径、手段与障碍”③。这里的“实践哲学”即伦理学。赫尔巴特把教学理论建立在心理学的基础上，把道德教育理论建立在伦理学基础上，从而奠定了科学教育学的基础。赫尔巴特提出了教学的阶段理论和教育性教学思想，强调儿童的兴趣是教育的出发点，强调道德教育等。赫尔巴特的教育思想对19世纪以后的教育实践和教育思想产生了很大的影响，被看作是传统教育学的代表。

从培根提出教育学名称到赫尔巴特建立具有规范体系的教育学，一个独立形态的教育学学科已经形成：教育成为专门的研究对象；有了独立的教育概念和范畴；科学的研究方法在教育研究中得到了应用；一大批教育学著作和教育家在世界范围内尤其是在欧洲涌现出来；有了专门的教育研究机构，除了德国的哥尼斯堡大学，世界其他许多国家也开始出现了专门的教育研究机构和教育研究实验学校。

三、教育学的发展

19世纪末以来，在社会政治、经济、文化、科学技术和教育实践发展的推动下，教育学得到迅速发展。赫尔巴特的教育学在得到广泛传播的同时也受到教育学内部的批判。教育家们运用实证、实验等研究方法广泛开展教育研究，涌现出不同的教育学流派。

（一）实验教育学

实验教育学是19世纪末20世纪初在欧美一些国家兴起的用自然科学的实验法研究儿童发展及其与教育的关系的理论。其代表人物是德国教育家梅伊曼（E. Meumann，1862～1915）和拉伊（W. A. Lay，1862～1926）。1908年拉伊出版《实验教育学》，1914年梅伊曼出版《实验教育学纲要》。

实验教育学反对以赫尔巴特为代表的强调概念思辨的教育学，认为这种教育学对检验教育方法的优劣毫无用途，主张把实验心理学的研究成果和方法运用于教育研究，使教育研究真正“科学化”；用实验、统计和比较的方法探索儿童心理发展过程的特点及其智力发展水平，用实验数据作为改革学制、课程和教学方法的依据。实验教育学认为教育实验不同于心理实验，后者在实验室里进行，而前者则要在真正的学校环境和教学实践活动中进行；教育实验还分为三个阶段：就某一问题构成假设；根据假设制订实验计划，进行实验；将实验结果应用于实际，以证明其正确性。

实验教育学所强调的定量研究成为20世纪教育学研究的一个基本范式，极大地推动了教育科学的发展，但如果把定量方法夸大为教育科学的唯一方法，它就走上了教育学研究中“唯

---

① 赫尔巴特著，李其龙译：《普通教育学・教育学讲授纲要》，浙江教育出版社2002年版，第13页。
② 赫尔巴特著，李其龙译：《普通教育学・教育学讲授纲要》，浙江教育出版社2002年版，第11页。
③ 赫尔巴特著，李其龙译：《普通教育学・教育学讲授纲要》，浙江教育出版社2002年版，第207页。

科学主义"的迷途，受到了来自文化教育学的批判。

（二）文化教育学

文化教育学又称精神科学教育学，是19世纪末以来出现在德国的一种教育学说，其代表人物主要有狄尔泰（W. Dilthey，1833～1911）、斯普朗格（E. Spranger，1882～1963）、利特（T. Litt，1880～1962）等人，代表著作主要有狄尔泰的《关于普遍妥当的教育学的可能》（1888）、斯普朗格的《教育与文化》（1919）、利特的《职业陶冶、专业教育、人的陶冶》（1958）等。

文化教育学认为，人是一种文化存在，人类历史是一种文化的历史；教育的对象是人，教育又是在一定社会历史背景下进行的，因此，教育过程是一种历史文化过程，教育的目的就是要促使社会历史的客观文化向个体的主观文化的转变，并将个体的主观世界导向博大的客观文化世界，从而培养完整的人格；培养完整人格的主要途径就是"陶冶"与"唤醒"，发挥教师和学生个体两方面的积极作用，建构对话的师生关系。文化教育学从教育过程是一种历史文化过程出发，反对采用赫尔巴特纯粹的概念思辨和实验教育学的数量统计来研究教育，主张必须采用精神科学或文化科学的方法来研究教育。

文化教育学作为科学主义的实验教育学和理性主义的赫尔巴特教育学的对立面而存在与发展，深刻地影响着德国乃至世界20世纪的教育学发展，在教育的本质、教育的目的、师生关系以及教育学性质等方面都能给人许多启发。文化教育学的不足之处表现在它的思辨气息很浓，在许多问题的论述上具有很强的哲学色彩，这就决定了它在解决现实教育问题上很难提出有针对性和可操作性的建议，从而限制了它在实践中的应用。

（三）实用主义教育学

实用主义教育学是19世纪末20世纪初在美国兴起的教育学思潮，对20世纪整个世界的教育理论研究和教育实践发展产生了极为深刻的影响。实用主义教育学的代表人物是美国的杜威（J. Dewey，1859～1952）、克伯屈（W. H. Kilpatrick，1871～1965）等人，代表性教育著作有杜威的《民主主义与教育》（1916）、《经验与教育》（1938），克伯屈的《设计教学法》（1918）等。杜威猛烈批判传统教育"重心在教师，在教科书"，消极对待儿童，而把自己的教育理论称为现代教育。①

实用主义教育学也是在批判赫尔巴特教育学的基础上提出来的，其基本观点是：（1）教育即生长，教育即个体经验的不断改造与改组，除此之外教育不应该有其他目的；（2）教育即生活，教育不是为将来的某种生活做准备，现实的生活过程就是教育，教育为现实的生活服务；（3）学校即社会，学校就应当是一个雏形的社会，学生在其中学习现实社会中所要求的基本态度、技能和知识；（4）以学生的活动或经验为中心设置课程；（5）教学过程是一个学生独立地发现问题并进行探究的过程；（6）师生关系以儿童为中心，而非以教师为中心，教师只是学生成长的帮助者，而非领导者。

---

① 这里的传统教育与现代教育具有特定的内涵，传统教育又称传统教育派，现代教育又称现代教育派，是指两种不同的教育思想体系。杜威在1899年出版的《学校与社会》一书中首次提出了"传统教育"与"现代教育"的概念。他把赫尔巴特及其学派的教育理论与教育模式称为传统教育，而把自己所主张的教育思想称为现代教育。他认为，传统教育是"保守"的，而现代教育是"进步"的。自此便开始了现代教育与传统教育的长期论争。

实用主义教育学以美国实用主义哲学为基础，是美国资本主义发展的教育学表达，对以赫尔巴特为代表的传统教育理论进行了深刻批判，推动了教育学的发展。其不足之处就是在一定程度上忽视了对系统知识的学习，忽视了教师在教育教学过程中的主导作用，忽视了学校的特质，并因此受到了20世纪美国社会的连续不断的批判。

（四）马克思主义教育学

马克思主义教育学既包括马克思、恩格斯以及其他马克思主义经典作家对教育问题的论述（也就是他们的教育思想），也包括教育学家们根据马克思主义基本原理（包括教育原理）对现代教育一系列问题的研究结果。

马克思主义教育学的基本观点是：(1)教育起源于生产劳动，劳动方式和性质的变化必然引起教育形式和内容的改变；(2)教育是一种社会历史现象，在阶级社会里具有鲜明的阶级性，不存在脱离社会影响的教育；(3)教育的根本目的是促使学生的全面发展；(4)现代教育与现代大生产劳动的结合不仅是发展社会生产力的重要方法，也是培养全面发展的人的唯一方法；(5)在教育与社会的政治、经济、文化的关系上，教育一方面受它们的制约，另一方面又具有相对独立性，并反作用于它们，对于促进工业社会政治、经济与文化的发展具有巨大作用；(6)马克思主义唯物辩证法和历史唯物主义是教育科学研究的方法论基础，既要看到教育现象的复杂性，不能用简单化的态度和方法来对待教育研究，又要坚信教育现象是有规律可循的，否则就会陷入不可知论和相对论的泥坑中去。

马克思主义的产生为教育学的发展奠定了科学方法论基础，但由于种种原因，在实际教育学的研究过程中，人们没有能够很好地理解和运用马克思主义理论，往往犯一些简单化、机械化的毛病，这是我们在学习和发展马克思主义教育理论时应当特别注意的。

（五）批判教育学

批判教育学是20世纪70年代之后兴起的一种教育思潮，也是当前在西方教育理论界占主导地位的教育思潮，对于教育诸多问题的研究都有比较广泛和深刻的影响。其代表人物有美国的鲍尔斯（S.Bowles）、金蒂斯（H.Gintis）、阿普尔（M.Apple）、吉鲁（H.Grioux）、法国的布厄迪尔（P.Boudieu）等。主要教育学著作有鲍尔斯与金蒂斯的《资本主义美国的学校教育》（1976）、布厄迪尔的《教育、社会和文化再生产》（1979）、阿普尔的《教育与权力》（1982）、吉鲁的《批判教育学、国家与文化斗争》（1989）等。

批判教育学的基本观点是：(1)批判教育学的目的在于揭示看似自然的社会现实背后的利益关系，帮助教师和学生将自己所处的教育环境及形成教育环境的诸多因素结合起来，即对他们进行“启蒙”，以达到意识“解放”的目的；(2)学校既是一种教育场所也是一种文化场所，通过实现学校教育的民主化推进社会公平和公正；(3)教育应培养学生的批判性判断，鼓励学生提出问题，解决问题；(4)教育现象并不是中立和客观的，而是充满着利益纷争，教育理论研究不能采取唯科学主义的态度和方法，仅仅依靠收集、整理、统计一些数据来进行，而要采用实践批判的态度和方法，揭示具体教育生活中的利益关系，使之从无意识的层面上升到意识的层面。批判教育学继承了马克思主义的某些基本观点和方法，有利于更深刻地认识资本主义的教育，具有很强的战斗性、批判性和解放力量。

四、当代教育学的发展趋势

在当代社会政治、经济和文化转型的背景下，对教育的认识与研究又有了新的变化。恩格斯指出:“我们只能在我们时代的条件下进行认识，而且这些条件达到什么程度，我们便认识到什么程度。”①当代教育学的发展呈现新的趋势。

(一)教育学研究基础不断扩大

当代教育学的基础早已突破了哲学与心理学，还包括人类学、文化学、政治学、经济学、法学、生理学、技术学等更加广阔的学科领域。而且，随着时代的变化发展，这些学科也在不断地发展，各门学科都出现了许多新的理论观点和新兴的学派。这些新的理论观点和学派在冲击传统学科的同时，给学术理论带来了新的活力与生机，同时也为教育学的生长提供了新的土壤。这些学科的新的研究成果和研究方法引入教育学，使得教育学的边缘学科、交叉学科开始出现。教育学学科基础的扩展是教育未来发展的必然趋势，教育学也必然越来越多地吸取其他学科的营养，以丰富教育学自身的理论。

(二)教育学研究问题领域急剧扩展

20 世纪初，教育学研究主要集中在对学校教育问题的研究上，而且主要集中在对学校教育教学过程中出现的问题的研究上。到 20 世纪末，教育学研究的问题领域在多个纬度拓展，已经从微观的教育教学过程扩展到宏观的教育规划，从教育的内部关系扩展到教育的外部关系，从基础教育扩展到高等教育，从正规教育扩展到非正规教育，从学校教育扩展到社会教育，从正常儿童的教育扩展到一些有特殊需要的儿童的教育，从儿童青少年的教育扩展到成人教育、老年教育等。教育学研究问题领域的扩大是教育实践对教育学研究提出的需要，极大地促进了教育学科的发展。

(三)教育学学科体系日趋完善

20 世纪以来，特别是 20 世纪中叶以来，随着教育学研究基础的扩大，研究问题领域的扩展，教育学的组成部分纷纷从母学科中分化发展为独立的学科。教育学在高度分化的同时又出现了高度综合的现象。所谓高度综合是指教育学的子学科与子学科之间，子学科与边缘学科之间以及子学科、边缘学科与其他非教育学科之间出现了多种形式多种层次和多种类型的综合，出现了许多新的教育知识增长点，与此同时，这些相对独立的学科又与其他类型的学科进行交叉，出现了许多子学科、边缘学科。随着教育学的分化与综合，教育学逐渐演变为复数的教育科学，形成由众多分支学科组成的庞大的教育科学体系(见表 1-1)。

---

① 《马克思恩格斯选集》第 3 卷，人民出版社 1972 年版，第 562 页。

表 1-1　教育科学分类框架表(瞿葆奎、唐莹,1997)

以教育活动为研究对象;以不同方式运用其他学科	把被运用学科作为理论分析框架	分析教育中的形而上学问题	教育哲学　教育逻辑学　教育伦理学　教育美学
		分析教育中的社会现象	教育社会学　教育经济学　教育政治学　教育法学　教育人类学　教育人口学　教育生态学　教育文化学
		分析教育中的个体的"人"	教育生物学　教育生理学　教育心理学
以教育活动为研究对象;以不同方式运用其他学科	采用被运用学科的方法	运用方法直接分析教育活动	教育史学　比较教育学　教育未来学
		研究如何运用方法来分析教育活动	教育统计学　教育测量学　教育评价学　教育实验学　教育信息学
	综合运用各门学科,解决教育的实际行动问题	分析与其他领域共有的实际问题	教育卫生学　教育行政(管理)学　教育规划学　教育技术学
		分析教育领域独有的实际问题	课程论　教学论
以教育理论为研究对象			元教育学　教育学史

(四)教育学研究与教育实践改革的关系日益密切

教育学在刚刚独立时主要是一种形而上学的研究,研究者从自己的哲学、伦理学或政治学观点出发,提出一些教育的规范性要求,关注的焦点在于教育学科规范体系的建构,对教育实践中所面临的问题关注不够。而当代教育学研究与教育实践紧密结合,不仅理论研究者关心教育实践中到底存在哪些问题,问题产生的原因是什么以及如何解决这些问题,等等;而且教育实践的发展也日益呼唤着教育理论的指导,从而为教育学的发展提供强大的社会动力。教育理论工作者与教育实践工作者之间的隔膜、陌生乃至对立逐渐被二者之间的接触、交流和对话所取代,这必然带来教育理论的繁荣。

(五)教育学加强了对自身的反思

教育学像其他很多学科一样,在学科的发展过程中需要对学科本身进行反思。当代教育学发展的一个重要特征就是出现了自觉的教育学反思。教育学反思是对教育研究的研究,其目的不是形成教育理论,而是检讨教育研究活动本身的目的、性质、价值、知识结构等,形成教育学观,提高理论活动的自觉性,增强理论本身的清晰度和科学性,更好地为教育实践服务。这种对教育学本身的反思与研究,就是"元教育学"理论。元教育学理论"不仅从语言逻辑分析中寻找教育学的认识论规范,还从研究的方法论的角度,探讨教育学的理论的形成与检验的认识论规范"①。元教育学研究的出现,会极大地提高教育学者的理论自觉性,推动教育学的发展,使教育学在当代和未来的教育改革中发挥更大的作用。

---

① 唐莹著:《元教育学》,人民教育出版社 2002 年版,第 41 页。

专栏 1-1

教育的四大支柱

学会认知:这种学习更多地是为了掌握认识的手段,而不是获得经过分类的系统化知识。既可将其视为一种人生手段,也可将其视为一种人生目的。作为手段,它应使每个人学会了解他周围的世界,至少是使他能够有尊严地生活,能够发展自己的专业能力和进行交往。作为目的,其基础是乐于理解、认识和发现……今天,一个真正受到全面培养的人需要有广泛的普通文化知识并有机会深入地学习研究少量的学科。在整个教育过程中,应该促进这两方面同时发展……如果最初的教育提供了有助于终身在工作之中和工作之外继续学习的动力和基础,那么就可以认为这种教育是成功的。

学会做事:学会认知和学会做事在很大程度上是密不可分的。不过,后者与职业培训问题的联系更为紧密。如何教会学生实践他所学的知识?还有在不能完全预计到未来工作变化的情况下,如何使教育与未来的工作相适应?……已经不能再像过去那样简单地理解学会做事的含义就是为了培养某人去从事某一特定的具体工作,使他参加生产某种东西。学习应有相应的发展变化,不能再被看作是单纯地传授多少有些重复不变的实践方法,即使这些方法仍具有一定的不应忽略的教育作用……由于知识和信息对生活系统起着支配作用,个人能力的概念被置于首要地位。能力是每个人特有的一种混合物,它把通过技术和职业培训获得的严格意义上的资格、社会行为、协作能力、首创能力和冒险精神结合在一起……交往能力、与他人共事的能力、管理和解决冲突的能力越来越重要。

学会共同生活,学会与他人一起生活:这种学习可能是今日教育中的重大问题之一。当今世界是一个充满暴力的世界,它与一些人对人类进步寄予的期望背道而驰。人类历史始终是一部冲突史。但是,一些新的因素,特别是人类在20世纪期间创造的奇特的自毁能力,正在增加冲突的危险……另外,普遍的竞争气氛已成为各国内部尤其是国际上经济活动的特点,它愈来愈突出竞争精神和个人的成功。事实上,这种竞争现在已经导致了无情的经济战争,导致贫富之间的紧张关系,从而造成各国和整个世界的分裂;这种竞争也激化了历史上存在的敌对情绪。教育有时因为对竞赛概念的解释不正确而有助于这种气氛继续存在下去,这是令人遗憾的。……教育似乎应该采取两种互相补充的办法。首先是逐步去发现他人……教育的使命是教学生懂得人类的多样性,同时还要教他们认识地球上所有人之间具有相似性又是相互依存的。……当人们为一些能使自己摆脱日常习惯、值得一做的项目共同努力时,人与人之间的分歧甚至是冲突就会逐步减弱,有时就消失了。

学会生存:教育应当促进每个人的全面发展,即身心、智力、敏感性、审美意识、个人责任感、精神价值等方面的发展。应该使每个人尤其借助于青年时代所受的教育,能够形成一种独立自主的、富有批判精神的思想意识,以及培养自己的判断能力,以便由他自己确定在人生的各种不同的情况下他认为应该做的事情。……发展的目的在于使人日臻完善;使他的人格丰富多彩,表达方式复杂多样;使人作为一个人,作为一个家庭和社会的成员,作为一个公民和生产者、技术发明者和有创造性的理想家,来承担各种不同的责任。人的发展从生到死是一个辩证的过程，从认识自己开始，然后打开与他人的关系。从这种意义上说，教育首先是一个内心的旅程，它的各个阶段与人格的不断成熟的各个阶段是一致的。因此，教育作为实现成功的职业生活的一种手段，是一个非常个人化的过程，同时又是一个建设相互影响的社会关系的过程。

资料来源：联合国教科文组织国际21世纪教育委员会编著，联合国教科文组织总部中文科译：《教育——财富蕴藏其中》，教育科学出版社1996年版，第75～88页。

复习思考题：

1.名词解释：教育学、《学记》《普通教育学》、苏格拉底的产婆术。

2.教育学的对象是什么？教育学的任务有哪些？

3.简要列举教育学独立形成时期的代表人物及其著作。

4.当代教育学的发展趋势怎样？

5.列举20世纪几种主要的教育学流派的代表人物、著作及基本观点。

6.师范生为什么要学习教育学，谈谈你的认识。

第二章　教育的本质

学习目标：

1.掌握教育的概念，理解教育的本质属性。

2.理解教育活动的三个基本要素及其关系。

3.比较教育在不同历史发展阶段的基本特征。

4.了解当代教育的发展趋势。

教育本质上回答的是教育是什么的问题，这是教育学的一个根本问题。这个问题存在已久，人们一直在追寻它的答案。不同历史时期，这个问题以不同形式存在，人们也给以不同形式的回答。

第一节　教育的起源与历史发展

教育的起源问题和教育的历史发展问题，正如教育的其他重大的理论课题一样，都有其发生发展的历史过程，科学地阐明教育的起源和发展对于理解什么是教育具有重大的意义。

一、教育的起源

在近现代教育史上，关于教育的起源问题，有四种主张：生物起源说、心理起源说、劳动起源说和需要起源说。

（一）生物起源说

教育生物起源说的创始人是法国社会学家、哲学家利托尔诺（C. Letourneau，1831～1902）。他在《各种人种的教育演化》一书中认为，教育活动不仅存在于人类社会之中，而且存在于人类社会生活之外，不仅为人类社会所特有，而且早就存在于人类产生之前的动物界了。他把老动物对小动物的爱护照顾都说成是一种教育，连昆虫界也有教育。他认为人类教育是在动物教育活动的基础上的改善与发展，而生物生存竞争的本能，是教育起源和存在的基础。动物为了自己的物种的保存与发展，出自一个“自然和自发”的本能，要把自己的“知识”和“技能”传授给小的动物，这就是教育。

后来，英国教育学家沛西·能（P. Nunn，1870～1944）在其主要教育著作《教育原理》一书中，进一步阐发了教育生物学化的理论观点。他曾在1923年的不列颠协会教育科学组的大会上所做的报告中，明确地说明："教育从它的起源来说，是一个生物学的过程，不仅一切人类社会——不管这个社会如何原始——有教育，甚至高等动物中间，也有低级形式的教育。我之所以把教育称之为生物学的过程，意思就是说，教育是与种族需要相适应的种族生活，是天生的，而不是获得的表现形式；教育既无待周密的考虑供它产生，也无须科学予以指导，它是扎根于本能的不可避免的行为。"①

教育的生物起源说肯定了动物本能活动和人类教育之间的联系是正确的，较之古代社会认为的教育起源于神意无疑是一种进步，但把教育仅仅归结为本能而抹杀了教育的社会性，因而没能科学地解决这一问题。

（二）心理起源说

美国教育史学家孟禄（P. Monroe，1869～1947）从心理学观点出发，认为生物起源论者忽视了人的心理与动物心理的本质区别，提出了教育的心理起源说。他根据原始社会尚无传授各种知识的教材和相应的教育方法，断定教育起源于儿童对成人的无意识模仿。

孟禄对教育的生物起源说的批判和肯定模仿与人类教育之间的联系是正确的，但他把无意识的模仿视为教育的基础则是不正确的。这是因为人之所以成为人是有意识的，人的活动是在意识支配下的目的性行为，而无意识的模仿仍然只是一种本能活动。

（三）劳动起源说

教育起源于劳动的学说，主要是苏联一些教育史学家和教育学家在十月革命后提出的观点。他们认为，教育作为一种社会历史现象，是人类祖先发展和进化到一定阶段的产物。这就是说，当人类祖先已进化到了相当的水平，即当自然界给了人类祖先发展为人的可能性（亦即当自然界的作用使基因突变而携有发展为人的某种物质）时，当生存迫使人类祖先必须利用自然工具进行劳动使上肢发展为手并进一步制造工具时，当生存迫使人类祖先的劳动和生活必须采取集体的形式而过着共同的社会生活时，当上述这些活动促使人类祖先的大脑得到进一步发展并由于共同劳动和共同生活必须进行交流而产生语言，进而促进思维的发展和产生意识时，正是在上述辩证发展的过程中和在这个时候，人类已创造了人类经验（劳动知识和社会生活知识）。为了自身的生存和延续，人类必须把这些生产劳动经验和社会生活经验传递给新生一代。因此教育就是基于生产的需求、基于人类生存的需求而产生的。他们同时认为，教育是人类社会所特有的一种自觉有意识的活动。这种意识性表现为：教育者头脑中已经获得了生产知识，教育者已经意识到传递经验的必要性，教育者还意识到了要追求和达到的目标是什么。而教育产生于劳动又是以人类的语言发展为条件的。语言和教育同时都是在劳动中产生和发展起来的。

教育的劳动起源说认识到了社会性问题乃是教育起源的关键性问题，把握人类的生存与物质生产的关系，并把工具的制造作为一个显著标志。然而，"按遗传学观点，不是劳动创造了

---

① 孙喜亭著：《教育原理》，北京师范大学出版社2001年版，第17页。

人，而是劳动选择了人，保留了人。而且人也创造了劳动本身”①。劳动是人的属性；人猿的分化，劳动并非唯一的因素。据此，只能说：人“选择”“保留”或“创造”了教育。事实上，在劳动、人和教育这三者之中，几乎不可能做出源、流之分。

（四）需要起源说

中华人民共和国成立后，我国教育学界、教育史研究者，赞同并发展了苏联教育学家关于教育起源于劳动的观点。同时也和苏联教育学界一样，对“生物起源说”“心理起源说”持批判和否定的态度。20世纪80年代以来，针对劳动起源说对教育起源问题的简单推论以及理论建构方面的明显不足，我国教育理论界又有了一些新的争论。争论的焦点是对“劳动创造了人本身”这一命题的再认识。在此基础上，有人提出了“作为人类社会特有的教育活动是起源于适应和满足人类社会生活和人类自身发展的需要”。教育是以人为对象的人类社会实践活动，从宏观方面讲，教育的产生“出于人类营谋社会生活的需要”；而从微观角度看，教育的产生“出于发展个体的需要”。② 显然，这种观点包容了上述三种假说，甚至可认为是无所不包。但是，无所不包的实质几乎等于一无所包。除了教育之外，政治、文化、科学、艺术、宗教等的起源，似乎都可以用同一答案来回答。

关于教育起源问题的争议还远远没有结束，历史上每一种观点的提出都有其一定的理论依据和思考角度。而对教育的起源问题做出令人信服的结论，不仅需要展开百家争鸣，以期得出较为一致的共识；更期待着古人类学家、考古学家为我们提供更多、更有说服力、足可为证的资料、化石和实物。

二、教育的历史发展

教育是人类社会生存、延续和发展的手段，只要人类社会存在，它将永存于社会生活之中。从这种意义上讲，它是一个永恒的范畴。然而，教育在人类社会不同历史时期又不是一成不变的，它随着人类社会的发展而变化。那么以什么为依据来划分教育发展的历史阶段？教育发展与整个社会的历史发展分不开，与推动社会发展的社会物质生产方式有密切关系。研究教育发展不能不从唯物史观出发，不能不从决定社会生存和发展的物质生产中去探索它的原因和动力。然而，这个动因如何促使教育的发展，如何使教育的新质产生和旧质消失，还应从教育内部来研究。虽然教育发展的历史划分不能离开社会生产方式，但主要应以教育自身发展的特征为依据。③ 因此，教育发展的历史阶段可划分为原始社会非形式化教育、古代社会形式化教育、近现代社会制度化教育三个基本阶段。

（一）原始社会非形式化教育

原始社会是人类历史最初的社会形态。从原始人群、母系氏族社会到父系氏族社会，是一个漫长的社会历史阶段，从世界范围计，约经历了三百万年，以中国范围计，也经历了二百万年

① 参见喻本伐、熊贤君著：《中国教育发展史》，华中师范大学出版社2003年版，第11页。
② 胡德海：《教育起源问题刍议》，《华东师范大学学报》（教育科学版）1985年第2期。
③ 孙喜亭著：《教育原理》，北京师范大学出版社2001年版，第20页。

以上。在原始社会里，人们使用石器进行生产，劳动工具简陋，劳动技能低下，人们只有共同劳动才能生存，生产资料共同占有，劳动产品平均分配。原始社会不存在剥削，也没有国家。

由于当时生产力水平很低，教育显出极端的原始性和局限性，教育还没有成为一种独立的社会活动形式，就它的内容和作用来说，也是极为有限的。其主要特征是：

1.原始社会的教育融于社会生产和生活的实际活动之中

教育的要求和过程，主要是为了生产，而且是在实际的生产中进行的。在劳动中老一代向新一代传授生产知识和使用工具、制造工具的技能。到了氏族公社时期，除了生产活动以外，氏族有了较多的公共事务、宗教活动，有了竞技、舞蹈、唱歌等艺术活动，有了种种的神话传说，老一辈就在这些活动中，向新一代传授这些精神生活的内容。这时的教育，尽管没有专门的教师、学校和教材，但也包括了多方面的内容。

一是关于生产劳动的教育。原始人类为了生活，首先需要吃、穿、住等生活资料。为满足这种需要，就必须参加生产劳动。因此在氏族公社的教育中，生产劳动的教育占有突出的地位。如我国古代传说中有“燧人教民，以火以渔”①，取火的技术和用火的经验依靠教育活动而推广和传授给下一代。又如《周易·系辞》记载“神农氏制耒耜，教民耕种”“后稷教民稼穑”，反映了农业种植技术和农具的制造使用，成为重要的教育内容。

二是关于生活习俗的教育。由于农业和其他生产事业的发展，原始人类开始选择有利的环境过安定的生活，建立了氏族村落。在氏族公社内，一切按照传统习惯行事，这种传统习惯对全体氏族成员都具有约束力。如成年礼是氏族公社时期一种重要的传统习惯。男女达到成人阶段(各氏族对成人年龄的规定不同，早自 13 岁，迟至 20 岁)，必须举行十分庄重的仪式。成年礼不只是对少年是否具备成为社会成员的条件所进行的一种检验、考核、鉴定的方式，而且也是对一个未成熟少年进行的有计划的集中、严格训练的过程。位于中南太平洋的波利尼西亚人中有广为流传的禁忌，比如禁食图腾动物，还有日常生活中的禁忌，如一年中某个季节或一昼夜中的某个时候禁止发出任何声响，不许大声说话、唱歌和干活儿。

三是关于军事体育的教育。氏族公社要求所有成员都是生产劳动者，需要有健康的体格，才能参与对自然的斗争，经受艰苦环境的磨炼。由于狩猎和游牧经济的发展，以及各部落之间的战争，氏族成员要懂得使用武器，接受一定的军事训练。军事体育教育也成为原始社会重要的教育内容。如美洲印第安人的儿童从四五岁起就训练学习弓箭；日耳曼人也强调儿童要进行操练，以培养儿童勇敢、机警和干练的品质。

四是关于政治、宗教、艺术的教育。原始社会的宗教活动极为普遍，这类活动有自然崇拜、图腾崇拜、鬼魂崇拜、祖先崇拜、巫术占卜等多种形式，含有不同的教育因素。如因各地自然环境和生物种类有所差异，人们所崇拜的自然对象有所不同，自然崇拜物上有日月星辰、风雨雷电，下有山河土地、禽兽草木。在这些崇拜活动中，也有一些植物、动物、生态方面的知识传授。又如通过祖先崇拜的祭祀仪式，加强亲缘关系，唤起氏族团结的感情，激励建功立业的精神，对氏族成员有深刻的教育作用。原始社会还有一种民俗，即人们为了调节精神、增强体质、欢庆

① 《韩非子》。

丰收、祝贺胜利、欢度节日，均用歌舞表达；遇有哀伤，抒发感情，也体现于歌舞之中。歌唱、舞蹈反映氏族社会生活的各个方面，内容极其广泛，既是娱乐形式，又能发挥传授知识、宣传习俗的教育作用。

2.原始社会的教育，是在原始状态下的机会均等

原始社会由于生产力水平的极端低下，没有私有财产，没有阶级，体脑劳动没有分离，教育融合于社会生活之中，因而教育机会对每个人来说，都是均等的，也是普及的。恩格斯在《家庭、私有制和国家的起源》中，称赞摩尔根在《古代社会》中说的“管理上的民主，社会中的博爱，权利的平等，普及的教育，将揭开社会的下一个更高的阶段，经验、理智和科学正在不断向这个阶段努力。这将是古代氏族的自由、平等和博爱的复活，但却是在更高级形式上的复活”①。可见，人类未来社会中民主、平等、博爱、普及教育等的实现，只不过是古代社会中这些原始因素在高级形态上的复活。关于教育权利的均等，在中国的古籍中也有记载。如《礼记·礼运篇》中说：“天下为公，选贤与能，讲信修睦。故人不独亲其亲，不独子其子，使老有所终，壮有所用，幼有所长……”这时，孩子的照管和教养是公众的事情，社会同等地关怀一切儿童，所有儿童接受一样的教育，只是根据年龄与性别的不同进行不同的教育而已。

3.原始社会教育的形式、手段极为简单

在原始社会，人类的教育方法主要有四种。一是在观察和实践中学习。由于原始社会的教育还没有从其他活动中分离出来成为独立的活动领域，教和学是结合进行的，因此，儿童小的时候主要是在游戏中模仿成人的活动。如非洲儿童以模仿成人设置陷阱猎兽为游戏；美洲因纽特人儿童以仿照母亲为玩具娃娃做衣服为游戏。二是在传习和教导中学习。这一时期，原始人类对教育年轻一代的重要性已有自觉的认识，他们已懂得利用实践过程以外的空间和时间，由老年人对未成年人进行口耳相传的“传授”。三是奖励。如有的部落以表扬、鼓励、放任为主，还有一些部落则侧重于劝诫、说服以及用良好行为做榜样。四是成年礼。

总之，原始社会教育的基本特点是教育融合于社会生活之中，实际上是社会生活中包含一些教育的因素或简单的教育活动。

(二)古代社会形式化教育

古代教育包括奴隶社会和封建社会两个历史阶段的教育。生产力的发展，带来了社会形态的变更，同样推动了教育的巨大发展，产生了学校教育，它标志着教育在历史发展中步入了一个新的阶段。

学校教育的产生是教育发展史上一个划时代的变化，是教育从生产劳动和社会生活中分离出来成为独立活动的标志，也是人类文明进步史上的一个里程碑。其产生需要三个条件。首先是社会生产必须出现剩余产品，有了社会剩余产品，才能使一部分人不去从事物质生产劳动，而有可能从事精神活动。教育是一种精神活动，只有社会生产发展提供了必要的剩余产品的时候，才会出现专门从事教育的教师和专门从事学习的学生。其次是人们在社会生活中积累了一定数量的间接经验，即人们在社会实践中认识客观世界的成果。就是说学校教育的

① 《马克思恩格斯选集》第4卷，人民出版社1995年版，第175页。

产生，必须要有特定的教育内容。再次是要有记载和传递经验的工具。文字的出现使保存、传递人类的物质和精神文化成为可能，这是学校教育得以产生的前提之一。在奴隶社会，学校产生的三个条件都得到了满足。据中国古籍记载，在中国奴隶社会时期，瞽宗、辟雍、泮宫、庠、序、校等施教机构就出现了。在西方也存在着"青年之家"的教育机构。古希腊和雅典已经有了多种类型的学校。随着生产力的发展，到了封建社会，学校也得到了进一步的发展。在中国漫长的封建社会里，出现了官学、私学和书院三大类型的教育机构；在欧洲中世纪，出现了骑士教育和教会学校等类型的教育，到了12、13世纪，随着手工业和商业的发展，相应地出现了行会学校和商人学校等。

虽然奴隶社会和封建社会的生产力发展水平和政治经济状况各不相同，但相同的剥削阶级社会形态、类似的落后生产工具、手工操作的劳动方式、自给自足的自然经济形态，使得这两个社会的教育存在一些共同的特征。

1.古代学校教育具有鲜明的阶级性、等级性

在奴隶社会和封建社会中，学校教育为统治阶级所垄断，只有统治阶级的子弟才可以进入学校接受教育。如中国夏、商、西周时期的"学在官府"，无论是国学还是乡学，都只招收奴隶主贵族子弟入学，以培养国家大大小小的官吏。在西方，古代斯巴达和雅典的学校专为贵族阶级而设。在统治阶级内部，教育的等级性也是十分明显的。中国唐代的中央官学有六学二馆，其入学资格均有严格的等级规定，如高级贵族子弟入国子学，一般贵族子弟入太学，一般地主阶级的子弟入四门学等。

古代学校教育的阶级性，不仅体现在学校领导权、受教育权上，而且反映在教育目的和教育内容上。如中国封建社会的教育目的，就是"学而优则仕"。为此还建立了一套选士制度、科举制度，形成了学校教育为选举和科举服务的特点。在教育内容上，奴隶社会的教育内容是六艺：礼、乐、射、御、书、数。到了封建社会，独尊儒学作为重要的特点，儒家所倡导的"三纲"（君臣、父子、夫妇）、"五常"（仁、义、礼、智、信）、"六经"（易、诗、书、礼、乐、春秋），就成了历代学校进行教学的基本内容。中国2000多年封建社会中，封建统治阶级就是以儒家学说作为维护自己统治的精神支柱。

2.古代学校教育与生产劳动相脱离

尽管学校教育是在生产发展的基础上产生的，然而，古代学校教育是远离社会生产实践过程的，这是体脑分离的一种形式。在阶级对立的情况下，体现着教育与生产劳动的对立。"劳心者治人，劳力者治于人，治于人者食人，治人者食于人"，被看作是天下的"通义"。古代学校教育不仅远离生产，而且还向学生进行着鄙视生产劳动、鄙视劳动人民的教育。例如，《论语》中有"耕也，馁在其中矣；学也，禄在其中矣"。孔子斥责请学为稼的樊迟为"小人"等。教育与生产劳动之间的分离与对立，从历史发展的角度来看，是历史的进步，尽管它带有阶级统治的弊端，但对社会和文化的发展，起着推进的作用。

3.专职教师、固定教育对象和专门教材的出现

奴隶社会取代原始社会是社会生产力发展的必然结果，是社会历史的进步。伴随着社会生产力的发展和社会分工，社会上出现了专门从事知识传授活动的知识分子和专门对儿童进

行教育的场所——学校，标志着人类教育出现了质的飞跃。学校是专门的教育场所，需要有固定的场地，专职教育人员、特定的教育对象，有计划、有组织的教育活动，比较丰富和系统的教育内容，从而促使教育从一般的社会生产过程中分化出来而成为一种独立的社会活动形式。

4.教育方法的刻板性

从现代教育观来看，古代学校教育的弊端是十分明显的，这就是崇尚书本、呆读死记和棍棒纪律。这种教育对学生来说，真是“蹂躏其身而残贼其生”，许多读书人为了科举，终生钻在故纸堆中，成了食古不化的书呆子。唐朝诗人所谓的“太宗皇帝真长策，赚得英雄尽白头”，正说明了古代学校教育的弊端。

5.个别施教的教学组织形式

古代学校教育形式，一般说是个别施教。这是由古代社会生产的手工业方式决定的。中国古代的私学和众多的官学、私塾，其教学组织形式大都是个别施教。西方的宫廷学校、文法学校等，亦是如此。在古代的学校里，间或也有采用初级的集体教学形式，但未形成一种制度。

总之，古代学校教育是建立在以手工工具为标志的小生产基础之上的，其社会作用主要是承担着社会上层建筑的职能，它的阶级性和等级性是分明的。也可以说，古代学校教育是统治术和愚民政策的教育。尽管它有过繁荣和兴盛，但由于生产力发展缓慢和封建主义的愚昧落后，也就决定了教育的落后。

（三）近现代社会制度化教育

近现代教育是历史发展到一定阶段的产物。它是伴随着生产力的发展及资本主义生产关系的孕育而产生的。它的发展和成熟则与在商品经济推动下的以使用机器为标志的现代生产力的发展相伴随。正如马克思所指出的，生产工具是衡量人们控制自然、生产力发展水平的尺度，同时也是社会生产关系指示器。人类在社会生产实践中，将生产工具不断地加以改进，促进生产不断发展。现代教育的产生和发展虽然受到多种的因素制约，但最终的决定性因素则是现代生产力，其发展的阶段性从根本上也是被近现代生产力发展的阶段性所决定的。

1.近代教育的萌芽

在欧洲中世纪的后期，随着商品经济的发展和手工业由简单协作到工场手工业再到机器大工业的发展，导致了资本主义生产方式的确立和资产阶级革命的胜利，改变着对新一代人（资产者和无产者）的要求，于是新的教育萌芽了，新的教育思想出现了。如文艺复兴时期，人文主义者提出培养多才多艺、全面发展的“全人”理想，重视教育培养人的作用、学习人文学科、运用新的教学方法和重视教师的作用等，对当时的教育变革产生了重大影响。16 世纪欧洲宗教改革中提出的“因信称义”等新教教义，为人人皆有权接受教育奠定了理论基础。而路德、加尔文倡导的强迫义务教育，推动了近代早期国民初等学校的建立。西欧在这一时期，初等学校、城市学校、文科中学、实科中学以及大学兴起，这些学校从为教会和封建国家服务向为新的生产和经济服务的方向发展，这就是近代教育的萌芽期。

2.近代双轨学校制度的建立

从 18 世纪后半期至 19 世纪后期，以使用蒸汽机为标志的第一次工业革命在主要资本主义国家相继展开，并由此带来了经济、政治、哲学和科学等多方面的根本性变革，开启了近代社会现代性发展的序幕。这些因素为教育思想、制度和实践的发展规范了方向。在此基础上，教育日益世俗化、科学化，科学知识进入教育内容中，实科教育日益受到重视，心理学成为教育理论的基石。同时，国家开始建立普及义务教育制度，在此基础上改革教育管理体制，创办和充实各级各类教育，尤其是职业教育和高等教育得到了大发展。随着近代学校的逐步发展和分化，各国相继建立起比较稳定的教育制度。

所谓教育制度，是指一个国家各级各类实施教育的机构体系及其组织运行的规则。它包括相互联系的两个基本方面：一是各级各类教育机构与组织；二是教育机构与组织赖以存在和运行的规则，如各种相关的教育法律、规则、条例等。① 在教育制度中，学校教育制度居于核心地位。学校教育制度简称学制，指的是一个国家各级各类学校的系统及其管理规则，它规定着各级各类学校的性质、任务、入学条件、修业年限以及它们之间的关系。近代，随着国民义务教育的发展，面向全体公民尤其是下层民众的初等教育逐渐普及完善，在一定程度上构建了国民义务教育的学校制度。但这些学校与欧洲各国教育传统中存在的主要为上层阶层服务的高级中学(如古典文科中学)和大学是分离并且不衔接的，这样就形成了双轨学校制度。一轨是以普及基本知识和技能为目的，主要教育对象为中下阶层子弟的普及教育体系；另一轨是从家庭教育开始，为有产阶级子弟而设，目标在于为升学做准备的学校体系。两者在办学形式、教育内容、教育对象、教育经费和教育水平等各方面都存在很大的差异。其中，最为典型的就是英国的国家教育体系和独立学校系统。

3.现代教育的兴起

从 19 世纪末到 20 世纪中期，以电气化为标志的第二次工业革命在各主要资本主义国家产生，电气化和现代市场经济的发展提高了对体力劳动者和脑力劳动者在质与量两个方面的要求，于是推动了初等教育的普及、中等教育特别是职业技术教育的大发展以及高等教育和研究生教育的空前发展。现代教育的重要塑造力量是新教育运动和进步主义教育运动，它们以改革传统学校和教育为目的，进行了新的教育实验，提出了新的教育理论和教学方法。如进步主义教育运动在发展过程中进行了诸多的教育实验，其精神领袖杜威创立了实用主义教育理论，突破了以往教育理论中形式论与实质论、个人与社会、主体与客体等二元论的限制，其教育哲学“把民主主义的发展和科学上的实验方法、生物科学上的进化论思想以及工业的改造联系起来，旨在指出这些发展所表明的教材和教育方法方面的变革”②。现代教育强调儿童地位的观念也使得儿童研究运动蓬勃兴起，深化了现代教育科学化和教育心理学化的基础。随着义务教育的上延、教育机会均等原则的实施，现代民主平等的内在要求使得综合中学运动成为第一次世界大战后教育改革的重点。综合中学运动的基本精神是反对造成教育不平等的双轨制，强调中等教育的民主化。通过综合中学运动，欧美各国建立了一批在课程、招生对象、分组等方面更为综合、全面和平等的中等教育机构，并有效地改变了中等教育机构分类、选拔和分流等制度。法国于 1919 年掀起了统一学校运动，要求为所有人提供平等、义务、免费的

---

① 王道俊、郭文安主编：《教育学》，人民教育出版社 2009 年版，第 110 页。

② 杜威著，王承绪译：《民主主义与教育》，人民教育出版社 1990 年版，第 1 页。

基础教育。德国于1900年进行中等教育改革,所有的文科中学、实科中学和文实中学被宣布具有同等地位,其学生都能进入大学学习。英国于1924年将义务教育年限延长至15岁,中等教育阶段分设4种类型的学校:一是以学术课程为主的文法中学(11～16岁),二是具有实科倾向的选择性现代中学(11～14岁),三是相当于职业学校的非选择性现代中学(11～14岁),四是略高于初等教育水平的公立小学高级班或高级小学(11～14岁)。四种类型的学校选择分流由11岁考试来决定。① 而苏联社会主义教育制度的确立则打破了西方对教育的垄断,出现了新的教育思想与实践道路,使得现代教育更为丰富和多元。

4.现代教育的进一步发展

从20世纪中叶至今,以原子能、电子计算机和空间技术的广泛应用为主要标志的第三次工业革命在各发达国家相继兴起。由于以现代科学技术为基础的现代大生产的高速发展及由此决定的对新的生产工作者的更高要求,各发达国家都进一步延长义务教育年限,已经普及或正在普及高中教育,提高中等教育质量,大力发展中等职业技术教育、高等教育和研究生教育,特别是推动高等教育向大众化和普及化的方向发展。美、日、德、法、俄、英等国适龄青年升入高校的人数已超过同龄人的一半甚至三分之二。美国的高等教育趋向普及,学生升入短期大学的比例很高,与四年制大学的学生大致相等。与此同时,发达国家的幼儿教育机构得到了较快发展,并逐步走向普及,幼儿教育的性质亦发生变化,即以保育为主走向以教育为主。20世纪末,有的国家已将幼儿教育机构列入学校教育系统,使其成为国民教育体系的组成部分。此外,在职教育、成人教育和终身教育也迅速发展。这一方面是因为仅仅依靠职前教育已不能满足现代大生产的迅速发展与变革,以及由此对生产者知识和能力的更高要求。另一方面,由于科技和社会的进步、劳动者闲暇时间的增多以及个性发展的多样化需要,成人教育已经成为人们的一种精神追求,各级各类成人学校应运而生。正是这两个方面,显示了现代社会若干学习化社会的特征,并将形成完善的终身教育制度。这一时期,社会的急剧变革导致教育发展所面临的社会环境空前复杂,对教育的探索也呈现出异常丰富多元的格局,在西方世界先后出现了现代人文主义教育思想、人力资本理论、终身教育思想、激进主义教育思潮和环境教育思潮等重要的教育思想(思潮)。不同的教育思想和思潮涉及了教育发展的不同方面,提出了众多基于不同哲学的教育观念,对现代教育的发展产生了诸多影响。与过去的教育形态相比,现代教育体现出新的基本特征。

(1)现代教育具有显著的商品性

市场经济决定了现代教育的最后产品——现代劳动力具有商品性,因而现代教育也要服从市场规律,也具有商品性,即教育要主动适应劳动力市场的要求,用经济规律去解决办教育中的经济方面的问题。古代学校教育的产品既不是劳动力,也不是商品,因而古代教育不需服从市场规律,因而也不具有商品性。商品性是现代学校教育区别于古代学校教育的基本特征之一。当然,现代教育并非仅仅具有商品性一个特征,更不意味着教育的一切方面都商品化。例如,基础教育就不能商品化,思想教育也并不都是由教育的商品性所决定的。但现代教育的

① 张斌贤主编:《外国教育史》,教育科学出版社2008年版,第380页。

这一特征确是影响教育全局的一个重要特征。①

(2)现代教育的生产性不断增强

在现代社会，随着机器大工业生产的发展和科学技术的进步，从事生产的劳动者就需要有一定的科学知识和技术。科学技术向生产力的转化必须通过现代学校教育这个环节。现代的职业教育、高等教育和成人教育，已日益成为培养各种合格劳动力的机构。现代教育与生产劳动的紧密结合，促使现代教育成为劳动力再生产的重要手段，对提高社会生产效率和增加社会财富起着重要作用。

(3)现代教育具有突出的科学性

现代教育的重要职能之一就是为现代生产培养劳动力。现代生产是科学物化的性质决定了现代教育的科学性，决定了科学教育是现代教育的基本内容和最重要的方面。现代科学在现代社会生活中日益占主导地位并日益渗透到社会生活的各个方面，现代教育的发展越来越离不开科学的指导。

(4)现代教育的民主性和公共性日益明显

与古代社会不同，现代学校教育的受教育权和参与权都被看作是现代社会公民的基本民主权利。教育的公共性、群众性和普及性既是现代大生产的要求，也是现代教育民主性的体现。为了保障人的受教育权利，现代社会已经做出并在继续做出巨大努力。如各主要资本主义国家先后在19世纪末20世纪初普及初等教育，二战后又逐步实现了中等教育的普及和高等教育的大众化，发展中国家由教育的极端落后向普及教育迈进，并取得了巨大的成绩。而1989年11月20日在联合国大会上通过的《儿童权利公约》，进一步强调了儿童生存、发展和受教育的权利，强调保障“人人享有受教育的权利”，使教育的民主性、公共性日益明显。

(5)现代教育更具多样性

现代社会人才需求的多样性和个性发展的多样性，决定了教育的种类、结构、层次、内容、形式和方法的多样性。仅从教育形式上看，既有学前教育、初等教育、中等教育和高等教育，又有普通教育、职业教育、特殊教育、成人教育、远距离教育、卫星电视教育、继续教育等，构成了一个多层次、多系统的教育网络。现代教育的多样性和古代教育的单一性形成了鲜明的对照。

(6)现代教育的变革越来越频繁

现代市场经济的竞争机制和现代科学技术的迅速变革，决定了对人才素质及水平的要求不断变化和提高，也使得现代教育处于不断变革之中，从目标到课程、内容、方法、组织形式、评价标准、结构体系等方面都在不断地革新。现代教育频繁的改革与古代学校教育发展的缓慢性和停滞性也形成了鲜明的对照。

三、当代教育的发展趋势

21世纪，随着经济的转型和科学技术的发展，人类教育的发展表现出一些新的特点和趋势。

---

① 成有信主编:《教育学原理》，大象出版社2005年版，第52～53页。

（一）教育要以人为本，促进人的全面而自由的发展

以人为本的理念是一种基于人、通过人、为了人的教育思想，是人本主义哲学思想在教育上的体现。它要求教育应以人的发展为出发点和基石，认为人是教育生成、教育行为存在的前提，教育是促进人的发展的“思想内涵和逻辑内核”。为此，教育必须尊重人，尊重人的生命，尊重人的精神世界，尊重人的个性和差异，教育的最终目的是促进人的发展。早在1972年，联合国教科文组织国际教育发展委员会在其发表的《学会生存》这篇著名的报告里就提出了一个指导人的发展和教育改革的基本思想：“人类发展的目的在于使人日臻完善；使他的个性丰富多彩，表达方式复杂多样；使他作为一个人，作为一个家庭和社会的成员，作为一个公民和生产者、技术发明者和有创造性的理想家，来承担各种不同的责任。”①国际21世纪教育委员会在1996年发表的《教育——财富蕴藏其中》这一重要报告里，再次重申了上述基本思想：“教育不仅仅是为了给经济界提供人才：它不是把人作为经济工具而是作为发展的目的加以对待。使每个人潜在的才干和能力得到充分发展，这既符合教育的从根本上说是人道主义的使命，又符合应成为任何教育政策指导原则的公正的需要，也符合既尊重人文环境和自然环境又尊重传统和文化多样性的内源发展的需要。”该报告对21世纪进行了展望，认为教育应当促进每个人的全面发展，即身心、智力、敏感性、审美意识、个人责任感、精神价值等方面的发展。“教育的基本作用，似乎比任何时候都更在于保证人人享有他们为充分发挥自己的才能和尽可能自己的命运而需要的思想、判断、感情和想象方面的自由。”②这种着眼于人的全面而自由的发展，强调教育要为人的发展服务的思想已经并正在渗透到不少国家和地区进行的教育改革之中，对于我国的教育改革同样具有重要的指导意义。

（二）以终身教育为指导，实现教育制度一体化

终身教育是指人在一生中所受的各种教育的总和，是个人所受不同类型教育的统一综合。它改变了传统的教育观念，认为教育应该包括学前教育、学校教育、成人教育、继续教育等；既有学校教育又有社会教育，既有正规教育又有非正规教育。正如终身教育的倡导者法国当代著名的成人教育家、终身教育理论的奠基者朗格朗明确指出的那样：“终身教育的含义相当简单，指教育并非局限于学校教育。相反，它的影响扩展到学习者的私人生活和公众生活的所有方面——它的家庭和职业关系、他的政治、他的社会活动、他的业余爱好等。终身教育求助于各种各样的机构：学校、学院、大学，同时还有家庭、社区和工作领域、书籍、出版社、剧场和大众传播媒介。”自20世纪60年代以来，终身教育作为一种最有影响的教育思潮引起了世界各国的注意，为不同社会制度的国家普遍接受，联合国教科文组织更是把它作为教育领域活动的指导原则。许多国家以终身教育思想为指导，改革学制，并在教育结构、教育内容和方法、教育管理、师资培训等方面进行了一系列实验。例如日本以终身教育思想为指导，规定中小学教育要成为“终身教育的基础”；瑞士、法国等国家制定了保证终身教育实施的法律，许多国家正致力于把终身教育从原则和政策转向实际的应用，各国教育制度正在越来越多地向终身教

① 联合国教科文组织国际教育发展委员会编著，华东师范大学比较教育研究所译：《学会生存——教育世界的今天和明天》，教育科学出版社1996年版，第2页。

② 王道俊、郭文安主编：《教育学》，人民教育出版社2009年版，第70～71页。

育的方向迈进。

(三)教育的现代化、民主化与国际化

教育是提高人的现代性,促进社会现代化的重要手段。教育现代化是社会政治、经济结构的变革在教育上的反映,是教育整体变革的过程,这种变革既包括教育思想观念的变革,也包括教育制度、组织形式、教育内容、手段和方法等方面的变革。迄今为止,教育现代化经历了两个发展阶段,即由农业社会向工业社会转型的教育现代化和由工业社会向信息社会转型中的现代化。当代教育现代化的成就突出表现在:(1)教育发展水平的显著提高,部分发达国家已经接近高等教育的普及和大众化;(2)科学技术在教育中的运用不断普及和深化,教育内容的科学化程度越来越高,教育方法、手段信息化程度越来越高;(3)教师的专业化水平和学历不断提高,教育科学研究新成果不断涌现,教育思想观念越来越摆脱传统教育观念的束缚;(4)教育制度越来越灵活多样,教育结构越来越富有延展性和丰富性,为受教育者个性的自由发展提供着越来越充分的保障。①

教育民主化是现代社会的一个重要特征,更是当代全球教育变革的一种重要趋势。教育民主化是民主这一范畴在教育领域的集中体现,它包含相辅相成的两个方面:“教育的民主”与“民主的教育”。前者是把政治民主扩展到教育领域,使受教育成为每个公民的权利与义务;后者则是把专制的、不民主的、不充分民主的教育改造为适合公平和民主原则的教育。1990 年 3 月,联合国教科文组织发表的《世界全民教育宣言》指出,“应该向所有儿童、青年和成人提供基础教育,为达此目的应扩大高质量的基础教育服务,而且必须采取始终如一的措施来减少差异”,“每一个人——儿童、青年和成人——都应能获得旨在满足其基本学习需要的受教育机会”。宣言的诞生标志着世界教育民主化的进程迈入一个崭新的历史阶段——全民教育阶段。全民教育体现出的教育民主的基本要求是:不同的阶级、不同的民族、不同身心发展程度的受教育者,在教育的起点、过程和结果等方面都享有同等的权利和机会。

教育国际化也是当代教育发展的一大趋势。自 20 世纪中叶以来,随着科技的迅猛发展,国际政治格局的变化,国家或地区之间无论是在物质、信息方面还是在资金、知识、人员等方面的交流都日益频繁,特别是经济全球化、商品贸易的国际化突出了培养国际通用人才的重要性,要求教育应该从态度、知识、情感、技能等方面培养受教育者从小就为一个国际化的时代做准备。此外,教育还应帮助人们去认识和解决一些威胁人类生存的国际问题,如和平问题、环境问题、道德问题等。近年来,一些国家纷纷建立国际学校,设立国际课程,并采用先进的教学模式,旨在培养能在未来的国际事务中大显身手的人才。因此,追求教育的国际化是世界教育发展的一个显著趋势。

(四)教育的可持续发展

工业革命之前,由于生产力水平很低,人的能力受到限制,因而人类尚不足以对环境造成太大的破坏,尚可以持续生存和发展下去。工业革命之后,人类改造自然的能力空前发展。当这种能力滥用或不适当地运用时,便造成了诸如环境污染、生态失衡、资源枯竭、气候反常和核

---

① 袁振国主编:《当代教育学》,教育科学出版社 2003 年版,第 51 页。

战争威胁等一系列严重的全球性灾害，正是在这样的背景下提出了可持续发展的观念。可持续发展强调的是环境与经济的协调发展，追求的是人与自然的和谐，其核心思想是，健康的经济发展应建立在生态持续能力、社会公正和人民积极参与自身发展决策的基础上。这种源于环境保护的观念已不再仅仅局限于经济学和环境学的范畴，而迅速成为一种得到国际社会广泛认同的全新的发展观念。1992 年世界环境与发展会议上的《里约宣言》宣告："人类是可持续发展的关注核心。他们有权获得一种与自然和谐共处的健康而丰富的生活。"教育是可持续发展的核心推动力，构成社会可持续发展能力的基础部分，对可持续发展的达成起着推动作用。联合国宣布在 2005—2014 年这 10 年的时间中实施联合国可持续发展 10 年教育，要求世界各国政府在这 10 年中将可持续发展教育融入他们国家各个相关层次的教育战略和行动计划中。国际教育界早已把视野放在可持续发展上面，把发展教育作为跨世纪的历史使命。"通过教育尤其是全民教育，人们可能改变自己的旧观念并形成新观念，如人类的可持续发展，包括人口的可持续增长、资源的可持续开发、环境的可持续利用"。就教育自身来说，可持续发展包括两方面的含义。一是教育的规模、布局、比例、结构要合理。规模要注重效益，强调经济效益与社会效益的统一，强调数量与质量的统一；经济、人员的投入比例，三级教育的发展比例，师生的比例等，专业结构、学科结构、课程结构等要与社会及人的发展需要相协调。二是教育要强调学生的可持续发展性，用终身教育的观念观照学校教育，注重学生学习动机的激发，学习兴趣的养成，学习方法的掌握，特别是创造性学习品格的培养，包括创新意识、创新能力、创新人格的培养。①

第二节　教育的本质

前面我们从教育起源与历史发展的角度研究了什么是教育，在本节中，我们将分别从教育的概念、教育的质的规定性、教育的基本要素的角度来探讨什么是教育。

一、教育的概念

"教"和"育"这两个字，在我国最早出现在甲骨文中。"教"在甲骨文中为"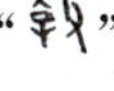"，像有人在旁边执鞭演卜，训导小孩学习的形象。"育"在甲骨文中为"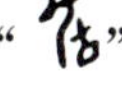"，像妇女养育小孩之形。在先秦古籍中，很少有将"教"和"育"连用的，"教育"一词，在中国最早见于《孟子·尽心上》："得天下英才而教育之，三乐也。"东汉的许慎在其所著的《说文解字》中说："教，上所施下所效也；育，养子使作善也。"在西方"教育"一词，英文为 Education，其拉丁词源为 Educare，原意为"引出"，即教育含有引导儿童的固有本质，并使之逐渐发展趋于完善之意。

① 袁振国主编：《当代教育学》，教育科学出版社 2003 年版，第 53 页。

千百年来，中外教育家们围绕着教育的概念进行了不懈的探索，并给出了各种各样的回答。一般而言，人们主要从两个不同的角度给教育下定义。一个是社会的角度，另一个是个体的角度。综合我国教育学界对教育所做的各种定义，我们认为，教育有广义和狭义之分。

广义的教育指凡是有目的地增进人的知识技能，影响人的思想品德，增强人的体质的活动，不论是有组织的或是无组织的，系统的或是零碎的，都是教育。它包括人们在家庭中、学校里、亲友间、社会上所受到的各种有目的的影响。

狭义的教育主要指学校教育，指的是根据一定社会的现实和未来的需要，遵循年轻一代身心发展的规律，有目的、有计划、有组织地引导受教育者获得知识技能、陶冶思想品德、发展智力和体力的一种活动，以便把受教育者培养成为一定社会（或一定阶级）的需要和促进社会发展的人。

需要指出的是，教育的概念是对教育活动的概括。因此，它不是一成不变的，而是随着教育活动的变化、发展而变化的，也是随着人对教育活动认识的深化而变化的。

二、教育的质的规定性

如前所述，教育活动是与人类社会同时产生的，而教育成为一种独立的社会形式，则是历史发展到一定阶段的产物。从宏观层面来看，教育在不同的历史发展阶段中，具有不同的特点，教育目的、内容、方法等都呈现出根本的不同和巨大的差异。从微观层面而言，同一社会形态下的教育，又有各种不同的类型、层次、结构、形式及多种多样的教育观、教育活动。教育的外部表现可谓极其纷繁复杂。但这不是说，一种变化了的教育和原来的教育毫无共同之处，也不是说，各种不同的教育现象中没有同一的普遍的东西。而现象中同一的普遍的东西，就是事物的本质。

在中外教育史上，关于什么是教育本质，有过许多表述。如中国儒家经典《中庸》上说“修道之谓教”；捷克著名教育家夸美纽斯认为“教育在发展健全的个人”；法国18世纪启蒙思想家卢梭指出，“植物是由培栽而成，人是教育而成”；美国实用主义教育家杜威则认为“教育即生活”“教育即生长”。尽管这些表述各异，但都存在一个根本的共同点，那就是都把教育看作是培养人的活动，其目的在于促使一个新生个体社会化，促使受教育者的身心得到发展，在知识、品格等方面都能适应社会的需要。

因此教育的质的规定性，简言之，就是根据一定社会的需要所进行的培养人的活动，或者说是有目的地培养人的社会活动。这一质的规定性贯穿于从古至今的一切教育之中。无论社会如何变化、时代如何变迁、教育自身如何变化，教育都是一种有意识的以影响人的身心发展为直接目的的社会实践活动，其活动的具体形式也处处体现这一本质，体现着教育与其他社会活动的根本区别。

教育作为一种培养人的活动，对人的发展细分起来，应有三层含义：第一，人生下来就带来了人在进化、历史进程中沉淀下来的历史的烙印。人的生理素质为人类所特有，而不为其他动物所具有。教育的重要内容之一，就是“引发”人的生理心理素质得以发展，使人的原始的丰富的素质呈现出来。这可以称为人的本质的“外化”。第二，人不仅是自然实体，还是社会的实体。人作为社会的实体，必然是在后天生活中，获得了人类在历史进程中所形成的并构成人们共同生活的共同的文化。人总是在一定的文化环境中生活，而所处的环境中的文化，给人的心理以潜移默化的影响，这种影响完全是一种不自觉的过程，即“文化无意识”的作用，广义的教育，实际就是“文化化”的过程。第三，人在其现实性上，又是社会关系的总和。人总是具体的人，而不是抽象的人。教育的特定职能，就是按照社会要求造就一定社会所要求的人。这一过程，也就是将一定的社会本质内化于个体的过程，这可以叫作社会本质的“内化”。①

人的本质的“外化”，后天社会生活的“文化化”，社会本质的“内化”，都是相对意义上的用语。没有“内化”“文化化”，也就谈不上“外化”。“内化”“文化化”与“外化”是矛盾的运动，矛盾的发展，矛盾的转化。教育过程就是教师凭借一定的手段，将特定的内容转化于受教育者的主体之中的过程，教育过程以动态的形式表现出来，而结果则以静态的形态存在于受教育者的主体内部，教育对象化了，而对象被加工了。教育者的教育结果就是社会所需要的社会成员。教向着受教育者转化，“内化”表现为“外化”，完成一个教育过程、一个教育活动。一个个的教育活动，构成了一个个的受教育阶段，完成一个个阶段的教育，人的发展就达到各个不同的发展水平。教育就是在这样一个个的“内化”“外化”的序列活动中进行着，实现着人的发展。

专栏 2-1：

理论界关于教育本质问题的不同观点

自20世纪80年代以来，我国教育理论界关于教育本质进行了激烈的讨论。在讨论中，许多学者从不同的侧面和角度，提出了许多有益的见解，但分歧明显。归纳起来，主要有四种不同的理论观点，即上层建筑说、生产力说、多质说、本质规定性说。

（一）上层建筑说

这种观点被称为传统派的本质观。论据是：唯物史观认为，社会存在决定社会意识，在社会存在中，生产关系是社会生活中最基本和最原始的关系，它对整个社会生活，特别是对社会意识具有制约作用，教育属于精神生活，它是受经济基础决定的。这个决定表现在：经济基础的性质决定了教育的性质。经济基础的变化，决定了教育的变化。因而教育是社会上层建筑。上层建筑说立论的基点，是马克思在《政治经济学批判》序言中所确立的原理：“生产关系的总和构成社会的经济结构，即有法律和政治的上层建筑竖立其上并有一定的社会意识形态与之相适应的现实基础。物质生活的生产方式制约着整个社会生活、政治生活和精神生活的过程。不是人们的意识决定人们的存在，相反，是人们的社会存在决定人们的意识。”它直接的论据是马克思、恩格斯在《共产党宣言》中说的，教育观念是由阶级的物质生活条件来决定的，资产阶级的教育是由资本主义的社会关系决定的。

（二）生产力说

这种观点可称为现代派的本质观。这种观点的论据是：教育与社会再生产之间，存在着本

① 孙喜亭著：《教育原理》，北京师范大学出版社2001年版，第48～49页。

质的客观的联系，教育是劳动力再生产的手段，因而它是社会再生产的必要条件，是社会发展和延续的手段。特别是从现代生产本性考察，它是以科学技术为基础的生产，从事这种生产的劳动者，必须要掌握生产知识和技术，教育只不过是生产过程分离出去的一个独立的因素。因而，可以把教育看作是社会生产力。生产力说立论于马克思关于社会再生产理论和生产劳动理论。马克思认为社会再生产中包括了一定的劳动力的再生产，劳动力再生产中又包含了教育和训练。马克思说："要改变人的一般的本性，使它获得一定劳动部门的技能和技巧，成为发达的和专门的劳动力，就要有一定的教育和训练。"现代化劳动，不是从单个人来看的，而是从整个社会来看的，整个社会里面从事生产的人是结合起来的。这个生产的产品，是结合着的劳动者的共同的生产物，结合着的劳动者的各个分子也都成为生产者了。

只是远近不等地参加了劳动对象的处理，劳动过程的协作性质发展了，生产劳动和它的承担者生产劳动者的概念也扩大起来，培养人的教育工作者，虽然没有直接从事生产劳动，没有参加生产劳动，但他是间接地作用于劳动对象的劳动，是作为总体一部分的劳动，应该肯定它是生产劳动，由此便可以得出教育是生产力，是间接参与生产过程的生产力。

（三）多质说（或多因素、多属性说）

这种观点可称为折中派的本质观。所谓多质说，就是认为教育是一种复杂的社会现象，教育的本质也应是多质的、多层次的。有人认为教育本质是它的社会性、阶级性、生产性、科学性、艺术性等各种属性的统一。社会结构中生产力和生产关系，经济基础和上层建筑，都是以人为主体的。教育作为培养人的活动，与人的成长、发展有直接联系，同时既与生产力、生产关系有直接关系，又与上层建筑有直接关系，教育的任务是使人的德、智、体、美诸方面得到发展，这就体现了它的多质性。教育内容广泛多样，也体现了教育的多质性。总之，教育本质是社会性、生产性、阶级性、科学性和艺术性的统一。不好将一种属性看作是它的本质，不应把教育简单归结为上层建筑，或生产力，或生产性的活动。

（四）本质规定性说

这一派方法论的特点，是力图从教育本身的质的规定性来揭示教育的本质，从教育之所以是教育的专门特点，从教育自身的矛盾的特殊性来揭示教育的本质。这一派被称为深化派的本质观。其共同点是立足逻辑的规定性，认为本质是对对象而言，本质和现象是客观事物发展过程中的两个不同的方面，它是唯物辩证法的补充。本质是事物的特殊矛盾，是一事物区别于其他事物规定性的属性。一个特定事物，它具有多种属性，然而本质属性都是单一的。研究教育本质，就是揭示教育之所以是教育的质的规定性。教育的上层建筑说、教育的生产力说、教育的多质说等，只是从教育的某些方面揭示了教育的某个或某些属性，并没有揭示教育之所以是教育的规定性。教育的本质就是根据一定社会的需要所进行的培养人的活动，或者说培养人的过程。

资料来源：孙喜亭著：《教育原理》，北京师范大学出版社 2001 年版，第 42～46 页。

三、教育的基本要素

教育是一种复杂的社会现象，发展到今天，已形成一个多因素、多层次、多类别、多领域、多形态的整体系统。但任何教育活动，都是由三个基本要素构成的，这就是教育者、受教育者、教育影响。

（一）教育者

凡是对受教育者在知识、技能、思想、品德等方面起到教育影响作用的人，都可称为教育者。家庭是一个人受教育的重要场所，父母是子女最初和最经常的教育者。社会教育中的师傅以及起到教育作用的其他人员，都是教育者。但从教育成为社会的独立形式以后，特别是近代教育制度确立之后，教育者主要是指学校的教师以及其他形式教育机构中的教育工作者。教育是教育者有目的、有意识地向受教育者传授或引导他们学习人类生产活动经验和社会生产经验的活动，教育者是教育活动的主导者，对整个教育活动的方向和进程有着决定性的影响。教育者除了有明确的教育意图或教育目的之外，还必须理解其在实践活动中所肩负的促进个体发展及社会发展的任务或使命，他（她）是社会的代言人、文化的传播者，也是学生的领路人。

（二）受教育者

凡是在教育活动中承担学习责任和接受教育的人都是受教育者。广义来看，几乎任何人都可能成为受教育者。在学校教育中，受教育者指学生。随着科学技术在生产上的广泛应用、终身教育时代的来临，受教育者逐渐扩展到成人乃至所有的社会公民。教育活动是教育者与受教育者双向互动的活动，受教育者是教育的对象，也是构成教育活动的基本要素。在教育活动中，相对于教育者，受教育者处于被领导和受教的地位。但受教育者也是社会的现实的活生生的人，他们不是教育者可以任意涂抹的白板或加工的素材，而是学习活动的主体，具有能动性、独立性、选择性和创造性。受教育者的这些主体性特征，影响和制约着教育活动的质量。受教育者的身心发展水平和个性特点既是教育活动的起点，也是他们自身进一步发展的基础。只有受教育者把外部要求转化为自己的学习、成长需求时，他才能成为自己学习的主人。随着受教育者学习能力的增长，其主观能动性在教育活动中表现得更为明显，起的作用也更大。

（三）教育影响

教育影响是教育过程中作用于受教育者的全部信息，主要包括教育内容、教育手段等。

教育内容是教育者和受教育者互动的媒介，其组成丰富多彩，从其涉及的范围来说，包括人类社会各种活动领域的知识、经验和技能技巧；从其价值来说，它具有发展人的智慧、品德、体力、审美能力和劳动能力等方面的作用；就其表现形态来说，有物质的、符号的、精神的、行为的。因此，不要把教育的内容与学校的课程所包含的内容等同起来，更不能把教育内容就看作是教材，后者被包含在前者之中，前者的内涵与外延要比后者丰富得多。由于教育活动的多样性和各类教育活动具体教育目标的不同，教育内容有着各种类型的组合。

教育手段，这是教育者借以将教育内容作用于教育对象的媒介物。或者说，是受教育者借以实现认识客体的媒介物。教育手段包括精神手段和物质手段。精神手段主要是教育者对教育客观规律的认识、教育方法的掌握、教育艺术的运用。物质手段主要是进行教育时所需要的一切物质条件，如教具、实验室、现代化教学设备、电化教育器材等。教育者和受教育者凭借这些手段，才能完成教与学的任务。

教育的三个基本要素，构成了教育活动极其复杂的关系，如教育者与受教育者，教育者与教育内容和手段，受教育者与教育内容和手段等。在这三个要素中，教育者与受教育者之间的关系是最基本的关系。它在教育活动中表现为教与学的关系。教包括两层含义：传授知识、思想与教给学生如何学习、修养的方法。学也包括两层含义，即学习掌握人类积累下来的精神财富和学会学习。教与学的主要形式是学校的教学活动。教育者代表社会所提出的教育要求与受教育者的身心发展水平之间的差距，是推动受教育者身心发展的基本动力。因此教育者与受教育者之间关系的实质是教育与发展的关系。

复习思考题：

1.名词解释：教育、教育制度、教育者、受教育者、教育影响。

2.什么是教育的质的规定性？把握教育的质的规定性有何意义？

3.结合实际，谈谈对教育三要素的认识。

4.古代教育与现代教育有哪些异同？

5.简述当代教育的发展趋势。

第三章 教育功能

学习目标：

1.掌握教育功能的概念，了解不同类型的教育功能。

2.理解教育的个体功能和社会功能。

3.分析教育的负向功能，指出教育负向功能的成因及消除对策。

4.理解我国确定教育优先发展战略的依据。

第一节 教育功能概述

一、教育功能的概念

教育功能是指教育在与其内外环境相互作用时所表现出来的稳定的反应能力。教育功能由教育的内部结构和属性决定，在与环境的相互作用中表现出来。教育既是一个相对独立的系统又是一个复杂开放的系统。在系统内部，教育功能表现为教育对受教育者发展的影响作用，它由教育者通过教育影响作用于受教育者，从而促进其发展。从宏观角度考虑，教育作为社会的一个子系统，与人口、经济、政治、文化等其他系统共同构成完整的社会结构，教育通过对人口、经济、政治、文化等的作用而表现出影响社会发展的功能。

二、教育功能的分类

（一）依据教育作用的对象，教育功能可分为教育的个体功能与社会功能

教育的个体功能，又称为教育的本体功能或教育的固有功能，是指教育对个体发展的影响和作用，由教育要素的相互作用所决定。教育要素相互作用的性质影响着受教育者身心发展的方向和性质；教育要素相互作用的方式影响着受教育者身心发展可能达到的程度和水平。

教育的社会功能，又称为教育的工具功能，是教育的本体功能在社会结构中的衍生。教育对社会发展的功能，可以是教育对社会各子系统直接的影响，也可以是教育通过培养人而对社会各子系统产生间接的影响。教育的社会功能以个体功能为依据，没有教育的个体功能就谈不上教育的社会功能。

（二）依据教育作用的方向，教育功能可分为教育的正向功能和负向功能

教育的正向功能是指教育对个体和社会的积极促进作用。我们通常所说的教育功能主要是指教育的正向功能。教育的负向功能是指教育对个体和社会所产生的阻碍作用或消极影响。教育的负向功能在现实生活中有很多表现，如因教育结构失调而造成的学生学非所用或大材小用，因一味追求考试成绩和升学率而造成的学生负担过重，等等。

世界上最早提出正向功能和负向功能这一对概念的是美国社会学家默顿（R.K.merton）。他认为正向功能有助于一个系统的适应或顺应，而负向功能则会削弱系统的适应或顺应。从正负两个方向来划分教育的功能是对教育功能认识的深化，有利于提醒或引导人们更科学更全面地对待教育的改革和发展。

（三）依据教育作用的呈现形式，教育功能可分为显性功能和隐性功能

教育的显性功能是指教育在实际运行中所产生的与教育目的、任务和价值相符合的结果。如教育促进人的全面和谐发展、促进社会进步等。教育的隐性功能是指非预期的且具有较大隐藏性的功能。如不公正的教育复制了现有的社会关系，再现了社会的不平等。教育的显性功能与隐性功能是相对的，一旦隐性的潜在功能被有意识地开发，就会转变为显性功能。

日本学者柴野昌山运用默顿关于功能划分的理论，提出了学校教育功能的理论分析框架。他把学校的教育功能分为四大类，即显性正向功能、隐性正向功能、隐性负向功能、显性负向功能。柴野昌山还举例说明了这四类功能现象的存在。比如，考试及成绩报告单作为教师评价学生学习效果和强化学生学习欲望的工具，具有显性正向功能。但是，如果教师仅凭考试成绩来评价，学生便会产生书呆子型成就中心的偏向，此可谓隐性负向功能。又如学校中的表扬制度及晨会之类的仪式性活动的本来目的只是为了帮助学生区分正误，但作为副产品，可能会出现增强学生对学校的归属意识、促进群体整合等预料外结果，这种结果便是隐性正向功能；至于显性负向功能，学校一开始就竭力避免，但由学生群体的反学校、反教师的亚文化而导致的各种不良行为或越轨行为则属于显性负向功能。因此，我们在教育实践中必须考虑教育功能的各种可能性，努力争取正向的教育功能，并避免出现负向的教育功能。

（四）从教育作用的性质看，教育功能可分为自我保存功能和自我更新功能

对教育功能做自我保存与自我更新功能的划分，最早见于联合国教科文组织编写的《学会生存》。该书指出："教育能使自己再现，也能使自己更新。"[①]教育具有传递传统价值的功能，它倾向于构成一种时间上和空间上密封的体系。其基本特征是重复，即重复地把上一代从祖先那里继承下来的知识经验传递给年轻一代。有人从三方面分析了教育的自我保存功能：一是就教育的源泉来讲，教育作为传递社会文化的工具，自身不能不落后于它所传递的文化本身。二是就教育的过程来讲，教育者与受教育者的关系相对固定，它倾向于形式化、公式化，教育的微观结构不能不具有相当大的稳固性，并影响到教育的中观、宏观结构的稳固性。三是就教育的结果来讲，教育"产品"的检验过程复杂而漫长，这不仅由于教育活动的周期长，而教

---

① 联合国教科文组织国际教育发展委员会编著：《学会生存—教育世界的今天和明天》，教育科学出版社 1996 年版，第 85 页。

育活动的成效要在活动周期结束后较长时间才能充分显示出来；而且因为个人的成长受到主客观多方面因素的影响，很难从一个人的成长中把教育的功效所占比重精确计算出来。教育成果检验不易，可能成为教育保守的正当理由。但是，与此同时，教育也能使自己更新。它一方面附属于社会，反映着那个社会的主要特征；另一方面，它也受外部压力的影响，从而不断改革和更新自身。相比之下，教育由于其自身具有保守倾向，其自我保存功能一般要强于自我更新功能。

三、教育功能的特征

（一）客观性

任何系统都有其功能，没有功能的系统既不可能也没必要存在。教育作为一个系统，也必然具有其自身的功能。教育功能客观存在于教育这一事物之中，它不以人的意志为转移。教育功能不同于教育价值和教育目的。教育价值和教育目的是人们对"好"教育的一种期待，它反映了人们认为的"教育应该干什么"；而教育功能是指教育的实际效果，它反映的是"教育已经干了什么"和"教育能够干什么"。如果说教育价值和教育目的是教育的"应然"表现的话，那么教育功能则是教育的"实然"表现，它是教育产生的实际作用。因此，教育作为系统，必有功能存在，教育功能具有客观性，并非主观的期望，而是客观的结果。

（二）整体性

教育功能的整体性是指教育功能中的各种效应总是相互关联并综合地产生作用。教育的个体功能有其整体性，教育的社会功能也有其整体性。教育功能是一个有机构成的复合体。各种功能你中有我，我中有你，互相影响，互相制约。因此，只片面强调某一方面的功能，以为借此可保证愿望得以实现，而实际结果可能适得其反，不仅被忽视的功能没有得到实现，就是被强调的这一方面也不可能达到预期的效果。教育功能中任何一方的残缺都会造成另一方以至整体性的损失。当然，根据不同历史时期所面临的主要矛盾，也要合理地调节教育功能的价值取向，使教育功能适度偏重于某一方面，以此带动其他方面的发展。就中国教育而言，根据历史经验，要特别注意防止个体功能和社会功能、政治功能和经济功能之间的极端性摇摆，要警惕有意无意地把教育的个体功能与社会功能、教育的政治功能与经济功能对立起来的倾向。

（三）层次性

教育功能的层次性可以从不同的角度进行分析。从作用对象来看，可将教育的功能分为直接功能和间接功能。直接功能是在具体教育过程中直接表现出来的教育作用，间接功能则是产生在教育过程之外的由直接功能引起的效果。就教育在同人的关系及同社会的关系中表现出的功能而言，教育的个体功能是直接功能，而教育的社会功能则是间接功能，后者是前者的间接效果。从教育功能产生效果的持久程度来看，可分为长期功能与短期功能。前者的功效是长期的，后者则相对是短期的。实际上，这两种功能是相互关联的。多次的短时功能的效果可积累成为长时功能所具有的影响力。长时功能的实现，可视为许多具有短时功能的教育行为汇集而成，而这又往往依赖于有计划的教育活动。

(四)迟效性

教育功能的迟效性体现在个体功能上,也体现在社会功能上。从个体功能来看,个体对于教育所提供的外部影响需要经历一个吸收、消化,从而向自身素质转变的过程。因此,对个体的教育难以一蹴而就,表现为实现一个完整的教育目标需要经过一定的时间。从社会功能来看,教育的社会功能一般要经过较长的人才培养周期之后才能得以显现,尤其是基础性、普通性和理论性的教育,更具有周期长的特点,其社会功能具有明显的迟效性。急功近利,追求立竿见影不符合教育功能的特点。

第二节　教育的个体功能

教育的个体功能是现代社会发展的产物。在古代社会,学校教育的功能主要是为巩固政治制度服务的,教育为个体发展服务的功能是附属的,并为统治阶级利益所制约。近代文艺复兴时期,人文主义教育把人的发展和社会的发展对立起来,把促进个体身心潜能的发展,培养敢于蔑视社会成规,具有独立、自主、自由的反叛精神的人,作为教育的价值追求,但在以促进社会的发展以牺牲个人的发展为前提的近代,他们的理想显然是一种乌托邦。当代社会发展的根本是为了人的发展,二者不存在根本的对立和冲突,现代教育的本质回归到了人自身。

促进人的发展是现代教育所预期的正向功能,即显性正向功能。这一功能是教育本质和教育目的的体现,因此也被称为教育的本体功能,成为派生其他功能的源泉,在教育功能系统中处于基础性地位。

一、教育对个体发展的促进功能

个体的发展是个体社会化和个性化的对立统一,教育就是通过个体的社会化和个性化,促进一个生物体的自然人成为一个生活在现实社会中的具体的人。因此,教育的个体发展功能表现为促进个体社会化的功能和促进个体个性化的功能。

(一)教育促进个体社会化的功能

个体的社会化是个体学习所在社会的生活方式,将社会所期望的价值观、行为规范内化,获得社会生活必需的知识、技能,以适应社会需要的过程。个体社会化过程是一个持续终身的过程。其具体内容包括:①接受一定社会的文化价值与社会规范;②使个人追求的目标与社会要求相一致;③掌握个人获得社会成员资格和追求目标所必需的技能;④学会认同身份和在每一场合下自己所处的角色。学校是个体社会化的场所,教育是个体社会化的途径,教育在促进个体社会化中的功能主要表现在:

1.教育促进个体思想意识的社会化

人的行为是一种有意识的行为,思想意识是支配人行为的内在力量。意识虽然为个体所具有,但它不是个体思维的产物,而是社会的产物,个体意识必须反映并符合社会的规范和要求。所以,个体的思想意识本质上是社会价值规范在个体头脑中的反映。

教育代表一定社会的要求,传播社会中的主流文化和价值观念,受这种文化和价值观念的影响,学生就易于形成与主流社会文化要求一致的思想意识,从而认可并自觉维护现成社会的种种关系。而且,由于教育所传播的文化价值观念的系统性和深刻性,还由于教育活动组织的计划性和严密性,教育形式的活泼性,就易于使学生接受这种价值观念,并形成完整的思想观念体系。教育促使个体思想意识的社会化,特别表现为个体的政治化。

2.教育促使个体行为的社会化

人的行为要符合所属群体或社会的要求,这个要求就是社会规范。教育通过社会规范的传递,使人们认识社会规范的意义和内容,认识到应该干什么,不应该干什么,防止个体行为偏离社会的轨道。在日常生活中,教育还具有生活指导功能。它授予人在社会生活中必需的知识技能,如处理人际关系的技能,帮助人们学会协调理想和现实之间的冲突,使人们首先学会生活、适应生活。

3.教育培养个体的职业和角色

职业是社会化的集中体现,人生活在社会中,要以一定的职业为生,这就决定了为就业和生活做准备的教育,必须能够促进个体的职业化。对职业技术教育、高等教育和成人教育而言,培养人的职业意识、技能是其核心要求。基础教育作为一种全面的素质教育,也负有职业指导和职业定向的重要职责。因此,教师要指导学生根据自己的兴趣、爱好和能力,结合国家的需要、确定自己的未来理想,帮助他们实现自己的职业理想。

(二)教育促进个体个性化的功能

个性是个体在实践活动中形成的独特性,它是个体个性化的结果。个性化是一个尊重差异性的求异过程,它反映的不是对社会的适应,而是在继承基础上的发展、变革和创造,因而个性化的核心是个体在社会实践活动中促进自主性、独特性和创造性的形成。

1.教育促进人的主体意识的形成和主体能力的发展

主体意识和主体能力是人的主体性的表现。主体意识是人作为认识和实践活动的主体的自觉意识,它包括主体的自我意识和对象意识。主体能力是主体认识、改造外部对象世界的能力。主体意识是主体性的观念表现,主体能力是主体性的外在表征。无论是主体意识的形成还是主体能力的获得都要通过教育。因为人要成为认识和实践的主体,必须通过接受教育获得相应的知识、能力,从而达到变革客观世界的目的。因此,对个体而言,教育是一个受教育者提高自身素质,增强自我能力的过程。

2.教育促进个体差异的充分发展,形成人的独特性

个体的独特性表现在人的个性心理上,诸如兴趣、爱好、理想、信念、世界观、能力、气质、性格等。人的遗传素质蕴涵着个体的差异性,如气质类型的差异、智能优势的差异等。个体由于后天的生活环境、教育影响的不同,即使是相同的遗传素质,也会形成不同的发展结果。教育作为有目的的活动,可以根据学生的不同心理发展特征,选择适合他的发展道路,设计适合他的教育。因此,教育能够尊重个体的差异,因材施教,帮助不同的学生充分开发其内在潜力,形成自己的优势和特长。

3.教育开发人的创造性,促进个体价值的实现

人的个体的生命价值是针对人对社会的贡献与作用而言的。每个人如何展现其人生的价值归根结底是通过他在社会生活中发挥作用的大小来衡量的。人应该成为对他人、对社会有益的人。教育使人意识到生命的存在并努力追求生命的价值与意义。教育赋予人创造生命价值的信心与力量。创造性是人的个性的核心品质,是个性的自主性、独特性的综合体现。它是个体在创造活动中所表现出的自主、独特、与众不同的心理倾向。创造活动是人生产新颖、独特、有社会价值的产品的活动。人们在创造活动中所表现出来的创造性不仅是个体独特的自我意识的体现,同时也是符合社会价值的要求,具有社会性。因此,创造性是自我性和社会性的连接,它虽然是个人才能的最高体现,但这种才能的发挥要受到社会的制约,要以对社会的贡献来衡量。

二、教育的个体谋生和享用功能

(一)教育的个体谋生功能

教育的个体谋生功能,是指通过教育,使学生获得一定的职业知识和技能,为他们谋生创造条件。教育的个体谋生功能,在性质上不同于教育的个体发展功能。教育的个体发展功能,着眼于主体人自身发展的需要,促进人的身心和谐完善的发展,是成"人"的教育。教育的个体谋生功能,着眼于社会生产和生活对人的知识技能的要求,是成"才"的教育,是"人力"的教育。当然,教育的最终目的是成"人",但成"才"是成"人"的必要环节,同时,成"人"必须通过成"才"表现出来。

教育是通过知识经验的传授而促进人的发展的,促进人的发展虽然是教育的终极目的,但不是教育的唯一目的。教育在传授知识的同时也使人获得了谋生的本领。古代社会,生产相对简单,劳动者所需要技能可以靠师徒式的模仿获得。随着工业革命的到来,对劳动者的素质要求越来越高。现代社会,个体谋求某种社会职业必须要以接受相关的教育和训练为前提,并对教育程度的要求也越来越高。第一次工业革命(蒸汽机)要求劳动者具有小学文化程度;第二次工业革命(电气化)要求劳动者具有初中文化程度;第三次工业革命(电子)要求劳动者具有高中文化程度并受过职业化训练;现代的信息革命提出了高等教育大众化的要求,要求越来越多的人受过专门的高等教育训练,而且教育的层次也在不断提高。

教育的个体谋生功能,一方面可以通过个体社会化,将社会文化行为规范传递给新生一代,使他们获得未来社会生活或职业生活相应的角色和意识,以便他们在进入社会生活时能尽快地适应新环境。另一方面教育要传授"何以为生"的本领。英国教育家斯宾塞(H. Spencer,1820～1903)曾经将"个人完美生活的准备"作为教育的目的,认为"为我们的生活做准备是教育应尽的职责",这在个人本位教育家看来,虽然具有功利主义的色彩,但它确是现阶段社会的需要。因为现代社会还没有发达到生产力高度发达和对产品的各取所需,劳动既是人的需要,更是人谋生的手段。教育,尤其是普通教育基础上的职业技术教育、高等教育、成人教育就是要造就和培养具有谋生本领的劳动者和建设者,成为推动社会生活发展进步的人力资源。个体谋生的需要,要求教育必须教人"学会生存",在当代,这不仅是学校教育的任务,还

是整个终身教育的职责。

（二）教育的个体享用功能

教育的个体谋生功能指向外在社会的要求，个体把教育作为一种生存手段和工具。此外，教育还具有个体享用功能。教育的个体享用功能，是指通过教育，受教育者需要得到满足，求知欲得到实现，获得高层次的精神满足，进而获得一种精神上的享受。

对学校教育而言，受教育过程是一个通过促进个体发展不断追求自由的过程。一个人受教育越多，对外界必然性的认识就越深刻，就越能按照事物本身的规律，体现自己的意志自由。教育通过知识的传授，教人“求真”“向善”“粹美”，促进人的知情意、德智体全面发展，从而造就一种自由人格，造就活动中的自由人。受过教育的人，是自由之人，也是幸福之人。幸福是完美人性的展示和表现，这种人性融智慧、情感、道德于一体。教育通过使受教育者人格的提升和完善，使他们体验到精神上的幸福。

教育固然教人知识，但获得的知识有外在和内在的不同价值。知识的外在价值转化为一种力量或一种生产力，成为谋生的手段。知识的内在价值在于促进人的身心和谐发展，造就完满的自由人格，使人成为自由之人，幸福之人。所以，教育的享用功能是教育个体发展功能的必然延伸。

三、教育对个体发展的负向功能

教育对人的身心发展有极大的作用，甚至可以说主导着人的发展。然而，这种作用的发挥是有条件的，并非所有的教育都能发挥正向的促进作用。正如《学会生存》所指出的“教育既有培养创造精神的力量，也有压抑创造精神的力量”，甚至有的教育还在摧残儿童。

在应试教育下，为了追求高分数，特别强调标准化教学。标准化的教学、考试如同温柔的陷阱，过于追求客观化、规范化而束缚了人的想象力和创造性，成为扼杀创新精神的最大凶手。现实教育由于某种异化而阻碍了学生的全面发展和个性潜能的充分实现。第一，过重的学业负担、惟“智”是举的做法，严重摧残了学生的身心健康。第二，现实学校管理和班级管理中，大部分学校对学生进行刚性的规范管理，重视校长和教师的权威，运用各种规则、规范，告诉学生应该做什么，应该怎么做，而不管学生是否口服心服。更有甚者，采取体罚和变相体罚等简单、粗暴的方式对待学生。这样做只能使学生规规矩矩，学生富有活力的生命在规范的框架中遭到压抑，限制了人的主体性的发展。第三，教育的功利性使教育丧失了对生命的关怀，教育中学生感受到的不是幸福而是一种痛苦、恐惧和沮丧。

针对已经出现的负向功能，不能回避，而要认真分析原因采取积极措施去克服和矫正。针对上述例子，克服教育负向功能的关键是树立“以人为本”的教育理念。以人为本的教育，首先要把人看作是目的，而不是手段；把学生的个性发展看作是教育的唯一出发点和归宿，而不是为了外在的目的（如遵守纪律，保持安静）而迫使学生就范。以人为本的教育，把人看作具体的、能动的人，尊重他们的人格和生命，以积极的目光期待他们、赏识他们。一位家长这样说：“哪怕天下所有的人都看不起的孩子，做父母的也应该眼含热泪地欣赏、拥抱、赞美他，为他而自豪。”做老师的何尝不应该也这样呢？

第三节 教育的社会功能

教育的社会功能表现在对教育之外的其他社会子系统的作用,包括人口、经济、政治、文化等方面。文化是教育的基本内容,教育是人类特有的文化传递的形式、手段和工具。教育社会功能的发生是由政治功能到经济功能,而学校教育的出现一开始就是统治阶级的特权,随着生产的发展,教育必须为社会生产劳动力。教育在社会现代化的过程中,其社会功能也由单一的功能论发展到综合的功能论,全方位地发挥作用。教育的社会功既有正向的,也有负向的。教育对社会发展的正向功能主要表现在教育对社会人口、经济、政治、文化等方面的积极作用。

一、教育对社会的正向功能

(一)教育改善人口质量,提高国民素质的功能

人口是生活在一定社会、地区的个体的总和,其状态包括人口的数量、质量和结构。教育对控制人口数量、调整人口结构都有着重要作用,但与这些功能相比,教育对改善人口质量和提高民族素质的功能,表现得更直接,在当代尤为突出。

教育是提高人口质量的根本途径。人口质量是一个表明人口各方面素质综合发展水平的概念,它包括人口的身体素质、科学文化素质和思想道德水准。人口的数量和质量在社会发展不同阶段起着不同的作用。当社会生产力处于较落后的状态下,生产劳动主要以体力劳动为基础,生产的发展和经济的增长主要靠劳动力的增加,人口的数量显得特别重要。而当社会生产力的发展达到高度科学技术化以后,经济的发展就越来越依赖于科学技术、知识、智力的积累与发展,人们就强调人口质量。可以说,人口质量成为现代生产发展和经济起飞的关键因素。因此,国民受教育程度和水平也就成为一个国家现代化水平的重要指标。尽管影响人口质量的因素很多,但是,教育对提高人口质量发挥着决定性作用。因为人口质量主要体现在人的科学技术水平、文化修养和思想觉悟、道德水平等精神因素,教育作为促进人德智体美劳全面发展的活动,其直接的效果就是提高人口质量。

(二)教育促进文化延续和发展的功能

文化的含义极其广泛。从广义讲,文化是指人类在社会历史实践中所创造的物质财富和精神财富的总和。从狭义上讲,文化是指有别于经济、政治的所有精神生产的成果,包括价值观念、思维方式、行为准则、伦理道德、宗教信仰、文学艺术、审美情趣、风俗习惯等。

教育与文化有着极其密切的关系。就教育与文化各自所包含的范围来讲,教育是文化的一部分,是文化的构成体。就教育与文化间的关系来讲,一方面,教育的制度、内容和方法受一定文化传统的影响,一个国家、民族的文化特点决定了教育的特点;另一方面,教育又是文化传递和积累的重要手段,是促进文化发展不可缺少的因素。

1.教育文化功能的演变

人类的文化与人类教育是一对孪生姐妹。因为人类的生存和发展不可能没有文化，而文化的传递和发展又依赖于教育。在原始社会中，人类是在社会生产和生活中传递各种文化特质的，传递文化的教育与人类生产和生活本身是在同一过程中进行的。在这种情况下，各种文化特质，如部落礼仪、通婚习俗、原始宗教，虽然可以传递下来，但很难得以筛选、整理、交流和提高。进入奴隶社会后，人类的文化开始丰富起来，出现了优美的青铜器、宏大的建筑、复杂的宫廷礼节和一些著名的思想家，特别是文字的形式长久地固定起来。为了适应文化更加丰富，各民族间的文化交流日益频繁，教育对文化的影响也越来越大，它不仅加强了传递、选择、整理文化的功能，而且，融合、发展文化的功能也日益突出地显示出来。目前，各国的教育机构已名副其实成为传递、交流、融合世界文化的重要场所。

2.现代教育的文化功能

(1)选择、整理、传递和保存文化的功能。人类文化说到底，是人类生产与生活的产物，但同时又是人们新的社会生产与社会生活的基础和必要条件。由于人们的价值观念、社会生活的风俗与规范、人们的审美情趣等人类文化的所有特质，不可能通过遗传的方式获得，而只能通过传递的方式继续并发展下去，因此，教育从一开始就成了传递和保存人类文化的重要手段。实质上，也正是从这个意义上说，教育是人类历史的一个永恒的范畴。

自从人类走出原始社会，文化就大大丰富起来。到了现代社会，借助于书刊文字、胶片和磁带，以及各式各样的实物，人类文化已经积蓄成一个浩大无比的宝库。随着现代化视听设备的发展，文化交往的时空界限也已经被冲破，人们可以通过收音机、电视和录像等真切地感受到不同社会制度下的各种文化。另外，随着世界性民主运动的兴起和人民物质生活的丰富，各种以年龄、兴趣、职业和阶层为媒介的团体不断涌现，随之也出现了各具特色的亚文化。在这种情况下，各国都面临着这样一些矛盾，从文化运动本身来看，如何处理核心文化与亚文化的关系，使亚文化既符合核心文化的主流方向，又给核心文化增添新的富于活力的特质；从人与文化的关系看，就是如何处理一个人掌握文化容量有限和人类文化浩大无比的关系。这使得人们更加重视教育在选择、整理、传递和保存文化方面的功能。

教育之所以能够担负上述任务，主要有三方面原因：第一，教育离不开确定教育内容，而确定教育内容的过程，实际就是选择文化的过程。在现代社会中，人们用最精粹的文化要素去武装青年一代。这是解决人脑容量有限与文化浩大无比这对矛盾的一个重要方面。第二，教育离不开编写教材，这实际上是整理人类文化精粹的过程。把知识用人们最易接受和理解的形式分别组织起来，可以帮助人们学到更多的人类文化。这是解决上述矛盾的另一个重要方面。第三，青年时期是一个人长知识、长身体和形成各种观念和行为习惯的重要时期。在这一时期，通过教育向青年一代灌输什么样的文化体系，对今后社会文化的发展至关重大。成功的教育往往可以帮助青年一代掌握住社会核心文化的主体，从而使各种亚文化与核心文化保持谐调。

(2)创造、更新文化的功能。人类文化的发展与延续离不开富有创造活力的人才，而教育就是为社会文化的不断更新发展培养大量的、具有创造活动的人才。古代社会，文化发展对人的创造力的要求并不迫切。所以，传统教育崇尚呆读死记的方式，注重古人遗教，藐视新意，扼杀人的创造力。在现代，特别是20世纪50年代以来，科学技术飞速发展，各国、各民族间的文化交流日益增加，世界范围内的科学、技术、艺术、体育等方面的竞争也在激烈进行。各国学者纷纷研究本民族道德、民俗、思维方式、价值观念体系的优劣之处，促使其不断更新，向科学的方向发展。文化发展的总趋势呈开放型、竞争式。在这种情况下，一个民族的文化要想发展，就必须有一大批具有创造才干的新人去发明、去创造，使本民族的科学技术、文学、艺术、体育及整个社会思想意识体系，走在世界文化发展的前列。同时，现代社会也面临着许多难以解决的问题，如战争威胁、环境污染、粮食匮乏、人口爆炸等，人们必须寻找一种有效的方法来迎接这些新的挑战。现代教育把培养青年一代的创造力，当作教育科研的一个十分重大课题，各国教育家和心理学家不断提出培养青年一代创造力、智力和个性发展的新的理论和方法，广泛开展以实现上述目标为宗旨的教育实践。正是在教育的这种发展趋势下，当今世界文化的发展才有过去所无法比拟的加速度。

现代教育与文化创造紧密结合，成为促使文化变革的一个重要方面。其一，在现代教育中，教育者对作为教育内容的文化素材，已不是简单机械地照搬，而是根据教育原理和各种文化素材的特点进行加工和再造。另外，现代学校总是用科学的眼光看待民族文化中的一切特质，否定其中丑恶的东西，倡导科学的民俗习惯和价值观念。其二，以科学研究为主要形式的文化创造活动，已经成为现代教育，特别是高等教育不可缺少的一个组成部分。例如，据1975年统计，日本大学科研机构为1302所，约占国家科研机构总数的1/2左右，大学科研人员占日本科研总数的70%。据1983年统计，在我国自然科学奖中，由高等学校获得的占45.2%，在国家发明奖中，由高等学校获得的占25.3%。形成这种状况的原因，一是学校里集中了一批具有创造潜力的优秀人才，是进行文化创造的生力军；二是现代文化发展的步伐太快，若把教育与科研完全割裂开来，学生就无法学习最新的知识并掌握先进科学研究的方法。

(3)吸收、融合世界先进文化的功能。各民族文化的广泛接触和交流，为人们对各种文化进行比较提供了条件。而战争、经济竞争、文化竞赛又极容易暴露出本民族文化的落后方面。这些加快了各民族文化相互吸收的过程。而现代教育在这方面扮演了极为重要的角色。例如，日本明治维新后，开始了现代化步伐，他们大量吸收西方先进国家的文化成就，学习他们的政治、经济及社会制度，甚至于衣着饮食习惯。东西方两种文化进行的这种广泛接触、交流和融合，加快了日本现代化的进程。日本教育专家在回顾这段历史时曾明确指出，在促进文明开化方面，公共教育扮演了先锋的角色。许多西方人士被邀请到日本来，努力向他们学习，寻求现代化领域的新知识。这些努力使政府和社会得以高度西方化。再如，美国移民来自众多国家，同时带来不同民族文化，正如许多美国学者指出的那样，美国教育名副其实地成为民族的大熔炉。显然现代教育的这种功能，与传统教育那种趋于保守，对异种文化主要采取排斥的态度，形成了鲜明的对照。

当然，现代教育不是融合各民族文化的唯一途径。移民、贸易往来、旅游事业的兴起、文学作品、电影电视的相互交流，都可以加速各民族文化的相互吸收。但唯有教育是最积极、最有效的手段。首先，通过教育来吸收其他民族的文化。一般有一个积极的选择过程，去其劣质，取其精华，力求把外民族某些文化特质纳入本民族核心文化的体系中，从而大大减少吸收的盲目性，提高青年一代的民族自尊心。其次，在青年一代的思想中，传统的文化模式毕竟较少，他们喜欢作各民族间的横向比较，对一切新的东西都很敏感，容易接受新的观念与新的工作和生活方式。这种心理趋势对吸收和融合其他民族的文化无疑是极为有利的。通过教育融合、吸收各民族的文化通常采取下列途径：吸收各民族的文化精华作为教材；互派教师进行考察、讲学和研究；互派留学生。特别是近些年，到西方发达国家留学的人越来越多。

3.现代教育文化功能的发展趋势

(1)现代教育将大力促进与现代经济结构、政治结构相适应的文化思想意识形态的形成和发展。世界现代化运动虽然已经有了很长的时间，但仍然不断地受到来自传统文化的羁绊。造成这种状况的原因有两个：一是世界现代化的进程很不平衡，既有已经相当先进的民族和国家，也有仍然充满传统文化色彩的国度；二是传统文化具有巨大的滞后性，当然政治结构和经济结构发生变化后，经过数千年形成的传统文化与社会主义现代化建设事业的要求发生冲突，诸如建立网络型社会结构的要求同传统文化中大一统观念的冲突；贯穿于网络型社会结构之中的平等原则同中国传统文化中贵贱等级原则的冲突；法治要求和人治传统的冲突；个性的全面发展与共性至上的群体原则的冲突；创新需求和保守心理的冲突，等等。毫无疑问，今后的教育将积极地向青年一代灌输与现代化建设相适应的新文化思想意识，用科学打碎一切不相适宜的传统观念。它将用新的教育方法帮助青年一代形成新的思维方式和行为习惯，从而在现代化的过程中发挥巨大的作用。

(2)现代教育将大力促进东、西方文化在高层次上的相互借鉴和吸收。总的来说，在现代化的过程中，西方社会起步早些。工业社会带来的现代化的生活方式，使东方各民族看到了西方文化的力量。因此，相当长的一个时期内，世界文化发展的重要特点是东方文化学习西方文化。但是，近些年世界文化的发展发生了一些重大的变化。据一些专家分析：目前，西方社会与文化发展的进展，面临深刻的矛盾和转折。传统的西方文化思想和基本观念正经历根本性的变化，例如，从强调“生存竞争”、天人对抗转向注重生态性的变化、人与自然和睦相处；从创造物质生活进而重视内心生活的建设，以求得物质生活和精神生活协调；从绝对尊重个性自由、个人与社会对抗，变为个人与群体协调；从直线式的进化观转向螺旋式的发展观；从静观的知性分析方法转向能动的知行结合方法等。这种变化都显示出某种程度上背离西方固有的文化思想，向东方文化传统靠拢的趋向。由此看来，人类文化史的进程将会打破近代以来西方文化独盛的局面，开始更高层次上的东西方文化的相互借鉴和吸收。

在这种新的形势下，各国教育都必须重新考虑向青年一代灌输什么样的文化意识，如何建立一套新型的教育思想和方法，把本民族的优秀文化传统与其他民族的文化精华有机地结合起来。实际上，一些国家的教育已经显露出了这种发展势头。例如，日本最近开展了一场培养“国际人”的活动，其目的是让学生掌握多种外语，了解其他民族的文化传统，以适应未来日益广泛的国际交往的需要。可以预言，今后各国虽然继续强调本民族的一些文化传统，但在学校里，文化隔离的界限将越来越模糊，学校培养的青年一代在文化上更趋于接近，他们之间更易交流。

(三)教育促进经济发展的功能

当代经济发展已由依靠物质、资金的物力增长模式转变为依靠人力和知识资本增长的模式,教育在经济增长中的作用越来越显著。现代社会经济的增长证明了人力资本是经济增长的关键,而教育是形成人力资本的重要因素。美国经济学家舒尔茨(T.W.Schultz)经过深入研究提出了"人力资本理论"。舒尔茨认为,人力资本就是指凝聚在劳动者身上的经验、知识、技能及其所表现出来的能力,它是经济增长的主要因素,是一种经济价值十分显著的资本。在经济增长中,人力资本的作用大于物质资本的作用。人力资本投资与国民收入成正比,比物质资源增长速度快。不应当把人力资本的再生产仅仅视为一种消费,而应视同为一种投资,这种投资的经济效益远大于物质投资的经济效益。人力资本理论把提高人口质量作为人力资本的核心,把教育投资看成是人力投资的主要部分。教育成为促进各国经济增长的"法宝","教育先行"成为当代教育的一大趋势。教育对促进经济发展的功能主要表现在两个方面。

1.教育通过提高国民的人力资本,促进国民收入和经济的增长

(1)普通教育提高民族文化素质,为经济发展提供良好的发展潜能。民族素质是一个综合概念,既包括人的身体,也包括人的文化素质。人作为社会生活或社会生产的主体,从古代社会到现代社会,对身体素质的要求没有明显的变化,但对文化素质的要求却逐步提升。研究表明,一个受过初等教育的工人可以使劳动生产率提高30%;受过完全中等教育的工人在技术创造上的积极性,比没有受过同等教育而工龄相同的工人要多4～5倍。教育正是通过提高民族文化素质,不仅为生产发展提供了合格的工人,更重要的是它提供了经济发展的良好背景,这是经济持续发展的后劲,战后德国、日本经济的迅速恢复就说明了这个道理。

(2)职业和专业教育直接生产劳动能力,为经济的发展提供了人力的支持。普通教育与职业或专业教育的区别就在于,普通教育传授一般的文化知识,提高受教育者的素质;职业或专业教育旨在传授从事某一职业所需要的专门知识技能,提高人的劳动能力。在这个意义上,马克思指出"要改变一般的人的本性,使他获得一定劳动部门的技能和技巧,成为发达的和专门的劳动力,就要有一定的教育和训练"。因此,"教育会生产劳动能力"。而且劳动能力的提高,可使他们在直接的生产过程中提高对生产过程原理的理解程度和劳动技能、技巧的熟练程度,提高新技术的运用能力和对生产的改造能力,提高技术的创新能力等。

现代教育通过人的素质的提高和专门劳动力的培养,对经济的发展直接起着决定性的作用。人力资本理论指出"教育作为经济发展的源泉,其作用是远远超过被看作实际价值的建筑物、设施、库存物资等物力资本的"。舒尔茨通过计算比较得出的结论是:有技能的人的资源是一切资源中的最为重要的资源,人力资本收益大于物力资本投资的收益。教育经济学家的研究也证实了这一观点。知识、人才是现代经济增长的核心,教育负有促进经济增长的直接重任。

2.教育通过生产科学技术,促进经济的发展

科学技术是教育的重要内容,教育对科学技术的作用主要体现在两个方面:一是再生产科学技术,二是生产新的科学技术。科学技术是人类整个历史发展过程的结晶,是人类不断积累、继承和创新的结果。在人类历史发展过程中,科学技术要得以传播,尽管有许多途径,但教

育是最有效的途径。因为教育能够对科学技术加工改造，成为简约化的“精华”内容。教育可以高效再生产科学技术，它通过有效的组织和方法来缩短再生产科学技术所必需的劳动时间，通过教师的传播使原来为少数人所掌握的科学技术为更多的人所掌握，扩大了传播的范围，更重要的是通过教育培养了一大批科技人才，他们是生产新的科学技术的不竭动力。

科学技术是第一生产力，但只是马克思所说的“一般的生产力”。所谓一般的生产力，是指科学技术通常是以知识形态存在的、潜在的、可能的生产力。这种潜在的、可能的生产力要转化成直接的、现实的生产力，就必须借助于人的掌握，把科学技术渗透到物质生产过程中，发挥它的力量。而教育恰恰是科学技术转化为生产力的中间环节，是科技第一生产力由潜在性变为现实性的前提和条件。

教育不仅能够生产科学技术，还能将科学技术这种一般的生产力转化为现实的生产力，所以，教育还创造新的生产力。生产力要素的变化，今天都与科技、教育有着密切的联系，可以说，教育是生产力变化的“因”，生产力是教育发展的“果”。

(四)教育促进政治民主化的功能

民主问题是现代教育与政治关系的核心。在古代社会，教育融合于政治之中，教育活动是从属于政治的。近代以来，教育与政治的关系发生了变化。近代资本主义社会的形成，是以否定古代社会的专制和特权为特征的，并以“民主、自由、平等”等作为资产阶级民主政治统治的口号。顺应资本主义生产关系的要求和商品经济发展的需要，使得资本主义的教育不再是专制统治的附庸工具，“自由教育”“民主教育”应运而生。但资本主义学校教育的双轨制，在取消了封建社会血统等级制后，又代之以金钱为标准，这是“用貌似民主的词句作为烟幕掩盖了真正的不平等”。社会主义社会，民主进入了一个新的阶段，它不承认任何形式的专制和特权，把政治的民主、平等作为自己的奋斗目标。因此，在社会主义社会，民主问题成为教育联系政治的着眼点。教育的政治功能主要表现在以下几方面：

1.教育通过培养合格公民和政治人才为政治服务

教育通过人才的培养，服务于社会的政治，维护统治阶级的利益，这是教育发挥政治功能的一个最基本的途径。这主要有两个方面：一是对广大人民进行政治和意识形态教育，促进他们的政治社会化，并成为社会所需要的合格公民；二是培养政治人才，以补充社会管理层的需要，直接参与统治阶级的管理，执行统治阶级的意志，为统治阶级服务。现代社会，世界各国都在学校开设有政治类和思想品德教育的课程，如“社会课”“公民课”“政治课”“品德课”“法律课”等，其主要内容都是向学生介绍一个国家的社会政治制度、法律制度、主导的意识形态、公民的权利和义务等，旨在使每个人形成该社会所要求的政治思想和政治信念，成为社会所期望的合格的公民。在普通高等学校中，专门设置一些相关的专业，直接培养社会的管理人才和政治人才。

2.教育通过思想传播、制造舆论为统治阶级服务

学校是一个宣传和传播文化的场所。一定社会的文化体现该社会的政治要求和思想，所以，学校通过文化的宣传和讲解，使统治阶级的思想由少数人掌握逐渐为广大人民所知晓。而且，教育者的宣讲具有一定的说服性，不仅使受教育者了解这一思想，更重要的是让他们相信

这一思想。

学校还是一个营造社会舆论的场所，因为学校是知识分子和青年学生的聚集地，他们思考人生，关注社会，具有强烈的社会责任感。他们学习文化，追求自由、民主和进步，对社会的发展会做出自己的思考和反应；他们具有很强的政治敏锐性，比较激进，但有时也比较单纯，缺少社会的政治经验。所以，在政治急剧变革的时期，学校尤其是高等学校从制造舆论开始，往往走在政治的前列，极端时甚至组织学生直接参与政治运动。在社会和平稳定的时期，教育通过知识的传播，对文明和进步的追求，营造一种小的气候，由学校扩展到社会，由师生扩展到每个公民，形成一种良好的社会风尚，发挥其舆论制造的功能，引导社会的文明和进步。

3.教育是促进社会民主化的重要力量

既然民主的问题成为教育与政治的核心问题，那么，教育的政治功能最主要的就是促进政治的民主化。这主要表现在三方面：

(1)教育传播科学，启迪人的民主观念。古代社会，教育始终是统治阶级愚昧人民的精神鸦片。现代社会，教育通过传播科学真理，启迪人的思想意识，提高人的民主观念，鞭打愚昧和落后，成为社会变革的内在动力。因为只有具有民主意识的公民，才能建立民主的社会和民主的政体。

(2)教育民主化是政治民主化的重要组成部分。教育民主化是现代教育改革的目标，它表现为教育权力的平等和教育机会的均等。教育平等作为一种实践运动，是政治民主化的重要标志，也是推动社会政治变革的重要力量。作为教育民主化重要体现的全民教育，受到了全社会的重视。

(3)民主的教育是政治民主化的加速器。民主的教育不仅可以提高国民的政治素质，推动他们参与政治的热情和能力，通过提高领导阶层的文化素质促进管理的科学化和民主化；更重要的是民主教育本身的实践影响每个学生的心灵，使他们在民主教育中增强民主的意识，使民主在一代人的心中开花、结果。

二、教育对社会发展的负向功能

以上都是谈的教育对社会发展的正向功能，教育可以促进社会的发展，但是未必都是这样。有学者指出，“教育这个改造社会的有力工具，如果只用于保守固有文化，就会阻碍社会的进步，如果不顾当前事实的需要，硬用这个工具灌输不能实现的幻想，也足以增进社会的混乱”①。这时的教育对社会发展就表现出负向功能。教育对社会发展的负向功能是教育系统与外部环境出现失调乃至冲突的状态，它是教育外部的异常条件使教育正向功能的实现受到严重阻碍，其结果派生出来多种偏离行为，产生许多期望之外的不良功能，结果对社会维持和发展起到一种“损害”性的作用和影响。

教育的负向功能有些是整体的，有些是局部的，这取决于社会的性质。当社会的发展处于负向时，教育总体上发挥的是负向功能；当社会发展处于正向时，由于教育系统和社会其他子

---

① 陈翔林著：《教育社会学概论》，中华书局 1993 年版，第 10 页。

系统关系失调，教育与经济社会发展的不和谐，就业、用人制度的不完善等，导致教育出现局部的负向功能。当然，这种局部的负向功能，不只有社会的原因，也可能是教育落后于社会的变化所致。

（一）当社会发展处于负向功能时期，教育对社会出现总体的负向功能

发展是一个矢量，具有方向性。社会发展的方向是通过组成社会的个体人的发展来表现的。凡是在现实基础上沿着使人得到更大的解放的方向变化，称为社会的正向发展；凡是在现有基础上沿着阻碍乃至降低人的解放程度的方向变化，称为社会的负向发展。① 当社会处于正向发展时期，社会更重视个体独立人格的自由发展。教育通过培养人的主体性，促进社会的正向发展，教育总体上发挥着正向功能。但若社会处于倒退状态，反动势力得势之时，对个体发展的影响也是消极的，这时教育发挥的是负向功能。欧洲中世纪和我国的封建宗法统治时期都是一个反动的和复辟的时代，教育培养了野心家式的人物和他的顺民，这些人维护反动的统治，阻止着人类社会的发展，带来了人类社会的倒退和灾难。当然，社会最终要向前发展，这是历史的规律，但为了冲破黑暗，个体要付出沉重的代价。如文艺复兴时期坚持真理而英勇牺牲的伽利略、哥白尼，中国革命斗争中的无数英勇先烈，虽然他们付出了生命代价，但唤醒了更多的个体，最终成为摧毁黑暗的坚强力量，推动了社会向前发展。所以，社会发展处于负向状态时，教育总体上呈现的是负向功能，维护反动势力的统治，极大地阻碍了社会的发展。

（二）当社会发展处于正向时期，教育对社会发展的功能总体上是正向的，但也由于某种因素的影响，使得教育与社会的外部关系失调，出现了局部的负向功能

教育受社会政治、经济、文化所制约，所以必须与社会的发展相适应，这是教育的基本规律之一，也是衡量教育与社会关系协调与否的准绳。违背这一规律，必然出现教育的社会负向功能。比如，由于教育内容陈旧，学校所输送的人才并没有受到恰当的训练，因而不能适应社会的变化，这就出现了教育成果和社会需要之间的矛盾，社会拒绝使用学校的毕业生，这一方面造成教育资源的浪费，另一方面还会酿成社会问题，严重时会危及社会的安定。

教育的发展需要社会物质生产提供相应的基础性条件，如果超过了物质生产所能提供的底线，就会出现教育的负向功能。如盲目的教育先行，就是不顾本国经济发展的现有水平，过度地投资教育而导致国民经济的失衡，工农业生产投入降低，反而抑制了国民经济的发展。同时，盲目的教育先行还会带来一系列负效应。首先，教育的盲目发展可能培养出过多的大学毕业生，而国家经济发展的现实又不能给他们提供相应的和足够的岗位，致使这些毕业生无法就业，或无相应的岗位就业。这些毕业生在国内无法就业，造成社会的压力，就可能成为影响社会不安定的因素，产生教育的负向社会功能。同时，他们中的部分人就可能流向国外，这时的教育对经济的发展不但没有多大作用，反而造成了教育资源的流失和浪费。其次，劳动者的素质应与生产中的技术水平相适应，只有这时，提高受教育水平，才能提高劳动生产率，提高经济效益。如果生产力发展水平较低，它就不需要那么高的劳动者素质，而教育提供的大学毕业生只能就低工作，这不仅使人才浪费，而且因为大批高学历人才没有流向有限的高职位，而被

---

① 叶澜著：《教育概论》，人民教育出版社 1991 年版，第 311 页。

迫在第一线消极工作，还有碍于劳动生产率的提高。

在社会发展处于正向时期，教育的负向社会功能总体是轻度的，是可以减少和避免的。只要我们正确认识并遵循教育规律，合理安排教育活动，协调教育与社会的关系，就可以最大限度地减少负向功能，增强正向功能。

复习思考题：

1.名词解释：教育功能、正向功能、负向功能、显性功能、隐性功能、教育的本体功能、教育的社会功能。

2.为什么说教育具有个体享用功能？它与教育的个体发展功能有什么联系？

3.简要论述教育促进政治民主化的功能。

4.简要论述教育促进经济发展的功能。

5.简要论述教育对促进文化延续和发展的功能。

6.为什么说教育对社会发展具有负向功能？其主要表现在哪些方面？

7.分析中小学教育现状，列举对学生发展起负向功能的表现，找出原因和解决问题的对策。

第四章　教育目的

学习目标：

1.掌握教育目的的概念，区分教育目的与教育方针，理解教育目的的结构与功能。

2.理解教育目的制定的依据，分析具有代表性的四种教育目的观。

3.理解马克思主义人的全面发展理论。

4.了解我国教育目的的演变，领会我国教育目的的基本精神。

5.根据我国全面发展教育的构成，结合教育实践，提出实现全面发展教育的基本要求。

教育是人类特有的有目的的培育人的社会活动。从最原始的教育到最现代的教育，从家庭教育、社会教育到学校教育，从非连续性、非系统性教育到连续性、系统性教育，等等，所有的教育都有目的，不存在没有目的的教育。教育目的是教育活动的出发点和归宿。那么，教育目的是什么，它有什么功能？教育目的又是怎么确定的？对此，每一位教育工作者都必须明确回答。

第一节　教育目的概述

一、教育目的的概念

一切教育都有目的，目的性是教育的必然属性。这不仅因为教育作为人类特有的社会活动，同人类其他社会活动一样，是一种有意识、有目的的对象化活动，而且是由教育的质的规定性——有目的地培育人的社会活动决定的。任何教育活动在开展之前，教育活动的结果都会观念地存在于人们的头脑中。这种存在于人们头脑之中的对受教育者在接受教育后身心各方面所产生的变化或结果的期待就是教育目的。任何一个参与到教育活动中的主体，从教师、学生、家长、教育行政人员和社会人士，到团体、社会和国家，都会对教育有各自的期望与要求，从而形成各自的教育目的，这些教育目的可能是一致的，也可能是不一致的，甚至相互冲突。这样的教育目的具有广泛性、多样性，我们称之为广义的教育目的。

在那些形形色色、多种多样的教育目的中，由国家提出的教育目的无疑居于主导地位，起着支配作用。这种由国家确定的教育应培养的人的质量标准和规格就是狭义的教育目的。与广义的教育目的一样，狭义的教育目的也是一种预期的要求、设想或规定，也表现为教育观念或教育思想。但是，它反映了社会发展对人的发展的基本要求，具有社会性；关注的是个体的总体发展规格，是对个人发展的综合素质要求；它一般以成文的形式表现，并成为国家的政策。国家提出的教育目的既要集中反映时代和社会对受教育者的基本要求，也要客观反映受教育者成长发展的规律，符合受教育者实际发展的要求。它可能是由某个人（如教育家、政治家等）提出、倡导而得到社会承认，也可能是由国家机关制定推行，其对个人的教育目的起着指导、调节、统摄作用，不仅指导学校，在学校中贯彻，也调节着校外教育机构、家庭教育等，影响全社会。因此，我们所要探讨和研究的教育目的主要是狭义的教育目的。

在教育实践中，人们常把“教育目的”等同于“教育方针”，而实际上，教育目的与教育方针既有区别又有联系。从二者的区别来看，教育方针是国家在一定阶段，根据社会和个人两方面发展的需要与可能而制定的关于教育事业发展的具有战略意义的总政策或总的指导思想，其指向国家教育事业的整体发展要求，而教育目的是对受教育者身心变化的预期，它指向受教育者个体；教育方针具有单一主体性，其提出者是国家或政党，而教育目的具有多主体性，其提出者是国家、政党、团体或个人等，教育目的提出的价值取向也是多元的；教育方针是一定时期教育工作必须落实的要求，具有不可回避性和现实针对性，而教育目的是对教育结果的期待，具有实现的不确定性和预期性。从二者的联系来看，教育方针的内容包括教育的性质、地位、目的和基本途径等，狭义的教育目的是构成教育方针的核心和基本内容。如我国现行的教育方针为：“教育必须为社会主义现代化建设服务，必须与生产劳动相结合，培养德、智、体等方面全面发展的社会主义事业的建设者和接班人。”①这一方针也包含了我国的教育目的。此外，教育目的是制定教育方针的前提，正确的教育目的观有助于制定有效地指导教育实践的教育方针，而教育方针的制定和贯彻执行又为国家确定的教育目的的实现提供保证。不同的历史时期，政权或国家的性质不同，会有不同的教育方针、教育目的；即使是在同一国家政权统治下，由于社会政治、经济发展的调整，教育方针和教育目的的表述也会随之发生变化。

二、教育目的的结构

一方面，教育目的是各级各类学校培养人才的总要求，而各级各类学校又有自己培养人才的特殊要求，因此，教育目的在学校教育范围内形成了自身的层次结构；另一方面，教育目的既包含对受教育者身心素质发展状态的规定，也包含对受教育者社会倾向性方面的要求，又呈现出一定的内容结构。

教育目的的层次结构，是指由国家提出的教育目的、各级各类学校培养目标、课程目标和教学目标所构成的一个教育目的系统。国家提出的教育目的是对所有受教育者、对各级各类学校的普遍的统一的总要求，其对教育实际工作的指导作用必须通过进一步具体化来实现。各级各类学校的培养目标是依据学校的层次、性质、受教育者身心发展的特点，以及特定的社会领域和特定的社会层次的需要对教育总目的的具体化，它与教育目的是普遍与特殊的关

① 1995年3月，《中华人民共和国教育法》。

系。课程目标是学校课程方案规定的各门课程的教学应达到的要求或标准，它是学校培养目标的具体化，是实现培养目标的基本保证。教学目标是教师在实施课程计划过程中，对完成某一阶段（如一节课、一个单元或一个学期）的教学工作所期望达到的要求或结果，它是课程目标的具体化，是实现课程目标的保证。教育目的系统各层次之间彼此相关，但相互不能取代，呈现从教育目的到教学目标由抽象到具体的关系，上一层次的目的或目标是下一层次目标的依据、任务和方向，对下一层次目标起着制约和指导作用；下一层次的目标是对上一层次目的或目标的具体化。教学目标是学校教育活动最基础、最具体的目标，教学目标有次序的渐进和积累是向教育目的的不断接近，教学目标的实现是达成教育目的的保障。

教育目的的内容结构，是指教育目的的组成部分及其相互之间的关系。一般来说，教育目的由两部分组成：一是对教育所培养的人应具备的身心素质及其相互关系做出规定，即对受教育者在智能、体能、品德、审美等方面的发展提出要求；二是对教育所培养的人应具有的社会价值做出规定，即指明培养这种人符合什么社会的需要或为什么阶级、集团的利益服务。这两方面规定从受教育者的发展角度讲，具有同等重要的地位。但从教育活动角度讲，关于身心素质的规定显然是教育目的的核心内容。这是因为：教育是培育人的活动，教育目的只有对受教育者身心素质应发展的方向、内容和达到的水平做出明确的规定，才能对教学活动进行定向、监控与评价，才能有效地指导教育活动，也才能使受教育者形成合理的素质结构，形成和谐的个性。人如果没有身心素质的发展与提高，没有某种个性的形成，人的社会价值也就无从谈起。

三、教育目的的功能

（一）定向功能

教育目的指明了受教育者的发展方向，预定了发展结果，使受教育者的发展服从于体现社会意志的规定，产生社会所期望的变化，发展成为一个社会合格的成员。教育目的规定了学校教育的性质、发展方向和工作目标，是学校教育工作的起点和归宿，对学校办学思想、办学特色的凝练、各方面教育工作的开展等起着定向作用。学校的课程设置、教学内容的选择，直接由学校的培养目标和教育目的决定。教育目的支配着教师的一切教育活动，教师依据教育目的开展工作，才会有明确的方向，少走弯路，减少失误，增强工作的有效性，完成社会赋予的使命。总之，教育目的规定着教育的运动方向、内容和范围，对教育制度的建立，教育活动的开展，乃至整个教育系统的运行都起着决定性的指导作用。

（二）调控功能

“在每一项革新中，总会涉及教育的目的。”①宏观上，教育改革、教育规划和教育结构的调整都是在教育目的的指导、协调和支配下进行的。教育目的对整个教育过程的开展、教育各要素的组合起着支配、控制和调节作用。学校教育的全过程始终受到教育目的的监控，任何偏

① 查尔斯·赫梅尔著，王静、赵穗生译：《今日教育为了明日的世界》，中国对外翻译出版公司 1983 年版，第 15 页。

离教育目的的观念与行为都会对教育工作带来损失。教育目的还控制着受教育者的发展，既可以使受教育者按照教育目的所规定的基本要求，控制自身的发展，也使教育者克服受教育者盲目发展的倾向，抑制各种不符合教育目的要求的活动，使受教育者按照预定培养过程和期望的目标发展。

（三）评价功能

教育目的是衡量和评价教育质量和效益的根本标准。学校教育活动复杂，包括教学工作、学生工作、思想政治教育工作等不同方面的工作，这些不同方面具有各自的特点和具体任务，对这些不同方面工作的评价尽管有相应的具体评价和检验标准，但都有一个最终的唯一标准，那就是教育目的。教育、教学过程质量的优劣，教师教育、教学质量的检查，学生学业成绩的评定，都必须以教育目的为根据。学校不仅要把教育目的的实现作为评价教育质量的最终标准，各级教育行政主管部门以及社会其他行业、部门也应该把教育目的作为评价和检验全部教育活动结果的最终标准，只有这样，我们才能形成一个正确的教育质量观，我们的教育质量才能有保障。

第二节　教育目的的制定

一、制定教育目的的依据

（一）社会依据

教育目的是社会对其成员质量规格的要求，必然受到社会发展客观进程的制约。教育目的说明的是教育应培养什么样的人，而人必然是社会各种关系的产物，“不管个人在主观上怎样超越各种关系，他在社会意义上总是这些关系的产物”①，人的发展既决定于又决定着社会的发展，所以，教育者只能在现实的社会生活条件下培养人，受教育者也只能在现实的社会生活条件下获得发展。教育目的不是一个超社会、超历史的范畴，而是有其社会现实根源。历史上，人们曾提出过这样那样的教育目的，不管提出者是否意识到，也不管他们是否承认，这些目的都是在十分确定的社会发展背景下提出的，都受到一定的社会历史阶段所具备的种种条件的制约。这些条件主要包括生产力、生产关系以及政治制度。

生产力是人类认识和改造自然获取物质资料的能力。生产力的发展对人的进一步发展既提供了可能又提出了要求。生产力的发展不仅直接决定社会能够提供教育的物质条件及个人在一生中受教育的时间的多寡，而且，总是要根据自己的发展水平，对劳动者的培养提出自己的要求，即要求教育培养出来的人掌握生产上所需要的知识和技术，并能适应新的生产力。社会生产又是建立在劳动分工基础上的，生产力的发展也还要求教育能满足劳动分工对

---

① 《马克思恩格斯全集》第23卷，人民出版社1979年版，第12页。

不同层次、不同类型的劳动者的需要。生产力的发展对社会的发展起着最终的决定作用，教育目的要依据生产力的发展来确定，生产力的发展是制约教育目的的最终决定性因素。

教育目的作为一种社会意识形态的东西，还受到社会占统治地位阶级的支配。“一个阶级是社会上占统治地位的物质力量，同时也是社会上占统治地位的精神力量。支配着物质生产资料的阶级，同时也支配着精神生产的资料。”①一个社会，经济、政治上占统治地位的阶级，总要利用它的经济、政治实力和权力，制定符合本阶级利益的教育目的，要求教育为本阶级培养人才。所以，教育目的受到生产关系以及以此为基础的经济、政治制度的制约，不同社会性质的教育必然有不同的教育目的。教育目的的社会性质直接决定于生产关系和政治制度的性质，在阶级社会里，教育目的具有鲜明的阶级性。

（二）人的依据

教育目的受到生产力和生产关系的决定，但并不意味着制定教育目的可以不考虑人的因素。教育的对象是人，教育目的集中反映社会对于所要培养的人的总的一般要求，直接指向处于一定发展阶段的受教育者个体，对人及其发展的认识，对受教育者身心发展的规律及发展需要的认识，是制定教育目的的必要条件。

人是一个自然实体、社会实体与精神实体的统一体，具有自然性、社会性与精神性。人的自然性是人的现实存在的第一要素，具有自主调节能力、遗传变异性、未完成性等主要特征。人的社会性是由人的社会关系规定的，表现为人类共生关系中的相互依存性、人际交往中的互动性、各种社会关系中的规范性。人的精神性是指人的主观存在状态，是人“发展过程的理想归属”②，主要包括人的精神活动的能动性、自我意识、价值定向性等。人的这三种属性相互依存、相互作用与相互协调。教育是有目的地培育人的社会活动，教育目的如果不反映人性，也就不称其为教育目的，教育也就不能培养真正的人。因此，了解人性，把握人性，遵循人性，是教育目的制定的一个基本前提。

不仅如此，人的身心发展具有阶段性、顺序性、不平衡性、个别差异性和互补性等特点，人的身心发展的过程和规律制约着教育的进程与速度，是教育目的制定的一个出发点。尤其是在对教育目的进行具体化的过程中，如各级各类学校培养目标的制定，不能不考虑受教育者身心发展的可能性，以及受教育者身心发展的状态和经验储备。受教育者既是教育的对象，又是教育活动的主体，具有自觉的能动性、自主性、独立性和创造性。受教育者对自我发展的要求与其现有发展状态之间的矛盾，是受教育者自身发展的内部矛盾，是受教育者发展最直接的动力，而这种内部矛盾形成的条件是受教育者将教育要求转化为自我发展要求。所以，制定教育目的必须立足受教育者的主体地位，研究受教育者自我发展的需要，力求使受教育者形成自身发展的内部矛盾，只有这样，教育才能培养受教育者的自我教育能力，增强受教育者的主体性。

---

① 《马克思恩格斯选集》第1卷，人民出版社1972年版，第52页。

② 王坤庆著：《精神与教育——一种教育哲学视角的当代教育反思与建构》，上海教育出版社2002年版，第24页。

（三）价值依据

教育目的是人们制定的，是一种在观念中存在着的主观愿望和理想，属于意识范畴。教育目的作为一种观念形态的东西，作为思维活动的产物，人们在提出时，必然从各自的利益和需要出发，体现出自己对教育价值的选择。

所谓教育价值是指作为客体的教育的属性与作为主体的人对教育的需要之间的关系。这里的客体指整个教育系统，主体则指一定社会历史阶段中的个体、社会。由于主体的经济利益、政治倾向、文化背景、认识水平等的不同，其对教育的需要具有多层次多方面性，而客体又具有对社会和个体发展的多种功能，其满足主体需要的客观可能性也是多层次多方面的，因此，客体属性与主体需要之间构成复杂多样的教育价值关系，客体的多种属性既可以表现出多种不同的教育价值，也可以表现出同一教育价值，而客体的某一种属性又可体现多种教育价值。因为教育价值关系的复杂多样性，关于教育价值的分类也历来众说纷纭。有学者将教育价值分为两个层次、四大类。[①]（见表 4-1）欧美学者更多的是将教育价值分为教育的个人价值或理想价值，教育的社会价值或工具价值两大类。前者指教育重视个人、个性发展的价值，一切教育活动都围绕人的发展这一理想目标而确立，古希腊以来的自然主义、人文主义都属于这一类。后者指教育重视对社会发展的价值，强调教育所要培养的人要满足一定社会或阶段的需要，评价教育价值的大小以教育促进社会发展的速度来衡量。

表 4-1　教育价值分类

层级	教育价值的基本类型	主要表现形式
宏观层次	教育与社会之间的价值关系。社会作为价值主体要求教育满足社会发展的需要	政治价值、经济价值、伦理道德价值、文化历史价值
	教育与人的发展之间的价值关系。人作为价值主体需要教育满足自身发展的需要	生存价值、享受价值、发展价值
微观层次	教育者之间、受教育者之间、教育者与受教育者之间的价值关系，他们互为主客体	人格价值、陶冶价值、榜样价值、理想价值
	教育者、受教育者与教育内容、教育情景、教育媒体之间的关系	知识价值、活动价值、训练价值、创造价值

针对不同的教育价值关系，为了满足主体对教育的需要，主体必然在考虑自身教育需要的现实性，以及教育能够满足这种需要的可能性的基础上，对教育价值进行选择。由于主体对教育价值的不同选择，从而形成不同的教育目的价值取向。所谓教育目的的价值取向，是指教育目的的提出者或从事教育活动的主体依据自身的需要对教育价值做出选择时所持有的一种倾向。[②] 主体对教育价值所做出的选择通过制定教育目的来概括、表达，以反映主体对教育

① 王坤庆著：《现代教育哲学》，华中师范大学出版社 1996 年版，第 167 页。

② 王道俊、郭文安主编：《教育学》，人民教育出版社 2009 年版，第 91 页。

价值的追求。教育目的的制定以主体对教育价值的认识为前提，受到主体对教育价值选择的支配与制约。

专栏 4-1

教育目的的价值取向概览

有学者对教育目的的价值取向按人的发展层次、个人成长过程、社会发展状态、教育目的的层次进行具体的划分(见下表)，指出近代以来人们在教育目的问题上的探索，根源在于社会利益与个人利益的矛盾。自由资本主义阶段，客观上需要摆脱封建桎梏，遂有“个人本位”的教育目的模式的勃起；垄断资本主义阶段，各种“社会本位”的教育目的模式甚嚣尘上。当社会处于相对稳定时期，面向过去与维持现状的教育目的模式较为时兴(以赫尔巴特学派为代表)；当社会处于激烈变动的关头，就会发生面向过去、维持现状与谋求改良的争议，后者企图以教育应变，前者或以教育之不变应社会之万变(如赫钦斯)，或以教育之统一调节社会之分裂(如涂尔干)，借以维持社会的稳定。

教育目的的价值取向分类

分类标准	教育目的价值取向	代表人物
按人的发展层次分类	造就“自然人”的教育目的	卢梭
	造就社会人(“社会我”)的教育目的	涂尔干
	造就精神人格的教育目的	康德
	顺序发展人的自然本性、社会性、精神人格的教育目的	
按个人成长过程分类	发展人固有的潜能	福禄培尔
	使个人在现实社会中完满地生活的教育目的	斯宾塞
	为造就理想人格的教育目的	布德、林德
按社会发展状态分类	再现过去社会状态的教育目的	赫钦斯
	着眼于现实社会生活需求的教育目的	杜威
	预示未来社会状态的教育目的	富尔
教育目的层次的划分	把教育目的分为可能的目的(“多方面兴趣”)与必要的目的(“道德性格的力量”)	赫尔巴特
	把教育目的分为一般的目的与适应不同人的需要的目的	迪尔凯姆
	培养独特个性的教育目的	卢梭
	共同的教育目的	

资料来源：陈桂生著:《教育原理》，华东师范大学出版社 1993 年版，第 228～229 页。

二、教育目的观

教育目的观，是指人们对教育所要培养的人的质量规格的根本看法和基本观点。人们由于对社会、人、教育及三者之间关系的看法不同，纷纷提出自己的教育目的观。这些形形色色的教育目的观中，争论最多、影响最大、最具根本性的问题，是究竟追求实现教育的个人价值还是社会价值，教育究竟应该注重满足个人发展需要还是注重社会发展需要。基于这些争论，在纷繁复杂的教育目的观中，个人本位论、社会本位论、折中调和论和辩证统一论的教育目的观最具代表性。

（一）个人本位论的教育目的观

个人本位论的教育目的观，是指以自然主义、人文主义思想为基础，以人为中心，以人性为根基，以人的自身完善与发展为出发点和归宿的教育目的观。其代表人物有法国思想家卢梭、德国教育家福禄培尔、瑞士教育家裴斯泰洛齐，以及永恒主义者赫钦斯、阿德勒，新托马斯主义者马利坦，存在主义者萨特，人本主义者马斯洛、罗杰斯等。其基本观点如下：

1.教育目的是由人性决定的

人性是人生来就有的本性和本能，是普遍的、健全的、美好的和永恒的，理性（特指价值理性，而非工具理性和科学理性）是人性中的灵魂、向导，是人性中天赋的真善美原则，是人类建立有序世界的根本，是人的最高价值。所以，教育唯一永恒的目的就是要顺应人性和人的本能需要，发展人的本性和本能，培养人的理性。如卢梭强调人生来是自由、平等的，只是进入了人类社会，人才失掉了自己的本性，因此，应对儿童进行适应自然发展过程的“自然教育”，培养“完全是为他自己而生活”的“自然人”①。如赫钦斯指出：“人生是一种道德的、理性的、精神的存在”②，教育的目的就是“要引出我们人类天性中共同的要素”③，即“理性”。

2.实现人的精神价值是教育目的的核心内容

个人价值高于社会价值，个人决定社会，而不是社会决定个人；一个人应该为他自己受教育，而不是为社会需要受教育；个人价值中内在的精神价值高于外在的物质价值；人生追求的最高价值，在于形成美好的人性和获得美好的精神生活，而不在于获得谋生的手段和求得物质生活的满足。所以，教育目的应尽量地远离现实，接近理想，在努力实现个人价值的基础上，追求个人精神价值的实现。为此，个人本位论在课程安排上重人文学科，轻经验学科，并认为人性的共同要素和理性的永恒价值标准集中地存在于伟大的文化遗产中，把反映传统文化遗产的古典著作作为课程内容的核心。如尼采所指出的：“一个搞科学的专家只是像一个工人，一辈子拧一个特殊的螺丝钉或者操纵某一种仪器或机器。”所以，“专门化的学科必须跟人文学科同时学习，而专门化必须尽可能地人性化”④。永恒主义极力倡导读古典名著，阿德勒推出

---

① 卢梭著，李平沤译：《爱弥儿》，人民教育出版社 1965 年版，第 5 页。

② 转引自单中惠主编：《西方教育思想史》，山西人民出版社 1996 年版，第 770 页。

③ 王承绪、赵祥麟编译：《西方现代教育论著选》，人民教育出版社 2001 年版，第 205 页。

④ 参见陈友松主编：《当代西方教育哲学》，教育科学出版社 1982 年版，第 114～115 页。

了“百本名著计划”。赫钦斯指出，一个从没读过古典名著的人，“怎能称得上是受过教育的呢？”①

3.强调自我生成，追求自我实现

人的先天本能是完满的，教育的目的就是使这种本能不受影响地得到发展。人也是生而自由的，人具有自我生成、自由实现的能力，应把教育当作自我发展和自我实现的手段。存在主义认为，人就是自由，自由就是人的存在，人是由自己造就的，人的自我生成是人的自由选择和自我创造，如萨特提出“自我创造”、海德格尔主张“自我设计”、雅斯贝尔斯强调“自我超越”。存在主义要求教育务必使学生了解的“最重要的知识是关于人的情况和每人必须做的选择，而且教育是发展关于自由选择以及对选择的意义和责任的认识过程”②；反对把学生当作教育的对象，反对教师的个人专制，主张师生的“对话”，建立师生之间的“我—你”关系。人本主义者马斯洛认为，“在人的内部存在着一种向一定方向成长的趋势或需要，这个方向一般地可以概括为自我实现”③。罗杰斯“非指导性”教学模式的基本原则就是学生必须通过自由选择成长，别人的选择或过分控制只会削弱他的能力。

个人本位论的教育目的观从着重实现教育的个人价值出发，把人的自身的需要作为制定教育目的的依据，在一定的社会历史时期具有进步意义。18 世纪和 19 世纪上半叶，正值欧洲资产阶级进行反封建斗争时期，新兴资产阶级为了维护自身的利益，发展资本主义，在教育上反对宗教神学对于人的思想禁锢，反对封建专制强加于人的教育要求，提出要解放人性，尊重人的要求，尊重人的价值，教育要从人的自身需要出发，这些方面都有其积极而深远的意义。20 世纪以来，伴随物质文明的繁荣和科学技术进步，存在主义针对社会日益大众化、划一化、物化、机器化，针对人日益感受到工业技术社会所带来的压迫感，人愈来愈非人化，愈来愈沉沦为“非本质的人”，以及学校教育只是把学生当作商品原料一样加工，日益非人化、简单化、划一化和工具化，主张把人从机械文明中解放出来，不仅要把提高人存在的价值作为教育目的的核心，而且要重视对人的主体性的尊重和培育。存在主义关于教育的这些主张对于扭转教育的工具化倾向具有重要的意义。正如美国教育哲学家奈勒所说的：“我越是考虑到今日公共教育的混乱情况，我就越发深信存在主义者指示了改革教育的道路。我们的儿童像羊群一样被赶进教育工厂，在那里无视他们独特的个性，而把他们按同一模式加工和塑造。我们的教师被迫，或者自认为是被迫去按照别人给他们规定好的路线去教学。这种教育制度既使学生异化，也使教育异化了。”④

当然，个人本位论的教育目的观并不完全排斥对人的社会性的培养，也主张教育应为个人今后的谋生和承担一定的社会责任做一些准备，只是强调具有功利性的谋生教育只能在实施好人文教育的基础上进行。如卢梭所说的“自然人”并不是一个孤独的人，而是一个社会公民，一个理性社会的一员。赫钦斯提出，教育首先要培养的是“作为人的人”，其次才是“承担某

---

① 王承绪、赵祥麟编译：《西方现代教育论著选》，人民教育出版社 2001 年版，第 212 页。
② 奥恩斯坦著，刘付忱等译：《美国教育学基础》，人民教育出版社 1984 年版，第 113 页。
③ 马斯洛著，李文湉译：《存在心理学探索》，云南人民出版社 1987 年版，第 139 页。
④ 奈勒著：《教育哲学导论》，参见陈友松主编：《当代西方教育哲学》，教育科学出版社 1982 年版，第 119 页。

种社会职责的人”。但是，总体而言，个人本位论的教育目的观没有看到人的社会制约性，没有把人看成是社会现实中的人，而从人的先天本性去解释人的发展与人的教育，企图通过顺应和发展人的先天本性的教育去抵制和改变不合理的社会现实。而且，把人的个性化与社会化对立起来，既夸大了人的主观能动性与教育在社会进步中的作用，又割裂了人的个性化与社会的统一。

（二）社会本位论的教育目的观

社会本位论的教育目的观，是指以追求教育的社会价值为中心，以社会需要为出发点和归宿的教育目的观。其代表人物有法国社会学家孔德、思想家涂尔干，德国哲学家那托尔普等人。其基本观点如下：

1.教育目的是由社会需要决定的

真正的个人并不存在，只有人类才存在。社会价值高于个人价值，个人的存在与发展从属于社会。个人不过是教育的原料，不可能成为教育的目的，教育除了社会目的之外，没有其他目的。决定教育目的的是社会需要，培养社会所需要的人是教育追求的根本目的。如涂尔干认为，“人实际上因为生活在社会中才是人”①，“无论在哪里，教育首先是在满足一些社会需要”②，“塑造社会我，这就是教育的目的”③。

2.教育的结果只能以其社会功能发挥的程度来衡量

个人的使命在于为国家或社会献身，教育所培养的人要满足社会的需要，与社会合作，为社会服务。教育结果的好坏，只能以它能否维持人类的生存和社会的繁荣来衡量。离开了社会，无从对教育的结果进行衡量，不反映社会需要，教育目的也必然没有意义。

3.重视社会适应性教育和科学教育

教育应该按照社会对个人的要求来设计，要体现出教育对社会的繁荣稳定与整体性进步的作用。教育目的要立足于社会现实，培养适应社会发展要求的人。特别是随着社会的发展，现代科技正日益成为社会经济发展的决定性因素，社会生活的方方面面日益科学化，科技竞争力已成为国际竞争的决定性因素。因此，教育必须强化科学教育，促进科学技术的发展，增强国家的国际竞争力。

社会本位论的教育目的观从着重实现教育的社会价值出发，把满足社会需要作为制定教育目的的依据，强调人的发展和人的教育对社会的依赖性，强调教育应使个人认同社会、服务社会，看到了教育不能脱离社会，教育必须满足社会对受教育者提出的要求，这些无疑是正确的。尤其是其兴起于19世纪下半叶，正值资本主义制度已经确立并日益繁荣，但其矛盾也逐渐暴露，社会本位论者从教育角度寻求资本主义秩序的稳定与巩固，肯定社会需要，贬抑个人

① 涂尔干著：《教育及其性质与作用》，参见张人杰主编：《国外教育社会学基本文选》，华东师范大学出版社1989年版，第13页。

② 涂尔干著：《教育及其性质与作用》，参见张人杰主编：《国外教育社会学基本文选》，华东师范大学出版社1989年版，第9页。

③ 涂尔干著：《教育及其性质与作用》，参见张人杰主编：《国外教育社会学基本文选》，华东师范大学出版社1989年版，第11页。

价值，也是必然的、合理的。20世纪以来，伴随着科学的发展以及科学功能的日益显现而出现的科学主义思潮，信奉科学、崇拜科学，要求教育培养科学人才。这在一定程度上是社会本位论的教育目的观的反映。但是，社会本位论的教育目的观一味地强调社会的需要和规范，强调国家或社会的利益和价值，忽视了个人的需要和兴趣，忽视了个人的利益和价值。即使强调科学教育，也只是从科学的社会功利性方面对教育提出要求。它所主张的社会化不是与个性化统一的社会化，而是非个性的社会化。

（三）折中调和论的教育目的观

折中调和论的教育目的观，由美国教育家杜威提出，这种目的观试图调和个人本位论与社会本位论教育目的观在个人价值与社会价值、个人需要与社会需要之间的分歧，做到个人与社会二者兼顾。其基本观点如下：

1.个人与社会密不可分，个人离不开社会，社会离不开个人，教育的个人价值与社会价值不能分开

杜威认为，“受教育的个人是社会的个人，而社会便是许多个人的有机结合。如果从儿童身上舍去社会的因素，我们便只剩下一个抽象的东西；如果我们从社会方面舍去个人的因素，我们便剩下一个死板的，没有生命力的集体”①。因此，教育目的要反映个人身上的社会因素和社会方面的个人因素，把个人特性与社会目的协调起来，做到两者兼顾，既不能舍弃一方也不能厚此薄彼。

2.通过促进儿童的生长实现个性化与社会化的统一

杜威认为，教育的本质即生长，生长的依据是儿童具有的自己的本能和倾向，生长的过程是经验的不断改造与改组，而经验的生长必须是在与社会环境，与社会上其他人的经验交互作用下进行的。杜威指出，“教育过程有两个方面：一个是心理学的，一个是社会学的。它们是平列并重的，哪一个也不能偏废。”②所以，一切教育都应围绕儿童，从儿童的心理出发，考虑儿童的需要、兴趣、欲望，反对对教育和儿童的发展过程强加外在的目的，但又不能对儿童放任自流，必须把社会需要、社会利益贯穿到教育过程之中，以便让儿童形成民主观念，使儿童成为民主社会前进的推动者，儿童在生长过程中不断个性化的同时也获得社会化。

3.重视教育目的的社会适应性

世界是变动不居的，不能独立于人之外；人性是社会的和生物的，是高度易变和可塑的；价值观也是相对的、变化的，没有绝对的和永恒的价值原则。因此，教育必然随社会的变化而变化，没有永恒不变的教育目的，只有把教育同社会变化联系起来，才能消除旧教育与社会隔离的特点。杜威指出：“教育方法和课程正在发生的变化如同工商业方式的变化一样，乃是社会情况改变的产物，是适应正在形成中的新社会的需要的一种努力。”③实用主义教育所强调的“学校即社会”“教育即生活”“做中学”等，都是重视教育目的的社会适应性的表现。

杜威的教育目的观具有一定的积极因素，如尊重儿童的需要与兴趣，强调学校与社会生

---

① 杜威著，赵祥麟等译：《学校与社会·明日之学校》，人民教育出版社2005年版，第5页。

② 杜威著，赵祥麟等译：《学校与社会·明日之学校》，人民教育出版社2005年版，第3页。

③ 杜威著，赵祥麟等译：《学校与社会·明日之学校》，人民教育出版社2005年版，第25～26页。

活的联系，试图把儿童的个性化与社会化统一起来，尤其注重儿童的活动在促进儿童发展中的作用。杜威主张儿童的个性只能在教育者的指引下，在儿童自身的生活与活动中形成，并通过活动表现出来，活动既是个性发展的基础，也是个性存在的形式。杜威的活动既符合儿童的特点，也能适应现在社会生活的需要，又是在教师设计、指导下进行的，不仅具有发展个性的价值，又兼顾了儿童社会化的一面。但是，杜威并没有处理好个性化与社会化之间的关系。根据杜威的主张，儿童通过生长过程，虽能培育能动性、创造性和独立性，却并不能真正形成完整的个性。因为，个性总是在特定社会关系中存在、发展的，具有社会倾向性，尤其是具有特定的理想和道德意识的方向性。而在杜威看来，社会有的只是变，社会的变化只有偶然性没有必然性，所以个性的社会性既形成不了，也就无所指向，一个人在社会中只能随波逐流。杜威还认为，个性自由是儿童在实际的活动中，通过解决一个个实际的问题，由此掌握了他们有可能控制自己命运的理智工具才获得的，然而，社会发展是有规律可循的，个性自由只有在充分认识和掌握社会发展规律时才得以实现。

（四）辩证统一论的教育目的观

辩证统一论的教育目的观，是以马克思主义理论为指导，把社会需要与人的自身发展辩证统一的结合起来的教育目的观。其基本观点如下：

1.人是社会实践的主体，既受社会的制约，又改造社会，是社会的创造者

社会既是人生存发展的条件，又是人活动的形式和结果。个人的生存发展离不开社会，要以社会的发展为基础，受社会发展的制约，服从社会发展的要求。社会是由个体的人所组成的，个人的主观能动性对社会的变革与发展起着巨大的作用。人在其社会生活中，既要接受和适应社会现实，又不断产生出高于社会现实的需要，谋求对社会现实的一定超越。人的发展与社会的发展是相互制约、相互促进和相互转化的。“教育便在人的发展与社会发展的矛盾中充当中介转化的地位。”①教育在有效地把社会发展的要求转化为人的素质的同时，也就把人的发展水平提高到了社会发展的水平。因此，教育的中介转化地位是确定教育目的的出发点。

2.人的社会化与个性化是一个统一的过程

人既需要社会化，又需要个性化；既必然社会化，又必然个性化。人的个性化或社会化同时也就是他的社会化或个性化。真正的现实的人，都是作为社会的人与作为个体的人的统一，都是作为受社会制约、规范的人与作为受个体需要、追求驱动的人的统一。② 因此，教育目的应是培养受教育者成为社会历史活动的主体，既主动适应社会现实又积极超越社会现实。这既是社会发展的要求和趋势，又是人发展的内在需求和追求，也是个人成长的个性化与社会化内在统一的要求。

3.强调教育要促进人与社会的全面、和谐的发展

树立辩证统一的教育目的观，必须建构一种完整的教育。完整的教育应同时包括“学习做事”和“学习做人”两大部分。“学习做事”必须接受科学教育，“学习做人”必须接受人文教育。

---

① 王道俊、扈中平主编：《教育学原理》，福建教育出版社 1998 年版，第 11 页。

② 王道俊、扈中平主编：《教育学原理》，福建教育出版社 1998 年版，第 89 页。

爱因斯坦曾指出："只教给人一种专门知识、技术是不够的，专门知识和技术虽然使人成为有用的机器，但不能给他以一个和谐的人格。最重要的是人要借着教育得到对事物及人生价值的了解和感觉，人必须对从属于道德性质的美和善有亲切的感觉，对于人类的各种动机、各种期望、各种痛苦有了解，才能和别的个人和社会有合适的关系。"①完整的教育是科学教育与人文教育的相互结合，相互补充，互不替代，同等重要。在开展科学教育的同时，又不能忽视人文教育，应把人文精神作为教育目的的价值方向，将科学精神与人文精神的培养进行有机融合。

第三节 我国的教育目的

一、我国教育目的提出的理论基础

中华人民共和国成立后，把坚持社会主义、坚持人民民主专政、坚持中国共产党的领导、坚持马克思列宁主义毛泽东思想四项基本原则作为我国的立国之本。我国社会主义教育的目的也以马克思主义人的全面发展学说为理论基础。因此，要理解我国社会主义教育的目的，首先要学习和理解马克思主义人的全面发展理论。

（一）历史上关于人的全面发展的思想

人的全面发展是人类千百年来的追求。历史上，我国古代西周时期已有"六艺"之学，包括了德育（礼）、美育（乐）、体育（射御）、智育（书数）。此后，孔子沿用"六艺"之学。古希腊人几乎在一切方面都追求和谐，古希腊智者普罗塔哥拉曾说过："人是万物的尺度，是存在的事物存在的尺度，也是不存在的事物不存在的尺度。"②就是说人是一个真、善、美的完满和谐的存在物。

在中世纪，人被异化为全知、全能的上帝，人的全面发展遭到歪曲的反映。文艺复兴时期，人文主义者逐步打破宗教神学对人性的压抑和束缚，力图证明人的本性是完整的，精神与肉体是不可分的，直接肯定人的全面发展。正如美国学者拉蒙特所说："对文艺复兴来说，理想的人已经不再是一个禁欲主义的僧侣，而是一个新型的人——完善全面的人——具有充分完备人格。"③人文主义教育家明确提出了以发展人格为核心的身心全面发展的教育目标，如意大利著名教育家维多里诺提倡身心兼顾，德智并重，发展儿童个性与培养社会责任感相结合的教育。

近代资本主义的发展一方面带来人性的更大解放，为人的发展创造了更多的物质基础，提供了更大的空间和自由，一方面又把人变成机器的奴隶，把人"永远束缚在整体中的一个孤零零的断片上"④，破坏了人的完整性。对此，席勒寄希望通过美育使人摆脱各种限制，以培养

① 刁培萼主编：《教育文化学》，江苏教育出版社 1992 年版，第 75～76 页。

② 北京大学哲学系外国哲学史教研室编译：《古希腊罗马哲学》，生活·读书·新知三联书店 1957 年版，第 138 页。

③ 拉蒙特著，吉洪等译：《作为哲学的人道主义》，商务印书馆 1963 年版，第 32 页。

④ 席勒著，徐恒醇译：《美育书简》，中国文联出版公司 1984 年版，第 51 页。

"全面""自由""幸福和完美"的人。[①] 康德也曾说:"在种种冲突、牺牲、辛勤斗争和曲折复杂的漫长路程后,历史将指向一个充分发挥人的全部才智的美好社会。"[②]黑格尔表达了他对人的全面发展的向往:"社会和国家的目的在于使一切人类的潜能以及一切个人的能力在一切方面和一切方向都可以得到发展和表现。"[③]近代资产阶级进步思想家和教育家的一个共同点,就是主张通过和谐、全面与充满理性的教育以实现人的全面发展。捷克教育家夸美纽斯认为,"人的本身,里外都只是一种和谐"[④],因此,"人人都应该受到一种周全的教育"[⑤],教育应该培养在身体、智慧、德行和信仰几方面和谐发展的人。瑞士教育家裴斯泰洛齐认为,教育目的就是"促进人的一切天赋能力或力量的和谐发展"[⑥],"在于依照自然法则,发展儿童道德、智慧和身体各方面的能力,而这些能力的发展,又必须兼顾到它们的完全平衡,因此教育必须和谐地发展个人的各种能力"[⑦]。

19世纪空想社会主义者作为无产者最初的理论代表,明确地把人的全面发展作为人类理想社会的最高目标。欧文指出,培养人良好的性格将给人的本性和才能充分而全面的发展创造条件,通过教育与生产劳动相结合,"所有的人都将在体、智、德、行方面受到良好的教育"[⑧]。傅立叶所憧憬的理想,是社会全体成员都能从事多种多样的劳动,从而"实现(人的)体力和智力的全面发展"[⑨]。圣西门则把人的"真正的自由"理解为"尽量广泛地和毫无障碍地发展人们在世俗方面或精神方面有利于集体的才能"[⑩]。

历史上关于人的全面发展的思想普遍存在这样那样的局限,或是在脑力劳动与体力劳动对立的社会基础上解决人的发展问题,或是把人看作抽象的个体,脱离了具体历史条件及其所处的经济地位,但是,这些思想无不是人类对自身全面发展追求的智慧闪光。尤其是空想社会主义者,不仅明确认识到旧分工是破坏人的全面发展的根源,提出了消灭旧分工的革命主张,如消灭旧的城乡分工、脑力劳动与体力劳动的分工以及旧的职业分工;也主张教育与生产劳动相结合是实现人的全面发展的根本途径。这些都为马克思主义人的全面发展学说的形成奠定了思想基础。

(二)马克思主义人的全面发展学说的基本观点

1.人的全面发展的本质规定

马克思认为,人是"感性活动着的'现实的个人'","人的根本就是人本身";"人是人的最高本质"。[⑪] 人的全面发展就是"人以一种全面的方式,也就是说,作为一个完整的人,占有自己

---

① 席勒著,徐恒醇译:《美育书简》,中国文联出版公司1984年版,第55页。
② 李泽厚著:《批判哲学的批判》,人民出版社1979年版,第324页。
③ 黑格尔著:《美学》第1卷,商务印书馆1979年版,第59页。
④ 夸美纽斯著,傅任敢译:《大教学论》,人民教育出版社1984年版,第34页。
⑤ 夸美纽斯著,傅任敢译:《大教学论》,人民教育出版社1984年版,第55页。
⑥ 参见罗炳之编著:《外国教育史》,江苏人民出版社1981年版,第200页。
⑦ 参见张焕庭主编:《西方资产阶级教育论著选》,人民教育出版社1979年版,第206～207页。
⑧ 《欧文选集》第2卷,商务印书馆1981年版,第40页。
⑨ 《傅立叶选集》第3卷,商务印书馆1964年版,第217页。
⑩ 《圣西门选集》第3卷,商务印书馆1979年版,第256页。
⑪ 《马克思恩格斯选集》第1卷,人民出版社1995年版,第9页。

的全面的本质。"[①]其基本内容包括:①人的全面发展是人的社会关系的全面发展,因为,"人的本质并不是单个人所固有的抽象物。在其现实性上,它是一切社会关系的总和"[②]。②人的全面发展是人的需要的全面发展。人们的"需要即他们的本性"[③];"你自己的本质即你的需要"[④];"任何人如果不同时为了自己的某种需要和为了这种需要的器官而做事,他就什么也不能做。"[⑤]"自由自觉的活动恰恰就是人类的特性"[⑥],人是在各种活动中改变外部世界和改造人自身,人的发展与人的活动相一致。人的需要的全面发展意味着,随着人的活动内容和形式的丰富、完整和变动,愈益形成包括生存、享受和发展等层次递进的丰富体系。③人的全面发展是人的素质的全面发展。人是身体与精神的统一体,人的劳动能力是"人生产某种使用价值时就运用的体力和智力的总和"[⑦],人有"多种多样的志趣",多种多样的"个人才能"[⑧]。人的素质的全面发展意味着人全面发展自己的体力和智力、自然力和社会力、潜力和现实能力、审美能力和道德品质等。

2.人的全面发展是个人需要与社会需要的统一

马克思指出,人的全面发展既是人的本能的自然追求和内在向往,又是社会进步和发展的外在要求,是主客观的统一。人是"把自己的生活活动本身变成自己的意志和意识的对象"[⑨]的生命体;"人也按照美的规律来塑造"[⑩]自己。人总是倾向于新异、丰富和多样化,更喜欢在变化中发展、生活和寻求新异与挑战,总是倾向于不断追求尽可能的全面发展。这是人不断追求自我完善和超越自我发展的强大动力。

社会进步是人的发展的客观前提,社会发展为人的全面发展提出了客观要求。马克思指出,旧的社会分工造成了人的片面发展,"大工业的本性决定了劳动的变换、职能的更动和工人的全面流动性"[⑪],"从而承认工人尽可能多方面的发展是社会生产的普遍规律"[⑫]。因此,现代生产要求"用那种把社会职能当作相互交替的活动方式的全面发展的个人,来代替只是承担一种社会局部职能的局部个人"[⑬]。人的全面发展成为关系到现代生产"生死攸关"的事情。社会化大生产也使人在社会关系的性质上,不再受"人的限制",有了相对的个人独立和自由,从而大大扩展了人们之间的交往关系,促进了人的全面发展。

---

① 《马克思恩格斯全集》第42卷,人民出版社1979年版,第123页。
② 《马克思恩格斯选集》第1卷,人民出版社1972年版,第18页。
③ 《马克思恩格斯全集》第3卷,人民出版社1976年版,第514页。
④ 《马克思恩格斯全集》第42卷,人民出版社1979年版,第34页。
⑤ 《马克思恩格斯全集》第3卷,人民出版社1972年版,第286页。
⑥ 马克思:《1844年经济学—哲学手稿》,人民出版社1979年版,第50页。
⑦ 《马克思恩格斯全集》第23卷,人民出版社1972年版,第202页。
⑧ 《马克思恩格斯全集》第23卷,人民出版社1972年版,第649页。
⑨ 马克思:《1844年经济学—哲学手稿》,人民出版社1979年版,第50页。
⑩ 马克思:《1844年经济学—哲学手稿》,人民出版社1979年版,第51页。
⑪ 《马克思恩格斯全集》第23卷,人民出版社1972年版,第534页。
⑫ 《马克思恩格斯全集》第23卷,人民出版社1972年版,第534页。
⑬ 《马克思恩格斯选集》第3卷,人民出版社1972年版,第334页。

3.人的全面发展的社会条件

(1)社会生产力的充分发展。社会生产力既是人类社会发展的前提和动力,也是人的发展的前提和动力。现代生产以科学技术为基础,劳动者在基本掌握了生产和工艺的一般原理的基础上,就能够比较顺利地从一个生产部门流动到另一个生产部门,从而摆脱社会活动领域内分工的限制。以现代科学技术为基础的生产大大提高了劳动的智力含量,有助于缩小体力劳动和脑力劳动的差别,促进劳动性质的改变。现代生产也为社会提供了大量物质财富,从而为人追求多方面发展提供了物质保障。现代生产大大提高了劳动生产率,不断缩短劳动时间,增加自由时间,这就为人的全面和自由发展提供了更加广阔的"空间"和"地盘"。

(2)社会关系的全面丰富。"个人的全面性不是想象的或设想的全面性,而是他的现实关系和观念关系的全面性"①,"社会关系实际上决定着一个人能够发展到什么程度"②。个人的社会关系越丰富,他的本质也就越丰富,其发展就越全面。马克思根据社会发展和人的发展的内在联系,把人的发展过程概括为三个基本历史阶段。"人的依赖性关系(起初完全是自然发生的),是最初的社会形态,在这种社会形态下,人的生产能力只是在狭窄的范围内和孤立的地点上发展着。以物的依赖性为基础的人的独立性,是第二大形态,在这种社会形态下,才形成普遍的社会物质交换,全面的关系,多方面的需求以及全面的能力的体系。建立在个人全面发展和他们共同的社会生产能力成为他们的社会财富这一基础上的自由个性,是第三个阶段。第二个阶段为第三个阶段创造条件。"③资本主义私有制条件下,社会关系虽然较过去全面和丰富,但是,个人并不能控制强加于人自己的"物化"的社会关系,个人的发展仍然是片面、畸形的。只有在共产主义社会,人与人的关系不再以物为纽带,个人真正是"作为个人",个人的社会关系也高度丰富,而且他们也能够控制这种关系。"全面发展的个人——他们的社会关系作为他们自己的共同关系,也是服从于他们自己的共同控制的。"④

(3)生产劳动与教育相结合。生产劳动不仅创造人类的一切物质财富与精神财富,而且也造就人本身。"个人怎样表现自己的生活,他们自己也就怎样。因此,他们是什么样的,这同他们的生产是一致的——既和他们生产什么一致又和他们怎样生产一致。"⑤现代生产实践表明,生产劳动越是向前发展,生产部门越是发达,就越是需要有高质量的教育与训练。通过教育使科学知识和科学的思维方式与从事生产的劳动者相结合,促使劳动者的素质得以全面提高,加速知识形态的科学技术转化为直接生产力,从而推动生产的高度发展和社会的全面进步。所以,"生产劳动同智育和体育相结合,它不仅是提高社会生产的一种方法,而且是造就全面发展的人的唯一方法"⑥。当然,马克思所提出的促进人的全面发展的条件很多,生产劳动与教育相结合只是其中的条件之一,也主要是就人的劳动能力的发展和培养而言的。

---

① 《马克思恩格斯全集》第46卷(下),人民出版社1980年版,第36页。
② 《马克思恩格斯全集》第3卷,人民出版社1972年版,第295页。
③ 《马克思恩格斯全集》第46卷(上),人民出版社1979年版,第104页。
④ 《马克思恩格斯全集》第46卷(上),人民出版社1979年版,第108页。
⑤ 《马克思恩格斯全集》第3卷,人民出版社1972年版,第24页。
⑥ 《马克思恩格斯全集》第23卷,人民出版社1972年版,第530页。

马克思主义人的全面发展学说认为，人的全面发展是人类社会的永恒主题，全面发展既是人自身发展的需要，又是社会发展的客观要求，是主客观需要的统一。人的全面发展是一个历史过程，是人类永无止境的理想、追求、方向和一个力求不断接近的目标，既在理想中，又建立在现实的基础上，离不开现实的社会条件，是理想与现实的统一。全面发展学说把社会发展与人的发展辩证统一起来，强调人的发展不能离开社会的发展，社会的发展要以人的发展为目标。促进人的全面发展是建设社会主义新社会的本质要求，我国社会主义教育既要面向未来，又要立足于现实，也就是说要把马克思主义人的全面发展学说作为确定教育目的的理论基础，把人的全面发展作为社会主义教育的追求，努力创造条件，深化教育改革，不断促进人的全面发展。

二、我国教育目的基本精神

（一）中华人民共和国成立后教育目的的演变

中华人民共和国成立后，我国的教育目的与整个社会主义事业的发展一起经历了一个发展过程。

1949 年 12 月，新中国诞生不久，教育部在北京召开第一次全国教育工作会议，确定了全国教育工作的总方针："中华人民共和国的教育是新民主主义的教育，它的主要任务是提高人民文化水平，培养国家建设人才，肃清封建的、买办的、法西斯的思想，发展为人民服务的思想。这种新教育是民族的、科学的、大众的教育，其方法是理论与实际一致，其目的是为人民服务，首先为工农兵服务，为当前的革命斗争与建设服务。"这个方针被称为新民主主义文化教育方针，成为社会主义教育的前奏。

1957 年，毛泽东在系统阐述我国在生产资料方面的社会主义改造完成以后面临的形势和任务时指出："我们的教育方针，应该使受教育者在德育、智育、体育几方面都得到发展，成为有社会主义觉悟的有文化的劳动者。"①1958 年，中共中央、国务院在《关于教育工作的指示》中提出："党的教育方针是教育为无产阶级政治服务，教育与生产劳动相结合"，"教育的目的，是培养有社会主义觉悟的有文化的劳动者"。这一方针对我国教育工作产生了重大影响，在此后相当长一个时期内，一直是我国教育发展的重要指针。

"文革"期间，教育事业遭受重大挫折。"文革"结束后，我国教育事业重新步入正确轨道。1981 年，中共中央《关于建国以来党的若干历史问题的决议》中提出"坚持德智体全面发展、又红又专、知识分子与工人农民相结合、脑力劳动与体力劳动相结合的教育方针"。1982 年，《中华人民共和国宪法》规定："国家培养青年、少年、儿童在品德、智力、体质等方面全面发展。"这是中国当代历史上第一个以法的面貌出现的教育目的。

1985 年，《中共中央关于教育体制改革的决定》提出与"以经济建设为中心"的政治路线相一致的新的教育方针："教育必须为社会主义建设服务，社会主义建设必须依靠教育。"这一方针是对 1958 年提出的"教育为无产阶级政治服务"的方针的否定和替代，强调教育促进经济和

---

① 《中国教育年鉴》(1949～1981)，中国大百科全书出版社 1984 年版，第 938 页。

社会发展的功能，教育从为政治服务转而为经济建设服务，无疑是一个巨大的历史进步。《决定》指出："教育体制改革的根本目的是提高民族素质，多出人才，出好人才。""所有这些人才都应该有理想、有道德、有文化、有纪律，热爱社会主义祖国和社会主义事业，具有为国家富强和人民富裕而艰苦奋斗的献身精神，都应该不断追求新知，具有实事求是、独立思考、勇于创造的科学精神。"这是国家在新的历史时期对教育目的的一次较为全面的概括，既体现了德、智、体全面发展的一贯思想，又融入了新时代发展对人才规格的新要求，具有时代气息和国家强盛对人才要求的紧迫感，这也成为素质教育实践的思想源头。

1993 年，中共中央、国务院印发的《中国教育改革和发展纲要》总结了新中国成立 40 多年来，特别是十一届三中全会以来教育改革和发展的经验，提出了 90 年代我国教育改革和发展的目标、方针、政策和措施。《纲要》提出："教育改革和发展的根本目的是提高民族素质，多出人才，出好人才。"要求各级各类学校认真贯彻"教育必须为社会主义现代化建设服务，必须与生产劳动相结合，培养德、智、体全面发展的建设者和接班人"的方针。1995 年，《中华人民共和国教育法》对《中国教育改革和发展纲要》中提出的教育方针进一步确认，重新表述为："教育必须为社会主义现代化建设服务，必须与生产劳动相结合，培养德、智、体等方面全面发展的社会主义事业的建设者与接班人。"新提法对人才素质的培养规格提出了德、智、体等方面的全面发展；对于培养什么人的问题强调的是"社会主义事业的建设者和接班人"的性质和方向，这就更进一步明确了我国教育的社会主义性质和方向。1999 年 6 月，中共中央、国务院做出了《关于深化教育改革全面推进素质教育的决定》，提出："实施素质教育，就是全面贯彻党的教育方针，以提高国民素质为根本宗旨，以培养学生的创新精神和实践能力为重点，造就'有理想、有道德、有文化、有纪律'的德、智、体、美等全面发展的社会主义事业建设者和接班人。"

1986 年颁发，2006 年修订的《中华人民共和国义务教育法》规定："义务教育必须贯彻国家的教育方针，实施素质教育，提高教育质量，使适龄儿童、少年在品德、智力、体质等方面全面发展，为培养有理想、有道德、有文化、有纪律的社会主义建设者和接班人奠定基础。"

2010 年，《国家中长期教育改革和发展规划纲要(2010～2020 年)》对我国未来一个时期教育的发展提出了要求：全面贯彻党的教育方针，坚持教育为社会主义现代化建设服务，为人民服务，与生产劳动和社会实践相结合，培养德智体美全面发展的社会主义建设者和接班人。

从建国以来我国教育目的的演变可以看出，我国教育目的多包含在教育方针中，是作为教育方针的一个组成部分提出来的；在我国社会主义建设的不同时期，教育目的在具体内容的表述上存在一定差异，对人才培养规格的要求存在一定的差异，这与不同时期社会主义建设的总路线、方针是一致的，体现了社会发展对教育目的的制约作用。但是，这些差异又都是在共性基础上的差异，不同时期的教育目的存在一定的连续性和稳定性，教育目的的社会主义性质没变，对培养劳动者的规定，以及全面发展的要求没变，也就是说教育目的的基本精神始终如一。

(二)我国教育目的的基本精神

我国教育目的的基本精神，是指我国教育目的在社会主义建设的过程中所体现出来的一般的、本质特征。它是以马克思主义人的全面发展学说为理论依据，遵循我国社会主义建设对人才培养的要求，体现了辩证统一论的目的观。我国教育目的总的基本精神是培养学生成为社会主义国家建设的主人，成为德、智、体、美全面发展的，具有独立个性的社会主义现代化建设需要的各级各类人才。其基本精神体现在以下四个方面：

1.社会主义方向性

教育目的的社会主义方向性，就是确保教育要培养具有社会主义觉悟的有文化的建设者和接班人。我国的社会主义性质决定了我国教育的性质，决定了教育要为社会主义现代化建设服务，决定了我国教育目的的性质。确保教育目的的方向性，必须坚持党对教育工作的领导，贯彻党的教育方针、政策；必须用马克思列宁主义、毛泽东思想和建设有中国特色的社会主义理论教育学生，突出正确的政治方向，培养学生树立科学的世界观，形成正确的人生观和价值观；必须对广大青少年进行党的基本路线教育、爱国主义教育和集体主义教育、近代史和现代史教育、国情教育，培养学生站在社会主义立场观察、认识问题，分析、解决问题，坚定社会主义的信念，抗拒一切腐朽思想。此外，还要加强对青少年的社会公德教育和文明行为教育，全面提高他们的道德水平。我国还处于社会主义初级阶段，面对国内外环境的复杂变化和重大风险挑战，始终坚持教育目的的方向性，保证教育培养社会主义国家的主人和社会主义现代化建设的主体，对我国社会主义建设和社会主义教育事业的健康发展具有极其重要的意义。

2.培养劳动者

培养劳动者，是指我国教育要培养国家的主人，社会主义的建设者和接班人，体现了对教育所培养的人的社会地位和社会价值的规定。我国是社会主义国家，每一个公民地位平等，都是国家的主人。劳动是每一个有劳动能力的公民的权利和义务，人们无论承担什么社会角色，从事什么工作，都要为社会劳动，劳动既是个人生存和发展的手段，也是个人为社会作贡献的形式，只有勤奋、诚实的劳动，才能实现自己的人生价值和人生理想。

需要注意的是，在我国，虽然体力劳动与脑力劳动的对立消失了，但分工依然存在，劳动类型的差别依然存在，因此，我们所说的劳动者是社会主义所需要的各级各类人才，既包括体力劳动者，也包括脑力劳动者，绝不能把劳动者仅仅理解为体力劳动者。另外，我们所说的“社会主义事业的建设者和接班人”，不应理解为培养两种人。“建设者”和“接班人”是对社会主义劳动者两种职能的统一要求。就是说社会主义劳动者，在社会主义物质文明和精神文明建设上，是合格的建设者，在社会主义革命事业上又应当是革命接班人。“建设者”和“接班人”是社会主义新人从不同角度要求的具体化，绝不应把二者分割、对立起来，否则，就从根本上违背了社会主义教育目的的基本精神。

我国教育目的不仅要坚持培养劳动者，而且还要进一步强化培养劳动者的观念。改革开放以来，我国社会主义现代化建设虽然取得了巨大成就，但生产力发展水平与发达国家相比还存在巨大差距，人民物质文化和精神文化水平还不够高，因此，大力发展生产力，建设小康社会，必须深化教育改革，培养数以亿计的工业、农业、商业等各行各业有文化、懂技术、业务熟练的劳动者。我国还处于社会主义初级阶段，建设中国特色社会主义道路十分漫长、异常艰难，需要全国各族人民长期的艰苦奋斗、扎实工作，绝不能安于现状，贪图享受，坐享其成。然而，当前在相当一部分人尤其是青少年学生中，滋长了一种好逸恶劳的不良风气。在学习上，害怕困难，不求上进，缺乏刻苦钻研的精神；在生活上，讲排场，图享受，高消费，缺乏勤俭朴实的作风；在职业选择上，求实惠，图舒服，特别不愿意做体力劳动者，缺乏无私奉献精神。这集中地体现出青少年学生劳动观念淡薄，长此以往，将进一步助长严重的不良学习风气，甚至危及我们这个民族的前途。造成这一现状的重要原因，就是教育严重脱离生产劳动。“教育与生产劳动相结合的方针几乎形同虚设，或者说，形式有，但缺乏实质性的内容和效果。”①学校教育中，凡是与提高智能和升学率没有关系的都得不到重视，难怪“素质教育喊得震天动地，应试教育抓得严严实实”。不把教育与生产劳动真正地结合起来，不注重学生的劳动教育，也就偏离了教育目的的社会主义方向。

因此，培养劳动者，是保证教育目的的社会主义方向的重要前提，关系到社会主义现代化建设的成败。只有教育青少年形成正确的劳动观念和劳动态度，努力掌握劳动知识和劳动技能，才能在实践中勤奋工作，用辛勤劳动建设一个繁荣、富强、民主、文明的社会主义现代化国家。

3.坚持全面发展

培养德、智、体、美全面发展的人，是社会主义教育追求的永恒目标。根据马克思主义关于人的全面发展学说，人的全面发展包含四个层面的具体内涵，即完整发展、和谐发展、多方面发展和自由发展。完整发展，即人的德、智、体、美等最基本或最基础的素质必须得到完整的发展，各个方面的发展程度可以有差异，但必须缺一不可，否则就是片面发展。和谐发展，即人的各种基本素质必须获得协调的发展，各方面发展不能失调，否则就是畸形发展。多方面发展，即人的各种基本素质中的各素质要素和具体能力，在主客观条件允许的范围内应力求尽可能多方面地发展。自由发展，即人自主的、具有独特性和富有个性的发展。全面发展是现代社会对人的发展的客观要求，是社会主义建设对劳动者的必然要求。一方面，人的全面发展是社会主义的本质规定，是建设中国特色社会主义社会的根本目标和基本特征的体现；另一方面，人的全面发展为我国经济发展和社会进步提供强大的精神动力和智力支持，人素质的高低，发展程度的高低，直接决定了其在经济和社会发展的作用大小，人越全面发展，社会的物质文化财富就会创造得越多。

以往我们常常把人看成是手段，而没有把人的发展特别是人的全面发展看成是社会发展的重要内容和根本目标；常常把人的全面发展看成是一个遥远的理想，而没有把人的全面发展作为一个理想与现实统一的历史过程；常常把人的全面发展的内容功利化，而没有把人的素质看成是人的全面发展的核心内容。在教育实践中，片面强调教育的某一社会功能，片面追求人的某一方面的发展，看不到素质的整体性和各方面素质的相互依存性，看不到素质发展的内在规律性。总之，“我们的教育还远未成为一种全面发展的教育”②。因此，我们必须全面贯彻党的教育方针，“树立全面发展观念，努力造就德智体美全面发展的高素质人才。树立人人成才观念，面向全体学生，促进学生成长成才。树立多样化人才观念，尊重个人选择，鼓励个

① 王道俊、扈中平主编：《教育学原理》，福建教育出版社 1998 年版，第 192 页。

② 王道俊、扈中平主编：《教育学原理》，福建教育出版社 1998 年版，第 194 页。

性发展，不拘一格培养人才。树立终身学习观念，为人的可持续发展奠定基础。树立系统培养观念，推进小学、中学、大学有机衔接，教学、科研、实践紧密结合，学校、家庭、社会密切配合，加强学校之间、校企之间、学校与科研机构之间合作以及中外合作等多种联合培养方式，形成体系开放、机制灵活、渠道互通、选择多样的人才培养体制”①。也就是说，要努力通过转变教育观念，改革人才培养模式，促进人的全面、自由、充分、主动、和谐的发展。

4.培养独立个性

培养受教育者独立个性，就是尊重受教育者的独立人格，促进受教育者个性的自由发展，形成受教育者的自主能力和创新精神，提高受教育者的个人价值。个性是指一个人的整个精神面貌，即一个人在一定社会条件下形成的、具有一定倾向的、比较稳定的心理特征的总和，包括需要、动机、兴趣、理想、信念、世界观等个性倾向性和能力、气质、性格等个性特征。不同的个体在个性的某些方面有发展水平高低的差异，在个性的另一些方面如性格价值取向等则有性质上的好坏的区别。个性发展是个性品质的形成、丰富和完善的过程，包括积极个性品质的形成、发展和不良个性品质的矫正、克服。个性发展并不是个性所包含要素的平均发展，而是各要素在发展过程中在学生个体身上的独特组合，其中，某些方面的发展在学生整个精神世界的形成中的影响会比其他的方面大一些。个性发展的外在表现为独特性和创造性，内在特质是主体性，无论是缺乏独立性、自主性，还是缺乏创造性，都会被视为缺乏个性。每一个人都是一个独一无二的生命体，只有发展人的个性，才能体现对人的生命的尊重。

马克思在论述人的发展时指出，人的发展在一定意义上就是“有个性的个人”逐步代替“偶然的个人”②，并把“建立在个人全面发展和他们共同的社会生产能力成为他们社会财富这一基础上的自由个性”③作为人类最美好的理想。我国社会主义现代化建设，既为人的独立个性的形成奠定了基础，又迫切要求加强对人的独立个性的培养。“少年独立则国独立，少年自由则国自由，少年进步则国进步。”④一个人只有具有独立个性，才能客观地认识自己、主导自己和超越自己，才能形成独立思考、独立选择和决定的能力，才会具有创造精神、批判意识和强烈的自我实现愿望，也才能成为一个全面发展、推动社会主义建设的劳动者。

然而，在我国教育中，长期以来，存在着强调共性、统一性，忽视受教育者差异性、独立个性的培养，甚至压制和排斥受教育者个性的发展。“为什么我们的学校总是培养不出杰出人才?”⑤为什么“我们的学校，就像一座座工厂；我们的教育过程，就像一条条生产线；我们的学生，就像一个个标准化产品”⑥，我们的评价标准，就是“听话”“顺从”。功利化、工具化教育是

① 2010年7月,《国家中长期教育改革和发展规划纲要(2010～2020年)》。

② “有个性的个人”就是社会关系、交往条件与个人相适应，个人对社会关系有自主性；所谓“偶然的个人”就是社会关系、交往条件与个人不相适应，个人对社会关系没有自主性，处于被奴役的地位。

③ 《马克思恩格斯全集》(第46卷)(上)，人民出版社1979年版，第108页。

④ 梁启超:《少年中国说》。

⑤ 此即是著名的“钱学森之问”。2005年温家宝总理在看望著名物理学家钱学森时，钱学森谈到中国的教育，认为:“现在中国没有完全发展起来，一个重要原因是没有一所大学能够按照培养科学技术发明创造人才的模式去办学，没有自己独特的创新的东西，老是‘冒’不出杰出人才。”“钱学森之问”是关于中国教育事业发展的一道艰深命题，需要整个教育界乃至社会各界共同破解。

⑥ 王道俊、扈中平主编:《教育学原理》，福建教育出版社1998年版，第196页。

一种奴性教育、机械化教育，它忽视个体差异，漠视受教育者的个人尊严与独立人格，只能培养出受人摆布、故步自封、不思进取、没有创新精神、没有独立个性的“标准件”，是培养不出杰出人才的。孩子们的创造性多么美好和珍贵，然而现实教育中他们的创造性被埋没、被压制、被摧残的状况又是那么令人痛心疾首和悲哀。当然，我们所主张培养的个性绝不是那种一意孤行、我行我素、为所欲为，与社会利益、社会秩序背道而驰的极端个人利己主义的所谓自由“个性”，而是德、智、体、美等素质在受教育者身上的特殊组合，是与人的全面发展相统一的个性。

三、我国全面发展教育的基本构成

历史上，不同的社会形态就教育所要培养的人的素质结构与形式，都从德、智、体、美等方面进行了规定。可以说，德智体美等方面的发展是历史形成的人类教育的共同范畴，反映了人的素质发展的客观实际。全面发展教育是为促使人的身心得到全面发展而实施的教育，要培养全面发展的人，就必须建构起包括德智体美在内的全面发展的教育。关于全面发展教育应包含哪些方面，国内学术界有四育说：德育、智育、体育、美育；五育说：德育、智育、体育、美育、劳动技术教育；六育说，即在五育的基础上增加“心育”——“心理教育”。一般认为，我国现行的中小学实施的全面发展教育包含德育、智育、体育、美育和劳动技术教育五个方面。

德育是引导学生认识和理解社会主义思想观点和道德规范，组织和指导学生道德实践，形成社会主义品德的教育。德育对受教育者的全面发展起着定向和动力作用，集中体现了整个教育的社会主义性质，在全面发展教育的组成部分中处于引领地位。德育的基本要求是，培养学生成为热爱社会主义祖国、具有社会公德、文明行为习惯、遵纪守法的公民，在这个基础上，引导他们逐步确立正确的世界观、人生观、价值观，不断提高社会主义思想觉悟，并为使他们中的优秀分子将来能够成为坚定的共产主义者奠定基础。

智育是向学生传授系统的科学文化知识，形成基本的技能技巧，发展智力的教育。智育占据教育活动的中心位置，为其他各育的实施提供科学知识的基础和智力基础，并与其他各育相互渗透，是全面发展教育的基础。智育的基本要求是，帮助学生认识自然规律和社会规律，掌握从事社会主义现代化建设和从事各种实际工作的本领，形成科学世界观，提高提出、分析和解决问题的能力，养成良好的自学能力、兴趣和习惯。

体育是向学生传授健身知识、技能，发展学生的体力，增强学生的体质的教育。体力和体质的发展是人的全面发展的生理基础，体育可以提高学生的身体机能及脑力和体力劳动能力，既是学生学习科学文化知识的重要保证，又是对学生进行道德品质教育的重要手段，体育是全面发展教育的重要组成部分。体育的基本要求是，教授学生逐步掌握体育运动的基本知识、技能以及卫生保健知识，指导学生科学地锻炼身体，全面提高身体素质和基本的活动能力，逐步养成自觉锻炼的习惯，培养良好的体育作风。

美育，又称审美教育，是培养学生形成正确的审美观，发展感受美、鉴赏美和创造美的能力的教育。审美活动是人类生活中不可缺少的内容，爱美是人所特有的高尚的综合性品质，是全面发展的重要组成部分。美育是全面发展教育中不可缺少的组成部分，美育还渗透到人的全面发展教育的各个方面，对整个身心发展都起着催化作用。美育的基本要求是，通过音乐、美术、文学教育和其他各种审美活动，充实学生的生活，丰富学生的情感，培养学生欣赏美、评价美的能力，引导学生初步掌握一种艺术活动能力，如绘画、唱歌、舞蹈、演奏乐器等，使他们具有健康的审美情趣和高尚的情操，形成朝气蓬勃、乐观向上的精神面貌。

劳动技术教育包括劳动教育和技术教育两个方面，是向学生传授现代生产的基本知识、基本原理和基本的生产技能，培养劳动观念和劳动习惯的教育。劳动技术教育是教育与生产劳动相结合的一个方面，是学生走向社会参加生产建设的必要准备，并为专业教育与职业教育打下基础，是全面贯彻党的教育方针、全面提高教育质量的必要措施，是全面发展教育不可缺少的组成部分。劳动技术教育的基本要求是，通过科学技术知识的教学和劳动实践，使学生了解一般生产劳动的基本技术知识，掌握一定的职业基础知识和基本技术，以及组织生产和管理生产的初步知识和技能，培养学生良好的劳动态度和劳动习惯，以及热爱劳动和劳动者的感情。

四、我国教育目的的实现

（一）普通中小学培养目标

我国总的教育目的的实现首先需要将其转化为各级各类学校的培养目标。依据总的教育目的，结合各级各类学校的性质和具体培养任务，以及学生身心发展的规律和特点，我国《九年义务教育全日制小学、初级中学课程方案（试行）》（1992 年）和《全日制普通高级中学课程计划（试验修订稿）》（2000 年）对我国小学、普通初中、普通高中的培养目标进行了明确规定。

1.小学的培养目标

初步具有爱祖国、爱人民、爱劳动、爱科学、爱社会主义的思想感情，初步养成关心他人、关心集体、认真负责、诚实、勤俭、勇敢、正直、合群、活泼向上等良好品德和个性品质，养成讲文明、讲礼貌、守纪律的行为习惯，初步具有自我管理以及分辨是非的能力。

具有阅读、书写、表达、计算的基本知识和基本技能，了解一些生活、自然和社会常识，初步具有基本的观察、思维、动手操作和自学的能力，养成良好的学习习惯。

初步养成锻炼身体和讲究卫生的习惯，具有健康的身体。具有较广泛的兴趣和健康的爱美的情趣。

初步学会生活自理，会使用简单的劳动工具，养成爱劳动的习惯。

2.普通初中的培养目标

具有爱祖国、爱人民、爱劳动、爱科学、爱社会主义的思想感情，初步了解辩证唯物主义、历史唯物主义的基本观点，初步具有为人民服务和集体主义的思想，具有守信、勤奋、自立、合作、乐观、进取等良好的品德和个性品质，遵纪守法，养成文明礼貌的行为习惯，具有分辨是非和自我教育的能力。

掌握必要的文化科学技术知识和基本技能，具有一定的自学能力、动手操作能力，以及运用所学知识分析和解决问题的能力，初步具有实事求是的科学态度，掌握一些简单的科学方法。

初步掌握锻炼身体的基础知识和正确方法，养成讲究卫生的习惯，具有健康的体魄。具有初步的审美能力，形成健康的志趣和爱好。

学会生活自理和参加力所能及的家务劳动，初步掌握一些生产劳动的基础知识和基本技能，了解一些择业的常识，具有正确的劳动态度和良好的劳动习惯。

3.普通高中的培养目标

普通高中教育要进一步提高学生的思想道德、文化科学、劳动技能、审美情趣和身体心理素质，培养学生创新精神、实践能力、终身学习的能力和适应社会生活的能力，促进学生个性的健康发展，为高等学校和社会各行各业输送素质良好的普通高中毕业生。

在九年义务教育基础上，普通高中教育的培养目标特别强调：

热爱祖国，拥护中国共产党，了解中国历史和国情，对国家和民族具有责任感，初步形成正确的世界观、人生观和价值观。具有民主和法制精神，学习行使公民权利和履行公民义务；积极参与社会公益活动；具有自觉保护环境的意识和行为；具有集体意识和合作精神；具有参与国际活动和国际竞争的意识；具有独立生活的能力；形成健全的人格。

具有适应学习化社会所需要的文化科学知识；形成独立思考、自主学习的能力；具有科学精神，形成科学态度，学会科学方法；能够利用现代信息技术手段进行学习，解决问题；进一步发展创新精神和实践能力，逐步形成适应学习化社会需要进行终身学习的能力。

具有健康体魄和身心保健能力，养成自觉锻炼身体的习惯，掌握科学的锻炼方法；具有良好的心理素质；形成文明健康、积极向上的生活方式。

树立健康的审美观，养成健康的审美情趣，对自然美、社会美、科学美和艺术美具有一定的感受力、鉴赏力、表现力和创造力。

具有与社会生活相适应的职业意识、创业精神和一定的择业能力，形成一定的劳动技能和现代生活技能，能够对自己的生活和发展做出恰当的选择。

(二)实施教育目的的基本要求

1.正确处理好“五育”的关系

德、智、体、美、劳是有机统一的整体，反映了人的素质的不同方面，因此，“五育”各自相对独立，各有其特殊发展规律，对人的发展各有其不可替代的作用。但五育之间并非互不相干，也不是单纯地并行排列次序，而是相互之间有制约作用，在全面发展教育中的地位存在不平衡性。其中，德育是灵魂，起导向、统帅作用，保证教育的大方向；智育是核心，为其他各育的开展提供科学知识与智慧基础；体育、美育和劳动技术教育则不可或缺。因此，“五育”之间既相对独立，又辩证统一，相互依存、相互渗透、相互促进、相辅相成。在教育实际工作中，如果把它们的关系处理得当，则可使它们协调发展，相得益彰；如果处理不当，则可相互干扰和抵消，甚至两败俱伤。教育工作者在坚持“五育”并举的基础上，既要树立整体观点，防止偏颇，杜绝偏废，发挥“五育”的整体功能，又要针对学生在成长过程中，德智体的发展时常出现的不平衡情况，重点抓好某些带有倾向性的问题，综合地设计“五育”实施的过程，提高教育的实效。

2.处理好全面发展与个性培养的关系

贯彻实施教育目的应把全面发展与个性培养结合统一起来。全面发展与个性培养并不是孤立的，更不是对立的，而是具有内在的紧密联系。首先，全面发展是个性发展的基础。人的全面发展是人的自由个性形成的基本条件，要使自由个性成为可能，能力的发展就要达到一定的程度和全面性。其次，个性发展又是全面发展的动力。人要形成自己突出的个性特点，就必须使自己的素质达到一定的全面性，尤其是人的最基本的素质更不能缺失。第三，人的素质全面发展的过程，也是人的素质个性化发展的过程。所谓全面发展，就是个性的全面发展；所谓个性发展，就是全面发展的个性。全面发展的个人，同时也应该是有个性的人；人的个性的发展又表现为个人的自觉能动性、创造性和自主性得到全面发展。全面发展和独立个性的形成过程是一个相伴和一致的过程。因此，我们要树立正确的全面发展观：全面发展只是一个相对而不是绝对的概念，没有量的规定，不是“面面俱到”和无所不能。全面发展也不是指平均发展和人的发展的一律化，更不是指所有个人的发展都必须遵从一个相同的模式。无视人的个别差异，强求一律化和平均化的发展，只能造就碌碌无为、毫无个性特点和创造性的庸才。这就需要在进行教育时，要做到为了一切学生，为了学生的一切，一切为了学生；要关注每一个学生的不同特点和个性差异，发展每一个学生的优势潜能，进行因材施教，注重学思结合，促进学生的全面发展。反之，如果用一个公式、一种模式去教育所有的学生，对他们提出一样的要求，不仅会扼杀学生个性，也会阻碍学生的全面发展，导致学生的片面发展和畸形发展。

3.减轻学生课业负担

中小学生的课业负担过重，是长期困扰我国基础教育的顽症。过重的课业负担压弯了学生的脊柱，损害了学生的视力，学生的身体素质下降、心理问题增多、品德修养滑坡，即使在知识掌握方面，由于教学大搞题海战术，教师强灌猛输，学生死记硬背，也只是停留于机械记忆和重复训练，难以达到理解、贯通、灵活运用和创新的层次。过重的课业负担严重损害了儿童少年综合素质的全面发展，严重背离了教育目的的基本精神，可能会给几代人的发展留下难以估量的遗患，进而给国家和民族的前途造成危害。造成学生课业负担过重的原因是多方面的，有教育内外的人才观、质量观问题，有教育管理体制问题，有考试制度问题，有教师素质问题，也有家庭问题，还有传统社会文化心理等因素。尤其是在教育实践中，由于教育者、受教育者或参与教育活动的其他人的教育价值观不同，考试分数或升学率成为学校、师生、家长追求的首要目标。国家的教育目的被架空，教育实践难免会出现偏差。减轻学生的课业负担是全社会的共同责任，应落实到中小学教育的全过程。一是要树立正确的教育观念，规范办学行为，切实把国家的教育目的落实到教育实践中。二是要加大基础教育改革力度，调整教材内容，科学设计课程难度。三是要改革考试评价制度和学校考核办法，积极推进高考制度的改革，为中小学教育正确导向。四是中小学本身应认真落实教育方针和教育目的，严格执行课程方案，不得增加课时和提高难度；要积极开展教学改革，提高教师业务素质，改进教学方法，培养学生学习兴趣和爱好，增强课堂教学效果，减少作业量和考试次数，给学生留下了解社会、深入思考、动手实践和健身娱乐的时间；各种等级考试和竞赛成绩不得作为义务教育阶段入学与升学的依据。

复习思考题：

1.名词解释：教育目的、教育方针、教育目的观、、教育价值、、教育目的的价值取向、全面发

展教育、智育、美育。

2.简要说明教育目的的层次结构。

3.简要说明教育目的的功能。

4.制定教育目的的依据是什么?

5.论述个人本位论、社会本位论、折中调和论和辩证统一论的教育目的观。

6.马克思主义人的全面发展学说的主要内容是什么?

7.我国教育目的的基本精神是什么?

8.如何处理好全面发展与个性培养的关系?

9.结合教育实际,谈一谈怎样才能减轻学生的课业负担。

第五章 教育主体

学习目标：

1.理解教师的地位和作用。

2.了解教师的专业发展和社会角色。

3.掌握教师劳动的特点以及职业素养。

4.描述学生的地位、作用以及学生的权利和义务。

5.分析师生关系的意义，列举良好师生关系建立的条件。

教师与学生是学校教育活动中两个最基本，也是最活跃的要素。教师与学生具有什么特点，二者之间的关系怎样，是教育理论必须回答的问题。

第一节 教 师

对于大多数人来说，在成长的道路上，教师所起的作用绝不仅仅是一个知识传授者。教师通过各种活动以及自己的言传身教，培养了学生良好的道德行为习惯，帮助学生获得自我调节行为和遏制不良思想的自我教育能力，为学生思想品德的发展奠定基础。另外，教师在教育活动中，通过合理的作息制度、良好的体育锻炼、健康的审美和创造美的活动，促进学生身心健康的发展。

一、教师职业的地位和作用

孔子曰："三人行必有吾师。"人们常说："教师是春蚕，是蜡烛，是塑造人类灵魂的工程师。"教师究竟有着怎样的社会地位呢？

(一)教师职业的社会地位

教师的社会地位是指教师职业在整个社会职业体系中所处的位置。一个国家教师社会地位的状况如何事关教师队伍的稳定、教师素质的提高、教学质量的好坏和人才培养质量的高低等一系列重要教育问题的解决，因此教师的社会地位历来广受世人的瞩目。

教师是指受过专门教育和训练的，在学校中向学生传递人类科学文化知识和技能，发展学生的体质，对学生进行思想道德教育，培养学生高尚的审美情趣，把受教育者培养成社会需要的人才的专业人员。教师职业的社会地位是通过教师在整个社会中所发挥的作用和所占有的地位资源来体现的的，主要包括以下几个方面：

1.教师职业的专业地位

教师职业社会地位主要通过其从业标准来体现，有没有从业标准和有什么样的从业标准是教师专业地位高低的指示器。近几十年来，许多国家逐步延长了教师专门培训的年限，提高了教师的学历层次，尤其是发达国家，中小学教师的学历水平已达到本科以上。同时，各国对作为教师所必备的专业知识、专门技能的要求以及对于教师资格条件的要求也更为严格和具体，并陆续出台了教师资格证书制度，教师的专业自主权也进一步得到保证，教师的专业地位已逐步确立起来。

2.教师职业的经济地位

教师职业的经济地位指将教师职业与其他职业相比较，其劳动报酬的差异状况及其经济生活状况。教师的劳动是一种复杂劳动，教师的经济地位应相当于社会复杂劳动者所享有的经济待遇。教师的经济地位是其社会地位的基础和直接表现，教师经济地位的高低是决定教师职业是否有吸引力，能否吸引到高素质人才，能否保证和提高教育质量的一个关键。

3.教师职业的政治地位

教师职业的政治地位指教师职业在国家或民族的政治生活中所处的地位和所起的作用，表现为教师的政治身份的获得、教师自治组织的建立、政治参与度、政治影响力等。教师政治地位的高低是与时代及社会制度紧密地联系在一起的。在我国，教师享有广泛的民主权利和崇高的荣誉，并以法律的形式保障教师应有的权利和待遇。

4.教师职业的法律地位

教师职业的法律地位指法律赋予教师职业的权利、责任。教师职业的权利主要是指法律赋予教师在履行职责时所享有的权利。包括：①教育的权利，即教师依法享有对学生实施教育、指导、评价的权利；②专业发展权，即教师依法享有发展自己，提高专业文化水平的权利；③参与管理权，即教师可以通过各种合法途径参与学校建设和管理。

（二）教师职业的作用

1.教师的社会作用

教育的社会作用是指教师职业对一定社会的发展所产生的实质性影响，它是教师社会地位的客观基础。教师职业对社会发展的作用巨大：①教师是人类文化科学的传播者，在社会的延续和发展中起桥梁与纽带的作用；②教师是人类灵魂的工程师，对塑造一代新人的思想品德起着特别重要的作用；③教师是人的潜能的发掘者，对人的智力开发起着奠基作用。

2.教师在教育过程中的作用

学校教育作为一种专门促进学生认识和身心发展的社会活动，是由教师教的活动和学生学的活动两方面复合构成的。随着历史的演进和教育实践的发展，普遍认为，教师在教育过程中居于主导地位，起主导作用。

（1）从教育过程的本质来看，教育过程是有目的、有计划、有系统地培养的过程，而教育活动的目的性、计划性、系统性是靠教师来具体实现的。

(2)从教师的自身特点来看,合格的教师一般都受过专门的教育和训练,拥有较完备的知识和能力素养,在教育活动中发挥着主导作用。

(3)从学生自身的特点来看,在教育活动中,学生主要是正处在成长和发展中的儿童、少年和青年,他们正处在长知识、长身体和思想品德逐步形成的重要时期,他们的知识有限,经验不足,独立思考问题的能力和判断是非的能力不强,有赖于老师的正确教育和引导。

教师的教决定着学生学习的方向、内容、进程、结果和质量,对学生的学习起着引导、规范、评价和纠正的作用。同时,教师的教还影响着学生的个性品质以及世界观、人生观、价值观的形成。教师主导作用可归纳为:①对教育过程的导向作用;②对教育影响的组织选择和运用;③对教育对象的启发诱导。

强调教育过程中教师的主导地位,并不是否定学生的主体地位,忽视学生的积极作用。教育过程是师生双边的活动过程,必然离不开学生的积极主动参与,只有学生把教师教的内容努力内化为自身的学识和品行,教育过程才有意义。因此,尊重学生的主体地位,激发学生的积极性和主动性,就成为衡量教师主导作用发挥程度的重要标志。

二、教师劳动的特点

教师劳动的特点是教师在职业活动过程中形成和体现出来的,反映教师职业的特点。由于教师劳动的目的、对象和手段与其他职业相比有很大的差异,所以就形成了教师劳动独有的特点。

(一)复杂性

1.教育对象的复杂性

教师劳动的复杂性,首先是由教育对象的复杂性决定的。教育对象是人,是正在成长中的青少年。人的成长因素是多方面的,它包括遗传、环境、教育与人的自觉能动性因素,哪一方面受到忽视,都可能给青少年成长带来损失。人的不同成长历程还会形成不同的个性特征,它也成为影响教育的因素。

2.教师劳动目的和任务的复杂性

教育目的和任务是使青少年在德、智、体、美等方面都得到发展,它们是互相制约、互相促进的。从智育目标和任务说,不但要向学生传授知识和技能,而且要发展他们的智力和能力,特别是分析问题和解决问题的能力、实际操作能力、创新能力。同时,德育、体育、美育的结构和任务也很复杂。

3.教师劳动方式的复杂性

教育过程是一个系统工程,它要在有限的时间里,通过多种因素相互作用,完成一个复杂的综合性的任务目标,即形成人。这个过程必然是复杂的。而且,不同的教育目标会有不同的教学方式、结构或模式。

(二)创造性

第一,教师劳动本身的创造性。就知识的传授来说,教师不是把科学家发现和概括出来的知识简单地传授给学生,而是必须对知识进行加工,使知识易于为学生理解和接受。教师为帮助学生掌握某一概念或原理，往往需要选择多方面的资料，采取一定的方法和手段，帮助学生理解，并通过练习达到掌握的目的。这都需要教师付出创造性劳动，更不用说还要进行思想教育，发展智力和能力，以及培养良好的心理品质了。同时，现代科技迅猛发展，知识更新十分迅速，教师为了让学生掌握教材中的基础知识、基本概念、基本原理，应当融进最新的现代知识，使知识的学习具有新鲜感、时代感，这也需要教师的创造。

第二，教师面临的教育对象是经常变化的，每个学生都有自己成长的条件，都有不同的个性特征。教师所面临的教育对象是复杂的，需要教师进行创造性劳动。

第三，教育过程要培养学生的创造性，这更需要教师设计创造性的活动，以培养学生的创造需要、创造品格、创造思维能力，从而表现出教师劳动的创造性。

(三)示范性

第一，教师劳动的示范性首先是由教育内容、方法和手段的主体化及其与教育结果的一致性决定的。教育过程是教师通过传授知识去培养人的，因此，教师首先通过自己的理解把教育内容融会贯通，把其中包含的知识、技能、世界观和思想感情转化为自己的东西，在了解学生知识水平和心理状况的基础上进行加工，并借助一定的教学手段通过自己言传身教为学生所掌握。这里，教育内容、方法和手段都经历了一个主体化的过程。教育结果即是学生身上获得的知识、技能、能力、世界观和思想感情等，也都包含在教师主体及其活动中，二者具有一致性。所以，与其说教师是用教材、教学方法和教学手段教学生，不如说是用自己的知识、技能、能力、世界观和思想感情去教学生，是用教师的人格去教学生。

第二，教师劳动的示范性也是由人的认识过程和心理过程的特点决定的。人对知识的掌握和心理的发展都是以感性活动为基础的，具体的现实的事物最容易在心理中引起反应。教师以自己的语言、形象、活动和激情表现知识内涵，能帮助学生达到对知识内涵的把握，并留下深刻印象。

第三，教师劳动的示范性也是由青少年心理特征决定的。青少年儿童富于模仿性和易受暗示，他们都把教师看作知识的化身、高尚人格的代表，是天然的模仿对象。教师的思想行为、求知精神、科学态度、思维方式都对学生起着模范作用。

(四)长期性

1.教师劳动培养人才的周期长

一个人入小学获得读写算的能力需要6年，入中学掌握各门学科基础知识和基本能力也需要6年，入大学成为某个领域专门人才需要4～5年，读研究生成为高级专门人才也需要3～6年。正如中国古代思想家管仲所说："一年之计，莫如树谷；十年之计，莫如树木；终身之计，莫如树人。"不仅人的成长的各个阶段需要很长的时间，就是一个基本观点的形成或某个思想品德的提高也需要很长时间，并且往往需要多次反复才能趋于成熟。教育是培养人的活动，而人的成长是一个长期的过程，需要教师付出长期的大量的艰辛劳动。从学生个体的成长和进步来看，学生思想品德的形成、综合素质的培养，需要教师以极大的毅力、滴水穿石的精神、耐心细致的工作去影响和感染。要把一个人培养成为社会发展的主体，需要许许多多的教师坚持不懈的艰苦努力。从教师自身的劳动过程来看，教师的劳动无限定的时间，无划定的区域范围,教师为搞好教学,需要用毕生的生命去探索。

2.教师劳动成果显效具有明显的滞后性

教师通过教育活动而培养起的学生的各种素质,是以一种潜在的形态存在着,不能马上见到其社会效益,要在学生步入社会做出贡献后才能最终体现出来。因此,人才的成长和教育效果需要很长时间才能得到检验,这种劳动社会效果的长期性,既表现为后效性,又表现为长效性,即人才成长和教育效果在人的一生中都将发挥作用。

(五)繁重性

教师劳动的繁重性是由教师所担任多方面的教育任务决定的。学校工作以教学为主,这是因为学校是培养人的专门场所。在学校全部教育活动中教学活动所占的时间最多,所涉及的知识面最广,对学生的影响也最深刻。教师既教书又育人,使学生在德、智、体、美诸方面得到全面发展。既要关心学生学习的进步,又要关心他们政治思想进步和身体健康;既要在课内系统全面地传授科学文化知识,又要在课余组织学生开展各种丰富多彩的活动,指导学生过好团队生活、发展他们兴趣和爱好;既要全面指导学生在校内的生活和学习,又要关心他们在校外的交往和活动,对学生进行家访和交谈。

(六)高度的责任性

教师的根本任务是教书育人。这一根本任务就要求教师应具有高度的责任感。不仅教育过程要求教师具有高度的责任感,而且教育对象的特点也要求教师应具有高度责任感。

三、教师专业发展

(一)职业、专业与教师专业化

1.职业

《中国大百科全书》对职业的解释是,职业是随社会分工而出现的,并随着社会分工的稳定发展而构成人们赖以生存的不同工作方式。职业是谋生的手段,而且从事某种职业也是一个社会人应当承担的社会角色和社会责任。

2.专业

专业是社会分工、职业分化的结果,是人类认识自然和社会达到一定深度的表现。专业是个社会学概念,是指一群人经过专门教育或训练、具有较高深和独特的专门知识与技术、按照一定的标准进行专门化的社会实践活动,从而解决人生和社会问题,促进社会进步并获得相应报酬待遇和社会地位的专门职业。美国学者科尔文等人提出,凡称得上一门“专业”的,必须具备以下一些特征:为公众提供服务;可以成为终身投入的事业;具有专业的知识和技能,非一般人可以轻易获得;能够投入大量的精力进行研究并将理论应用于实践中;有足够长的专业受训实践;对工作和顾客负责并注重服务质量。成熟的专业应该具备六大特征与标准:专业知能、专业道德、专业训练、专业发展、专业自主、专业组织。

3.专业与职业的区别

专业与职业的区别主要表现在以下几个方面:一是从事专门职业需要长期的专门训练,有着较高的学历要求,而从事普通职业则主要靠经验积累和个人体验;二是从事专门职业需要以专门的技能为基础，而从事普通的职业则主要是按例规行事；三是专门职业需要有专门的从业资格和职业道德规范，而普通职业则无明显的内行和外行之分；四是专门职业需要把服务与研究融为一体，通过行动研究不断提高专业水平，而普通职业仅是提供一种服务，没有研究的意识；五是专门职业的从业人员需要有强烈的事业感、职业投入感，献身于自己所从事的职业，而普通职业的从业人员仅仅把自己的职业作为谋生的手段，以收入的高低作为价值判断的主要依据。

教师专业化是现代教育改革与发展的必然要求，而且，教师的各种教育教学活动已经在一定程度上达到了专业化标准的要求。1994 年我国开始实施的《教师法》规定“教师是履行教育教学职责的专业人员”，第一次从法律角度确认了教师的专业地位。1995 年国务院颁布了《教师资格条例》。1999 年我国颁布的第一部对职业进行科学分类的权威性文件《中华人民共和国职业分类大典》，首次将我国职业归并为八大类，教师属于“专业技术人员”一类；2000 年教育部颁布了《教师资格条例实施办法》，教师资格制度在全国开始全面实施。

4.教师专业化

教师专业化是指从教人员经过严格的专业训练和自身的主动学习，逐步达到教师专业标准，成长为专业人员，并获得社会认可的过程。教师专业化的实质就是教师专业社会化。教师在整个专业生涯中，通过终身专业训练，依托专业组织，习得教育专业知能与规范，取得教师资格，实施专业自主，表现专业道德，逐步提高自身素质，成为一个良好的教育专业工作者，也就是一个从“普通人”变成“教育者”的专业发展过程。

(二)教师专业发展

从广义的角度看，“教师专业发展”与“教师专业化”是相通的，均指加强教师专业性的过程。但从狭义的角度讲，它们之间又有一定的区别。“教师专业化”主要是从社会学的角度强调教师群体的、外在的专业性提升；“教师专业发展”更多的是从教育学的角度强调教师个体的、内在的专业素质的提高。这两个不同的思维角度是随着教师专业发展研究的不断深化而逐步明晰的。

1.从教师群体被动专业化到教师个体主动专业化

20 世纪初，人们采用的是教师群体专业化的策略，它把教师置于一种被动的地位。教师为了获得社会地位的认同，只能被动地实现外界所订立的专业标准。20 世纪 80 年代后，人们开始反思教师专业化的发展历程。教师专业化的目的不仅在于争取专业的地位和权力，更为重要的是必须以提高教学水平、扩张个人知识及技能为发展方向。这就需要群体的被动专业化到教师个体的主动专业化，即教师要有内在的、主动的专业发展动机，要求教师除了必须掌握学科内容、教学技能技巧外，还必须拥有一种“扩张的专业特性”，即有能力通过系统的自我研究实现专业上的自我发展，成为“研究型教师”，也就是教师的专业发展。

2.杰克逊(Jackson，P.W.)对教师被动专业化的批判

早在 20 世纪 70 年代初期，杰克逊就预测，教师被动专业化即将被尊重教师个人成长规律、强调教师自身积极作用的教师主动专业化所替代。他把教师被动专业化称作教师发展的“缺陷”观，把教师主动专业化称作教师发展的“成长”观。“缺陷”观假设教师在教学中存在某

种错误或缺陷，在职教师的目的就是对这些缺陷加以修正。“成长”观把教学看作是一项复杂的、多维的活动，教师学会教学不是弥补缺陷的过程，而是作为一名艺术实践者不断追求完善的过程。

3.教师从“教书匠”向“自主发展”转化

在近代以来的制度化教育背景下，工业管理模式被应用于教育，课程的目标、内容、实施和评价等过程均被“标准化”“科学化”，教师成了“教书匠”。教师所谓的“专业化”程度取决于其专业领域的知识与技术的熟练程度，教师处于被动“专业化”状态。随着教育实践的发展，教师的自主发展成为一种内源性专业发展，它强调教师在专业发展上的自主性，要求教师既要有较强的自我专业发展的意识和能力，又要有自觉承担专业发展的责任，通过多种途径实现专业发展和自我更新。

（三）教师专业发展阶段

在教师的专业发展过程中，存在着不同的发展阶段，面对着不同的发展问题，这些问题的不断解决推动着教师专业的不断发展。对于教师专业发展阶段，学者有不同的看法。

1.两阶段说

南京师范大学吴康宁提出，教师专业化过程包括预期专业社会化与继续专业社会化两个阶段。所谓预期专业社会化是指个体为适应将要承担的专业化角色而进行的准备性个体社会化，如师范生接受专门的教师教育或师范教育，便构成了其教师专业化的第一个阶段，即预期社会化阶段。所谓继续专业社会化是指个体在承担某种专业角色之后为了更好地扮演角色而进行的社会化，它包括教师工作实践，也包括进入有关院校脱产、半脱产进修学习。

2.五阶段说

华东师范大学白益民在参照国外大量研究成果的基础上，主要从教师自我专业发展意识所关注的重点与所达到的水平两方面予以考虑，提出“自我更新”取向教师专业化发展过程，包括以下五个阶段：

（1）“非关注”阶段。这是指进入正式教师教育之前的阶段。这一阶段的时间，可从一个人进入接受正式教师教育一直追溯到他的孩提时代。

（2）“虚拟关注”阶段。指教师就职前的师范学习阶段，包括实习在内，反映的主要是师范学习阶段师范生的发展状况。

（3）“生存关注”阶段。指初任教师专业发展的阶段，他们面临着来自生活和专业两个方面的压力，需要实现由师范生到正式教师角色的转换，需要克服对于教学实践的不适应。

（4）“任务关注”阶段。这是教师专业结构诸方面稳定、持续发展的时期。

（5）“自我更新关注”阶段。这一阶段，教师的专业发展动力转移到了专业发展自身，而不再受外部评价或职位升迁的牵制，直接以专业发展为指向。随着专业知能的日渐熟练，教师有了更多的时间和机会对自己的专业化发展进行反思，也有了较为明确的自我专业发展意识。

（四）教师专业发展的内容

1.专业知识的发展

专业知识是教师专业结构中的一个重要组成部分，是教师专业发展的基础。教师不仅要具备普通文化知识、学科专业知识、教育教学知识，还要具备个人的实践知识，具有构建自己的知识体系的能力。教师的专业发展要建构教师合理的知识结构，提高教师的基本素养。

2.专业能力的发展

专业能力是衡量教师专业发展水平的一项重要指标，是教师专业发展中的核心内容，主要包括语言表达能力、组织能力、学科教学能力等。其中，教育科学研究能力和水平体现着教育实践与教育理论的密切结合，是教育教学创新对教师发展的必然要求，是教师专业发展的基本保证。

3.专业情意的发展

教师专业理想的树立、专业情操的养成、专业性向的调试和专业自我的建立是教师专业情意发展的重要标志。教师的积极情感和高尚人格是影响教育教学效果的重要因素，是教师专业活动和行为的动力系统。教师以人为本，学生具有天然的“向师性”，教师的积极情感会产生“罗森塔尔效应”，感染学生。教师的理想人格，会潜移默化地影响学生。

（五）教师专业发展的途径

教师专业发展受到两个方面因素的影响：一是外在的影响，反映对教师进行有计划、有组织的培训和提高，它源于社会和教育发展对教师角色与行为改善的规范、要求和期望；二是教师内在因素的影响，是指教师的自我完善，它源于教师的自我角色愿望、需要以及实践和追求。从某种程度上说，教师内在因素的影响对于教师专业发展起着关键作用。教师专业发展的途径主要有以下几种：

1.反思性教学

反思性教学是教师借助行动研究不断探究与解决自身和教学中的问题，将学会教学与学会学习结合起来，努力提升教学实践合理性，使自己成为专家型教师的过程。通过反思性教学，可增强教师的责任感和创造性解决教学实践中的问题的能力，改进教学，提高教学质量。

2.校本培训

校本培训是以学校为培训基地，在上级培训机构的指导下，由校长、教师、学生共同参与的，充分利用校内外培训资源，直接服务于学校教育、教学的培训活动。与传统的教师培训相比，校本培训的形式灵活多样，内容具有鲜明的针对性，培训结果的时效性强。实施校本培训应注意培养教师的自我专业发展需要和意识——它是教师真正实现自主专业发展的基础和前提，能够增强教师对自我专业发展的责任感。

3.教师专业发展学校

教师专业发展学校（Professional Development School，简称 PDS）是 20 世纪 80 年代中期以来美国教育改革中出现的一种新型的中小学运行机制。教师专业发展学校在于为职前教师提供真实的实习环境和为在职教师的专业化发展提供实践条件。PDS 不仅是供大学教育研究的实验学校或示范学校，而且是培养新教育专业人员的学校，供有经验的教育专业人员继续发展的学校。教师专业发展学校的出现旨在使人们认识到，对于任何一个教师来说，其专业成长应是一个连续的过程，要贯穿于师资培养和提高的全过程，突出中小学骨干教师在新教师培养中的重要作用，强化教学实践环节，促进新教师的专业成长。

四、教师的社会角色

角色是处于一定社会地位的个体，根据社会的客观期望，借助自己的主观能力适应社会环境所表现出来的行为模式。教师是一种社会角色，并往往同时扮演着多重角色。教师的地位、作用与专业发展等，最终都是通过其职业角色和具体形象来反映的。一个专业发展程度高的教师必然是一个善于扮演自己职业角色和具有良好职业形象的教师。教师在教学中的角色是教师多种社会属性和社会关系在教学活动中的反映，是教师在教育教学中的一整套行为规范和人们对教师的角色期待。

(一)教师扮演的社会角色

1.知识传播者、学习发动者、组织者和评定者

这是教师职业的中心角色。教师的特殊功能是传授知识，指导学生学会学习，培养学生的各种能力，促进他们的智力发展。教师的这一角色主要是通过教学活动来实现的，在教学过程中，教师根据教育教学的规律和学生身心发展特点，组织一系列活动，调动学生学习的积极性，以使他们牢固地掌握科学文化知识，发展多方面能力。

2.父母长者、朋友和管理员

教师在课堂上是老师，在生活上是长者和父母。教师不仅要关心学生的学习，还应培养他们良好的生活习惯和技能，解答他们在生活中遇到的各种问题，充满热情地关怀、期望、帮助学生，扮演父母形象角色。在日常生活中，教师还应成为学生的朋友与知己，对待学生热情、友好、同情、平等、民主，保持良好的师生关系。

3.榜样和模范公民

教师是教育人的人，社会上的人们按照教师的地位和作用，理所当然地要求他成为学生和公民的榜样。在学生心目中，教师是知识的源泉，是智慧的替身与行为的典范；教师所有的举止言行都无疑成为学生模仿和学习的表率，在学生心灵中打上深深的烙印。每个教师都要通过自己的榜样作用去感染每一个学生，教育每一个学生，对学生施以潜移默化的影响。

4.学生灵魂的塑造者

教师不仅要向学生传授科学技术、文化知识，培养其能力，而且还要按照一定的世界观塑造学生的灵魂。教师要培养学生具有正确的世界观、人生观和远大理想，培养他们丰富而高尚的精神境界，培养他们追求真理、热爱科学、热爱和平的品质，培养他们具有不断完善自己的道德品质。

5.教育科学研究人员

教师不能仅满足于向学生传授现成的知识，更要积极探索和研究教学与学习中出现的问题，成为一个科学研究者。特别是对自己教学的研究，要掌握一定教育科研方法，并注重运用所掌握的方法解决自己在教育教学实践中所遇到的问题，从而使自己不仅成为一名教育实践家，而且还要成为教育理论家。

（三）教师职业角色的形成

1.教师职业角色意识的形成过程

（1）角色认知阶段。这一阶段指角色扮演者对某一角色行为规范的认识和了解，知道哪些行为是正确的，哪些行为是不合适的。为了解教师角色所承担的社会职责，教师能够将其所充当的角色与社会上其他职业角色区别开来。

（2）角色认同阶段。这一阶段指教师通过亲身体验接受教师角色所承担的社会职责，并用来控制和衡量自己的行为。对角色的认同不仅是认识上了解教师角色的行为规范，而且在情感上有所体验。对教师角色的认同，是在一个人正式充当这一角色，有了教育实践后才真正开始的。

（3）角色信念阶段。这一阶段指教师角色中的社会期望与要求转化为个体的心理需要。这时教师坚信自己对教师职业的认识是正确的，并视其为自己行动的指南，形成了教师职业特有的自尊心和荣誉感。

2.促进教师角色形成的主要条件

（1）正确认识教师职业。从事教师职业的人在正式成为教师前就要对教师职业及相应的角色有一个较为全面而正确的认识。对于未来的教师，可以通过讲授有关知识，请优秀教师作报告的形式，有意识地传授有关教师角色的知识。

（2）树立学习榜样。通过榜样的行为示范，人们能够掌握社会对教师的角色期待，学会在不同情境中从事角色活动，处理角色冲突。树立榜样时要注意，首先，榜样的示范行为要特点突出，生动鲜明，引起学习者的关注，榜样的示范行为是可学习的，可模仿的，不宜标准太高或难以学习；其次，榜样的示范行为具有可信任性，真实有效；再次，榜样的行为要感人，使学习者产生心理上的共鸣。

（3）积极参与教育实践。在将角色的认识转化为信念的过程中，实践活动非常重要。一个社会是否尊师重教，一个学校是否能人尽其才，是影响教师在教育实践活动中形成角色意识的客观因素，而教师的心理需要则是其主观因素。长期的教育实践会使大部分教师认识到教师职业的社会价值，从而将社会角色期望转化为自己的心理需要。教师与其他人一样，具有各级各类需要，但每种需要的强度及相互关系在各个教师身上的反应是不同的。在教育实践活动中，随着知识经验的增长，教师会把社会对教师的要求与自己的需要联系起来，从而将社会需要转化为心理需要。

第二节　学　生

在学校教育活动中，教师与学生是相互依存、互为前提的关系。学生既是教育的对象又是教育的主体，了解和研究学生的本质、特点、地位、作用和发展规律是教育工作的出发点和归宿。

一、学生的本质

学生是在教师的指导下从事学习的人，主要指在校的儿童和青少年。

(一)学生以系统学习间接经验为主

学生学习的内容是经过严格的挑选、为人的发展和社会发展所必需的文化遗产，包括自然科学知识、社会科学知识、思维科学知识、人文科学知识等。

(二)学生是具有主体性的人

学生不是被动的加工对象，他具有主体性。所谓主体性，就是指学生在教学中的主观能动性。具体包括五个方面。①独立性。每个学生都是一个自组织系统，一个独立的物质实体。承认学生独立性是发挥学生主体性的前提条件，承认独立性也就承认了学生发展过程的多途性、发展方式的多样性和发展结果的差异性。②选择性。它是指学生在教育过程中可以在多种目标、多种活动中进行抉择的特点。③调控性。学生可以对自己的学习活动进行有目的的调整和控制，如学习困难时，激励自己；有了成绩，告诫自己不要骄傲；学习目标不恰当时，及时调整修正；对学习过程进行自我监控等。④创造性。它是指学生在教育活动中可以超越教师的认识，超越时代的认识与实践局限，科学地提出不同的观点、看法，并创造具有成效的学习方法。创造性是主体性的最高表现形式。⑤自我意识性。它是指学生作为主体对自己的状态及在教育中的地位、作用、情感、态度、行为等的自我认知。

(三)学生具有明显的发展特征

人的发展是指作为整体的个人从出生到成长衰老至死亡的身心发生发展变化的过程。发展过程总是从一个比较简单的结构向一个更复杂的结构的过渡。青少年学生的发展是人生发展最明显的时期，不仅表现在身体的发展，更表现在心理的发展上；不仅表现在发展的速度，而且表现在发展的广度、深度上。

二、学生的地位

学生的地位包括学生的社会地位和学生在教育过程中的地位。前者是后者的基础和依据。

(一)学生的社会地位

学生的社会地位是指学生作为社会成员应具有的主体地位。青少年儿童是未来社会的主人，有着独立的社会地位，并依法享受各项社会权利。要确保儿童的主体地位，关键是看儿童的合法权利是否得到保障。

(二)学生在教育过程中的地位

学生在教育过程中的地位一直是教育史上争论的重大问题，其中主要有两种对立的观点：教师中心论和学生中心论。教师中心论把学生看成是可以随意涂抹的一张白纸，一个可以任意填灌的装知识的容器。学生对教师来说，处于一种从属地位。学生中心论把学生视为教育过程的中心，教育的一切措施应围绕着他们转动，全部的教育教学都要从学生的兴趣、需要出发，教师只能处于辅助地位。这两种观念都不适当地贬低或抬高了学生的地位，是不科学的。

现代教育理论认为，在教育过程中，学生既是教育活动的对象，又是教育活动的主体。学生作为教育活动的客体是指学生相对于社会的要求、新的教学内容和教师的认识来说都处于一种被动状态，需要教师有目的、有计划、有组织地引导，将一定社会要求转化为学生内部需要，将新的教学内容转化为学生的素质。承认学生的客体性和客体地位，就是强调教育和教师的主导作用。然而，在教育过程中外界的一切影响并不是简单地输送或移植给学生，必须经过学生主体的主动吸收、转化，学生是活生生的具有主观能动性的人，是学习的主人。教师的作用只是外因，任何知识技能的领会与掌握都要依靠学生独立自主的学习，教师不可能包办代替；任何有效的教学必须以尊重学生身心发展规律，特别是学习规律为前提。因此，学生在教育过程中处于主体地位，是主体与客体的统一体。

三、当代学生观

学生观问题是教育的一个根本性问题。每一位教师特别是基础教育战线的教师要深入了解和认识学生身心发展的基本特点，正确把握教育与学生身心发展的关系，建立起基于学生发展、为了学生发展、切实促进每一个学生发展的学生观。

（一）人性化的学生观

当代教师要树立人性化的学生观，即心中有学生，以学生为本。学生作为教育对象，是一个有血有肉的活生生的生命个体，是血肉之躯和精神灵性紧密相连的完整个体，是一个有思想、有感情的独立的人。教师一定要把学生当作与自己人格一样平等的人来看待，充分尊重学生，热情关心爱护学生，真诚无私地帮助学生成长与发展，为学生的成长与发展服务；要对学生负责，对家长负责，对社会负责，对国家和民族负责，对整个人类负责，使学生的身心素质和个性得到充分自由的发展。

（二）发展化的学生观

学生是发展中的人，这表明学生是不成熟的个体，同时又是具有巨大发展潜能的个体。教育之所以能够进行就是因为学生具有可教育性。教育应看到学生的未完成性，给学生创造发展的环境和机会，特别是教师对每一位学生的持久的期望会给学生更强大的发展动力。要尊重儿童在每一个阶段的独特需要和成长方式；另外，学生在成长的某一阶段的表现也并不表明他以后的发展方向与人生的最终目标。教师要在现实生活和全人观的背景下，思考学生的发展取向，从学生生命全程的需要出发规划学生的发展目标，既要注意学生知识、智力和学习成绩的提高，又要关注学生健康的体魄、纯洁善良的心灵、乐观豁达的态度、友好合作的交往、勤奋质朴的作风等素质的发展。

（三）法制化的学生观

学生不单纯是一个接受教育的对象，而且是一个独立的社会成员，是一个具有自己法定的权利和义务的独立社会成员。在现代社会，学生享有一定的法律权利，承担一定的法律责任，是一个法律上的责权主体，同时，学生也承担一定的伦理责任和享受特定的伦理权利，也是伦理上的责权主体。学生不仅是一个权利主体，还是责任主体，学校和教师要引导学生学会对学习、对生活、对自己、对他人负责，学会承担责任。在法制化建设迅速发展的今天，树立法制化的学生观，视学生为责权主体的观念，是建立学校民主、道德、合法的教育关系的基本前提，强化法制观念，尊重和保护学生的合法权利，是时代对教师的必然要求。

（四）主体化的学生观

学生是一个独立的社会成员，是学校教育活动中不可或缺的重要主体，它既是教育的对象，又是教育活动的重要参与者，学习活动的独立承担者。既然学生是教育活动的独立主体，教师就必须尊重学生的主体地位和作用。为了培养学生的主体性，教师要特别注意培养学生对自身行为的支配、调节和控制的能力，使学生在学习中能够自我发现、自我选择、自我指导，在活动中能够自我探索、自我创造、自我调节、自我监控，在生活中能够自我教育，自我激励。教师要注意反思学生自主性发展与自己的关系，建立起在教育过程中促进学生自主性发展的强烈意识和正确思路，通过发展学生的自主性，学生可获得可持续的发展。

专栏 5-1

冲破观念障碍

中国的孩子放学回家以后，家长们问孩子的第一句话，从黑龙江到海南岛，差不多是一样的："今天的作业做完了吗？"家长们关心的是学校既定的任务完成了没有。世界上还有一个民族也特别关心下一代的教育，那就是以色列民族。当孩子们放学回家后家长们问他们的第一句话差不多也是相同的："你今天在学校向教师提问题了吗？"如果孩子得意地说："我今天向教师提了一个问题，教师没有回答出来！"那家长会像孩子一样的得意，会喜形于色。可是如果中国的孩子回来对家长说他提了一个问题把老师难住了，绝大多数家长会感到尴尬和为难，甚至会斥责孩子："你逞什么能！"

西方哲学史上有一个著名的故事：在剑桥大学，维特根斯坦是大哲学家穆尔的学生。有一天，大哲学家罗素问穆尔："谁是你最好的学生？"穆尔毫不犹豫地回答："维特根斯坦。""为什么？！""因为，在我的所有学生中，只有他一个人在听我的课时，老是流露着迷茫的神色，老是有一大堆问题。"后来维特根斯坦的名气超过了罗素。有一次有人问维特根斯坦："罗素为什么落伍了？"他回答说："因为他没有问题了。"

资料来源：袁振国著：《教育新理念》，教育科学出版社 2007 年版，第 7 页。

第三节 师生关系

教师和学生是教育活动中两个最活跃的因素，他们相互作用，相互依存，推动着教育过程的发展。这两个因素缺少任何一个，教育过程就不会存在。因此，弄清楚两者在教育过程中的地位和作用，建立良好的师生关系，是有效进行教育活动，完成教育任务的重要前提。良好师生关系不仅是教育教学活动价值的体现，也是生命意义的体现。

一、师生关系的内涵及类型

(一)师生关系的内涵

师生关系是指教师和学生在教育教学过程中结成的相互关系，包括彼此所处的地位、作用和相互对待的态度等。它是一种特殊的社会关系和人际关系，是教师和学生为实现教育目标，以各自独特的身份和地位通过教与学的直接交流活动而形成的多性质、多层次的关系体系。

20 世纪 90 年代早期，研究者强调师生关系的工具性价值，认为师生关系具有以下功能：一是社会化功能，即促进学生社会观念和社会能力的形成；二是个性化功能，即促进学生个性发展；三是选择定向功能，即将学生按其本身特点分配到社会上的适当位置；四是调节功能，即师生传递信息，调节各自行为，确保教学顺利进行；五是保护功能，即促进师生心理健康；六是激发学生学习兴趣，提高学习效率功能。但是，到 20 世纪 90 年代后期，越来越多的研究者意识到师生关系的目的性价值，指出师生关系本身就具有教育意义，师生关系具有发展功能，即促进师生双方的"成长与发展"。新课程强调教学过程是师生交往、共同发展的互动过程，它既促进教师的专业发展也同时促进学生的成长。

(二)师生关系的类型

师生之间的现实关系丰富多彩，随着主体需要的不同，师生联系的环节、内容、方式不同，以及环境的差异而呈现出不同的特点。

1.以年轻一代成长为目标的社会关系

师生之间的社会关系是教师作为社会的代表与学生作为未成年的社会成员在教育教学过程中结成的代际关系、政治关系、文化关系、道德关系、法律关系等。师生社会关系是人与人之间各种社会关系在教育教学中的反映。

2.以直接促进学生发展为目标的教育关系

师生的教育关系是指教师和学生在教育教学活动中为促进学生的整体发展和自主发展而结成的教育与被教育、组织与被组织、引导与被引导等主体间关系。教育关系是师生关系的主体，没有教育关系，师生的社会关系不可能存在；没有教育关系，教育活动难以发生。

3.以维持和发展教育关系为目标的心理关系

师生间的心理关系是指教师和学生为了维持和发展教育关系而构成的内在联系，包括人际认知关系、情感关系、个性关系等。师生心理关系的实质是师生个体之间的情感是否融洽、个性是否冲突、人际关系是否和谐。师生心理关系关系到其教育关系的存在和发展，优秀的教师不仅是会教知识的教师，而且是吸引学生的教师。

二、理想师生关系的建立

(一)理想师生关系的基本特征

理想的师生关系是教育活动顺利进行和教育目标完成的基本保证，建立理想的师生关系是教育工作者的共同要求，也是教育规律的必然要求。理想师生关系是师生主体间关系的优化，从其发生发展的过程来看，具有以下特征：

1.尊师爱生，相互配合

尊师是指学生尊重教师，尊重教师的劳动和教师的人格尊严，对教师要有礼貌，了解教师工作的意义，理解教师的意愿与心情，主动配合教师的教育教学活动，虚心接受教师的指导。尊师是学生对教师正确认识、良好情感、正确行为的综合体现，是人类的美德，得到学生尊重是教师最大的愿望。

爱生是指教师热爱学生、关心学生，保护学生及尊重学生，它是教师热爱本职工作的体现，是教师对学生进行教育的感情基础，是教师基本的职业道德，也是培养学生热爱他人、热爱集体的道德情感基础。教师对学生的爱是学生身心健康发展的重要前提。现代新型师生关系，是一种民主、平等的师生关系，在教育过程中师生双方彼此尊重，重视沟通与交流，相互配合与协作，共同完成教育教学任务。

2.民主平等，和谐亲密

师生关系的民主平等体现了教师与学生在教育过程中的相互尊重人格和权利，相互开放，平等对话、相互理解、相互接纳等关系。民主平等不仅是现代社会民主化趋势的需要，而且是教学活动人文性的直接要求和现代人格的具体体现。它要求教师能向学生学习，理解学生，发挥非权力性影响力，并一视同仁地与学生交往，善于倾听不同意见，也要求学生正确地表达自己的思想和行为，学会合作与共同学习。

民主平等是师生在共同参与的过程中形成的。共同参与，意味着教师与学生以不同的主体地位和作用进入实际的教育生活，形成智能、个性等方面的互补，发挥各自的积极性、主动性和创造性。民主平等、共同参与的结果是师生之间的融洽、协调。和谐亲密体现了师生的人际亲和力、心理融洽度。

3.共享共创，教学相长

共享就是教师和学生共同体验和分享教育中的欢乐、成功、失望、不安，它是师生情感交流的深化表现。共创是教师和学生在相互适应的基础上，相互启发，使师生的认识不断深化，共同生活的质量不断提高。共享共创体现了师生关系的动态性和创造性，是师生关系的最高层次。共享共创的结果是教师和学生相互促进、共同发展，是学生智能、思想、道德、兴趣、人格等的全面生成，是教师专业自我的成熟过程。

（二）影响师生关系的因素

影响师生关系的因素归纳起来可分为客观因素和主观因素两大类。客观因素包括：社会条件的变化发展，如经济体制的变革、政治民主化程度、科学技术的进步以及文化的变迁；社会关系的根本性质决定师生关系的性质；传统观念，如师道尊严的思想，注重知识的授受，忽视心理交流；学校教育制度，如“班级授课制”和“长期的应试教育模式”客观上制约了师生之间的深入了解和沟通；社会大环境的影响，如社会风气、教师的社会地位、家长对师生关系的介入；学校的管理体制；具体的教学情景，如教室内课桌的摆放等。主观因素是指师生各自本身的情况，主要包括：师生之间非正式语言的交流形式，如眼神、面部表情、身体姿态的变化等；教师的学生观和学生的教师观；师生之间的初期印象、情绪波动、心理距离等；学生的心理特点，如个性因素，主体意识的发展等；教师自身的素质，如教师的人格、教师的职业道德、教师的不规范行为等。

（三）关于构建理想师生关系的理论探讨

随着时代的发展，师生关系已经从二元对立的、地位不平等的阴影中走出来，建立新型的“我—你”型民主、平等的师生关系，“师生关系将体现人本主义趋势”。许多学者认为“民主平等是现代师生关系的主要标志”。

20 世纪 90 年代后期，受后现代教育思潮的影响，学者们反对把教育理解成工具，仅仅注重师生关系的工具性价值；主张把教育理解为生活，强调师生关系的目的性价值，即其“成人”价值。学者们以哈贝马斯的沟通行动理论为基础，努力建构与权力主义、工具主义等观念相抗衡的新教育理论，即教育交往理论。在此前提下，主张消解传统师生之间的统治与被统治、塑造与被塑造的权利关系，而将之视为一种平等的交往关系。在这种交往关系中，教师与学生作为平等地位的人，相互尊重彼此独特的个性，自由而持久地交换意见，共享不同的人生经历和人生体验。总之，学者们在构建理想师生关系的同时，强调的是师生的平等地位和师生关系的民主性、参与性和主动性。

（四）良好师生关系建立的基本策略

建立良好的师生关系需要师生双方共同努力。教师在师生关系的建立与发展中占有主导地位，要建立民主平等、和谐亲密、充满活力的师生关系，对教师来说，可以采取以下措施。

1.了解和研究学生

教师要与学生相处融洽，使教育影响能够对学生产生作用，深入其心灵深处，就必须了解和研究学生，把握学生的基本状况、个性特征、情感需要等，从而有的放矢，因材施教。教师了解和研究学生，既指对学生个体的思想、学业成绩、家庭状态、个性等方面的了解研究，也包括对学生班集体的风气、精神面貌等的了解和研究。

2.树立正确的学生观

学生观影响教师对学生的认识及其态度、行为，进而影响学生的发展。传统教育把学生视为被动的受体，教师控制、塑造学生，对学生的教育是规范的、预设的。现代教育认为，学生有着巨大发展潜力，其不成熟性具有成长价值，学生具有主体性、创造性，学生是责权主体，有正当的权利和利益，具有独立人格，是一个完整的人。正确的学生观来自教师对学生的观察和了解，来自教师向学生学习和对自我的反思。

3.热爱、尊重学生，公平对待学生

热爱学生包括热爱所有的学生，对学生充满爱心，关心学生的学习与生活。尊重学生是指教师应把学生视为具有独立人格的人，尊重其人格尊严，保护其自尊心，维护其合法权益。教师的爱是一种具有高度社会责任感的爱，因而也应该是公平而理性的爱，它应该润泽所有的学生。

4.主动与学生沟通，善于与学生交往

师生关系一般都要经历生疏、接触、亲近、依赖、协调、默契阶段。在师生交往的初期，往往会出现不和谐的因素，如因不了解而不敢交往和因误解而造成冲突等，这就要求教师掌握沟通与交往的主动性，经常与学生保持接触交流，了解学生思想动态，把握教育时机。同时教师要掌握交流的策略与技巧，如体察学生心理、寻找共同话题、自然参与学生活动等。

5.努力提高自我修养，健全人格

教师素质是影响师生关系的核心因素。教师的师德修养、知识能力、教育态度、个性品质无不对学生产生深刻的影响，教师要使师生关系和谐亲密，必须通过自己高尚的道德修养、认真的治学态度、渊博的知识、各方面的兴趣爱好、良好个性特征来吸引学生。要做到这一点，教师必须：①加强学习与研究，使自己更具智慧；②经常进行自我反思，正确评价自己，克服个人偏见和定势；③培养自己各方面兴趣和积极向上的人生观；④学会自我控制，培养耐心、豁达、宽容、理解等个性品质。

6.组织好教育教学活动，促进学生身心和谐发展

师生关系中的核心关系是教育关系，教育关系主要是通过一系列的教育教学活动来建立的。所以，教师应该认真研究社会需要和学生成长与发展的规律，精心设计教育教学活动，利用各种资源，灵活实施教育教学活动并反思教育教学过程，使学生能够在一种良好的环境中及和谐的心境中，通过主动学习发展自我，提高素质。

（五）新课程改革背景下师生关系的转变

在基础教育课程改革中，建立新型的师生关系既是新课程实施与改革的前提和条件，又是新课程实施的内容和任务。而今，教师与学生这两大主体间显然不仅仅是教育与被教育、规范者与被规范者的关系。随着教育的民主化与学生人权观的确立，应逐步改变以往由于人们对师生关系的不同认识与处理导致教育者教育教学思想和行为的差异，进而影响教育教学效果。因此，如何建立良好的师生关系，使之更好地促进新课程改革，更好地提高教学效果，是我们不得不认真思考的问题。在新课程改革中我们应从以下几方面来把握师生关系。

1.新型的师生关系应当是民主平等、互相尊重的关系

在新型的师生关系中，教师与学生的人格是完全平等的，教师必须树立民主平等的思想，要积极营造教育民主的氛围。教师不再是居高临下地教导学生，而是以一个引路人的角色来帮助、点拨学生。教师要毫不犹豫地抛弃师道尊严，要成为学生平等的合作者、谦虚的倾听者、真诚的赏识者、个性张扬的促进者。在这种民主平等的氛围里，师生互相尊重，学生自主自信、独立思考的素质才能得到培养，个性才能得到充分张扬。

2.新型的师生关系应当是和谐融洽、充满浓郁感情色彩的关系

教师对学生的热情关怀是学生对学科形成积极态度的一个重要因素，会使学生获得学习的自信心。师生关系和谐融洽，能够使学生感受到自己的价值，充满自信，学生学习的主动性、学生的智慧潜能将得到最大程度的发挥，教育教学工作就能收到事半功倍的效果。同时，良好的师生关系，还可以减少学生心理疾患、减轻学生各种心灵负担。由此可见，情感不但是师生关系的润滑剂，也是学生学习活动的助推剂，更是学生心灵世界的支撑点。

3.新型师生关系应当是互相学习、共同发展的关系

21世纪是信息化时代，面对每个学生，面对各种扑面而来的信息，新型的师生关系应该是

一种互相理解、真诚相待、共同进步的关系。教师应该抱有谦虚的态度，做学生学习的合作者、促进者，要注重与学生的交流。因此，师生关系的调整也就变得十分自然：老师可以凭借自己的传统经验引导学生，学生也可以凭借自己的敏锐、朝气影响老师；教师不再是对知识生硬的灌输，而变成智慧与智慧的启迪，思维与思维的碰撞；成为师生共同探讨、共同成长、共同走过的一段美好历程。实质上，真正的师生关系应是师生共同面对知识、共享人类文化、共感人格魅力、共悟精神价值。固然，学生在知识、能力、智慧、品质诸方面的成长与发展，的确离不开教师的"教"，但学生同样能够以自己的"学"及独特的表现作用于教师，进而促进教师的成长与发展，达到"教学相长"的效果。

中国有句古语说得好："亲其师，而信其道。"师生之间只有建立起彼此间相互尊重、理解、信任的师生关系，建立起师生间从思想到情感无障碍的通道，才能使得教师的教学活动和学生的学习活动充满生机和活力。新课程理念下所倡导的新型师生关系应当是：教师应与学生建立起一种民主、和谐、平等的朋友似的伙伴关系，用美国心理学家罗杰斯的话说，就是教师"如同学习的一位向导，如同解决问题的模范，如同一种发动学习过程的催化剂，如同学习过程中的一种助力，以及如同学生能带着他们的问题前来拜访的朋友"。

那么怎样才能建立良好的师生关系呢？要建立起新型的师生关系，教师应做到以下几点：

(1) 教师要以真心换真情，善于理解、尊重学生。教师要真诚地对待每一位学生，关心爱护每一位学生，客观公正地对待每一位学生，尤其要尊重智力发育迟缓的学生，尊重学业成绩不良的学生，尊重被孤立和拒绝的学生，尊重有过错的学生，尊重有严重缺点和缺陷的学生，尊重和自己意见不一致的学生。

尊重学生同时意味着不伤害学生的自尊心，即不体罚学生，不辱骂学生，不大声训斥学生，不冷落学生，不羞辱、嘲笑学生，不随意当众批评学生。不要总拿"后进生"(可能仅仅是考试成绩差)的缺点或不足与班级里的其他同学的"长处"(可能仅仅是学习成绩好)做横向比较，长此以往，不仅不能调动其学习兴趣、激发其学习动机，反而会进一步挫伤其学习的自信心，使其产生一种更加强烈的低自我意识状态。

教师不仅要尊重学生，还要学会赞赏学生：赞赏每一位学生的独特性、兴趣、爱好、专长；赞赏每一位学生所取得的哪怕是极其微小的成绩；赞赏每一位学生所付出的努力和所表现出来的善意；赞赏每一位学生对教科书及教师教学内容的质疑和对教师本人某种程度的超越；关注学生的优势；向学生表达无条件的爱和接纳；积极倾听学生的声音；奖赏学生的强项；祝贺学生的每一点进步。

(2) 用发展的眼光看待学生的过去、现在和将来，允许学生在前进中出现的反复。

(3) 提高教师自身的素养，努力完善自己的个性，使自己拥有热情、真诚、宽容、负责、幽默等优秀品质。

(4) 提高教师的法制意识和民主意识，展示其自身的人格魅力和教学魅力，杜绝教师在教学和管理方面存在的"管教式""放任式"或"保姆式"的倾向与做法。

(5) 经常与学生进行多种形式的交往。和谐的师生关系，不仅可以促进学生健康心理的形成，使其产生积极的学习心态，提高学习成绩，而且更易于教师开展教育工作，轻松愉快地实现教育目的。教育家赞可夫曾经说过:“就教育工作的效果来说,很重要的一点就是要看师生的关系如何。”可见落实新课程改革的首要前提就是大力调整师生关系,没有师生关系的根本性变化,新课程理念就不会有真正意义上的落实,建立平等、民主、和谐的新型师生关系是顺利实施新课程改革的根本保证。

总之,教师应该调整好自己在教育教学中的角色,变传统型的“师道尊严”为现代型的“良师益友”。教育者身兼教师、朋友、服务者多种角色,强调责任、服务、启蒙、指导。服务的意识必须增强,改变过去师生间疏远、威严的关系为亲和、平等的关系,处处关心体贴学生,同时严格要求,规范管理,让学生崇尚真知、真理,让每个人的禀赋和潜能得到充分发展。

复习思考题:

1.为什么说教师职业是一种专业性职业?其专业性表现何在?

2.怎样理解教师的地位和作用?

3.什么是教师专业化?教师专业发展的内容和途径是什么?

4.教育中,教师扮演哪些职业角色?教师的职业角色是怎样形成的?如何促进教师职业角色的形成?

5.教师的劳动具有哪些特点?

6.如何成为一名合格的人民教师?请结合实际谈谈自己的看法。

7.联系实际,谈谈怎样建立良好的师生关系?

第六章　课　程

学习目标：

1.掌握课程的概念。

2.理解课程编制的基本原理。

3.思考、分析我国基础教育课程改革的背景、目标、特征及面临的挑战。

4.了解当前国内外课程改革的基本趋势。

第一节　课程概述

一、课程概念

唐代孔颖达在《五经正义》里为《诗经・小雅》中“奕奕寝宙，君子作之”一句注疏时说道：“教护课程，必君子监之，乃得依法制。”据考，这是我国“课程”一词最早的出处。宋代朱熹在他的有关著述中多次用到“课程”一词，如他说“宽着期限，紧着课程”，又说“小立课程，大做功夫”。从我国古籍记载看，“课程”一词的含义，既包括教学科目（学科），又包括这些科目的教学顺序和时间。课程的这一含义影响深远，直到现今在人们的日常理解和一些教育学教科书中也还认为，课程即学科或指学生学习的全部学科——广义的课程，或者指某一学科——狭义的课程。

在英语国家，“课程”一词对应的英文是“curriculum”，它的词根源自拉丁语的动词“currere”，意为“奔走，跑步”，其名词意为“跑道”（racecourse），隐喻“一段教育过程”①。

当前，课程一词成为意义丰富且争论繁多的一个概念。我们可以明确地说，课程是由一定的育人目标、特定的知识经验和预期的学习活动方式构成的一种动态的教育存在。从育人目标的角度看：课程是一种适合学生身心发展规律的、连接学生直接经验和间接经验的、引导学生个性全面发展的知识体系及其获取的路径。

---

① Robin Barrow, Geoffrey Mibum: A Critical Dictionary of Educational concept, Brig hten, Wheat Sheft Books Std, 1986, pp.65～67.

二、课程计划、课程标准、教科书

我国中小学的课程表现为课程计划、课程标准和教科书三种形式。课程计划是课程的总体规划，课程标准与教科书是课程内容的具体形式。

1.课程计划

课程计划，又称课程方案，是指根据教育目的和学校的培养目标而制定的有关学校教育教学工作的指导性文件，它对学校的教学、劳动、各种活动等做全面安排。它体现国家的教育方针和国家对教育教学工作的统一要求，是学校组织教育教学工作的基本依据，过去曾称为"教学计划"。1992年，在修订义务教育教学计划过程中，为了体现新旧教学计划的区别，准确地表达新的教学计划的外延和内涵，"教学计划"改称为"课程计划"。

课程计划的主要内容包括四个方面。①培养目标，居于课程计划的首位，由教育目的决定。②课程设置，规定要开设的科目及教学要求、学年编制和学周安排。学年编制包括学年的学期划分，各个学期的教学周数、劳动时间、节假日等规定；学周安排包括每周上课时数、课间活动时数、生产劳动时数等。③考试考查，规定考试与考查的科目、方式和成绩评定的方式。④实施要求和课程管理，说明落实中需注意的事项，体现统一性与灵活性相结合的原则。

我国制定课程计划的总原则是保证学生全面地认识客观世界，学习全面的科学知识，获得德、智、体、美诸方面全面发展。在这个总原则下，根据多年的经验总结，我国在制定课程计划时需遵循如下一般原则：教学为主，全面安排；精简课程，打好基础；适当分段，相对完整；互相衔接，基本一贯；突出主要学科，保证学科之间的联系；统一性、稳定性和灵活性相结合。①以上原则经过了多年实践的检验，证明是可行的，有必要继续遵循，同时也应根据时代要求，加以发展。

2.课程标准

课程标准是指在一定课程理论指导下，依据培养目标和课程方案以纲要的形式编制的关于教学科目内容、教学实施建议以及课程资源开发等方面的指导性文件。它是课程计划的具体化，是编写教材的直接依据。

课程标准一般由说明（或前言）、课程目标、课程内容和课程实施几个部分组成。说明部分，扼要阐释课程的性质和意义、课程的基本理念与价值诉求、课程的设计思路与总体框架（或结构），这是统帅课程标准的指导思想。课程目标部分，首先要明确规定本门课程的总目标，即课程对学生的身心发展、素质提高，以及满足社会发展需要上应达到的目标，然后，结合课程的特点规定其不同领域、方面或层次、级别上要达到的具体目标。内容标准部分，则须将课程目标进一步具体化，对课程的各个领域或单元、模块的内容与活动应达到的质量水准做出具体的规定；比较复杂的课程还应当分类提出要求，如有的课程要按选修与必修分别提出要求。实施建议部分，针对课程标准的实际运用，包括对教材编写、对课程资源的开发与利用，对教学和评价的方法及其改进等方面提出建议、要求与范例，以便能有效地指导实践。

---

① 王策三著：《教学论稿》，人民教育出版社1985年版，第208～209页。

课程标准在贯彻与落实课程方案中具有重要的意义。一方面，它不仅是教材编制的基本依据，而且是编好教材的前提和不可或缺的一个环节；另一方面，它也是教师领悟与掌握一门课程的精神实质与学科体系，深入理解教材，正确进行教学设计的有效工具。

3.教科书

教科书亦称课本，它是依据课程标准编制的教学规范用书。它以准确的语言和鲜明的图表，明晰而系统地按教学科目分别编写教学规范知识。课程方案中规定的每一门课程，一般都有相应的教科书。教科书是教材的主体，除教科书外，教材还包括课内外师生所使用的讲义、练习册、活动册和音像资料等。

教科书一般由下列部分构成：目录、课文、习题、实验、图表、注释、附录等部分构成。课文是教科书的主要部分。教科书是学生在学校获得系统的基础知识，循序渐进地进行学习的主要资源和工具。它便于学生预习，便于学生理解和掌握教师讲授的内容，也便于学生复习、作业、深化与运用知识，形成相应的基本技能。而且，学生学会阅读和运用教科书，不仅能有效地配合教学，提高教学质量，也能为他们阅读课外读物，进一步掌握学习方法、学会学习奠定良好的基础。

教科书也是教师进行教学的主要依据，它不仅为教师的备课、上课、布置作业、检查评定学生的知识提供基本材料，而且为教师创造性地开发课程资源、在教学中联系社会生活实际提供了基础、依据和参照。深刻理解与熟练掌握和运用教科书是教师顺利完成教学任务的重要条件，也是提高教师教学水平的一个重要而切实的途径。

我国对课程标准和各种教材的编写有着一致的要求。这些要求主要包括五个方面。第一，科学性和思想性相统一。首先保证科学性，在此基础上力图体现一定的思想性。第二，理论联系实际。既要有知识观点，又要有事实材料；既要有原理知识，又要有技能、技巧；要反映时代需要，联系生活实际。第三，基础性。课程标准和教科书要注意选择基础知识和基本技能，在此基础上，突出课程的综合功能，力求能力培养和人格养成相结合。第四，遵循学生的认知规律。根据学生的认知规律来设计教科书的结构、体系，使学生容易接受。第五，注意形式上的特殊要求。根据教学法和美育的要求，设计教材的形式，使之美观而富有教育意义。

三、课程的类型与结构

课程分类是一个比较复杂的问题，可以根据不同的维度，对课程做出不同的划分。泰勒最早根据课程的组织结构，将课程分为：①具体的科目(specific subjects)，如地理、算术、历史、书写和拼写等；②广域课程(broad fields)，如社会学科、语言艺术、数学和自然科学等；③核心课程(core curriculum)，与广域课程或具体的科目相结合，供普通教育需要；④一种完全未加分化的结构，就是把整个教学计划作为一个单元来处理，像在一些不那么正规的教育机构(如童子军或娱乐团体)的某些课程中所看到的那样。[①] 在上述分类中，第一种即"学科课程"；最后一种即"经验课程"，有时又称"活动课程"或"儿童中心课程"。

---

① 泰勒著，施良方译：《课程与教学的基本原理》，人民教育出版社 1994 年版，第 79 页。

现代学校课程的分类，基本是在这一基础上发展起来的。国内有学者根据对国外相关研究成果的综合分析，将现代学校课程分为分科课程、改造了的学科课程和经验中心课程。其中，改造了的学科课程又继续分为相关课程、融合课程、广域课程和核心课程四个亚类①

- 课程
  - 分科课程
  - 改造了的学科课程
    - 相关课程
    - 融合课程
    - 广域课程
    - 核心课程
  - 经验中心课程

分科课程又称教学科课程，即从各门科学中选取最基本的内容，组成各种不同的学科，分学科安排教学顺序、学习时数和期限的课程。相关课程是学科课程修正型，它注意各科目教材之间的配合与教学的联系，使各科目之间形成某种程序的相关。融合课程是将学科课程中若干相关科目融合成一门科目，使该科目包含较大的知识领域。广域课程是对融合课程的扩大，它将知识分成少数领域，每个领域包含的知识范围很广而成为一科。核心课程是以社会或自然为中心，教育者按照社会生活的需要确定一个儿童学习的中心，所有学习活动都围绕这个中心来进行，这个中心就是核心，围绕这些核心编订的课程就是核心课程。经验中心课程又称活动课程，是以儿童活动为中心来组织教学过程。上述课程的基本趋势是从"学科知识结构与系统"逐渐向"学生经验"开放。六种课程图示如下：

分科课程 [地理] [历史] [公民] [物理] [化学] [其他学科]

相关课程

[地理] ⇄ [历史] ⇄ [公民]

[物理] ⇄ [化学] ⇄ [其他学科] ⇄ [社会生活]

融合课程

[地理教材 历史教材 公民教材] ⇄ [物理教材 化学教材] ⇄ [其他融合教材]

社会科 理 科

① 钟启泉主编：《现代课程论》，上海教育出版社 2006 年版，第 237～239 页。

广域课程

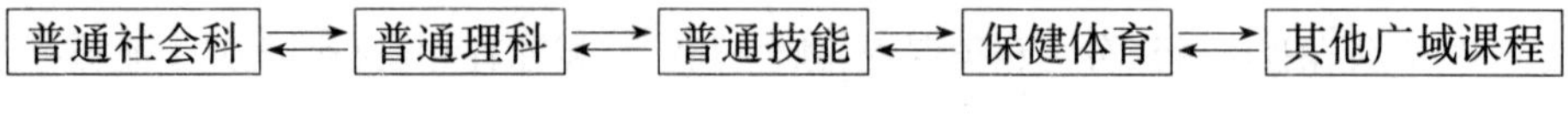

核心课程

经验中心课程

第二节　课程编制原理

“课程编制”，在英语世界里对应的有“curriculum making”“curriculum construction”“curriculum building”和“curriculum development”等多种用法。1935年卡斯韦尔与坎贝尔(Caswell and Campbell)出版了《课程编制》一书之后，英语世界逐渐接受“课程编制(curriculum development)”这一较为稳定的用法。①

无论是在英语世界还是在汉语里，“课程编制(curriculum development)”与“课程设计(curriculum design)”是容易纠缠不清的术语。如施良方以“课程编制”表达英语世界中自卡斯

① 施良方著:《课程理论:课程的基础、原理与问题》,教育科学出版社1996年版,第80页。

韦尔之后“curriculum development”的一般意义，而我国台湾学者黄光雄和蔡清田却以“课程设计”表达着类似的含义。课程编制与课程设计的关系，下列图表可揭示出它们的区别与联系。[①] 因此，课程编制是指适应社会的变化，不断地评价、改革课程的动态的、持续的过程。课程编制包括确定课程目标，选择课程内容，进行课程实施，开展课程评价。

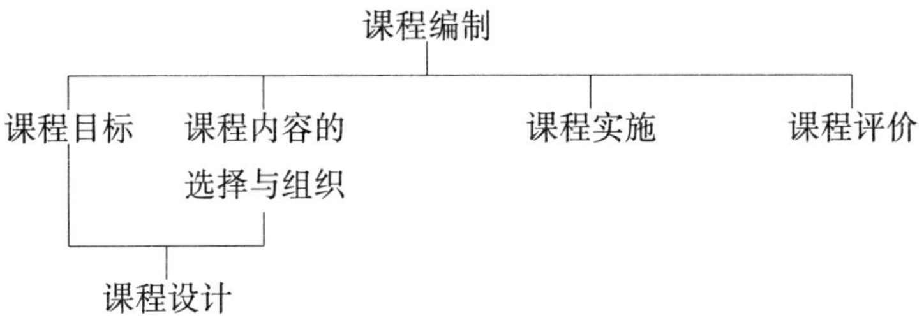

一、课程目标

课程目标，是学校办学目标的具体化。它既是课程编制的起点，也指引着课程编制努力的方向，同时也是课程实施效果评价的基本依据。但是，秉持不同课程观的人，对课程目标的构成要素和课程目标的功能具有不同的理解。如认为“课程即预期的学习结果”的人，容易导致对行为目标的追捧。信奉“课程即学习经验”的学者，则比较容易看到生成性目标与表现性目标的价值。

（一）行为目标

1918 年，博比特(F.Bobbitt)在《课程论》中指出，“教育首先要有意识地注意现实世界中有效的实际行为”[②]。博比特在其稍后出版的《怎样编制课程》中，具体列出了 10 个领域中的 800 多个目标。

但是，正如英国学者凯利所言，“要求教育工作者清楚阐述目标，虽然是在本世纪初(20 世纪——引者注)博比特和查特斯等人的著作中已提出来了，但到了 20 世纪 50～60 年代，强调清楚陈述目标在美国和英国成了一场运动，这主要归功于泰勒、惠勒和布卢姆的研究结果”[③]。1949 年，泰勒(R.W.Tyler)出版了被认为系统阐述了“泰勒原理”的《课程与教学的基本原理》。泰勒指出，“陈述教育目标的目的，是要指明期望学生产生的各种变化，以便用一种可能达到这些目标的方式来设计和制定各种教学活动”。泰勒认为，课程目标要陈述期望学生行为发生的变化，而不是教师；不仅要列举课程所涉及的各种要素，还要有具体说明期望学生如何处理这些要素；最后，要具体指出这种行为所能运用的生活领域或内容。“最有效的陈述目标的形式，是以这样的措辞来表述：既指出要使学生养成的那种行为；又言明这种行为能在其中运用的

---

① 施良方著：《课程理论：课程的基础、原理与问题》，教育科学出版社 1996 年版，第 81 页。

② 瞿葆奎主编：《教育学文集·课程与教材》(上)，人民教育出版社 1989 年版，第 93 页。

③ 泰勒著，施良方译：《课程与教学的基本原理》，人民教育出版社 1994 年版，第 39 页。

生活领域或内容。"①自泰勒的《课程与教学的基本原理》问世之后，行为目标几乎成了课程目标的同义语。20 世纪 60 年代布卢姆(B.Bloom)的《教育目标分类学：认知领域》出版并得到广泛传播之后，泰勒的行为目标成了一项国际性普及。② 而且，在一般课程专家的观念中，行为目标的具体性似乎是愈具体愈好。

虽然课程的行为目标由于其具体性和可操作性受到人们青睐，但是，正如我国课程专家施良方所言，"如果目标都以行为方式来界定，那么，课程就会趋于强调那些可以明确识别的要素，而那些很难测评、很难被转化为行为的内容就会从课程中消失。其次，行为目标把学习分解成各个独立的部分，以为是可以分别对待的，而不是把学习视为一个整体，这不利于通过各种教学科目来陶冶学生的个性。最后，事先明确规定课程目标所依据的原理，本身就可能存在疑问" ③。这样，由于行为目标本身的局限以及课程专家对这种局限认识越来越深刻，人们开始探索课程目标新的形式。

(二)表现性目标

表现性目标(expressive objectives)，又称为表意目标，是美国课程学者艾斯纳(E.W. Eisner)在 20 世纪 70 年代提出来的一种目标形式。艾斯纳区分了教育目标中的两种不同的教育目标：教学性目标(instructional objectives)和表现性目标。他认为，教学性目标旨在使学生掌握现成的文化工具，教学性目标对学生的要求是一致的，为学生提供一个需要共同达到的目标。而表现性目标则是描述学生在教师指引下在完成某项学习活动的教育过程中的"际遇(encounter)"。因此，"一个表现性目标既向教师，也向学生发出了一份请帖，邀请他们探索、追随或集中争论他们特别感兴趣或对他们特别重要的问题。一种表现性目标是唤起性的，而非规定性的" ④。在艾斯纳看来，课程中设置的表现性目标，与行为目标把重点放在预先设定的、学生可观察的行为变化上不同，它把重点放在学生解决问题的认知灵活性、理智探索和高级心理过程上，关注学生在解决问题过程中表现出来的首创性。因此，表现性目标只为学生提供活动的领域，至于活动的结果则是开放的、不做设定的。

艾斯纳给出的典型的表现性目标的陈述如下例⑤：

解释"失乐园"的意义。

检视和评估"老人与海"的重要性。

使用电线和木材，设计三度空间的形式。

访问动物园，讨论其中的趣味。

---

① 泰勒著，施良方译：《课程与教学的基本原理》，人民教育出版社 1994 年版，第 35～36 页。

② R.L.Ebel：Behavioral Objectives：A Close Look，Phi Delta Kappan，Vol.52，No.3，Nov.1970。参见泰勒著，施良方译：《课程与教学的基本原理》，人民教育出版社 1994 年版，第 40～41 页。

③ 施良方著：《课程理论：课程的基础、原理与问题》，教育科学出版社 1996 年版，第 85～86 页。

④ Eisner，E. W.(1985)，The Art of Educational Evaluation——A Personal View，The Falmer，pp.54～55.参见张华著：《课程与教学论》，上海教育出版社 2000 年版，第 178～179 页。

⑤ 廖哲勋、田慧生主编：《课程新论》，教育科学出版社 2003 年版，第 177 页。

(三)展开性目标

展开性目标(evolving purpose),又称为"生成性目标"。将展开性目标与行为性目标以及表现性目标并提,容易给人一种错觉,似乎认为展开性目标是与前两类目标并列的另外一种课程目标。事实上,展开性目标与其说是与上述两类目标并列的另外一种目标,不如说是对谋求目标达成的过程开放、对师生互动尤其是学生探究的尊重,表现了明显的"过程旨趣"和"实践旨趣"。所以,人们有理由认为,早在杜威"教育即生长"的思想中,就孕育了这样一种思想。杜威(J.Dewey)认为,"教育的过程,在它自身之外没有目的;它就是它自己的目的。教育的过程是一个不断改组、不断改造和不断转化的过程"①。英国学者斯腾豪斯(L.Stenhouse)从另外角度认识展开性目标。他认为学校教育由四个不同的过程构成:技能掌握、知识获得、社会价值和规范确立和思想体系形成。而后两项肯定不适宜用预定的行为陈述目标。他由此提出课堂教学的过程模式,提出课程必须建立在对课堂教学研究的基础上,倡导"教师即研究者";课程应该根据学生在课堂上的表现而展开。

二、课程内容

"课程内容是指一些学科中特定的事实、观点、法则和问题等。任何特定内容项目都可以为不同的教学目的服务;反之,不同的内容项目也可以为特定的教学目的服务",康奈利(M. F. Connelly)认为,课程内容研究包括"课程内容的概念化""课程内容的选择"和"课程内容的组织"。其中,"课程内容的组织"包括课程内容的"纵向组织"和"横向组织"。"纵向组织是指整个课程中内容的连贯。一般说来,这是指各年级中内容的连贯,更进一步说,这是指某节课中观念的逐步深入。""横向组织,是指课程内容中的一部分与其他部分的结合与平衡。"②

我国学者施良方认为,"课程内容是指各门学科中特定的事实、观点、原理和问题,以及处理它们的方式。课程目标一旦有了明确的表述,就在一定程度上为课程内容的选择和组织提供了一个基本的方向"③。关于课程内容问题的讨论,可以从课程内容取向、内容选择和内容组织三个方面进行。

(一)课程内容的取向

课程内容的取向总是受一个人的课程观制约的。具有不同课程观的人,对课程内容的看法自然存在差异。但不同的课程内容选择,大体围绕三种不同的取向展开:课程内容即教材;课程内容即学习活动;课程内容即学习经验。

秉持"课程即教学科目"观点的人,比较倾向于认同"课程内容即教材"。把课程内容定位于教材,它的优点是教学有利于体现学科知识的逻辑性、系统性,教学似乎更多地有章可循,也便于对课程教学结果进行评价。但是,这一倾向,往往把先于教学设计好的教材视为教学的重点,忽视对学生的关注,排斥教学过程中师生互动生成。此外,把传授教材上的知识作为教学

---

① 杜威著,王承绪译:《民主主义与教育》,人民教育出版社2001年版,第58页。

② 胡森主编,江山野编译:《简明国际教育百科全书·课程》,教育科学出版社1996年版,第110～112页。参见施良方著:《课程理论——课程的基础、原理与问题》,教育科学出版社1996年版,第106页。

③ 施良方著:《课程理论——课程的基础、原理与问题》,教育科学出版社1996年版,第106页。

的中心任务,也容易忽视学生作为完整的人在知识学习之外的能力发展,或在知识能力发展之外的情感态度价值观发展。

秉持"课程即社会文化再生产"观点的人,往往易于接受"课程内容即学习活动"。20 世纪初,课程理论的创立者博比特和查特斯认为学校课程的最重要的任务要使学生为成人生活做好准备。因此,博比特认为,制定学校课程最科学的方法是通过对人类社会活动的分析,发现社会所需要的知识、技能、能力和态度等。

秉持"课程即学习经验"观点的人重视学生的经验体验。"经验"被作为教育学的一个基本概念,最突出要算杜威,而把"学习经验"引入课程领域的却是泰勒。泰勒认为,"'学习经验'是指学习者与他对做出反应的环境中的外部条件之间的相互作用。学习是通过学生的主动行为而发生的;学生的学习取决于他自己作了什么,而不是教师做了什么。因此,坐在同一个班上的两个学生,可能会有两种不同的经验"①。由此我们可以看到,在泰勒看来,不仅课程内容与教材有区别,甚至也不等同于学生的学习活动。学生是教学过程的参与者,外部情境中的某些刺激特征能否吸引他,不仅取决于外部刺激,更取决于学生的认知结构、情感态度。因此,知识主要是"学"会的,而不是"教"会的。这种课程内容取向,引导人们把课程教学的重点转移到学生身上,关注学生的认知结构和情感态度,关注学生学习过程中的实际体验,自然会突破外部施加给学生的东西,而不只是注重教师的活动和教材内容的呈现。但是,把课程内容视为学习经验,无疑增加了课程编制中课程内容选择、组织的难度,甚至也使课程实施和评价变得举步维艰。

三种课程内容取向,各有优点与不足,在实际对待课程内容的时候,不仅要照顾学生的年龄差异和学科的不同特点,还要对学校制度乃至社会政治、经济和文化状况做出细致分析,综合权衡之后认识课程内容。

(二)课程内容的选择

课程内容选择的矛盾,在当今知识增长极为迅速的时代显得尤为突出。联合国教科文组织国际教育发展委员会 1972 年著名的报告《学会生存——教育世界的今天和明天》指出,"在这个'20 世纪的后半期',知识正在以惊人的速度向前跃进。变化正在无限地加速,正像人类的知识和科学工作者的人数迅速增加一样"②。有鉴于此,国际 21 世纪教育委员会主席雅克·德洛尔认为,"知识的巨大发展和人的领会吸收能力之间的紧张关系"已成为 21 世纪问题焦点的主要紧张关系之一,把它作为必须正视的、需要妥善解决的紧张关系。③

课程内容的选择,与学校功能定位密切相关。在全球化、信息化时代,基础教育的功能定位应该体现"未来性""生命性"和"社会性"。未来性,指基础教育"要承担起为其(学生——引者注)终身学习和发展奠定基础,为其有可能创造有意义而幸福的人生奠定基础的责任"。社

① 泰勒著,施良方译:《课程与教学的基本原理》,人民教育出版社 1994 年版,第 49 页。

② 联合国教科文组织国际教育发展委员会编著:《学会生存——教育世界的今天和明天》,教育科学出版社 1996 年版,第 117 页。

③ 联合国教科文组织国际 21 世纪教育委员会编著,联合国教科文组织总部中文科译:《教育——财富蕴藏其中》,教育科学出版社 1996 年版,第 4～5 页。

会性的一个重要含义,表明基础教育过程“也是学生社会化的过程”。生命性意指基础教育“是一项直面生命和提高生命价值的事业”①。因此,课程内容的基础性自然包括学生成为未来社会合格成员所应具有的基础知识与基本技能,但是,在今天,尤其注意那些有助于学生“学会认知”“学会做事”“学会共同生活”和“学会生存”的内容,使基础教育成为学生终身学习的起点,成为学习化社会的核心。其次,课程内容选择要贴近社会生活。可以说,20 世纪初,博比特等开创的学校课程编制的“社会活动分析法”,已经开创了课程内容选择这一先河。当今信息化时代,不仅要考虑课程内容与现实社会生活的联系,还要考虑其与未来社会生活的联系;不仅要考虑学生认知发展的需要,还要考虑其兴趣、意志和情感的发展需要,以及学生主动精神发展的需要。

(三)课程内容的组织原则

课程内容的组织分纵向组织和横向组织。泰勒提出了三大原则:连续性(continuity)、顺序性(sequence)和整合性(integration)。其中,连续性和顺序性原则主要对纵向组织而言,而整合性主要是横向组织的原则。连续性“是指直线式地重申主要的课程要素”。连续性是“与连续性有关又超越连续性”,“是把每一后续经验建立在前面经验基础之上,同时又对有关内容作更深入、广泛的探讨”。整合性强调课程内容的纵向组织“应该有助于学生逐渐获得一种统一的观点,并把自己的行为与所学习的课程要素统一起来”。应该说,泰勒的课程内容组织原理对当今思考这一问题仍然具有启发意义。当代学习理论、儿童发展心理学以及人本主义心理学研究和教育科学研究的发展,尤其是加涅(R. M. Gagne)、皮亚杰、科尔伯格(L. Kohlberg)和布卢姆、马斯洛(A. H. Maslow)等人的研究,为课程内容的纵向组织提供了比较坚实的理论基础。20 世纪 70 年代以后,一些教育学家开始强调课程内容的横向组织原则,探讨课程内容与学生作为“完人(the complete man)”的关系。因此,打破学科界限和传统知识体系,让学生有机会更好地探讨社会和个人关心的问题。由此,融合课程、广域课程、核心课程和经验本位课程越来越受到课程学者的关注。

课程内容的组织曾经存在逻辑顺序与心理顺序的争论。逻辑顺序是指根据学科本身的系统和内在联系来组织课程内容。心理顺序则坚持课程内容的组织应该按照学生心理发展的特点进行。杜威对这两种观点都提出了批评,并以“经验”为核心,关注教育过程中学生经验的不断改组改造,阐明经验的“连续性”和“相互作用”的原则,在个人经验和现代学科之间探寻联系的纽带。他在《儿童与课程》这本小册子中指出,“从儿童的经验进展到以有组织体系的真理即我们称之为各门科目为代表的东西,是继续改造的过程”②。

在课程内容的纵向组织上,还有直线式和螺旋式的区别。直线式组织就是把一门课程的内容组织成一条在逻辑上前后联系的直线,前后内容基本上不重复。螺旋式则在教育的不同阶段上使课程内容不断重复,但重复的课程内容逐渐扩大范围、加大深度。两种组织方式各有优缺点。

---

① 叶澜著:《“新基础教育”论——关于中国当代学校变革的探究与认识》,教育科学出版社 2006 年版,第 217～221 页。

② 杜威著,赵祥麟等译:《学校与社会·明日之学校》,人民教育出版社 2005 年版,第 116 页。

三、课程实施

课程实施(curriculum implementation)就是把课程计划付诸实践的过程。由于这一过程总是伴随着对旧的课程体制的某种否定,因此,课程实施往往与课程变革密切相关,或者说,课程实施总是通过对原有课程变革实现的。但在某些课程学者看来,狭义的课程实施就是教学。

课程实施一般有三种取向:忠实取向(fidelity orientation)、相互适应取向(mutual adaptation orientation)和课程创生取向(enactment orientation)。忠实取向认为,课程实施的过程就是忠实执行课程计划的过程,衡量课程实施成功与否,主要依据预定课程计划实现的程度。相互适应取向主张课程实施应是课程计划与学校、班级的实际教育情境相互作用的过程。学校、班级的实际教育情境和课程计划中的课程目标、内容、组织等方面,都有可能在相互作用过程中做出调整。在相互适应取向的人们看来,课程实施过程就是一个复杂的、非线性的和动态的过程。课程实施虽然应该提前精心制订计划,但在实施的动态过程中,具有很多不可预测情况,实施者不能控制这种可能性变化。创生取向认为,真正的课程实施是教师与学生联合创造教育经验,课程实施本质上是在具体教育情境中创生新的教育经验的过程,即有的课程计划只是供这个经验创生过程选择的工具而已。

不论把课程实施视为整个新的课程计划付诸实践的过程,还是把课程实施仅仅狭义地理解为教学,也不论课程实施中人们抱有何种实施取向,20 世纪 60 年代以来半个世纪的课程实施研究表明,对课程实施产生影响的因素,不会仅仅只是事先制定的课程计划本身。除课程计划外,课程计划的编制者和实施者之间的交流、课程实施的组织和领导、教师培训、课程实施所依赖的相应的物质条件、学校制度和文化都是影响课程实施的重要因素。

课程计划本身作为课程实施的一个影响因素,主要指课程计划向学校推行的难易程度、计划的可操作性、计划与原有计划之间的紧张程度以及与原计划相比的长处。一般而言,新的课程计划向学校推行愈是容易、新旧计划紧张关系愈低、比原计划更具优点,课程实施就愈顺利。课程计划的编制者与执行者相互了解愈广泛、愈深入、愈通畅,双方愈是相互取长补短,课程实施就愈顺利。当然,课程实施组织和领导的严密、有效,教师的观念认同和相应的操作技能的熟悉,基本物质条件的保障以及外部相应的制度和文化的一致性,也是课程顺利实施的重要基础。

四、课程评价

(一)课程评价的含义

课程评价是研究课程价值的过程,是判断课程改进学生学习的价值的活动。“根据课程概念本身的不同定义方法,课程评价的焦点或目标,可能包括课程需要和(或者)学生需要,课程设计、教学过程、教学中使用的教材、学生成果目标、通过课程学生取得的进步、教师有效性、学习环境、课程政策、资料分配以及教学成果等内容。”①

---

① 江山野编译:《简明国际教育百科全书·课程》,教育科学出版社 1991 年版,第 168 页。

由于课程评价是对课程计划和课程活动做出价值判断，它对课程实施，乃至课程理论的发展影响越来越大，自然也越来越受到更多人的重视。但是，由于“课程”术语本身备受争议，再加上“价值”也是一个不确定的概念，课程评价的复杂性已经超越了理论范围，变成一个政治权利之争。但是，就总体而言，美国评价专家古巴（E.G.Guba）和林肯（Y.S.Lincoln）根据他们的研究认为，“评价”在本质上是一种通过“协商”而形成的“心理建构”过程。因此，“评价”应秉持“价值多元”的信念。

（二）课程评价的类型

课程评价因分类标准不同，可分为不同的类型。

1.量的评价与质的评价

量的课程评价（quantitative curriculum evaluation）就是力图把复杂的课程现象简约为数量形式，根据量化之后得到的数据进行分析、比较，从而得到对某一课程（或实施）效果的判断。质的课程评价（qualitative curriculum evaluation）则希望通过自然调查，全面充分地阐释对象的各种特质，把握课程现象动态、复杂而丰富的意义，促进评价者与评价对象之间的理解。

量的课程评价与质的课程评价基于各自不同的课程信念，倚重各自的方法、策略，表现了各自的优点。但是，课程现象的复杂性决定了任何一种评价形式，在对课程进行评价的时候，有其长处也有其不足。因此，实际的课程评价过程中，虽然质的课程评价不断得到人们的推崇，但完全排斥量化课程评价的情况并不多见。

2.课程计划内部评价与课程计划实施结果评价

内部评价（intrinsic evaluation）是指课程评价者只关注评价课程计划本身。评价者可以就课程计划所包括的特定内容、课程内容的正确性、课程内容的排列方式、课程计划所涉及的学生经验的类型，以及所包括的教学材料的类型，来评价课程计划本身的价值。

但是，另外一些人不满足仅仅着眼于课程计划本身，而是这一课程计划达到的实际情况如何，它的长处到底有哪些、在哪里，即把考察的重点放在课程计划实施的结果上。这就是结果评价（pay-off evaluation）。采用内部评价还是结果评价，与评价者的目的紧密相关。

3.形成性评价与总结性评价

1967年，美国教育评论专家斯克里文（M.Scriven）最早提出了形成性评价和总结性评价这两个用于课程评价的术语。他认为，“形成性评价是在产品（或人员）还在发展或完善过程中采用的。这是一种为内部人员采用的评价。在一般情况下，这是内部的事情，但是可由内部的或外来的评价者进行工作，如果能由内外两部分人员结合起来组织评价就更好了”①。形成性评价主要为修订课程计划、改进课程活动提供证据。

总结性评价也有人译为终结性评价，是在一个课程计划（或一门课程）结束之后进行的评价，旨在为满足某些外界人员或部门的特定需要而进行的评价。

4.内部人员评价与外部人员评价

当评价者自己与评价结果利益攸关、直接受评价结果影响，这样的评价可称之为内部人

① 江山野编译：《简明国际教育百科全书·教育测量与评价》，教育科学出版社1991年版，第49页。

员评价，简称内部评价。内部评价可在集中组织或者分散组织的基础上开展。为了避免利益因素对评价过程、结果的不利影响，分散组织的内部评价依然要有严密的组织。首先是参与评价者要有基本的评价能力，并为他们提供必要的时间，另一方面要求他们为自己的评价结果承担相应的责任。

外部人员评价即评价者与评价结果没有直接利益的评价，简称为外部评价。相比较而言，外部评价的结果更具有公信力和可比性。

第三节　我国基础教育课程改革

中华人民共和国成立以来，基础教育课程经历了7次改革，每一次改革都取得了很大的成绩，并不断地推动我国基础教育课程的发展。最近一次比较全面的改革是在《中华人民共和国义务教育法》颁布后，20世纪80年代至90年代初开始的课程改革。1999年1月，教育部成立"基础教育课程改革专家工作组"；2001年6月正式颁布新一轮课程改革的总纲——《基础教育课程改革纲要（试行）》；2001年7月，17个学科的18本课程标准（实验稿）正式公布；2001年秋季，新课程在全国38个基础教育课程改革国家级实验区开始实验，至2010年，新课程改革已在全国全面推开。新一轮课程改革结合中国的实际情况，借鉴国外课程改革的经验，充分考虑到现代社会发展、信息技术进步与学生生活变化等因素，重新确立了基础教育课程改革的总目标——大力推进基础课程改革，调整和改革基础教育的课程体系、结构、内容，构建符合素质教育要求的新的基础教育课程体系。

一、基础教育课程改革的目标

（一）基础教育课程改革的指导思想

《基础教育课程改革纲要（试行）》明确提出，新课程改革的指导思想是：基础教育要以邓小平同志的关于"教育要面向现代化、面向世界、面向未来"和江泽民同志的"三个代表"的思想为指导，全面贯彻党的教育方针，全面推进素质教育。这是统辖新课程的灵魂，是贯穿新课程的一条主线。

首先，邓小平同志的"三个面向"是实施素质教育的根本方针；其次，中国的教育不是自我封闭的，自我封闭的教育不可能进步和发展，中国的教育要走向开放，让中国了解世界，让世界认识中国，在世界与中国的交流中寻找自身的发展；最后，中国的教育应顾及两方面，一是站在现实预测未来，二是依据未来预测反映现实，从而在现实和未来之间的差距中寻求自我发展的推动力。也只有以"三个面向"为根本的指导方针，作为教育变革子系统的基础教育课程改革才能更具有前瞻性，才有发展的动力。

课程改革的基本的目标是推行素质教育。新课程改革的指导思想是在我国全面实施素质教育中逐渐形成的，自素质教育提出以来，素质教育的观念已经深入人心，把素质教育引向深入，更大地推进素质教育的改革，落实科教兴国的战略成为社会的共识，成为教育改革的主旋律。1997 年 9 月，教育部基础教育司在烟台召开的素质教育的会议上，提出了“建立和完善全面的提高学生的素质为目标的课程体系”。此后，教育部的《面向 21 世纪教育振兴行动计划》基本确立基础教育改革的体系。

（二）基础教育课程改革的培养目标

依据基础教育课程改革的指导思想，新课程的培养目标应体现时代的要求，要使学生具有爱国主义、集体主义精神，热爱社会主义，继承和发扬中华民族的优秀传统和革命传统；具有社会主义民主法制意识，遵守国家的法律和社会公德；逐步形成正确的世界观、人生观、价值观；具有社会责任感，努力为人民服务；具有初步的创新精神、实践能力、科学和人文素质以及环境意识；具有适应终身学习的基础知识，基本的技能和方法；具有健壮的体魄和良好的心理素质，养成健康的审美情趣和生活方式，成为有理想、有道德、有文化、有纪律的一代新人。这些培养目标都是围绕人的培养来设计和确定的，这一培养目标也是邓小平同志关于“教育要面向现代化，面向世界，面向未来”和江泽民“三个代表”重要思想的体现。这也是基础教育担负提高全民族的素质，增强综合国力的历史责任的具体体现。因此，课程改革应以实现这一目标为中心。

（三）基础教育改革的具体目标

《基础教育课程改革纲要（试行）》提出六项具体的目标：

1.改变课程过于重视知识的传授的倾向，强调形成积极主动的学习态度，使获得基础知识与基本技能的过程同时成为学会学习和形成正确价值观的过程。

2.改变课程结构过于强调学科本位，科目过多和缺乏整合的现状，整体设置九年一贯制的课程门类和课时比例，并设置综合课程，适应不同的地区学生发展的要求，体现课程结构的均衡性、综合性和选择性。

3.改变课程内容“难、反、偏、旧”和过去注重书本知识的现状，加强课程内容与学生生活以及现代社会和科技发展的联系，关注学生的兴趣和经验，精选终身学习必备的基础知识和技能。

4.改变课程实施过于强调接受学习，死记硬背，机械训练的现状，指导学生主动参与，乐于探究，勤于动手，培养学生搜集和处理信息的能力、获取知识的能力、分析和解决问题的能力以及交流与合作的能力。

5.改变课程评价过分强调甄别和选拔的功能，发挥评价促进学生发展，教师提高和改进教学实践的功能。

6.改变课程管理过于集中的状况，实行国家、地方、学校三级课程管理，增强对地方、学校及学生的适应性。

二、基础教育课程改革的基本特征

（一）注重课程的发展功能

如果说 20 世纪是学生以学校为基地、以课程为途径、以掌握知识为主要目标的世纪；那么，21 世纪则是学生以学校教育为突破口，结合家庭教育和社会教育等多种场所，以学生基本教育和社会化学习为途径发展他们的态度、方法、技能为主要目标的世纪。因此，注重课程的发展功能不仅表现为强调“让每一个学生得到发展”，而且强调让每一个学生在以下几方面都得到发展：首先，根据时代发展的要求和基础教育的主要任务，确定学生终身发展必备的基础知识和基本技能，给基础知识与基本技能赋予新的内涵；其次，强调学生学习的过程与方法；再次，强调在学习知识的过程中潜移默化地培养学生良好的世界观、思想品德、性格意志、态度、价值观以及终身学习的愿望和能力。

（二）体现课程设置的整合性

课程设置的整合性表现在两个方面。首先表现为课程结构的整合性。实现学科领域的综合，即在一门学科中提倡综合的生活体验、经验和能力，在不同学科之间建立有机联系；新设综合学科，主要是一般综合课程与综合实践课。其次表现为课程内容的整合性。强调把学生的生活、个人知识与直接的生活经验作为课程的内容；把当代生活作为课程的内容，让学习与生活产生紧密的联系；关注科学、文化的最新发展。

（三）关注实施过程与科学评价

课程改革不再仅仅是重视设计与编制，而是把改革的着力点放在新课程的具体实施过程及相关反馈与评价上。《纲要》认为，“教学过程是课程实施的基本途径，是师生交往、共同发展的互动过程”。所以学生学习方式的转变是本次课程改革的显著特点。强调研究学习、发现学习、探究学习；同时强调新型师生关系的建立及教师角色的转变，课程由特定知识的载体转变成注重发展的过程。在强调实施的同时，改变课程的评价观。《纲要》指出：“评价不仅要关注学生在语言和数理逻辑方面的发展，而且要了解学生发展中的要求，发现和发展学生多方面的潜能。”同时，“强调教师对自己教学行为的反思，建立以教师自评为主，校长、教师、学生、家长共同参与的评价制度”。具体表现为：评价标准的多元化，量化评价与质性评价相结合，建立评价者与被评价者之间的协商关系等。

（四）进一步加大课程管理的弹性化

在课程管理、教材编写与管理等方面，通过制定有利于激发地方积极性的有关政策，实现课程管理权限的下放；同时，以“渐进性”作为重要策略，保障和促进课程对不同地区、学校、学生的适应性，建立国家、地方、学校课程的三级管理模式，明确国家、地方、学校三级课程管理职责；在妥善处理课程的统一性与多样性的关系基础上，重视校本课程的研制与开发。

三、基础教育课程改革面临的挑战和问题

正视来自这次“新课改”的挑战，客观地分析实施过程中出现的问题，从中透视“新课改”的发展趋势，为成功的课程实施创造条件，是教育理论和实践工作者不可回避的理智选择。

（一）教师面临的挑战与压力

课程改革中最难实现的变革是教学实践的变革和教学思想的变革，而任何一项新的课程计划成功与否，教师是一个关键。在新课程实验中出现的几组“矛盾”值得我们关注：新课程自由空间变大与教师创造性实施能力较小的矛盾；新课程课时内容安排的灵活性与传统课程时

间固定性的矛盾；新课程注重方法的多样性与教学中个别学生掌握知识不扎实之间的矛盾；新教材编排体例的变化与教师教学习惯的矛盾。

(二)考试改革的滞后

考试作为一种导向，一个指挥棒，对于课程改革已经构成一个巨大的羁绊与束缚，成为制约新课程发展的一个瓶颈。只要国家的中考、高考仍然保持原来的取向，学校、教师就不可能真正贯彻落实课程改革的精神。当前，要促进课程改革，国家急需出台与新课程理念相适应的考试政策，进行考试改革。

(三)课程资源的不足

有关课程实验调查表明，作为课程实施最基本保障的课程资源严重缺乏。如“在您认为在本校实施新课程的不利条件”的回答中，有 78.3％的教师选择“教学设施等物质条件不能满足需求”；“在您觉得使用新教材的难点在于”的回答中，有 93％的教师选择“缺乏课程资源”。而造成课程资源匮乏的原因是多方面的，但其中有两个突出的原因：第一，教育经费投入不足，无法满足教育教学的正常需要；第二，教师没有意识到自己是最重要的课程资源，缺乏课程开发的动力与意识。

面对新一轮基础教育课程改革，我们应力求避免“每一次课程改革运动都基本上以否定以往的课程设置为开端，又以失败而结束，被下一次课程改革运动而否定，使多样课程设置呈现出一种特定的钟摆现象”。因为新的课程原则和标准的制定、课程模式和方法的选择以及课程内容的设置与课程评价确切性指标的确立，均来自于对历史上课程发展的扬弃与升华。离开历史延续，抛弃昨日所有经验的沉淀，新的课程改革就成了无源之水、无本之木。所以，新一轮基础教育课程改革应当能够保持已取得到的优势，并使其获得更大的发展。

第四节 当代课程改革的发展趋势

21 世纪以来，为了应对全球化、信息化时代的挑战，无论发达国家还是发展中国家，在人才培养模式上都进行着深刻的变革，力求培养具有更高素质的适应现代社会需要的大批有创造力和开拓精神的人才。当今，国际社会达成的基本共识是：未来社会要求的必须是具有综合素质的全面发展的人。他们不仅具有扎实的基础知识和必备的基本能力，同时具有正确的价值观和一定的道德水平，具有创造性与开放性的思维品质和必需的信息技术素养，具有正确的学习观、学习能力和生活方式。在此理念之下，世界各国课程改革，尤其是发达国家的基础教育课程改革呈现出以下一些基本趋势。

一、课程变革的理念

(一)重视终身发展需要的基础知识、能力培养

课程改革的总体趋势是重视学生的课程体验、重视学生在课程活动中的有效参与，但是，

促进学生掌握基础知识、提高学生基本能力仍然是各国课程改革首要的关注点。传统的3R，即读、写、算能力和信息素养等是未来公民所不可或缺的基础，是学生适应未来社会的前提，是开展终身学习、促进自身的完善与发展的基础。因此，使学生具备基础学力是课程改革首要的目标。

美国1994年国会通过的《2000年目标：美国教育法》提出，“所有学生在四、八、十二年级结束时，要证明有能力在英语、数学、自然科学、外语、公民和政府、经济学、艺术、历史和地理学科内容方面应付挑战。”“美国学生在自然科学和数学方面的成绩将达到世界首位。”①德国的课程改革，注重“那些有利于终身学习的基础知识和技能，注重丰富的、结构良好的基础知识。特别还要培养现代社会所需的基本能力：一方面加强问题解决能力、迁移能力，另一方面培养交往与团队合作能力，创新能力，创新精神，独立学习能力”②。法国1995年新颁布的初等教育教学大纲“主旨在让学生掌握‘知识和能力共同基石’”。国家大纲委员会认为，“知识传递和个性的发展是互为补充的，同样的，民主理想所提倡的自制只有在汲取‘记忆知识’的基础上才有具体意义”，“今后应该重新激活关于‘知识和能力（包括实践的和深思熟虑的）和谐的共同基石（lesocle commun）”③。日本1996年在《面向21世纪我国教育的应有形态》中提出“生存能力”培养，认为生存能力的首要因素包括“能在任何场合下，与他人协调，同时自主地进行社会生活所必需的，作为人生存的实践能力”，“不仅仅是记忆在纸上的知识，而更是生存所需的‘智慧’，是以关于我们的文化与社会的知识为基础的、在社会生活中起作用并发展的”④。

总之，随着全球化、信息化时代的到来，知识经济成为当代社会发展的重要特征，终身学习的学习化社会是各国政府不能回避的现实，为了应对时代的挑战，各国基础教育课程改革高度重视培养学生具有适宜终身学习时代要求的基础知识和基本能力。

（二）创造性与开放性思维的培养

全球化的发展直接带来信息、资本、科研、技术和人员在全球范围内的流动，培养现代公民具有全球视野考察、思考并解决问题的素养，是中小学课程变革的另一重大问题，各国都在探索课程变革的应变之道。同时，全球化增加了国与国之间的竞争压力。在知识作为经济社会发展的引擎的时代，公民的创新意识与能力直接影响着国家的综合国力。日本“在2000年3月召开教育改革国民会议，会议主席江琦玲於奈呼吁，日本需要拥有‘以丰富的想象力、预见力为基础的、创造新思想、新方法的能力’，‘今后，如何培养创造力是教育改革的重大课题’”⑤。

（三）强调价值观教育和道德教育

尊重学生经验、发展学生个性。由于日益增加的全球环境、能源、冲突和发展不平衡等问题，在当代科学人文主义思潮的激荡之下，各国基础教育逐渐开始摆脱“科技理性”的主宰，强

① 参见赵中建：《美国基础教育课程改革的动向与启示》，《全球教育展望》2001年第4期。
② 李其龙等：《德国中小学课程改革动向与启示》，《全球教育展望》2001年第4期。
③ 汪凌：《掌握知识和能力的共同基石——法国基础教育课程改革趋势》，《全球教育展望》2001年第4期。
④ 方明生等：《日本基础教育课程改革的动向及若干分析》，《全球教育展望》2001年第4期。
⑤ 钟启泉等：《主要发达国家基础教育课程改革的动向与启示》，《全球教育展望》2001年第4期。

调价值观教育和道德教育，培养学生对真理、正义、诚实、信任、责任感等美德的信念；强调尊重学生经验、发展学生个性，把学生从成人的控制、知识的控制下解放出来，促进每一位学生的发展。

二、课程变革的内容

（一）课程目标

在重视行为目标的同时，展开性目标和表现性目标也受到重视。如前所述，基础知识与基本能力作为课程目标不但没有被轻视，反倒更加受到各国课程改革的重视。与以往所不同的，今日各国课程目标中的"基础知识和能力"，只是更加重视有利于养成学生终身学习和发展的知识与能力。此外，"在新世纪的课程改革中，各国普遍强调儿童价值观、态度、品德和道德教育"①，重视学生健康教育和公民教育。

（二）课程决策

课程决策寻求国家课程与校本课程开发的统一。一些执行单一的国家课程政策的国家，如俄罗斯、法国、日本和中国等国，自 20 世纪 80 年代以来，逐渐开始增加校本课程开发的力度，使校本课程在学校全部课程中的比重增大。而一向盛行校本课程的国家，如英国，1988 年在《教育改革法》中规定了在英格兰和威尔士实行全国统一的核心课程。所以，有课程专家指出，当今，世界范围内"课程行政体制在总体上出现了'地方自治加中央调控'或'中央调控加地方自治'的趋势"②。课程决策总的趋势是走向决策分享，寻求国家课程与校本课程开发的统一。

（三）课程内容

信息化时代的到来，使各国政府认识到，为了迎接信息时代的挑战，提升国民的信息技术素养成为迫在眉睫的任务。各国纷纷在基础教育课程设置中增加信息技术内容，促进学生利用信息技术搜集处理信息和交流的能力的培养。同时，最为突出的是在所有课程的实施过程中，促进信息技术与各科课程整合。"在日本，1998 年 6 月公布的新的课程方案将'信息科'作为高中普通科的必修科目，以适应计算机、网络的普及带来的信息社会的变化。"③各国高中教育"有机整合高中教育的为升学和就业做准备的双重功能，即高中阶段的课程与教学既要为高等教育的发展服务、为高等教育输送合格新生，又要为学生的就业和生活准备"④。如美、英、德、法和澳等国高中课程目标都注意有机整合高中教育为升学服务和就业准备的双重功能。⑤

（四）课程设置

课程设置上在保留一些基本学科课程的同时，淡化学科边界，增加综合课程和活动课程

---

① 钟启泉等:《主要发达国家基础教育课程改革的动向与启示》,《全球教育展望》2001 年第 4 期。

② 崔允漷著:《校本课程开发:理论与实践》,教育科学出版社 2000 年版,第 9 页。

③ 钟启泉等:《主要发达国家基础教育课程改革的动向与启示》,《全球教育展望》2001 年第 4 期。

④ 钟启泉等主编:《普通高中新课程方案导读》,华东师范大学出版社 2003 年版,第 4 页。

⑤ 钟启泉等:《普通高中课程改革的国际趋势》,《当代教育科学》2003 年第 22 期。

分量。如日本在1998年之后,中小学课程中新设“综合学习时间”。美国在《2061计划》中提出的课程改革,注重自然科学、社会科学和数学的综合。德国的北威州提出“加强各学科之间的联系,使学生能整体地认识世界和建立对世界的整体观念”①。有些国家,像英国、日本等国,在初中阶段就开始为学生设置一些选修课程。而高中阶段,多数国家在保留必修课程之外,学生选修的课程幅度普遍进一步扩大,试行学分制管理。为了迎接全球化时代,中小学外语课程也更加受到重视,一些国家甚至开设两种或三种外语课程,供学生选修。此外,高中课程改革还关注科学技术的发展,强调高中生的学习经验与社会生活的联系。随着科学技术的迅速发展,尤其是信息技术的长足进步,科学技术的新成就进入高中课程。学习领域设置是高中课程改革的共同努力方向。20世纪90年代以来,美、英、澳、日、法和挪威等国,都开设了综合实践活动课程。我国在21世纪初的课程改革中,也开设了这门课程。

(五)课程评价

在课程评价上当今各国表现出的基本变化趋势是强化评价指向学习改善的功能。具体而言,课程评价主体出现多元化趋势,不仅管理者、教育者主持评价,学习者及其同伴也可以参与评价。评价的聚焦点不再局限于学习的结果,学习的过程也被纳入评价范围。评价不仅关注学习者知识获得,技能提升和能力发展,同时关注学习者情感态度价值观的变化。评价形式,不再满足于纸笔形式的考试测验,量化考试,同时吸收观察记录等档案袋式评价,相较于量化评价占绝对优势时期,质性评价得到极大强化。与我国“新基础教育”改革探索的“整体性评价与阶段系统性评价”相类似,法国课程评价中也出现“评估不是制裁性的,而是形成性的,是推动学生进步的参照”②的观念与做法。

复习思考题:

1.名称解释:课程、课程计划、课程标准、教材、分科课程、融合课程、广域课程、核心课程。

2.课程计划、课程标准、教科书在课程中起什么作用?其与当前的课程改革有何关系?

3.你认为教师与课程有何关系?

4.根据你所掌握的信息或你的感受,谈谈我国新一轮基础教育课程改革对教师提出了哪些新的要求。

---

① 李其龙等:《德国中小学课程改革动向与启示》,《全球教育展望》2001年第4期。

② 汪凌:《掌握知识和能力的共同基石——法国基础教育课程改革趋势》,《全球教育展望》2001年第4期。

第七章　教　学

学习目标：

1.掌握教学的概念，明确教学的地位与任务。

2.掌握近代传统教学理论、现代教学理论及当代教学理论流派的主要观点。

3.理解教学过程的性质，明确教学过程应处理的关系。

4.掌握教学组织形式、教学模式、课堂教学设计。

5.掌握教学评价的原则与方法。

第一节　教学概述

一、教学的概念

教学在原始社会即已产生，并与生活融为一体，传授和学习一定的生活经验。随着学校的产生，教学产生了一个质的飞跃。教学从社会生产和生活实践中分化出来，由自发走向自觉，由偶然性、断续性转变为经常性、连贯性、计划性和组织性。尤其是由于有了文字，教学摆脱了个体经验活动的局限，突破了只在活动中口耳相传和模仿、练习的模式，走向主要传授和学习书本知识的模式。

在我国古代的典籍中，“教学”二字连用为一词，最早见于《尚书·兑命》：“斅学半。”不过，这里的“斅”(教)读“xiào”，意思是“教人乃是益己学之半”，把教学视为自学和通过教人而学。《学记》中的“建国君民，教学为先”，又把教学视为教育。随着教学活动经验的不断积累和总结，我国古代教育家逐渐把教学视为教师教学生学，把教与学作为互有区别而又统一的过程。王夫之曾说：“夫学以学夫所教，而学必非教；教以教人之学，而教必非学。”意思是说，学是学教师所教的东西，学自然不是教；教是教人去学所教的东西，教自然不是学。又说：“推学者之见而广之，以引之于远大之域者，教者之事也。引教者之意而思之，以反求于致此之由者，学者之事也。”①教者要根据学者原有基础不断扩大他的知识领域；学者要根据教者的引导积极思考，独立探索事物的由来。

① 王夫之著：《读四书大全说》(卷三)。

目前在我国,人们一般从三个角度对教学的概念予以界定。一是教师行为说。认为,“教学(教)就是教师引起、维持与促进学生学习的所有行为”。这些行为包括教学前(准备)、教学中(实施)与教学后(评价)三个阶段。① “教学即教师引起、维持、促进学生学习的所有行为方式。教学是教师行为,而不是学生行为。”②二是学生行为说。认为,教学“是一种以教材为中介,学生在教师的指导下掌握知识的认识活动”③。三是协同活动说。强调教与学的互动与统一,二者相互联系,相互制约,形成一个有机统一的整体。认为,教学是以课程内容为中介的师生双方教和学的共同活动,是学校实现教育目的的基本途径。④

西方学者也没有形成一个大家公认的教学定义。如谢弗勒(I.Scheffler)把教学看成“一种有目的的定向的活动”,并认为“教学在于力图引起学习”。⑤ 赫斯特(P.Hirst)和彼特斯(R.peters)也认为,“教学意味着教师有目的地引起学习”,教学活动必须具备三个逻辑必要条件:(1)它们必须与引起学习的意图相联系;(2)它们必须说明或展示学习的内容;(3)它们必须用易于学习者理解并适合学习者能力的方式来进行。⑥ 美国学者史密斯(B.O.Smith)就教育家们关于教学定义的研究成果进行了综合和概括,归纳了五种教学定义:(1)教学的描述性定义:教学就是传授知识和技能;(2)教学的效能性定义:教学即成功;(3)教学的目的性定义:教学是有意进行的活动;(4)教学的操作性定义:教学是规范性行为;(5)教学的科学定义,这个定义尚在形成和探索之中。⑦

上述教学的定义,由于人们的出发点不同、价值取向不同,因而有比较大的差异。但是,代表性的观点不是把教与学割裂开来,而是把教与学看成是辩证统一的两个侧面,教学是教与学不可分割的关系范畴。如“所谓教学,乃是教师教、学生学的统一活动;在这个活动中,学生掌握一定的知识和技能,同时身心获得一定的发展,形成一定的思想品德”⑧“‘教学’就是指教的人指导学的人进行学习的活动。进一步说,指的是教和学相结合或相统一的活动”⑨。

下定义常采用“种概念+属差”的方法,那么,从教学与教育的关系来看,二者是部分与整体的关系。教学是学校进行教育的一个基本途径,学校还通过课外活动、生产劳动、社会活动等向学生进行教育。因此,教学是指教师激发学生学习的意向,引导学生认识客观世界,促进学生身心发展的教育活动。教学是教与学共同构成的双边活动,没有没有学的教,也没有没有教的学。学生的学如果不是在教师指导下的学,那就成了在教学之外独立进行的自学。教师的教如果没有引起学生的学,教就不称其谓教,教就不能真正地存在。教学作为经过严密组织起来专门传授和学习知识经验的活动,它区别于课外活动、生产劳动、社会活动等其他教育形

---

① 施良方、崔允漷主编:《教学理论:课堂教学的原理、策略与研究》,华东师范大学出版社 1999 年版,第 13 页。

② 袁振国著:《当代教育学》,教育科学出版社 1999 年版,第 160 页。

③ 吴立岗、夏惠贤主编:《现代教学论基础》,广西教育出版社 2001 年版,第 14 页。

④ 顾明远主编:《教育大辞典》(第 1 卷),上海教育出版社 1990 年版,第 178 页。

⑤ 谢弗勒:《对教学和课程的思考》,《华东师范大学学报(教育科学版)》,1988 年第 2 期。

⑥ 赫斯特、彼特斯:《教学》,参见瞿葆奎主编:《教育学文集·教学》(上),人民教育出版社 1988 年版,第 72 页。

⑦ 中央教育科学研究所比较教育研究室编译:《简明国际教育百科全书·教学》(下),教育科学出版社 1990 年版,第 233~240 页。

⑧ 王策三著:《教学论稿》,人民教育出版社 1985 年版,第 88~89 页。

⑨ 李秉德主编:《教学论》,人民教育出版社 1991 年版,第 2 页。

式，是教育最基本、最主要的形式。无论在历史上，还是在现实中，教学的形态都是丰富多彩的，教学的定义就是对这些具体教学形态的抽象。

二、教学的地位与任务

(一)教学的地位

学校的根本任务是培养人才，教学居于学校的中心地位，发挥着核心作用，教学工作始终是学校的中心工作。从教育途径来看，教学目的明确，计划性强，组织严密，其对人才培养的作用与社会实践、生产劳动、课外活动、思想训导、心理辅导、学生管理等其他教育途径相比，更全面、更深刻、更系统、更有效，所占用的时间、空间和设施也最多。从工作类型看，学校的党务工作、行政工作、总务工作等都是为教学工作服务。从活动目的看，教学的直接目的是学生德、智、体、美全面发展，与教育目的直接同一，而学校其他活动的直接目的则只是单方面的。从人才培养质量看，教学质量的高低直接反映了人才培养质量的高低。

教学是学校工作的中心，但并不意味着教学是唯一。一方面，学生综合素质的全面发展不能单靠教学，学校教育中凡是遵循教育规律，符合学生心理发展特点，能够促进学生知识、能力等综合素质协调发展的途径都应该受到重视和运用；另一方面，教学主要以传授系统的科学文化知识为主，教学要发挥对学生各方面发展的促进作用，还必须与其他的教育形式和生活实践相联系，相配合。例如，我国古代《学记》中提到的“藏息相辅”原则，就是要把教学与课外活动相结合，到了近代，人们更是认识到教学要与生活劳动相结合。

以教学为中心，教学工作是学校的中心工作，这是教育学的一条基本原理。这在建国以后的教育中有过正反两方面的经验和教训。20世纪50年代末期，大搞劳动教育，学校以劳动为中心；60年代初，大搞政治教育，以政治活动为中心；60年代中至70年代中，大搞革命教育，以“文化大革命”为中心。这一切致使我国学校教育几乎走到了崩溃的边缘。实践证明，凡是重视了教学并确认其中心地位，学校就能建立正常的运行机制，形成稳定的教学秩序，较好地保证教学质量，青少年健康、全面发展就有了保障，教育事业也能得到正常发展；反之，学校教学秩序必然混乱，学生不思学，教师不思教，正常的教学工作必然遭到破坏，学生的成长就会受到损害，教育事业的发展就遭到挫折。

(二)教学的任务

确定教学的任务，不仅要依据社会发展对教学提出的要求、教育方针和教育目的，还要结合教学的职能、教学与学生发展的关系。据此，我国基础教育的教学任务总括起来有以下几个方面。

1.传授和掌握基础知识，形成基本技能

知识是人类对客观世界的现象、事实及其规律的认识，是人类社会历史实践经验的概括和总结。其初级形态是经验知识，高级形态是系统科学理论。科学文化基础知识是教与学相互作用的中介、工具和资源，进行系统科学文化知识的传承是教学的基础，教学的首要任务就是传递和掌握基础知识，形成基本技能。没有知识的传递，教学活动也就不复存在，学生没有掌握基础知识，形成基本技能，教学的其他任务也无法实现。

教学所要传递的科学文化知识不是杂乱无章、毫无选择的，而是按照学科经过加工、改造的系统化的知识，对中小学生来说，就是基础知识。所谓基础知识，是指反映各门学科基本事实的基本概念、原理、公式及其系统，它构成了一门学科的基本结构，反映了学科所研究对象的规律性。各门学科中不能把所有有用的知识都视为基础知识，只有那些对认识、实践活动不可或缺的最主要、最基本、最常用的知识才能构成为基础知识。如果把基础知识泛化，不分轻重主次，就会加重学生的负担，反而不利于基础知识的教学。

技能，是指运用所掌握的知识熟练地完成某种实际活动的动作的或智力的活动方式。所谓基本技能，则是指各门学科中最主要、最常用的技能，如语文和外语的阅读、写作技能，数学的运算技能等。技能又分为动作技能和智力技能。动作技能，又叫操作技能，是指通过练习而巩固下来的，自动化的、完善的动作活动方式，如写字、游泳、踢球等。智力技能也叫智力活动技能，是指借助内部言语在头脑中进行的认知活动的方式，如默读、心算、作文等。

基础知识与基本技能相互联系、相互促进、相互制约。基础知识的掌握是学生形成基本技能的前提和条件，学生形成基本技能又可加深对基础知识的理解，是进一步学习的必要手段，也有利于学生智能的发展。所有学科的教学都要同时注重学生基础知识的掌握与基本技能的形成，但是，学科类别、教学内容不同，二者所占的比重会有所差异，如音体美的教学重在技能的形成。

2.发展学生的体力和能力

体力是人体活动时所付出的力量，包括持久力、适应力和抵抗力。体力水平是一个人身体素质的基本指标，发展体力不仅是体育课和课外活动的任务，也是各科教学任务。教学对体力的发展要注意教学卫生，要按照卫生学的要求进行，防止忽视体力的发展，以及违犯体力发展规律的做法。

能力是保证个体“能”顺利地完成一定活动、直接影响活动效率的主观条件。能力包括知识与智力。智力是一个人的神经活动的功能特性在人的一切认识活动中的表现，它是一个人的基本的、综合性的认识潜能。在能力结构中，智力是一般成分，知识相对于智力来说是特殊成分。教学既要向学生传授知识，又要发展学生的智力，只有这样，才能完整地发展学生的能力。现代科学技术的发展、知识经济的挑战和国际竞争的加剧，培养学生的创新能力已成为教学的核心任务。创新能力，对学生来说，主要是指能够运用自己已有的知识和智力去探索、发现、创建他尚未知晓的新的知识或方法的能力。“教育的任务是毫无例外地使所有人的创造才能和创造潜力都能结出丰硕的成果。”①

培养学生的能力，尤其是创新能力，必须对现行的教学进行改革，必须转变那种妨碍学生创新精神和创新能力发展的教育观念、教育模式，特别是由教师单向灌输知识，以考试分数作为衡量教育成果的标准，以及过于划一呆板的教育教学制度；必须改革教学内容与方法，以学生为主体，激励学生自觉、主动地学习，引导学生善于发现和创造性地解决问题，形成独立思考

---

① 联合国教科文组织国际21世纪教育委员会编著，联合国教科文组织总部中文科译：《教育——财富蕴藏其中》，教育科学出版社1996年版，第76页。

的能力。

3.培养学生形成正确的世界观、人生观、价值观与良好的道德品质

世界观、人生观、价值观和道德品质是一个人个性的核心,不仅直接影响学生独立个性的形成,也制约着学生的学习方向与动力,深刻影响教学的效果。世界观是人们对整个世界以及人与世界关系的总的看法和根本观点。人生观是对人生的目的、意义和道路的根本看法和态度。价值观是指个人对客观事物(包括人、物、事)对自己的行为结果的意义、作用、效果和重要性的总体评价,是推动并指引一个人采取决定和行动的原则、标准和信念。世界观、人生观和价值观三者是统一的,有什么样的价值观就有什么样的人生观,有什么样的人生观就有什么样的世界观。正确的世界观、人生观、价值观能动地指导着人们改造世界的实践。有了正确的世界观、人生观、价值观,就能"通天下之志,立天下之业,断天下之疑"。培养学生形成正确的世界观、人生观、价值观是教学的重要任务。

道德品质,也称"德性",简称"品德",是指一定社会的道德原则、道德规范和道德要求在个人思想和行为中的体现,是一个人在一系列的道德行为中所表现出来的比较稳定的特征和倾向。事之基在于能,人之基在于品。良好的品德对学生身心健康发展、个性的形成具有重要作用。教学的价值在于培养人,培养学生形成良好的品德对于教学责无旁贷。

第二节 教学理论的形成与发展

教学是人类特有的社会实践活动,是一种有意识、有目的进行的自觉活动。教学实践的自为与自觉,需要教学理论的指导。教学理论是指人们对各种教学现象及其本质能动的、系统的反映,是人们按照自己的价值取向对教学活动理性思维的结果,是具有内在逻辑的系统化的观念体系。教学理论的形成经历了漫长的历史阶段,当代教学理论则学派林立,琳琅满目。教学理论是进一步探究教学的基础,并为改进教学提供广阔的视野。

一、古代教学思想

古代教学思想产生于教学活动经验的不断积累和总结。我国古代先秦时期诸子百家的著作中,已经有了丰富的教学思想。孔子就是最著名的代表之一。孔子在总结教学经验的基础上,提出了许多关于教学的见解,如"不愤不启,不悱不发,举一隅而不以三隅反,则不复也"①等。《学记》大约成书于先秦时期,是我国和世界教育史上最早的、比较系统完整的一篇教学论专著,对孔子和思孟学派的教学思想进行了发展。《学记》论述了当时的教育和教学的地位与作用、目的和任务、制度和内容,阐述了"教学相长"的辩证关系,总结了"长善救失"等教学原则与方法,注重教与学的双边互动和教师的循循善诱,提出:"君子之教,喻也:道而弗牵,

---

① 《论语·述而》。

强而弗抑，开而弗达。道而弗牵则和，强而弗抑则易，开而弗达则思，和、易、以思，可谓善喻矣。"

在我国古代漫长的封建社会，儒家的教学思想得到了继承并发扬光大。儒家把成就一个人的道德人格作为教学的价值追求，把实现人的道德性作为教学的目标，构建了以道德伦理知识为主的教学内容体系，提出了教学过程的思想。孔子提出："学而不思则罔，思而不学则殆。"①"学而时习之，不亦说乎？"②把"学""思""行"看作统一的学习过程，重视知与行的结合。《中庸》明确提出"博学之，审问之，慎思之，明辨之，笃行之"，强调学生能动学习、思考与实践。荀子重"行"，提出："不闻不若闻之，闻之不若见之，见之不若知之，知之不若行之，学至于行而止矣。"③朱熹(1130～1200)比较强调"学"与"思"，提出了著名的循序渐进、熟讲精思、虚心涵养、切己体察、居敬持志的读书法。王阳明(1472～1529)提出知行合一："知是行的主意，行是知的工夫。知是行之始，行是知之成。若会得时，只说一个知，已自有行在；只说一个行，已自有知在。"④"知之真切笃实处即是行，行之明觉精察处即是知。"⑤不过，他所说的"知"是出自内心的主观体验，所说的"行"不是社会实践，也不完全是个人的践行，而是内心体验的工夫，是个人修养的工夫。这样他就混淆了知与行，其结果是以知代行。王夫之(1619～1692)则主张发扬孔子的学思行并重思想，并特别强调行。他认为，学与思要互相结合，互相补充，互相依赖；知与行之间，行先知后、知行并进。"行可兼知，而知不可兼行，……君子之学，未尝离行以为知也。"⑥

在西方，古希腊许多学者对教学进行了广泛的探索。其中最具影响力的是苏格拉底，他教人要"认识自己"，提出"美德即知识"。但美德和知识是人的心灵先天有的，要使其成为现实，必须经过一系列的引导、启发，即通过问答、诘难，使学生陷于矛盾，承认自己无知，然后引导学生经过思考逐渐修正意见，从而获得真知，这种方法即是"产婆术"。苏格拉底的方法也是一种归纳法、探究法和发现法。古罗马教育家昆体良总结雄辩家教育实践，重视直观、理论知识的学习及技能的训练，认为雄辩家的培养一般经过"模仿、理论、练习"三个阶段。西方中世纪，尽管教育成为宗教的奴仆，教学囿于研读神学经典，脱离生活实际，但经院主义教学仍不失为"一种高度有效的系统化的方法，适合于传授权威性的真理"⑦。

古代教学思想虽然很朴素，只是一些分散的个别的言论，但却往往十分精辟，至今仍熠熠生辉。如，《学记》上说："既知教之所由兴，又知教之所由废，然后可以为人师也。"就是说，教学的成功或失败都是有原因和条件的，从事教学工作的人必须研究这些原因与条件，才能胜任教学工作。这实际上规定了教学理论的任务就是揭示教学的规律，指导教学实践。尽管在古代教学思想中，已经看到现代教学理论的许多原理的萌芽，但是，古代教学思想没有一个一以

---

① 《论语·学而》。
② 《论语·学而》。
③ 《荀子·儒效》。
④ 王阳明：《传习录》(上)。
⑤ 王阳明：《传习录》(中)。
⑥ 王夫之：《尚书引义》(卷三)。
⑦ 杜威著，王承绪译：《民主主义与教育》，人民教育出版社2001年版，第298页。

贯之的研究方法论，所包含的许多命题缺乏论证，更缺乏实证，仅仅停留于直观阶段。

二、近代传统教学理论的形成

17 世纪，西方在经过地理大发现、文艺复兴和宗教改革运动后，科学技术和资本主义经济得到迅速发展。社会发展对提高教学的效益、效率和质量提出了要求，推动了教学实践的发展，而教学实践的发展又促进了系统的教学理论的形成。

在西方教育史上，第一个倡导教学理论的是德国教育家拉特克(W.Ratke，1571～1635)。他在 1612 年向法兰克福诸侯呈交的学校改革的奏书中，自称"教学论者"(Didacticus)，称自己的新的教学技术为"教学论"(Didactica)。他认为，为了国民的统一与国家的自主独立，无论如何必须使所有的国民掌握同一的语言和科学，而"教师不仅要精通语言与科学，还要懂得怎样教，才能使学生最容易、最牢固地掌握。就是说，教师必须懂得教授的技术"①。

夸美纽斯进一步发展了拉特克的观点，总结了当时新兴资产阶级的教学经验，并结合他本人长期的教学实践，创建了较为系统的教学理论，这主要反映在他 1632 年完成的《大教学论》一书中。《大教学论》是教学理论产生和形成的标志。夸美纽斯认为，"教学论是指教学的艺术"，是"把一切事物教给一切人类的全部艺术"，其主要目的是"寻找出一种教学方法，使教员因此可以少教，但是学生可以多学"。② 夸美纽斯认为，教学的目的就是培养身体、智慧、德行和信仰几个方面和谐发展的人，为此，应设置自然学科、人文学科、宗教神学，以及体育、音乐、游戏等多方面的课程。那么，教学的过程怎样呢？夸美纽斯指出，"秩序是把一切事物教给一切人们的教学艺术的主导原则"③，教学应依据感觉—记忆—理解—判断的认识程序，分为提问、讲解、练习等几个阶段。夸美纽斯还依据自然适应性原理，围绕教学的愉快性、彻底性和迅捷性，最早提出了教学原则体系，即教学应遵循直观性原则、便易性原则、彻底性原则、简明性与迅捷性原则、量力性原则与因材施教原则。夸美纽斯也首次从理论上论证了班级授课制，使班级授课制得以巩固并代替个别教学。

夸美纽斯之后到 19 世纪末，西方各国的教育家们，如英国的洛克、法国的卢梭、瑞士的裴斯塔洛齐、德国的赫尔巴特(J.F.Herbart，1776～1841)、福禄培尔(F.Froebel，1782～1852)、第斯多惠(F.A.W.Diesterweg，1790～1866)等提出了各自的教学理论，他们之间相互影响，具有必然的历史联系与发展脉络。而赫尔巴特的教学理论则"标志着近代传统教学理论的形成，并奠定了现代教学理论发展的基础"④。

赫尔巴特认为，教学的"最终目的"是培养儿童的"德行"，因为，虽然教学不同于教育，但教学必须同时进行教育，既不存在"无教学的教育"，也不存在"无教育的教学"。⑤ 而教学的"较近的目的"是儿童的"多方面兴趣"；多方面性是德行的基础，没有兴趣就没有真正的教学。他

---

① 佐藤正夫著，钟启泉译：《教学论原理》，人民教育出版社 1996 年版，第 3 页。
② 夸美纽斯著，傅任敢译：《大教学论》，人民教育出版社 1984 年版，第 2～3 页。
③ 夸美纽斯著，傅任敢译：《大教学论》，人民教育出版社 1984 年版，第 80 页。
④ 田本娜主编：《外国教学思想史》，人民教育出版社 1994 年版，第 87 页。
⑤ 赫尔巴特著，李其龙译：《普通教育学·教育学讲授纲要》，浙江教育出版社 2002 年版，第 13 页。

将人的兴趣划分为经验的兴趣、思辨的兴趣、审美的兴趣、同情的兴趣、社会兴趣、宗教兴趣等六方面兴趣，课程依据多方面兴趣进行设置，并反映当时科学文化发展，对学生进行全面而系统的知识教学。

赫尔巴特强调，教学不仅是学生兴趣的产生和发展的过程，更是观念被统觉——从清楚明确的感知，到与旧观念的联系和扩大，再到应用的过程，因为观念是感官接触事物在意识中留下的印象，是人们认识世界最基本、最简单的要素，它通过统觉——新观念被旧观念同化——的作用获得。为此，他依据统觉原理，将教学划分为明了、联合、系统、方法四个阶段（见表 7-1）。

表 7-1　赫尔巴特的教学"形式阶段"理论

阶段	含义	学生的心理状态	教学方法
明了	通过教师对新教材的提示、讲解，学生"看清楚各个事物"，并与自己"意识中原有的相关观念"进行比较分析，以明了新观念、新教材。	注意，静态的钻研	叙述法、直观法
联合	引起学生统觉活动，将新的观念与已有的观念产生联系，把若干个别观念联合为一般观念。	期待，动态的专心活动	无拘束的谈话、问答
系统	使新旧观念的联系系统化，形成原理、法则和规则，构建一定的观念体系。	探究，静态的审思活动	综合法、归纳法
方法	把获得的知识运用到解决实际问题的过程中，将所学到的知识加以重新组合，使所学知识变得更为熟练和牢固，并检验所学知识是否正确。	行动，动态审视活动	练习法

赫尔巴特的教学形式阶段理论后来得到他的学生戚勒（T.Ziller，1817～1882）等人的进一步补充。戚勒把明了分为分析和综合两个阶段。戚勒的学生莱茵（W.Rein，1847～1929）则在此基础上进行了更符合教学实际的改进，演变为：预备（提出问题，说明教学目的）、提示（讲解新教材）、联合、总结、应用五个阶段，俗称五段教学法。五段教学法 19 世纪下半叶后曾风靡欧美各国大半个世纪，并于清末流传到我国。

赫尔巴特力图把教学理论建立在心理学的基础之上，重视系统知识的教学和教育性教学，其对教学过程阶段的划分体现了教学过程的一些规律，便于课堂教学的有序进行和教师引导作用的发挥。杜威曾指出："赫尔巴特的伟大贡献在于使教学工作脱离陈规陋习和全凭偶然的领域。他把教学带进了有意识的方法的范围，使它成为具有特定目的和过程的有意识的事情，而不是一种偶然的灵感和屈从传统的混合物。"①但是，传统教学理论由于主要是教师向学生集体传授书本知识，重视教师讲授，重视学生共性，容易忽视学生的主动性、脱离生活、脱离实践。

① 杜威著，王承绪译：《民主主义与教育》，人民教育出版社 2001 年版，第 80 页。

三、现代教学理论的发展

19 世纪末 20 世纪初，科技与经济的发展、国际竞争的加剧、民主意识的高涨，推动了西方教育发生重大转型，欧洲出现新教育运动，美国出现进步主义教育运动，以赫尔巴特为代表的传统教学理论受到批判和改造，杜威的现代教学理论锐意登场。

杜威顺应时代潮流，在批判传统教育的基础上，对卢梭自然教育理论的精华进行了继承和弘扬。卢梭所确立的能动的儿童观和首创的发现教学思想，为杜威教学理论的形成奠定了基础。

杜威指出，我们的教育正对传统教育进行一场哥白尼式革命，“这里，儿童变成了太阳，而教育的一切措施则围绕着他们转动，儿童是中心，教育的措施便围绕他们而组织起来”①。在杜威的教学理论中，儿童不仅是教育中心，也是教育的起点、目的和标准，儿童的生长、发展就是教育。“生长的理想归结为这样的观点，即教育是经验的继续不断的改组和改造。”②而有利于生长的经验必须遵循连续性与交互作用原则，即每一种经验总有些地方取之于已往的经验，又以某种方式改变以后经验的性质，同时，所有人的经验终究是社会性的，经验必须包括与社会环境，与社会上其他人的经验的相互接触和交流。所以，学校的课程不能人为地将知识分割为一个个的学科进行设置，课程应源于儿童的经验，应按经验进行组织。杜威强调，儿童的经验必须通过活动，并来自于儿童活动中的思维，思维“就是识别我们所尝试的事和所发生的结果之间的关系”，“没有某种思维的因素便不可能产生有意义的经验”。③ 而符合逻辑的思维就是反省思维，在困难或疑惑情境与清晰、确定的情境之间，反省思维一般经过五个步骤：困难、问题、假设、验证、结论。这样，杜威主张教学就是创造适合的条件，让儿童在活动中“做中学”，教学过程也如反省思维一样分为五个步骤，人们通常将之称为五步教学法。

杜威的教学理论注重引导学生通过个人的探究活动进行学习，紧密联系生活实际，确实容易使学生产生兴趣，发挥学生的主动性和创造性，也符合科学技术发展和社会民主化进程的要求，因此，20 世纪初在许多国家风靡一时，也传入我国，影响了我国当时的教学改革。但是，其对教师和教学条件的要求较高，教学组织的难度大，只重视学生的生活经验，忽视教师的重要作用和系统科学文化知识的传授，最终学生学不到系统的知识，导致教学质量下降。到 20 世纪 30 年代，杜威的教学理论开始受到人们的冷遇，但是，它对后世教学的影响至今仍在继续，其积极的一面仍在影响教学实践。

俄国十月革命后，由于缺乏经验和深受杜威实用主义教育思想的影响，教育改革出现了忽视具有系统知识的教科书的编写和使用、忽视系统知识的传授和教师在教学中的领导作用等严重问题。为稳定教学秩序、提高教学质量，苏联于 20 世纪 30 年对教育进行了深入的改革，反映这次改革实践经验的是凯洛夫教育学。凯洛夫（N. A. Kaiipob，1893～1978）的教育思

---

① 赵祥麟、王承绪编译：《杜威教育论著选》，华东师范大学出版社 1981 年版，第 32 页。

② 杜威著，王承绪译：《民主主义与教育》，人民教育出版社 2001 的版，第 86 页。

③ 杜威著，王承绪译：《民主主义与教育》，人民教育出版社 2001 年版，第 158 页。

想集中地体现在他主编的《教育学》一书中。该书 1939 年首版，后 1939 年、1956 年再版，均为俄罗斯联邦教育部批准的师范院校教科书。凯洛夫认为，教学是教育和教养的基础途径，这里的教育指人格陶冶，教养指知识技能、技巧的掌握，教学具有教育性。教学的目的和任务是在教师领导下学生掌握系统知识和技能、技巧。那么，学生是如何掌握知识的呢？凯洛夫根据列宁有关认识路线的论述指出，"'由生动的直觉到抽象的思维，再由思维到实践，这便是认识真理、认识客观现实的辩证法的路线'……这种原理应该作为我们组织教学过程时的指导"①。因此，教学过程具体划分为六个环节：知觉具体事物，理解事物的特点、关系或联系，形成概念，巩固知识，形成技能、技巧，实践运用。围绕知识的传授和掌握，教学原则包括直观性、自觉性、巩固性、系统性、量力性原则等；教学方法主要运用讲授法、谈话法、演示法等；课也被划分为四种基本类型：(1)讲授新教材的课；(2)巩固知识、训练技能技巧的课；(3)检查知识、技能、技巧的课；(4)综合课，达到讲授新教材、巩固知识技能等多种目的；教学检查与评定以检查知识掌握情况为主要目的，以分数为主要表现形式。

凯洛夫试图用马克思主义认识论解释教学过程，揭示学生的认识特点，概括教学过程的基本环节，阐明教学的原则、方法和基本组织形式，强调教师在教学过程中的领导作用，发扬了传统教学理论的优点，纠正了实用主义忽视系统知识的偏向，显著提高了当时苏联学校的系统的科学文化知识教学的水平。但是，凯洛夫教学理论过于强调以学好书本知识为目标，没有深刻认识到掌握知识与发展能力之间、掌握前人积累的科学文化知识与个体经验之间的辩证关系，似乎掌握知识就意味着能力发展，也把儿童的经验与教学内容对立起来。凯洛夫还强调教学要完全适应儿童的年龄特征，提出"教师的每一句话对于学生来说具有法律的性质"②，片面强调教师的教，忽视学生的学，实际上把学生置于消极被动的地位。凯洛夫教育学在 20 世纪 50 年代后传入我国，对新中国学校教学秩序的建立和教学水平的提高起到了指导作用，但其忽视儿童和过于偏重知识教学的弊端，也严重影响我国的教学改革和教学质量的进一步提高。

四、当代教学理论流派

第二次世界大战后，以原子能、电子技术和空间科学为标志，生产和科学技术发生了重大革命，与教学理论有关的许多科学理论和技术也有了新的发展与突破。这些为进行深刻的教学改革既提出了要求也提供了可能。于是乎，教育家们提出了许多新的教学理论。当代教学理论可谓流派纷呈、流光溢彩。

(一)赞科夫的发展性教学理论

赞科夫(Л.В.Занков，1901～1977)是苏联的教育家与心理学家。他反对以往只重视知识、技能、技巧的教学，主张教学应当促进学生的发展。从 1957 年开始，他在小学进行了长达 13 年之久的"教学与发展"的试验，"致力于探求新的途径"，"以尽可能大的教学效果来促进学生

---

① 凯洛夫主编，沈颖、南致善等译：《教育学》，人民教育出版社 1953 的版，第 6 页。

② 凯洛夫主编，沈颖、南致善等译：《教育学》，人民教育出版社 1953 的版，第 58 页。

的一般发展”。赞科夫继承和发扬了苏联心理学家维果茨基(L.Vygotsky,1896～1934)关于教学与发展及“最近发展区”理论。维果茨基区别了儿童发展的两种水平:一个是儿童现实发展水平,即儿童已有的发展结果及已形成的心理机能的发展水平;另一个是最近发展区,即儿童在有指导的情况下借成人的帮助所达到的解决问题的水平与在独立活动中所达到的解决问题的水平之间的差异。教学不能以已经完成的发展阶段为目标,而应激发、形成儿童目前还不存在的心理机能,创造最近发展区,使儿童的发展由最近发展区向现有发展水平转化。“只有跑到发展前面的教学才是好的教学。”①对此,赞科夫给予了高度评价,并进一步指出:“教学结构是学生一般发展的一定过程发生的原因”②;“教学结构是‘因’,学生的发展是‘果’。这种因果联系很重要,因为它能决定学生的发展进程”③。

赞科夫所说的一般发展,既包括身体的发展,也包括心理的发展,是指人的完整发展。它所包括的心理发展又不等同于智力的发展,而是不仅包括智力与实际操作能力的发展,而且包括情感、意志和品德的发展。赞科夫指出,学生现有的心理发展远未达到极限,还可能有高得多的发展,而只有建立新的教学理论体系才能实现这一目标。这个体系包括:以促进学生的一般发展为根本目的的教学论核心,以发掘最近发展区为指导思想的教学论原则,以激发内部动机、焕发智力情绪为基本特征的教学法原理。赞科夫经过长期的教学实验和理论总结,提出了高难度、高速度、理论知识起主导作用,使学生理解学习过程,使全班学生都得到一般发展等五条教学原则。“这些原则决定教学大纲的内容和结构,决定教学法(教科书、教学指导书)的典型属性。”④其中,高难度是指加大教材难度,更新教学内容,使学生通过努力克服一定的困难,高难度原则在新的教学理论体系中起决定作用。赞科夫的实验教学改革取得了成功,但是,由于他所说的高难度、高速度是一个相对概念,没有明确稳定的标准,因而往往要求偏高,难以在实践中推广,他所倡导的教学结构究竟是什么也未进行明确而详细的论述。

(二)斯金纳的程序教学理论

斯金纳(B.F.Skinner,1904～1990)是新行为主义心理学的创始人之一。斯金纳认为,学习即刺激—反应之间联结的加强,教学是安排可能强化的事件来促进学习,教学目标就是对学习结果在个体行为上的变化的一种预期。所谓强化,则是通过强化物增强某种行为的过程,而强化物就是增加反应可能性的任何刺激,在向对象提供强化时,要依照对象的不同采用不同的强化措施。斯金纳抨击传统的班级教学效率低下、质量不高,他根据积极强化的理论,设计了一套教学机器和程序教学方案。程序教学就是将教材分成连续的小步子,严格按逻辑编成程序进行自动教学的一种教学模式。采用机器教学必须把教学内容编成程序输入机器,因此,机器教学就是程序教学,而程序教学不一定要用机器。

围绕学生某种行为的形成,程序教学的展开要经过五个阶段:具体说明最终的行为表现、通过观察和记录评估行为、安排与塑造行为相关的环境与强化计划、实施方案、评价方案以测

① 维果茨基著,余震球译:《维果茨基教育论著选》,人民教育出版社 2005 年版,第 388 页。
② 赞科夫著,杜殿坤译:《教学与发展》,文化教育出版社 1980 年版,第 20 页。
③ 赞科夫著,杜殿坤译:《教学与发展》,文化教育出版社 1980 年版,第 263 页。
④ 赞科夫著,杜殿坤译:《教学与发展》,文化教育出版社 1980 年版,第 31 页。

量行为。在程序教学的进行中,应遵循以下原则:(1)积极反应。程序教学以问题形式向学生呈现知识,学生则要通过写、说、运算、选择、比较等做出积极反应,从而提高学习效率。(2)小步子。把程序教学的教材分成若干小的、有逻辑顺序的单元,编成程序,后一步的难度略高于前一步,分小步按顺序进行学习。(3)及时反馈。对学生的每个反应立即做出反馈,及时强化是控制行为的最好方法,能使该行为牢固建立。对学生的反应做出的反馈越快,强化效果就越大。(4)自定步调。鼓励学生按最适宜于自己的速度学习并通过不断强化获得稳步的前进。(5)最低错误率。不应让学生在产生错误后再去避免错误,无错误的学习能激发学习积极性,增强记忆,提高效率。

程序教学曾风靡一时,后来发展为利用计算机呈现教材,即目前流行的计算机辅助教学(Computer Aided Instruction,简称 CAI)。程序教学有利于调动学生学习的积极性、主动性,有利于学生循序渐进地学习,也有利于因材施教,克服班级的限制。但是,程序教学削弱了教师的主导作用,学生的独立性和创造性也受到一定的限制,它适应的学科领域有限,不适用于技能训练学科和艺术学科,也不利于学生想象、情感等品质的培养。

(三)布鲁纳的结构主义教学理论

布鲁纳(J.S.Brunner,1915～　)是美国著名的心理学家、教育家。1957 年苏联人造卫星上天,美国朝野在受到强烈的震动之后,美国政府很快将国防建设与教育紧密地联系起来,并于 1958 年颁布了《国防教育法》,确立了以培养高科技人才为目标的教学新体系,拨专款资助科学、数学和现代外语三门"新三艺"课程的研究和改革,重视发现和培养天才儿童。1959 年,美国全国科学院召开了一次有 30 多位科学家、心理学家和教育学家参加的中小学教学改革讨论会,布鲁纳担任会议主席,并做了总结报告。1960 年,该报告以《教育过程》一书正式出版,被誉为当时"有史以来教育方面最重要最有影响的一本书"①。布鲁纳在该著作中集中阐明了他的结构主义教学理论,并将其作为美国当时教学改革指导思想和做法。

布鲁纳认为,发展学生的能力,培养成绩优异的学生应是教学的主要目的。"教育上的首要重点应当放在培养下列各种技能上——操作技能、观察技能、想象技能以及符号处理的技能。"②这一目标具体表现为:鼓励学生发现自己猜想的价值和可修改性,以便试图得出某种假设;培养学生运用心智解决问题的能力和信心;培养学生的自我促进;培养学生"经济地运用心智";培养学生理智的诚实。而要实现这一目标,达到发展学生能力的目的,务必使学生学习学科知识的基本结构。布鲁纳认为,任何学科知识都是一种结构性存在,学科知识结构具有理智发展的效力。学科知识的基本结构就是指每门学科知识领域内事实、概念、观念、公理、定理、定律及其组合方式。学生学习学科知识的基本结构,就能理解这门学科,不仅有利于知识的记忆和保持,也有利于知识的迁移和运用,而且学科知识的基本结构得到合理的编排与陈述,还能缩小高级知识与初级知识之间的差距。"任何学科可按照某种正确的形式教给任何儿

① 布鲁纳著,邵瑞珍、张渭城等译:《布鲁纳教育论著选》,人民教育出版社 1989 年版,第 3 页。

② 布鲁纳著,邵瑞珍、张渭城等译:《布鲁纳教育论著选》,人民教育出版社 1989 年版,第 126 页。

童。”①在课程设计方面，就要“编写出有效的教材，也就是既重视内容范围，又重视结构体系的教材”②。重视内容是指教材应当现代化，应有大学的学者、科学家参加到教材的编写中，使教材反映科学技术发展的新成就。重视结构是指教材应简化，应包含学科的基本概念、原理法则及其体系，使学科的知识结构与儿童的认知结构相结合。

布鲁纳认为，学习是学习者内部心理结构的形成或改组，其包括获得、转换、评价三个几乎同时发生的过程。第一是对已有知识进行提炼从而获得新知识。第二是将获得的新知识进行整理转换以适合新任务。第三是核查知识的正确性。学生任何学科知识的学习都要经过这三个过程，都是在好奇心的驱使下，学生主动探究未知，主动提取、加工信息的过程。所以，布鲁纳极力提倡发现学习。发现学习又称发现法，就要学生在教师所创设的问题情境中，运用教师所提供的教材或材料，通过自己分析、综合、抽象、概括，得出结论，从而掌握知识，发展创造性思维和解决问题的能力。那么，教师在教学中怎样才能引导学生进行发现学习呢？布鲁纳提出了四条教学原则：动机原则，学习取决于学生对学习的准备状态和心理倾向；结构原则，知识结构应与学生的认知结构相匹配；序列原则，根据学生的状况按最佳程序呈现教学内容；强化原则，让学生适时知道自己的学习结果。

布鲁纳的教学理论注重学生能力的发展，注重精选教材，重视科学知识与原理的教学，适应了教育现代化的要求，促进了美国20世纪60年代中小学的课程与教学改革，在世界范围内引起了教学观念的变化。但是，它过于片面强调学科知识的基本结构，教学内容过于抽象，脱离了学生的生活经验、知识基础和教师水平，过高强调了发现学习，难以被教育工作者顺利地付诸实践。

（四）奥苏伯尔的有意义学习教学理论

奥苏伯尔（D.P.AuSubel，1918～2008）是美国当代著名的认知心理学家，他以“认知结构同化论”为基础提出了有意义接受学习教学理论，提倡在课堂教学中学生在教师的讲授下以有意义的接受学习为主。

奥苏伯尔把皮亚杰（J.Piaget，1896～1980）提出的“同化”概念引入学习理论领域，并赋予新的内涵，即学生能否获得新知识，主要取决于学生个体的认知结构中是否已有了相关的概念。同化成为学生学习的内部心理机制。奥苏伯尔在其最有影响的著作《教育心理学——认知观点》的扉页上写道：“假如让我把全部教育心理学仅仅归结为一条原理的话，那么我将一言以蔽之曰：影响学习的唯一重要的因素，就是学习者已经知道了什么，并应据此进行教学。”

奥苏伯尔根据学习进行的方式，把学习分为接受的与发现的，又根据学习材料与学习者的原有知识的关系，把学习分为机械的与有意义的。而接受学习可以是有意义的、主动的，也可以是机械的、被动的。有效的接受学习必须是有意义的、主动的。奥苏伯尔认为，使接受学习变得有效，变得有意义和主动的关键取决于学生能否将新的知识与自己认知结构中原有的有关知识建立起实质性的联系。

---

① 布鲁纳著，邵瑞珍、张渭城等译：《布鲁纳教育论著选》，人民教育出版社1989年版，第55页。

② 布鲁纳著，邵瑞珍、张渭城等译：《布鲁纳教育论著选》，人民教育出版社1989年版，第21页。

奥苏伯尔认为,有意义学习就是符号所代表的新知识与学习者认知结构中已有的适当观念建立非人为的和实质性的联系。实质性的联系,是新的符号或其代表的观念与学习者认知结构中已有的表象,已经有意义的符号、概念或命题的联系。非人为性的联系,是符号所代表的新知识同原有的认知结构中的有关观念存在某种合理的或逻辑基础上的联系。有意义学习的产生必须满足三个条件:①学习材料对学生具有潜在意义,即学习材料本身具有逻辑意义。学习材料本身必须在人类学习能力的范围内可以与相应的有关观念建立联系,如果材料本身不具有逻辑意义,建立起的联系多是人为的联系,则属机械学习。②学习者认知结构中具有适当的知识来同化、固定新知识。③学习者具有有意义学习的心向。

(五)罗杰斯的非指导性教学理论

罗杰斯(C.R.Rogers,1902~1987),美国心理学家,人本主义心理学的主要代表之一。20世纪60年代以来,人本主义心理学反对把人分割成行为、认知等从属方面,主张心理学应探讨完成的人,认为学习是一个知情结合、自我发展、自我实现的过程,教学就是促进学生成为一个完善的人。罗杰斯认为,以自我为核心的人格结构是一个能动的认识系统,人的认识是一个自主选择的过程;当人能自由发挥功能去实现他的基本人性时,人就是一个善良的社会动物,一个可信任、具有建设性的人。以此为基础,他将自己的"患者中心疗法"运用到教学中,提出了"以人为中心教学"的理论,即非指导性教学理论。

罗杰斯认为,教学的目的在于培养"充分发挥作用的人"(fully function person),这种人具有洞察力、创造性、建设性和选择性。为此,教学要以学生为中心,充分发挥学生的潜在能力,尊重、培养学生的自我探究、自我发现、自我创造、自我评价能力。教学又是一种情意过程,教师既要对学生给予充分的信任、尊重,又要真诚地面对学生、理解学生,并把自己的感情因素转移到学生身上。教学还要构建真实的问题情境,让学生面临关于他们个人的意义的有关问题时,全身心投入到学习中,实现真正有价值的意义学习。教师在教学过程起着"促进者"的作用。这种作用具体表现在:帮助学生澄清自己想要什么;帮助学生安排适宜的学习活动和材料;帮助学生发现所学的东西对其个人的意义;创造良好的学习氛围。罗杰斯还提出了促进学生自由学习的方法,如"同伴教学""分组学习""交朋友小组"和"探究训练"等方法,以激发学习动机,培养学生自信心、责任心、上进心、合作能力和探究精神。

非指导性教学理论对美国20世纪60年代、70年代的教育实践和教育理论以及其他国家的教育发展,均起到了积极的推动作用。该理论要求教学必须以学生为中心,强调学生学习的自主性、独立性、能动性和创造性,重视情意因素和和谐的师生关系对教学的意义,主张学生的学习自由,这些观点对于纠正现今教学中忽视学生的主体地位,盛行知识传授和教师权威,以及只管教不同学等弊端具有重要的积极意义。但是,这一理论降低了教师在教学中的地位与作用。由于其缺乏明确的目标、周详的设计、评价依据,也缺乏理念共识,其在实践中并未取得明显成效。①

---

① 张春兴著:《教育心理学——三化取向的理论与实践》,浙江教育出版社1998年版,第283页。

（六）建构主义教学理论

建构主义教学理论可以追溯到皮亚杰的儿童认知发展观、布鲁纳的认知结构说和维果茨基的儿童心理发展思想，但其真正兴盛于 20 世纪 90 年代的美国，是在总结、批判、继承不同认知学派教学理论的基础上形成的。建构主义教学理论认为，教学应以学生为中心，是在教师的组织、指导、帮助下，学生积极主动地对所学知识的意义进行建构的过程。建构主义教学理论具有丰富的内容。

建构主义教学理论认为，知识只是对客观世界的一种解释、假设，并不是对现实的准确表征，更不是最终答案，知识不是绝对的和中立的。知识尽管通过语言符号而被赋予了一定的外在形式，但其不可能以实体形式存在于具体的个体之外。构成知识的命题虽然得到了较普遍的认可，但是由于学习者总是处于特定的情景中，并总是借助于自己个体的经验，因此，学习者对这些命题的理解并不完全相同。知识是相对的，蕴涵了学习者的价值观，是学习者在与环境、他人的交互作用中建构的。

以上述知识观为基础，建构主义教学理论认为，学习是学习者在一定情境即社会文化背景下，借助其他人（包括教师和学习伙伴）的帮助，利用必要的学习资料，通过意义建构的方式，主动建构自己知识的过程。知识或意义不是简章地由外部信息决定的，外部信息本身没有意义，意义是学习者通过新旧知识经验间反复、双向的相互作用过程建构而成的。而且，学习并非简单的信息积累，而是由于新旧经验的冲突而引发的观念转变和结构重组，也就是说，学习者在以自己原有的经验系统为基础对新的信息进行编码，建构自己的理解的同时，原有知识又因为新经验的进入而发生调整和改变。

建构主义教学理论把教师视为学生学习的组织者、指导者、帮助者和促进者，强调用情节真实、复杂的故事呈现问题、营造解决问题的学习环境。这种环境由情境、协作、会话和意义建构四个要素构成，其中，情境是意义建构的基本条件，师生之间、生生之间的协作、会话是意义建构的过程。教师通过创设学习环境，帮助学生在解决问题的过程中积极思维、活化知识，并将事实性的知识转变为解决问题的工具。基于鼓励和支持学生通过解决问题的学习、基于案例和项目的学习，建构主义教学理论主张学生应参与课程的设计与编制，主张课程既要基于学科，又要超越学科，面向真实世界，使教学始于课堂，走出课堂，融于社会。

以建构主义教学理论为指导，出现了一系列不同于以往的教学模式，较典型的有支架式教学、抛锚式教学和随机进入式教学。支架式教学是指为学习者构建知识体系、提供概念框架的教学，其具体过程为：进入情境——搭建支架——学生独立探索——协作学习——效果评价。抛锚式教学，也被称为实例式教学或基于问题的教学，是指通过创设完整、真实的事件或问题情境，促使学生产生学习需要，通过学生之间的合作学习，引导学生在真正的探究中建构知识的意义，培养学生提出问题、解决问题的能力。这里所谓的“锚”是指某种类型的个案研究或问题情境。其基本环节为：创设情境——确定问题——自主学习——协作学习——效果评价。随机进入式学习是指对同一内容，在不同时间、不同情境、基于不同目的、着眼于不同方面、用不同方式多次加以呈现，以实现学习者对同一对象的全方位、多方面的理解。其具体过程是：呈现教学情境——随机访问学习（呈现与当前所学内容的不同侧面相关联的情境）——

思维发展训练——协作学习——效果评价。

第三节 教学过程

人的活动是人有目的、主动地对待外部世界及自身的过程。教学是人开展的一种特殊的活动，自然也是一个过程。教学活动是教师组织引导学生主动作用于教学内容的过程及其方式。教学过程既是教学活动的状态变化过程，又是教学活动合目的合规律地启动、建构和展开的程序结构。那么，教学过程是一个什么性质的活动过程，其运动、变化、发展有哪些程序环节，在教学过程中我们应处理哪些基本关系，探讨这些问题，对于我们实现教学任务、提高教学质量具有重要的意义。

一、教学过程的性质

（一）教学过程是教师引导下学生特殊的认识过程

教学所面临的基本矛盾是学生知与不知的矛盾。人类开展教学活动的目的就是要指导学生掌握人类长期积累的科学文化知识，解决人类文明成果的全面性、丰富性与个体发展的有限性、滞后性之间的矛盾。让学生学习经过精选和加工的人类文明成果是教学活动的基本职能，也是教学活动得以产生和存在的内在依据。而学生掌握文化知识，认识客观世界是一个认识问题，是学生能动反映世界的过程。因此，教学过程首先是学生的一个认识过程。教学过程中学生的认识要受到一般认识规律的制约，即要遵循“从生动的直观到抽象的思维，并从抽象的思维到实践”①这个认识真理、认识客观实在的辩证的途径。

但是，教学过程中学生的认识又是一个特殊的认识过程。首先，教学过程中学生的认识具有个体性。学生的认识不同于人类历史总体的认识。人类历史总体的认识主要来自于直接经验，而学生个体的认识更多来自间接经验。学生的认识也不同于科学家、艺术家及其他实际工作者的认识。学生具有未成熟性，其认识能力需要通过教学过程来培养；学生的认识经过专门化的组织安排，主要在制度化的教育系统中进行，其认识对象、认识活动的开展都经过了严密的计划、组织；学生的认识也是感性认识与理性认识、认知活动与情意活动的有机统一，是一种多样综合的认识活动。其次，教学过程中学生的认识具有间接性。学生的认识主要以间接经验为主，获得间接经验是学生认识的主要任务。在学校生活和教学实践中，学生获得直接经验也主要是为了进一步获得间接经验。学生认识的对象，即教学内容，也并不是人类积累的全部经验，而是按照教育规律和教育需要经过系统选择的其中部分的经验，这部分经验也经过了精心加工改造，以达到化难为易、以简驭繁和有序编排。而且，在学生认识的方式上，也表现出间接性。学生认识的方式，如阅读、听讲、讨论，等等，都是经过教师的有意识的组织和设计，即

① 《列宁全集》第38卷，人民出版社1972年版，第181页。

使学生的探究活动，面对的只是经过设计的问题情境，学生从中发现的也基本上是人类已有的并要求学生掌握的结论。第三，教学过程中学生的认识具有引导性。教学是教师教学生学，学生也不同于一般的学习者，学生的认识是在教师指导下的认识，教师在教学过程中客观存在并实际发挥着作用。教师的指导为学生的认识提供了稳定的支撑和有效保障。教师的引导进一步增强了学生认识的间接性，正是由于间接性和引导性，学生的认识才会体现出明显的高效、系统和快捷的特点。

（二）教学过程是通过师生的交往促进学生发展的过程

首先，教学以促进学生的发展为目标，教学过程是一种有目的、有计划地促进学生身心发展过程，学生的身心发展对教学过程起着导向作用。在教学过程中，学生的认识是学生身心发展的基本形式之一。人在认识客观世界的过程中既丰富着个人的知识，又改造着自身的主观世界，锻炼提高个人的认识能力和心理品质。教学过程在提高学生认识水平的同时，更是有目的地引导学生将知识内化为智能、情感、品德，培养学生成为社会发展所需要的人。也正是在这个意义上，相对于促进学生身心发展的其他教育活动而言，教学活动在促进学生身心发展方面的作用指向性更强，也更稳定、全面和高效。

其次，教学过程对学生身心发展的促进作用是通过师生交往来实现的。交往是人类社会普遍存在的生存和生活方式。教学作为人类重要的社会活动，也离不开人与人之间的交往，教学中基本的交往活动是师生交往。教学过程是在人与人之间多样化交往的基础上展开的，没有交往就没有教学。“在教学中，教师不仅运用交往引导学生学习知识、进行认知，而且运用交往对学生进行情感方面的沟通、感染与培养。”①需要注意的是，教学中的交往不同于一般的交往，而是服务和服从于学生掌握文化科学知识，服务和服从于学生的身心发展。

二、教学过程的阶段

教学过程的阶段，是教学活动在教学目标的指引下，围绕教学内容的展开在时间连续性上所发生的一系列状态变化。在教学理论形成与发展过程中，由于历史传统、文化背景、哲学与心理学基础和实践基础存在的差异，教育家们就教学过程的环节提出了丰富多彩的观点。②这些众多的主张，总体上可以分为两种基本的类型：以学生接受知识为特征的接受教学和以学生主动探究发现为特征的探究教学。这两种类型的教学呈现出不同的阶段。

（一）接受教学的基本阶段

接受教学是指在教师的语言传授、演示与示范下，学生掌握基础知识、基本技能，提高思想认识水平，进而发展能力的教学。接受教学自古以来就是一种基本的教学方式，赫尔巴特、凯洛夫、奥苏贝尔等力图将其建立在一定的理论基础上。根据中外教育家们的论述，吸取我国宝贵的教育实践经验，接受教学过程主要由六个基本环节构成。

---

① 王道俊、郭文安主编：《教育学》，人民教育出版社 2009 年版，第 182 页。

② 参见黄甫全、王本陆主编：《现代教学论学程》，教育科学出版社 2003 年版，第 74～76 页。

1.激发学习动机

学习动机是激发、维持学生的学习活动，并引导学习活动朝向一定学习目标的内部动力。教学的关键在于引起学生的学习，学习动机犹如“催化剂”，是学习活动顺利进行的支持性条件。学习动机一旦形成，就会自始至终贯穿于某一学习活动的全过程。激发与维持学习动机的因素，既有求知欲、焦虑水平和能力信念等内部因素，又有学习任务、反馈与评价及教学活动的组织等外部因素。

在教学过程中，首先需要激发学生的学习动机。教师激发学生学习动机的方法很多。可以创设问题情境，唤醒学生的学习需要，激发求知欲；可以让学生正确认识学业的成败，建立积极的学习期望；可以让学生明确学习任务的价值及难易程度；也可以让学生了解自己学习活动的进展情况，及时反馈并采取适当的奖励与惩罚。教师究竟采取什么方法，要根据学生的年龄特征、教学内容的不同而不同。

2.感知教材

教材是一种用文字、图表等符号表征的具有一定范围和深度的知识技能体系，一般以抽象的理性知识为主，具体表现为概念、定理、公式、原理等。这些理性的知识都是对客观世界各种事实和现象的抽象概括。学生理解书本知识，达到对客观世界的认识，是一个感性认识与理性认识相结合的过程。因此，感知教材就是学生以自己的生活经验和感性知识为基础，将教材承载的抽象知识与直观、生动的形象结合起来，形成关于客观事物的正确表象，从而有利于学生对抽象知识的理解。

丰富学生的感性知识是增强学生感知教材的关键。教学过程中学生获得感性知识的途径和形式是多方面的。一是指导学生学会观察，做到观察有目的，善于区别对象与背景，将对象的本质属性与非本质属性区别开来。二是指导学生通过参观见习、实验实习等，对相关对象进行直接感知，以获得感性认识和直接经验。三是通过直观教具的使用、利用生动形象的语言描述、引导学生对记忆表象的回忆和重现，帮助学生用所获得的感性知识来理解抽象的知识。

3.理解教材

理解教材是学生以获得的感性知识为基础，在教师的指导下，经过自己的思维加工，领会书本上的理性知识，达到对客观事物本质及规律的认识。理解教材是教学过程的中心环节。学生只有达到对教材的理解才能由感性认识上升到理性认识，才能把握事物的本质和规律。

教学过程中，促使学生理解教材，就是要启发、引导学生开展积极的思维活动。一是要引导学生把注意力集中到探讨事物的特点、本质或因果联系上来，并使学生体验到经过艰苦的探索获取真知的成功快乐。二是要指导学生逐步掌握比较、分析、综合、抽象与概括等思维方法，培养学生思维能力。教师要引导学生进行正确的逻辑推理，注意把归纳与演绎结合起来，做到既从个别上升到一般，认识事物的本质属性，又从一般到个别，认清事物的多样性与特殊性，以丰富和活化已知的概念、原理和公式。在学生形成概念时，教师要引导学生给概念下正确的定义，并力求简明、精确，要注意引导学生找出新旧概念之间的区别与联系，既要克服旧概念对新概念的理解与掌握的干扰，又要力求形成牢固的知识体系。

4.巩固知识

巩固知识是指学生在理解的基础上，把所学的知识经验牢固地保存在记忆中。学生以学习书本知识、接受间接经验为主，如不及时地巩固强化，就会产生遗忘。没有知识的巩固就没有知识的储存与积累。巩固知识是学生接受新知识、顺利进行学习的基础，是学生熟练运用知识的条件，是教学有效性的表现。

教学过程中，教师要引导学生巩固知识，既要从教学过程各个环节入手，又要组织学生开展各种形式的小结、总结和复习。教师在组织复习时应根据需要开展学期初复习、课堂教学中的经常性复习、阶段(单元)复习、期末复习；应向学生提出复习和记忆的任务，指导学生复习和记忆的方法；应帮助学生正确分配复习时间，养成边阅读、边思考、边记忆，通过联想、推论追忆所学过的知识的习惯，学会通过整理知识、写提纲、口诀等帮助记忆。教师尤其要指导学生将巩固知识与对知识的死记硬背区分开来，帮助学生认识和掌握记忆的基本规律，认清机械记忆和理解记忆的特点和作用，着重培养理解记忆的能力；帮助学生形成适合自己的记忆、巩固知识的方法。

5.运用知识

运用知识是指学生将所学知识运用于实践，形成分析问题和解决问题的能力。学生掌握知识的目的不是为了记住知识，而是为了运用知识解决当下的问题。只有运用了，知识才能受到检验，才会进一步得到巩固，也才能活起来，形成相应的技能、技巧，培养解决实际问题的能力，构建个性化的知识体系。学生如果对所学知识不加以应用，不会运用，知识掌握得再多对自身也毫无意义。陶行知就批判只注重学生牢记死知识的教育是“吃人教育”，它只会教学生读死书，死读书，最后只能读书死，而“生活教育”强调对知识的运用，是“教人读活书，活读书，读书活”。① 要使学生将掌握的概念、原理、公式自如地运用到实际问题的解决中，形成技能、技巧和解决实际问题的能力，必须引导学生动口、动手，进行反复的练习和实际操作。

教学过程中，教师引导学生运用知识主要通过教学性实践，具体形式多种多样，如练习作业、实验、实习等，这些形式还可以与生产劳动、社会实践等活动联系起来，相互配合、相互促进。其中，练习作业是最经常的一种形式，但一定要注意练习作业的数量、内容、类型、方式。练习作业的量要适度，不能造成学生负担过重。应避免一味地简单重复和机械模仿的练习，力求练习作业的灵活多样性和创造性，发挥练习作业在培养学生独立性、创造性方面的积极作用。

6.教学效果测评

教学效果测评是指对教学过程及其结果的检查、测量与评价。通过教学效果测评，实现对教学过程信息的收集、判断，达到对教学过程的有效控制。教学效果测评是检查、评价学生知识、技能和技巧的掌握情况，保证教学过程有效开展的重要环节。

教学过程中，对教学效果的测评主要由教师负责来进行，教师一般通过观察、提问、家庭访

---

① 陶行知著:《传统教育与生活教育有什么区别》，华中师范学院教育科学研究所主编:《陶行知全集》(第二卷)，湖南教育出版社 1984 年版，第 733～734 页。

问、检查课内外各种作业和各种测验来进行。但是,教师应有意识地引导学生通过自查、互查和小组检查等,培养学生形成自我检查的能力与习惯。实践证明,只有那些学会并能够经验性地对自己的知识掌握情况进行检查和评价的学生,才能在学习中自觉调控学习过程,不断纠错,精益求精,增强学习动机,取得优异的成绩。

接受教学上述六个阶段,各有自己的独立地位,发挥着独特的作用,彼此之间互相联系、相互衔接。这六个阶段是各个学段、各门课程的接受教学中一般都要共同经历的环节,因此可以称之为"基本式"。但是,在实际的教学活动中,由于具体的教学目标、教学任务和教学内容,以及所采用的教学方法、组织形式等具有比较强的差异性,就使得接受教学过程的环节也有多种多样的表现形式,由"基本式"而衍生出若干的"变式",或合并或省略某些阶段,或对环节之间的顺序进行调换。需要注意的是,在这样的"变式"中,尽管有的环节可以省略,但也只能是形式上的省略,其所起的作用则不可忽视、不能省略。例如,在某门课程的教学中,学生对即将学习的内容已经产生了浓厚的兴趣,那么教师在教学活动展开时,可以省略激发学习动机这一环节,但学生的学习动机对整个教学过程所起的作用丝毫不能忽视。此外,在实际的教学过程中,阶段之间的转换有时非常快,因此,不能割裂阶段之间的内在联系,机械地按预先规定的时间,一个一个阶段进行,而应根据教学中的具体情况,灵活机智地由一个阶段转换到另一个阶段。

接受教学按学科知识的逻辑系统有序地展开,能使学生简捷有效地掌握系统的科学知识和技能,促进学生身心获得相应发展;也能够充分发挥教师的主导作用,较好地调动学生个人学习的主动性和积极性。但是,需要注意的是,接受教学以学习书本知识为主而易脱离生活实际,常常教师讲得多,学生课堂活动少,容易出现注入式教学和学生死记硬背的现象;往往过于强调发挥教师的主导作用,相对忽视学生学习的主体地位与作用,加之常常缺乏教学民主和不善于启发诱导,容易束缚学生的主动性、创造性和独立思考能力;注意面向集体而忽视个别差异,不易进行因材施教和个别指导。因此,在开展接受教学的过程中,一定要发挥其优势,克服其不足,力求促进每个学生的个性都得到较好的发展。

(二)探究教学的基本阶段

探究教学,又称发现教学、问题教学、范例教学等,是从问题出发,在教师指导下,学生积极主动地参与对问题的分析、探索,以发现新知,培养解决问题能力,养成科学的态度与品行的教学。探究教学思想的渊源可追溯到古希腊哲学家苏格拉底的问答教学法,此后,卢梭、杜威、布鲁纳、罗杰斯、施瓦布(Joseph J.Schwab),以及建构主义教学理论等,对其进行了发展。这里所说的探究教学,融合了教育家们的有关研究和教学实践经验,主要以教材中蕴涵的问题为探究对象,虽没有固定的模式,但相对而言,一般仍要经历以下三个基本阶段。

1.明确问题

明确问题就是让学生明白无误地意识到问题的存在,在心理上形成知与不知的矛盾,产生解决问题的欲望与冲动。没有问题就没有探究教学,明确问题是探究教学的起始阶段。这里的问题既非课堂上一般的质疑问难,更非随心所欲地信手拈来,而是经过精心设计的教学问题。第一,问题及其内容已包含在教科书中,对教师来说是已知的、熟悉的,而对学生来说是未知的、陌生的。第二，问题具有一定的难度和挑战性、启迪性、诱惑力，既能够激发学生聚精会神地投入到探究活动中，又使学生通过教师的指导，经过自己的努力探索能够加以解决。第三，问题由教师从必要(问题的价值)与可能(学生的能力、解决问题的教学条件)两个维度，从教科书的基本概念或原理中选定，问题的提出或直接由教师提出，或由师生共同提出，或在教师的启发下由学生提出。

2.深入探究

深入探究就是在教师的引导下，学生深入地分析问题、解决问题的过程，是探究教学的中心环节。学生通过探究，认清事物的特性，辨明事物的本质、成因或关系，能动地、创造性地获取知识，增进对事物的认识，学会探究的方法，培养分析、解决问题的能力。教师要组织好学生的探究活动，需要注意以下三个问题。一是要创造宽松、和谐、民主、平等、坦率、活跃的教学氛围。只有这样，师生之间、生生之间才会积极地交往、合作与互动，学生才会心情轻松地主动思考、畅所欲言。二是要引导学生提出假说并予以验证。教师应鼓励学生“大胆的假设，小心的求证”①。学生在提出假说时，应力求以事实材料和科学知识为依据，所提出的假说必须通过推理或实验予以验证。教师应指导学生掌握运用“排除法”“互证法”等方法验证假说，或为学生提供必要的设备与条件，让学生通过观察与实际操作去验证假说。三是要善于提问质疑，引导学生步步深入地探索。学生在探究过程中，对问题的解决往往需要多次的假设与验证，教师应适时地启发诱导，既要激发学生的兴趣，又要引导学生认真查找认知或操作上的失误与缺陷，总结经验和教训，坚持不懈，一丝不苟，直至成功。

3.做出结论

做出结论是指对问题的答案及探究活动的全过程进行全面的归纳和总结。其目的在于使学生正确地掌握概念、原理和公式，对所获得的知识进行系统化、精确化，能够运用正确的观点与方法认识问题，摆脱错觉与偏见；形成严谨求实、积极探索、勇于求真的良好学风。做出结论的方式可灵活多样，可以是群策群力，由全班学生共同小结；也可以是分组小结，然后进行全班交流；对于难度较大、内涵复杂的问题，可由教师紧密结合学生的探究情况进行系统总结。

上述三个阶段只是探究教学的一般过程，但在实际教学中，不同学科之间，探究教学的运用差异较大。如人文学科强调思辨、猜想与推理，自然学科强调观察与实验。因此，探究教学在运用时，绝不能机械死板和程序化，应该灵活机智地充分发挥教师与学生的能动性与创造性，做到“形散而神不散”。另外，探究教学的动力来自于学生的好奇心与求知欲，因此，在教学中，教师一方面要千方百计地调动学生的积极性，激发学生探究的热情，一方面又要防止学生注意力分散干扰探究的深入开展。

探究教学能够激发学生的求知欲，使学生处于学习的主体地位，充分调动学生学习的积极性、主动性、创造性；它有利于学生掌握科学研究的方法，使学生所获得的知识更丰富、具体、实用、牢固，培养学生独立思考、分析问题与解决问题的能力；它还能让学生经历艰苦的探究过

---

① 胡适于1921年在《清代学者的治学方法》一文中，首次把清儒的考据方法总结为“大胆的假设”和“小心的求证”两条。

程，获得丰富的体验，养成实事求是的科学精神与良好的道德品质，学会分享与合作。但是，探究教学工作量大，费时多，不利于学生在较短时间内迅捷地掌握大量系统的科学文化知识；它对教师的水平、图书资料及仪器设备的要求很高，若条件不具备，则难以开展，或开展了也容易走向自发与盲目，难以达到教学质量的要求。因此，使用探究教学一定要根据教学任务的实际需要与学生的实际情况。

三、教学过程中应处理的关系

教学活动的有效展开，除了遵循一定的程序，经过一定的阶段外，还要处理好几种关系。这些关系在教学过程中客观地存在着，影响着学生知识的掌握、能力的培养及综合素质的发展。因此，处理好这几种关系是顺利开展教学活动、提高教学的有效性、实现教学任务的必然要求。

(一)教与学的关系

教学过程中，教师向学生提出的学习要求与学生的知识和心理的现有发展水平之间所形成的矛盾构成了教学过程的基本矛盾。作为这一基本矛盾的反映，教与学虽然各自有自己的活动特点，但二者相互依存、相互制约、相互促进，缺一不可，构成了辩证统一关系。

1.教决定于学

学生是学习和发展的主体，具有自主性、能动性、独立性。因此，学生学什么，怎样学，可能达到什么样的发展程度，体现着教的总体预期效果，规定着教的可行性及进程。学生的学是学生认识、发展的内因，而教只能是条件和外因，外因只有通过内因才能起作用，调动学生学的积极性是教的出发点。当然，学生的学并不具有无限的可能性，而是有条件的。学生的学在从自身的需要与兴趣出发的同时，又必然受到现实社会条件的制约，必然受到身心发展规律的制约。学的可能性与条件性恰恰决定了教的目的、任务、内容依存于学的目的、任务、内容，教的过程符合、适应于学的过程。衡量教的好坏的重要标志是学生学的积极性调动得怎样，学的效果怎样。

2.学依赖于教

教学过程中，不存在没有教的学，学务必要在教的前提下展开。学生缺乏知识与能力，只有借助教师的教，才能简捷有效地掌握科学文化知识，成为社会所需要的人才；学生学的主动性、积极性的正确发挥，也有赖于教师教的激发与引导。没有有效的教就没有有效的学。教师的教，在价值引导、动力调控、过程有效性等方面，直接影响着学生的学。教师富有成效的教是学生富有成效的学的前提条件和必要保证。没有教师有效的教，学生的学必然会盲目、混乱而低效。

3.防止割裂二者的联系

教学过程的顺利开展取决于教与学能动、有效的沟通与配合。割裂二者之间的联系，只看到教，或只看到学，不仅在理论上站不住脚，在实践上也行不通。在教学史上，也曾出现过重教轻学，或只强调学不重视教的倾向。前者强调教师的教，主张学要服从于教，重视教师对学生系统知识的传授；后者强调学生的学，主张教要服从于学，重视学生通过活动获取知识。这两种倾向由于对教与学的关系进行了简单化理解，在实践上则给学生的发展带来不利影响。轻学忽视了学生自主精神和创造才能的培养，轻教则使学生学不到系统的科学知识。教学是教与学的辩证统一体，任何忽视教与学某一方面的能动性，都会阻碍教学活动过程的顺利开展。

（二）直接经验与间接经验的关系

经验是指客观世界在人的头脑中留下的印象或形成的知识。就学生而言，间接经验是指他人的认识成果，主要指人类在长期的认识过程中积累并整理而成的书本知识；直接经验是指学生通过亲自活动、探索获得的经验。间接经验与直接经验都是学生认识的来源，但是，由于二者对学生认识与发展的作用不同，正确有效的教学需要处理好二者之间的关系。

1.学生认识的主要任务是学习间接经验

学生的认识以直接经验为起点，但要想达到人类认识的一般水平，完全依靠积累直接经验，既不可能也没有必要。人生而有涯，事必躬亲去实践，所获得的直接经验终究是有限的。学生必须通过学习间接经验扩大认识的范围，加深对客观世界的认识。学生在认识过程中，要克服个体时间和空间的限制，避免重复人类在认识发展中所经历的错误与曲折，在较短时间内掌握人类创造的基本知识，必须以学习间接经验为主要任务。学校教学就是有目的地组织学生学习间接经验。不过，通过教学，学生所学习的间接经验并不是人类积累的所有的科学文化知识，而是经过选择、加工，简约化、系统化、心理学化了的文明成果，具有确定性、先进性、可接受性，并组成课程，编成教材。学生以这些间接经验、书本知识为主要认识对象，可以达到对客观世界快捷、高效的认识，大大提高认识的起点，迅速参与到人类认识和改造世界的活动中，提升个人的精神价值，推动社会的发展。

2.学习间接经验必须以学生个人的直接经验为基础

间接经验一般表现为由概念、原理、公式与定律所组成的系统的理论知识，对于学生来说，是他人的认识成果，比较抽象、不容易理解。学生要把这种书本知识转化为自己理解的知识，必须依靠自己以往积累的或现时获得的感性经验为基础。陶行知先生曾做过一个精辟的比喻："接知如接枝。""我们要有自己的经验做根，以这经验所发生的知识做枝，然后别人的知识方才可以接得上去，别人的知识方才成为我们知识的一个有机体部分。"倘若对于别人的某种知识，自己根本无相应的经验做根，"那么无论如何勉强，也是接不活的"①。杜威指出，"间接的知识，别人的知识，往往变成仅属字面上的知识。……如果所沟通的知识不能组织到学生已有的经验中去，这种知识就变成纯粹言词，即纯粹感觉刺激，没有什么意义"②。所以，教学中既要充分利用学生已有的经验，又要通过采用直观教具、演示、实际观察等多种方式，增加学生学习新知识所必须具备的感性认识，以便于学生把偏于理性的书本知识与偏于感性的个人经验结合起来，达到对间接经验的认识、理解，以保证教学的顺利进行。

3.防止忽视系统知识传授或直接经验积累的偏向

直接经验与间接经验都是学生认识的来源，二者互相促进，同等重要，不能厚此薄彼。我

① 陶行知著：《"伪知识"阶级》，华中师范学院教育科学研究所主编：《陶行知全集》（第二卷），湖南教育出版社1984年版，第87～88页。

② 杜威著，王承绪译：《民主主义与教育》，人民教育出版社2001年版，第205页。

们说学生认识的主要任务是学习间接经验，并不是说把直接经验放在从属、次要的地位，更不意味着就否定或贬低学生获取或积累直接经验的重要性。直接经验使学生的认识更加生动、具体、形象，为学生学习间接经验奠定基础，而且，直接经验使学生对客观事物或活动产生亲身感受、内心体验和深刻领悟，对学生品德、意志力及能力的培养具有重要意义。经验的原则是连续性和交互性，“任何经验，不管初看起来多么平凡，通过扩充它所被看到的联系的范围，就能表现出无限丰富的意义”①。不仅直接经验如此，间接经验也如此。离开了学生的活动，离开了与学生直接经验的联系并被学生转化、内化为个人经验，间接经验不会对学生的发展起作用。反过来，间接经验又对直接经验的形成具有重要的制约作用。间接经验为直接经验提供事实和价值解释，对直接经验起着提炼和提升的作用，离开了间接经验，直接经验就无法独立形成。

在处理二者之间的关系时，要防止教学史上曾经出现的两种偏向。一种是在传统教育观影响下，只重视书本知识传授、忽视学生直接经验的获得与积累，未能把书本知识与学生的直接经验结合起来，导致注入式教学。一种是在实用主义教育观影响下，过分重视学生个人经验的积累，强调“做中学”，忽视教师对系统知识的传授，导致学生不能很好地掌握系统的科学文化知识。这两种偏向人为地割裂了学生掌握知识过程中直接经验与间接经验的必然联系，违反了教学规律，严重影响了教学质量的提高。

（三）掌握知识与发展智力的关系

掌握知识与发展智力是教学的主要任务。二者既有区别又相互促进，如何处理二者之间的关系，历史上曾是形式教育理论与实质教育理论争论的一个焦点，也是当前教学理论与实践应该解决的一个基本问题。

1.掌握知识与发展智力是培养能力的两个方面

知识包括陈述性知识与程序性知识两大类，前者是“知什么”的知识，即对事物的属性、联系的反映，后者是“知如何”的知识，即知道怎样去操作、行动。程序性知识主要包括智慧技能、动作技能中的认知成分和认知策略三部分。智力是一个人的神经活动的功能特性在人的一切认识活动中的表现，它是一个人的基本的、综合性的认识潜能。而能力是指保证个体“能”顺利地完成一定活动、直接影响活动效率的主观条件。能力在活动中形成并在活动中表现出来，活动领域不同，个人能力的强弱有差异，能力也不是稳定不变的，而是不断发展的。

知识和智力是能力的有机组成成分。个体要顺利地完成一定的活动，不仅必须具备有关的知识，还必须具备一定的认识活动的潜能。智力活动的功能特性则直接影响个体运用已有知识来完成活动的效率，具备相同程度的知识但认识活动的潜能不同的人，完成活动的效率是不同的。在能力结构中，知识和智力缺一不可，智力是一般成分，知识相对于智力来说是特殊成分。知识是能力的基础，没有恰当的相关的知识，就不可能形成一定的活动的能力。因此，教学要培养学生的能力，既要向学生传授知识，包括陈述性知识和程序性知识，又要发展学生的智力。

---

① 杜威著，王承绪译：《民主主义与教育》，人民教育出版社 2001 年版，第 234～235 页。

表 7-2 知识的类型及其意义

<table>
<tr><th>知识的类型</th><th>含义</th><th>具体内容</th><th>对学习者的意义</th><th>举例</th></tr>
<tr><td rowspan="3">陈述性知识</td><td rowspan="3">关于“是不是”的知识</td><td>语词、名称、术语或标记</td><td rowspan="3">1.关于自然世界、人类社会以及两者之间关系的文化积累得以传承
2.关于自然、社会和自我的个体知识图景得以建立
3.作为思维工具和思想载体的术语、概念、命题等得以个体性积累</td><td rowspan="3">1.北京是中华人民共和国的首都
2.苹果
3.太阳落山了
4.教学的基本职能是促进人与文化的双重建构</td></tr>
<tr><td>单一的命题或事实、事件</td></tr>
<tr><td>命题或事实的集合</td></tr>
<tr><td rowspan="3">程序性知识</td><td rowspan="3">关于“如何做”的知识</td><td>智力技能</td><td rowspan="3">1.学习者可以获得从事智力活动所依赖的各种智慧技能
2.形成关于动作过程的基本规则
3.学会对内部认知活动进行自我调节的认知策略</td><td rowspan="3">1.发散性思维
2.研究性学习方法
3.讨论的规则
4.学习过程中的反思</td></tr>
<tr><td>动作技能中的认知成分</td></tr>
<tr><td>动作技能中的认知策略</td></tr>
</table>

2.掌握知识与发展智力相互依存、相互促进

学生掌握知识与发展智力具有紧密的联系。一方面,学生智力的发展有依赖于知识的掌握。智力作为一种认识活动的本领,需要通过各种认识活动才能得到发展和成熟,掌握知识是一种认识活动,具有促进智力发展的作用。另一方面,智力的发展制约着知识的掌握。一定的智力发展水平是掌握知识的前提条件;智力发展水平的高低,制约着知识掌握的速度和质量。在其他条件相同的情况下,智力水平高的学生在掌握知识的速度和质量方面要优于智力发展水平较低的学生。因此,在教学中必须把掌握知识与发展智力结合起来,通过传授知识发展学生的智力,通过发展智力促进知识的掌握。

但是,知识与智力又相互区别。与知识相比,智力对人的认识具有较为广泛的作用,它为提高学生各种认识活动的效率提供了可能性;相对于知识,智力对人的作用更为长远,它一旦发展起来,就可使人终身受益;智力也是影响整个学习效果包括知识学习效果的一个重要因素。所以,教学中发展学生的智力具有重要的意义。但是,教学发展智力的意义也不能被夸大。智力不能决定一个人的能力与成就。虽然一个人能形成怎样的能力,能取得怎样的成就,受其智力的影响,但是个体之间能力高低、成就大小的差异,并非主要取决于智力的差异,而是取决于知识、性格等因素。智力也并不能决定学生的学业成绩,它仅仅决定成绩的25%。① 学业成绩还受学生的知识基础、人格特点、学习动机、学习兴趣等多方面的影响。

3.防止单纯抓知识教学和片面发展能力偏向

关于教学中如何处理掌握知识与发展智力的关系,近代教育史上出现过形式教育论与实质教育论的长期争论。形式教育论重视发展学生的智力,它以官能心理学为理论依据,把人的心智分为感知觉、记忆、注意、想象、推理、感情、意志等若干种官能,每一种官能都可单独训练

① 奥苏伯尔等著,余星南等译:《教育心理学——认知观点》,人民教育出版社1994年版,第347页。

而获得发展。经过训练、发展的官能能够适应变化的情境，实现有效迁移。知识往往只在一定的领域内起作用，智力却在一切领域中起作用。因此，教学的任务就在于训练各种官能，传授、掌握知识无关紧要。实质教育论重视学生知识的掌握，它以联想主义心理学为理论依据，认为心灵在初生时一无所有，需要适当的观念加以充实。观念是心理活动的基本要素，是教给学生的一切知识。教学的任务在于传授给学生丰富的具有实用价值的知识，至于智力的发展无须特别的培养和训练。显然，两派的主张都割裂了掌握知识与发展智力的联系，都对提高教学质量产生了不利的影响。

在教学实践中，我们不仅要处理好掌握知识与发展智力的关系，不能顾此失彼，也还要处理好知识、智力与能力的关系。既不能把掌握知识等同于发展智力、培养能力，又不能把发展智力与培养能力混为一谈。培养能力，尤其是创新能力，是传统教育与现代教育的重要区别。从掌握知识与培养能力的关系来看，不是任何一种知识的教学都能促进学生能力的发展。学生能力的培养既与掌握什么样的知识及掌握知识的数量与质量有关，又与怎样掌握知识有关。只有那些能够广泛应用和迁移的知识，才能转化为能力。这些知识必须是科学的、正确的，具有一定的难度、较强的概括性与结构性，包括学科的结构、理论的框架、概念体系等。学生不仅要掌握陈述性的知识，更要掌握程序性知识。智慧技能本身即是通过练习而形成的完成一定的智力活动的能力，而认知策略是学生用来调节自己内部认知活动，如注意、学习、记忆、思维等过程的技能，可直接转化为学生的能力。学生对知识的掌握不仅要理解，更要融会贯通，加以概括化、系统化。从掌握知识的过程来看，“填鸭式”教学，“满堂灌”，题海战术，只会导致学生死记硬背，学生即使学富五车，也不可能促进他们能力的培养，反而会抑制能力的培养。只有生动活泼的教学，让学生了解掌握知识的过程，启发诱导学生积极投入到探索知识的活动中，学会独立思考、推理认证，创造性地运用知识解决理论或实际问题，才能促进学生能力的培养。

（四）掌握知识与提高思想品德的关系

思想品德由知、情、意、行四个要素构成，即道德认识、道德情感、道德意志、道德行为，其中道德认识是基础。提高学生的思想品德，就是指提高学生的思想道德认识，培养学生积极的道德情感，树立正确的世界观、人生观、价值观，自觉主动地形成道德行为。我国古代教育家普遍重视伦理道德知识的掌握与培养道德行为的关系。朱熹提出知行相须互发，并说，“论先后，知为先”；“论轻重，行为重”。① 王守仁则提出“知行合一”的主张，认为“知是行的主意，行是知的工夫。知是行之始，行是知之成”②。赫尔巴特把教育和教学的关系看成是目的和手段的关系。他指出：“教学如果没有进行道德教育，只是一种没有目的的手段，道德教育（或者品格教育）如果没有教学，就是一种失去了手段的目的。”③在赫尔巴特看来，教学必须具有教育作用，教师在进行教学时，不能只限于如何使学生获得某种实际的知识技能，而应着眼于培养学生的道德品格。反之，教育又必须由教学来实现，没有教学就没有教育。那么，在教学过程中，应

---

① 朱熹：《朱子语录》（卷九）。

② 王守仁：《传习录》（上）。

③ 曹孚编：《外国教育史》，人民教育出版社 1979 年版，第 177 页。

怎样处理掌握知识与提高思想品德的关系呢?

1.掌握知识与提高思想品德相互依存、相互作用

一方面,掌握知识是提高思想品德的基础。文化科学知识是人类在认识世界、改造世界的过程中积累的精神财富,作为学校教学内容的人文与科学知识对学生的发展具有广泛的价值。知识不仅影响人对各种道德规范、思想准则的理解程度,也影响道德思维及道德判断的深浅。思想政治、伦理道德知识本身还是思想品德的重要组成部分。"知识能塑造人的性格。"① "愚蠢的人不可能有德行。因此头脑必须得到激发。"②离开了知识,就难以达到对道德知识和道德要求的深刻理解,愚昧无知往往容易导致道德行为的冲动或轻率。另一方面,提高思想品德可促进学生对知识的掌握。在教学过程中,学生树立远大的理想和抱负,学习态度端正,能够把个人的学习、自身价值的实现与社会发展紧密联系起来,就能为学生的学习指明正确的方向,克服在学习过程中遇到的艰难险阻,努力增长自己的知识与才干。

2.引导学生在掌握知识的过程中不断地提高思想品德

提高学生的思想品德不仅与掌握什么知识有关,而且也与学生对知识的态度有关。赫尔巴特的教育性教学强调,并非一切教学都是教育性的。"为了收益,为了生计或出于业余爱好而学习,这时并不关心通过这种学习一个人会变好还是会变坏"③,因而便与教育性无关。可见,要提高学生的思想品德,教学中必须做到思想性和科学性的统一。教学的科学性是指教师传授给学生的知识必须是科学的、可靠的,必须能正确反映客观世界规律。教学的思想性指各门学科知识本身就具有思想性,教师要努力把这些潜在的对学生发展有益的东西发掘出来,有的放矢地对学生进行思想品德教育。学生对知识学习的兴趣和积极情感又是知识对思想品德发生作用的一个重要条件。赫尔巴特认为,要使知识影响道德品格的发展,学生必须对知识产生强烈的兴趣。学生对所学知识缺乏兴趣,态度消极,漠然置之,即使理解了某个思想观点或掌握了某些道德规范,也难以产生积极的情感体验,难以形成坚定的信念,所掌握的知识对提高思想品德也难以发挥积极的作用。因此,教学中要使传授的知识能给学生以深刻的思想影响,不仅要使学生对所学知识产生浓厚的兴趣,而且使学生在思想上受到强烈的震撼,产生积极的情感体验。

3.防止单纯传授知识或脱离知识教学进行思想品德教育的偏向

在教学中存在着两种偏向。一种是单纯传授知识、忽视思想品德教育的偏向。这种观点根本不重视学生思想品德的培养,或错误地把掌握知识等同于提高思想品德,认为教材富有思想性,学生掌握了教材中的知识思想品德自然会提高。持这种观点的人割裂了掌握知识与提高思想品德的联系;不懂得教学的教育性必须强化教师在教学中的教育目的性,必须经过教师的以身作则感染激励学生,必须经过教师的启发、引导,使学生对所学知识产生积极态度;低估了忽视思想品德教育的后果,看不到学生思想修养不高,必然导致学习积极性不高和对学习要求的降低。另一种是脱离知识的传授而另搞一套思想品德教育的偏向。这种思想品德

① 培根著,何新译:《培根论人生》,中国友谊出版公司2001年版,第234页。
② 赫尔巴特著,李其龙译:《普通教育学·教育学讲授纲要》,浙江教育出版社2002年版,第241页。
③ 赫尔巴特著,李其龙译:《普通教育学·教育学讲授纲要》,浙江教育出版社2002年版,第237页。

教育显然是无本之木，不仅不利于学生思想的提高，而且有害于系统的文化科学知识的教学。

（五）智力活动与非智力活动的关系

人的心理结构包括智力因素和非智力因素两大类，智力因素指人的注意力、观察力、记忆力、思维力、想象力等，非智力因素指人的兴趣、动机、情感、意志和性格等。教学既要促进智力因素的发展，又要促进非智力因素的培养。学生的学习既有智力因素的活动，又有非智力因素的活动。智力活动直接指向学习课题，非智力活动则指向智力活动本身，它虽不直接参与智力活动，但对智力活动进行调节和控制。因此，智力活动与非智力活动的关系是教学过程必须处理的问题。

1.智力活动以非智力活动为内在动力，非智力活动又依赖于智力活动

教学中学生的心理活动首先是智力活动。只有智力活动才能使学生从事学习活动，认识事物，获得知识。但是，复杂、艰苦、连续的智力活动如果没有强劲的非智力活动的参与，则难以启动和坚持。非智力活动又依赖于智力活动，智力活动是非智力活动的基础，学生的非智力因素是在认识事物、掌握知识的过程中产生和发展的。离开了智力活动，学生的非智力活动不是难以开展，就是脱离了教学的认知轨道。与此同时，非智力活动又积极作用于智力活动。只有在非智力因素的主导下，智力活动才会积极主动，才会克服困难、坚持到底。学生的非智力因素通常表现为内驱力量作用于智力活动，对学生的学习产生巨大影响。因此，在教学过程中，两种活动同时存在，相互作用、相互渗透。

2.按教学需要调节学生的非智力活动才能有成效地进行智力活动

在教学中，学生的智力活动与非智力活动的关系极为复杂、多变。当教学吸引人、感染人，激发了学生的非智力活动，非智力活动反过来又推动他们去认知、学习，去进行智力活动。此时，学生的智力活动与非智力活动是一致的，这是教学所要追求的。当教学单调、死板，引发不了学生的非智力活动，就会抑制学生智力活动。此时，学生的非智力活动与智力活动便不一致，这是必须克服和调节的。因此，在教学中，一方面要改进教学内容、教学过程，使其富有知识性、趣味性、启发性、民主性，适合学生年龄特征，以引起、保持学生的非智力活动，养成良好的非智力因素品质。另一方面要提高学生自我教育能力，培养他们的非智力因素，使他们能自觉地按教学要求调节自己的非智力活动，积极进行智力活动，提高学习效率。针对教学过程中可能出现的二者不一致情况，按教学需要对非智力活动进行引导和调节。实现二者协调一致、相互促进，是教学成功的重要条件。

第四节　教学实施

一、教学组织形式

教学活动的有效展开必须对教学目标、教学内容、教师、学生等要素进行组织安排，必须通

过一定的组织形式才能实现。教学组织形式就是指为完成特定的教学任务，围绕一定的教学内容，在一定的时空环境，师生按一定的要求相互作用的方式、结构与程序。在教学史上，由于社会政治经济和科学文化的发展及其对人才培养要求的不断提高，教学组织形式经历了从个别教学制到班级授课制的演变，19 世纪末和 20 世纪初以来，又出现了许多新的教学组织形式。但是，由于班级授课制的特点及其优越性，班级授课制仍然是现代教学基本的教学组织形式。

（一）教学组织形式的变化发展

1.个别教学制

个别教学制是指教师分别对学生进行个别传授和指导的教学组织形式。它是古代学校主要的甚至唯一的教学组织形式。其基本特征是：学生年龄和知识水平相差悬殊；教师对学生可以按不同的方法与要求分别施教；在同一时间内，学生所学内容和进度可以有所不同；学生入学和毕业时间并不固定，也不统一；每位学生的学习成效也不一致，甚至差距很大。个别教学制有利于教师对学生进行因材施教，但其教学的规模小、速度慢、效率低，也不利于学生之间的交流合作。这种教学组织形式与古代社会生产力发展水平低的状况相适应。

2.班级授课制

班级授课制是指将学生按大致相同的年龄和知识程度编成人数固定的班级，教师按照所设置的课程，依据教学时间表有计划地向全班学生进行集体教学的组织形式。班级授课的形式出现于文艺复兴之后受教育对象逐渐增多的要求。15 世纪末德国部分人文主义学校最早采用班级授课，他们把学生划分三个阶段的班级，分别学习不同的古典教科书，进行集体教学。① 17 世纪，捷克教育家夸美纽斯对班级授课的经验进行了总结，从理论上加以论证，使其作为一种基本的教学组织形式得以确定。此后，德国教育家赫尔巴特对班级授课的教学过程进行了阐述，明确了班级教学过程的设计与安排；苏联教学论专家提出了课的类型和结构的概念，进一步完善了班级授课制。然而，班级授课制在学校教育中的推广非常缓慢。欧美国家在经历工业革命，直到 19 世纪后半叶普遍确立了旨在为国民大众服务的国家教育制度之后，才使班级授课制得以广泛普及。我国学校采用班级授课制，始于 1862 年在北京开办的京师同文馆，1903 年的癸卯学制以法令的形式予以确定，班级授课制随即在全国范围得到推广。

3.道尔顿制

1920 年，美国教育家柏克赫斯特（H.Parkhurst，1887～1973）在马萨诸塞州道尔顿中学创建了一种新的教学组织形式，人们称之为道尔顿制。它废除了班级授课制和年级制，特别注重个别教学。其基本原则是：自由、合作和计划；实施的四个要素是：作业室、专科教师、工约（功课指定单）、成绩记录表。其基本特点是：教师把学生的能力分成三等，依照能力水平及学生的需要指定作业，学生与教师签订学习工约，拟订学习计划，自由支配自学时间；学生入作业室学习，可以自由出入，无时间的限制，也无固定的上课时间表；作业室课桌排成小组会议形式，课桌四周坐人，室内有图表、仪器、书籍、标本等；每个学生独立完成作业，不能解决的，不同年级

---

① 佐藤正夫著，钟启泉译：《教学原理》，教育科学出版社 2001 年版，第 369 页。

的同学在一起小团体讨论,再不能解决,教师进行个别辅导。学生学习的进程分别由教师和学生记入学习进度表,学生完成本月的工约,须经教师考试,及格后才能学习下一个月的工约,进度快的则可提早更换工约,毕业年限亦因之缩短。20 世纪 20 年代,道尔顿制在英国、苏联等许多国家流行一时,1922 年被介绍到中国。由于道尔顿制废除了教师的系统讲授,学生难以学到系统的知识;它对教师、教学设施和条件要求很高,一般学校不易达到,实行起来难度很大。因此,其存在的时间不长。但是,它注重调动学生学习的主动性,注重学生自主学习能力的培养,对后来一些教学组织形式有较大影响。

4.文纳特卡制

文纳特卡制是由美国教育家华虚朋(C.W.Washburne,1889～1968)1919 年创设的教学组织形式,因其在芝加哥市郊文纳特卡镇公立学校实行而得名。文纳特卡制设定了四个目标:①给儿童以优美快乐的生活;②充分发展儿童的个性;③个人的社会化;④养成儿童普遍必需的知识和技能。依据这些目标,课程被分为两部分:①儿童将来必需的知识和技能;②使儿童的创造性和社交意识得到发展的社会性活动。前者由读、写、算等工具性学科构成,由学生按学科进行个别自学,学生在自学一个单元的教材完成作业,并通过测验后才能进行下一个单元的学习。后者由游戏、制作、团体活动等构成,由学生自己设计、自己进行,教师以小组为单位随机进行指导,无确定形式,没有考试。与道尔顿制相比,文纳特卡制既注重儿童的个性和自由,也强调儿童的团体意识和社会化过程;既重视个别化教学的教材建设,又强调诊断测试。因此,它在 20 世纪 30～40 年代的美国得到迅速而广泛的传播,对世界不少国家的教学改革产生了重要的影响。但由于其自身的不足,影响了学生对系统知识的学习和掌握,导致教学质量的下降,在 20 世纪 50 年代以后逐渐衰落。

5.设计教学法

设计教学法源于 20 世纪初的美国,1918 年,美国教育家克伯屈(W.H.Kilpatrick,1871～1965)对其进行了系统归纳和阐述。它废除班级授课制,打破学科界限,摒弃教科书,强调以学生有目的的活动为核心。根据目的不同,设计活动分创作、欣赏、问题研究、技能训练等。一个具体的学习单元经常包含两个或两个以上的设计,活动的完成可以是个人的,也可以是集体的。设计教学法的一般程序为:决定目的、制定计划、实行、评价。教师的任务在于利用环境引起学生的学习动机,帮助学生选择活动所需要的教材,对学生的学习与研究进行指导等。设计教学法在美国出现后曾风行一时。20 世纪 20 年代传入中国,许多学校进行了实验。但这种教学组织的作用与实际效果与班级授课制正相反,班级授课制的优越性恰好是它的短处。虽然有助于发挥学生的主动性、积极性,有助于学生能力的培养。但不利于学生对系统文化知识的学习。因此,20 世纪 30 年代以后就受到了冷落。

6.分组教学制

分组教学是指按学生的能力或成绩把他们分成水平不同的组进行教学。分组教学制是针对班级授课制不易照顾学生个别差异的弊端,19 世纪末 20 世纪初在西方出现的教学组织形式。分组教学的类型主要有能力分组和作业分组、外部分组和内部分组。能力分组是根据学生的能力发展水平进行分组教学,各组课程相同,但学习年限各不相同。作业分组是根据学生的特点和意愿分组教学，各组学习年限相同，但课程各不同。内部分组是在按年龄编班的基础上，根据学习能力或学习成绩的差异分组教学。外部分组则突破了传统的按年龄分班的做法，而是按学生能力或成绩的差异，在同一个年级中编成不同的班级，是班级间分组，如分快班、慢班或重点班、普通班等。20 世纪 30 年代后，能力分组和作业分组教学因被视为对学困生的歧视，被批评为不民主而在世界范围内趋向衰落。进入 20 世纪 50 年代以后，随着国家间科技竞争的加剧和培养尖端人才的需要，外部分组和内部分组教学又得到青睐。

分组教学能根据学生的学习能力或水平差异进行分层教学，便于教师组织教学，能够适应不同层次学生的学习准备和学习要求，有利于因材施教。其弊端则在于，对学生的能力和水平难以鉴定；对学生区别对待，易引起对教学平等的非议；不利于学生个性的健康发展，能力强的学生易滋生骄傲情绪，能力差的学生学习的积极性降低，易产生自卑感。

7.特朗普制

特朗普制，又称“灵活的课程表”，出现于 20 世纪 50 年代的美国，是由教育学教授劳伊德·特朗普提出的一种教学组织形式。其基本做法是，把大班上课、小班讨论、个人独立研究结合起来，并采用灵活的时间单位代替固定划一的上课时间，以大约 20 分钟为计算课时的单位。实行大班上课，把两个或两个以上的平行班合在一起上课，应用现代化教学手段，由出类拔萃的教师任教；然后是小班讨论研究，每个小班 20 个人左右，由教师或优秀学生负责，研究和讨论大班上课的材料；最后是个人独立研究，部分作业由教师指定，部分由学生自选，以此促进学生的个性发展。在教学中，这三种形式穿插在一起，各自所占的教学时间为：大班上课占 40％，小班研究讨论占 20％，个人独立研究占 40％。这种教学组织形式试图将班级教学、分组教学和个别教学的优点结合起来，使既能集体上课，又有一定的研究讨论，还能够进行独立钻研，是中学高年级和大学中值得推广的教学形式。

8.开放课堂

开放课堂又叫开放教学，是一种组织结构松散、不分教室的教学组织形式。它源于 20 世纪 30 年代进步主义者的教育主张，50 年代后在英国的幼儿园及小学低年级开始广泛推行，70 年代开始流行于美国部分小学。开放课堂没有固定的形式与结构，也没有固定的教学计划与教材。学生集中于一个大教室或大厅中，不考虑能力、年级分组，按自己的兴趣在教室内的各个“兴趣区”采用不同的学习速度、不同的学习方式，学习不同的内容，教师的任务在于创造一种令儿童喜爱的环境，并作学习上的引导、建议、鼓励和帮助，而不直接介入学生的学习活动。开放课堂有助于儿童独立性、创造性的开发和合作能力的培养，但无法保证大多数学生获得必备的基础知识和技能，因此，其影响范围有限。

9.合作学习

合作学习兴起于 20 世纪 70 年代末，是以集体授课为基础，以学生合作学习小组活动为主体，通过组织合作性人际交往促进所有学生在认知、情感和社会性等方面全面发展的教学组织形式。合作学习通常将全班学生按照性别、学业成绩、能力倾向、种族等方面的差异划分成由 4～6 名学生组成的异质性小组，成员之间存在着一定的互补性，而班内各合作学习小组之间又具有同质性，为各小组之间的公平竞争创造条件。合作学习的关键在于小组成员之间相互依赖、相互沟通、相互合作，共同负责，从而达到共同的目标。合作学习的任务可以是讨论由教师提供的信息，练习教师示范的技能，也可以是对开放性的问题进行合作探索。不管是来自哪方面的任务，合作学习的任务最好是团体性而非个体性任务，即任务所要求的资源(信息、知识、技能、材料等)最好是单个学习者所不可能全部具有的，离开与他人的合作交流，个人就无法实现任务目标。小组成员在任务目标上是共同的，同时资源上又是相互依赖的，这可以促进学习者对活动的参与。合作学习的任务最好还是结构不良的问题，这样的问题是开放式的、答案不唯一，更能引发学生的深层次的沟通。合作学习是一种班级授课与小组活动相结合的教学组织形式，它将学生的个别差异视为积极的教育资源，充分利用同伴交往的激励机制，将积极的人际互动引入课堂，以学生之间的协同、合作性活动促进个体学习，有助于淡化班级授课制中师生的单向权威关系，克服了传统教学对学生自主性及合作性同伴交往的忽视，构建了新型的集体性教学组织形式。当然，合作学习的开展要求学生具备沟通、合作的技能，学会处理分歧，分享学习成果；教师也要学会放权，学会协调和组织学生小组的讨论合作，等等，这些必然对合作学习的开展带来挑战。

从教学组织形式变化发展过程来看，每一种教学组织形式都有其产生的背景，都有其优点和局限，都有其特定的目标指向和适用范围，都具有一定的存在合理性。从类型上来看，教学组织形式总体上可划分为个别教学、集体教学和综合教学三类。其中，个别教学制、道尔顿制、文纳特卡制、设计教学法、开放课堂基本可划为个别教学一类；班级授课制、分组教学制可划为集体教学一类；特朗普制、合作学习则属于综合教学类。个别化教学组织形式虽然能弥补集体教学的不足，但也只能作为集体教学的补充；班级授课制作为集体教学的代表，是当前及今后较长时期的主要教学组织形式。然而，并不是说班级授课制就是唯一可采用的教学组织形式，实际上，不存在能够适合一切教学需要的万能的组织形式。同一时期不同教学组织形式是并存的，未来教学组织形式也会呈现多元化状态。优化组合不同的教学组织形式，综合运用具有互补性的教学组织形式，尤其是融合了个别教学及集体教学优点的综合性的教学组织形式，已成为教学组织形式发展变化的重要趋势。

(二)教学的基本组织形式

班级授课制又称班级教学，是我国目前学校教学的基本组织形式。

1.班级授课制的基本特点

第一，在教学人员的安排上，以“班”为基本的活动单位。班级是由年龄和知识水平相近的学生组成，并且人数相对固定，一般40～50人，教师同时对整个班级进行教学。

第二，在教学活动的安排上，以“课”为组织单位。课是班级教学中体现教学目的、教学内容、教学方法等要素的教学过程，按学科和学年所分成的既有系统联系又相对独立和均衡的小部分，每一小部分就是一课，教学活动就是一节课接着一节课地进行。

第三，在教学时间安排上，以“课时”为基本单位。每一课都限定在统一且固定的单位时间内进行，每节课45分钟左右，课与课之间设有一定的间歇，一般为10分钟。教学活动就是有计划、有组织地按照预告排定的课程表在规定的课时内展开。

专栏:7-1

课的类型和结构

在班级授课制的发展过程中,课的类型与结构日益复杂化、分化,发展出一系列不同类型、结构与功能的课。

1.课的类型

根据一节课所完成的任务的数量,分为单一课与综合课。单一课是指一堂课内主要完成一种教学任务的课,如传授新知识课(新授课)、巩固知识课(巩固课)、培养技能技巧课(技能课)、检查知识课(检查课)。单一课主要用于中学高年级各科教学。综合课是指一堂课内同时完成两种或两种以上主要教学任务的课。综合课主要用于小学和中学低年级。

根据使用的主要教学方法,分为讲授课、演示课、练习课、实验课、复习课。

2.课的结构

课的结构是指课的组成部分及其顺序、时间分配和相互关系。不同类型的课的教学阶段任务、内容和特点不同,结构也不相同。

新授课的结构:组织教学;检查或复习;提出上课的目的、内容、要求;讲授新教材(主要部分);小结;布置作业。

技能课的结构:组织上课;提出培养技能技巧的目的要求;教师讲解原理、示范;教师指导下学生独立练习或操作(主要部分);小结;布置作业。

复习课的结构:组织教学;提出复习目的与要求;引导学生复习(主要部分);小结;布置作业。

上述单一课主要部分在时间分配上,约占30～40分钟。

综合课的结构:组织教学;检查与复习;提出教学目的,讲授新教材;巩固新知识;布置作业。综合课要完成一个教学单元两个以上或全部教学阶段的任务,其讲授新教材的时间一般15～20分钟;其检查与复习、巩固新知识约5～10分钟。

2.班级授课制的优越性

第一,有效地扩大了教学的规模,促进了学校教育的普及。与个别教学相比,在班级授课制条件下,教师同时对一个班进行集体教学,极大地提高了教学的效率,有利于大面积提高教学质量。

第二,有利于教师充分发挥主导作用。教师根据课程标准和学生的年龄特点,有计划有组织地开展教学,选择合适的教学方法,合理地安排教学活动,对学生的活动进行调控,能够有效地指导学生掌握知识、发展能力。

第三,有利于学生掌握系统的科学文化知识。班级授课制以周课表的方式安排各科的教学,使教学活动有条不紊、交错推进,确保学生循序渐进地学习和掌握各学科的系统科学知识。

第四,有利于促进学生的社会化与个性化。班级授课制将年龄、知识水平相近,不同性别、来自不同阶层的学生编成一个班,他们长期在一起学习、交往、生活,在教师的引导下,相互切磋、互相启发，形成互助、互爱、互尊、平等、亲密和谐的人际关系，每一个学生都成为学习和交往的主体，有力地促进学生的社会化。而且，学生在班级这一集体中学习和交往，也极大地发展了个性与特长。“在班级全员学习同一课题的场合，反而可以说，儿童各自形成有自身个性的学习活动的可能性更大。”①

3.班级授课制的局限

第一，难以照顾学生的个性差异，不利于因材施教。在班级教学中，教学内容、教学进度、评价标准整齐划一，主要针对中等水平的学生，对学优生和学困生关注不够，不利于根据学生的个别差异进行因材施教。

第二，一定程度上限制了学生的自主性、独立性，不利于培养学生的创新精神和实践能力。教师的有效组织是班级教学顺利开展的保证，然而，教师对课堂的设计、组织和控制又制约着学生学什么，什么时候学，以什么样的速度学。学生的学习更多是由教师来安排。而且，班级教学注重学生接受教师传授的书本知识，学生实践、探索的机会少，不利于学生探究意识、创新意识和实践能力的发展。

第三，教学内容脱离学生的现实生活，不能及时吸纳一些新的必要的科学成果。教学内容被程序化、固定化和分化，与学生的生活实际疏离。教师必须根据课程标准和教学计划按照预先设计的教学内容进行教学，因此，难以将最新的科学知识加入到教学中去。

为了发挥班级授课制的优势，克服其不足，人们力图从“班”“课”“时”等维度进一步完善和改进班级授课制。如缩小班级规模，增强教师对学生指导的针对性；增强班级授课制的弹性，将班级授课制与其他教学组织形式相互配合。如芬兰从1999年开始在高中实行无年级授课制，学校不再对学生进行分班或分配固定教室，而是向全体学生提供课程菜单，由学生选择不同学段的课程和适合自己的任课教师，制定个人的学习计划并决定自己的学习进程，每一个学生都有一个课程表。不同学年入学的学生会因选择同一课程而坐在一个教室，而同一年入学的学生也会因为选择不同课程而坐在不同的教室。学校还建立了对学生的顾问制度，设专业的学生顾问，解答学生在学习、生活、未来择业或继续深造中遇到的各种问题。对班级授课制的改进还可以改变讲台与学生课桌椅的传统排列，加强课堂教学的交往互动。如根据课堂教学任务的要求，将传统的秧田形课堂座位排列形式调整为圆形，以组块为基础的马蹄形、模块形、弧形等。

（三）班级教学的变式

1.复式教学

复式教学区别于通常在同一个教室、只有一个年级、用同一教材进行教学的单式教学，它是把两个或两个以上年级的学生编在一个班里，由一位教师分别用不同程度的教材，在同一节课里对不同年级的学生，采取直接教学和自动作业交替的办法进行教学的组织形式。它可以节约师资力量、教室和教学设备，主要适用于人口居住分散、交通不便的山区、牧区和农村，对当地普及教育具有重要的意义。

---

① 佐藤正夫著，钟启泉译：《教学原理》，教育科学出版社2001年版，第8页。

复式教学是班级教学的一种特殊形式，具有班级授课制的基本特征。复式教学的实施比单式教学要复杂。复式教学的编班主要有单班多级制、多班多级制。无论在哪一种形式的复式班，当教师给一个年级上课时，其他年级的学生根据教师的安排进行预习、复习、练习。前者称为直接教学，后者称为自动作业，在课堂上要把这两方面交替和配合进行。为了便于教学，可以将相同年级的学生按纵列式、横列式、背列式或分组式排列座位。课表的编制应做到"同堂异科"，避免相同科目集中学习时彼此干扰。每堂课上，学生的自学时间、自动作业量比例很大，因此，教师应对各个年级的集中讲授与自学作业的内容、时间、教学进程的组织进行精心设计；应加强对学生自学的指导，着重培养学生的自学能力和独立操作能力。为保持良好的秩序，教师可培养小助手，发挥班干部的作用，协助教师进行自学作业班的管理。实践证明，合理安排、组织得当的复式教学也能取得较好的教学效果。

2.现场教学

现场教学是教师以班为单位或以小组为单位，组织学生到生产现场或其他场所（纪念馆、博物馆、山川、河谷，等等）通过观察、调查或实际操作进行教学的组织形式。现场教学不仅是课堂教学的必要的补充，而且是课堂教学的继续和发展。有利于学生获得直接经验，加深对理论知识的理解；可以开阔学生的眼界，丰富学生的情感世界，激发学习热情，培养动手操作的能力，陶冶品德。

现场教学要求有明确的目的，应在教师领导下有计划、有组织地进行，并取得实际工作者的指导。现场教学应做到以下四点。①目的明确。教师应根据教学任务和内容的需要选择课题。②准备充分。教师应编制现场教学方案，引导学生做好必要的知识储备，明确现场教学的目的、要求、注意事项，做好心理上、物质上的准备。③现场指导。教师及现场工作人员要引导学生从多角度充分感知感性材料，并有针对性地与理论知识相结合，深化学生的理性认识，还要鼓励学生动手操作，发现问题，解决问题。④及时总结。现场教学既要重视过程，还要在必要和适当的时候及时进行总结。

二、教学模式

教学包括理论与实践两个方面，教学模式是实现教学理论与教学实践沟通的中介。一方面，教学模式是对各种具体有效的教学活动方式的选择、抽象和概括；另一方面，它又是通过简明扼要的解释或象征性的符号，反映出其所内含的教学理论或教学思想的基本特征，并为教师从模仿进入创造提供若干范式，为学者从经验中提取理论精华提供依据。1972 年，美国哥伦比亚大学的乔伊斯（B. Joyce）和威尔（M. Well）出版了《教学模式》一书。该书一般被认为是对教学模式理论研究的开始。我国于 20 世纪 80 年代以后开始有人着手这方面的介绍和研究。

（一）教学模式的概念

1.教学模式的界定

关于教学模式的概念，学界有不同的界说。概而言之，有"理论范型说""教学结构说""教学方法说”等。① 事实上，任何教学模式都蕴涵着某种教学思想或理论，而不仅仅是一种计划，或只是操作的步骤和方法。教学模式也不等于教学结构，因为教学结构是客观的，而教学模式是人为的。因此，教学模式是指在一定教学思想或教学理论指导下，围绕教学目标形成的简明的、相对稳定的、系统化的教学结构理论模型及其实施策略。教学结构理论模型是教学目标、学生、教师、教材以及教学条件等多种因素所构成的一种结构，具有一般性。而实施策略则是指落实理论模型的行动方式、途径、步骤等，它具体解决怎样做才能使教学结构理论模型由静态转化为动态。任何教学模式都必须是这两者的有机结合体。教学模式对教学实践具有指导、预见、系统化和改进功能。教学模式又表达一定的教学思想或教学理论，有助于人们对教学思想或教学理论的掌握和运用，教学模式对教学理论的丰富和发展还具有原料加工、理论建构的功能。

2.教学模式的类型

教学模式的类型众多，国内外学者从不同的角度，依据不同的标准对教学模式进行分类。不同种类的教学模式产生于不同的背景，适用于不同的情境，各具特色，互有长短。乔伊斯和威尔在《教学模式》一书中讨论了 23 种教学模式。他们根据教学模式的理论根源以及教学的价值取向区分四种模式：

(1)信息加工教学模式。以认知心理学有关信息加工理论为基础，着眼于知识的获得与智力的构建，将教学看作一种创造性的信息加工过程，按照人工智能的运行规律来确定教学的程序。如皮亚杰的认知发展教学模式、奥苏伯尔的有意义接受学习教学模式等。

(2)个别化教学模式。依据的是个别化教学理论和人本主义心理学，着重教学中的非理性因素，体现了人本主义心理学注重人的潜力挖掘和全人格发展概念。如罗杰斯的非指导性教学模式。

(3)社会互动教学模式。以社会心理学的互动理论为基础，强调教学中教师与学生之间、学生与学生之间的相互影响和社会联系，着眼于学生的社会性和品德发展。

(4)行为控制教学模式。以行为主义心理学为依据，认为学习过程是作用于学习者的刺激和学习者对它做出的反应之间的联结形成过程，侧重于学生行为习惯的控制和培养。如斯金纳的程序教学模式。

3.教学模式的特点

任何一个教学模式都是在深入研究教学过程的诸种矛盾，揭示教学客观规律，寻求教学最佳程序和途径等基础上建立起来的。因此，不同类型的教学模式存在一些共同特点。

(1)简约性。教学模式一般用浓缩性的语言或象征性的符号来揭示出其构成要素之间的复杂关系和过程，从而形成一个大致轮廓。因此，教学模式不是特定教学过程中的具体经验，而是对教学经验的概括与提升，它略去了具体的经验细节，只反映经验中的一般。

(2)针对性。一种教学模式的提出与创立都是为了达成一定的目标，其有效运用也都需要一定的条件，不存在适用于任何教学过程的普适性教学模式。一种教学模式只有在其适用的

---

① 杨小微、张天宝著：《教学论》，人民教育出版社 2007 年版，第 372 页。

范围内才能发挥其最大效用,评价教学模式的标准是看其在特定的条件下是否能够有效地达到特定的目标。

(3)整体性。教学模式揭示教学过程中诸要素的动态联系,呈现为一套完整的结构及一系列的操作程序,并从全局上表现教学活动过程的始终。因而必须从整体上把握其理论原理与操作方法。

(4)可模仿性。教学模式不是空洞的思辨推论,而是具有一套确定的操作程序,提供了可供模仿或遵循的参照,具体地规定了教师和学生的教与学的行为,使得师生双方在课堂上有章可循,便于理解、把握和运用。

(5)发展性。教学模式在一定程度上揭示了教学活动的普遍性规律,是大量教学实践活动的理论概括,具有一定的稳定性。但某种教学模式的稳定性是相对的,随着一定历史时期社会政治、经济、科技、文化和教育的变化发展,教学模式也需要做出调整或改变。

4.教学模式的结构

教学模式的结构是指教学模式诸要素相互联系、相互制约所构成的系统。教学模式主要由以下五个要素构成:

(1)教学思想或教学理论。任何教学模式都有赖以建立的教学思想或教学理论,也都要反映这一思想或理论,教学模式各要素也都渗透于这一思想或理论。在不同的教学理论指导下会形成不同的教学模式。运用某种教学模式所开展的教学活动必然反映该模式所依据的教学思想或教学理论。

(2)教学目标。任何教学模式都指向和完成一定的教学目标,在教学模式的结构中教学目标处于核心地位,并对构成教学模式的其他因素起着制约作用。教学目标与教学模式具有内在统一性,决定了不同教学模式的个性。

(3)操作程序。操作程序即教学模式展开的时间序列及具体的教学步骤或阶段。每一种教学模式都有其特定的逻辑步骤和操作程序,它规定了在教学活动中师生先做什么、后做什么,以及各步骤应当完成的任务。

(4)实现条件。它是指完成一定的教学目标,使教学模式发挥效用的各种条件。任何教学模式都有其限定条件,只有在限定的条件下才能有效。它包括多方面的内容,有教师、学生、教材、教学媒体、教学时空等。

(5)教学评价。它是指教学模式为完成教学任务、达到教学目标而制定的评价方法和评价标准。由于不同的教学模式所要完成的教学任务和达到的教学目标不同,使用的程序和条件不同,其评价的方法和标准也各不相同。一个教学模式一般都要规定自己的评价方法和标准。

上述五个要素在教学模式结构中处于不同地位,起着不同作用,具有不同的功能,它们之间既有区别,又彼此联系,相互制约。教学思想或教学理论是教学模式得以建立的基础和依据,它对其他要素起着导向作用;教学目标是教学模式的核心,它制约着操作程序、师生组合、教学条件,也是教学评价的标准和尺度;操作程序是教学模式得以存在的必要条件;实现条件是教学模式的支持系统,保证着教学模式功能的有效发挥;教学评价能使人们了解教学目标的达成度,从而调整或重组操作程序及实现条件等,以便使教学模式进一步得以改造和完善。

（二）国外当代主要教学模式

自20世纪50年代以来，随着教学理论的发展和教学实践的深入，国外教学模式层出不穷，呈现出多元化、融合化的发展趋势，师生关系趋向合作化，教学目标趋向情意化，操作程序趋向灵活化，技术手段趋向现代化。具有较大影响的代表性教学模式，除了前面在当代教学理论流派中已有论述外，下面主要介绍掌握学习模式、范例教学模式、暗示教学模式。

1.掌握学习模式

1968年，布卢姆（B.Bloom，1913～1999）在加利福尼亚大学的《成绩评定评论》杂志上发表《为掌握而学习》一文，提出了掌握学习教学模式。掌握学习模式旨在使大多数学生达到课程目标所规定的掌握标准，提高学习质量。其主要内容是：

（1）理论依据。学生在学校只有获得学习成功的体验，才能确保学习按照需要持续终身。大多数学生都能够掌握所学学科。“能力倾向是学习者达到掌握一项学习任务所需的时间量。”①“能力倾向预测了学习的速度而不是可能达到的学习水平（或复杂程度）”，“提供足够的时间与适当的帮助，95％的学生（5％的优等生加上90％的中间生）能够学习一门学科，并达到高水平的掌握”。②

（2）教学目标。“学校的中心任务是：发展能使学生在一个复杂社会中有效地生活的那些特性。”③教学目标是预期的学生的变化，分为认知领域、情感领域和动作技能领域，每一个领域的目标分为不同的层次，每个层次的目标用具体的行为动词进行描述。教学应寻求有效的学习条件以减少所有学生（尤其是能力倾向较差的学生）掌握一门学科所需的时间量。

（3）操作程序。其实施程序一般有以下几个步骤：①为学生定向。向学生介绍掌握性学习方法与要求，明确学习目标的明细规格及教学内容，帮助学生树立能学好的信心。②诊断性测验。根据测验结果进行补偿性学习，统一学习起点。③单元教学。围绕目标开展集体教学。④形成性评价。单元教学完成后，编制测验题对全体学生进行测验与评价，以检验学生对学生任务的掌握水平，获得反馈信息。⑤矫正过程。根据学生的掌握情况，教师对学生或集体或个别进行辅导，最有效的形式是班内同伴之间的互帮互学与交流。⑥总结性评价。一学期结束时由教师指导梳理知识系统，对照总目标查漏补缺，给学生评定成绩，确定后续教程的起点。

（4）实现条件。教育管理部门、学校、教师要树立掌握学习的观念，并为掌握学习的开展提供支持。师生要对掌握学习充满信心，教师对大多数学生能够学好充满信任。教师要明确掌握教学的过程，有能力进行掌握教学的设计和指导学生运用掌握学习的策略。

（5）教学评价。教学目标是评价学生掌握学习的标准，评价学生学习的好坏是看他达到掌握目标的程度。为保证学生对学习目标的掌握，运用诊断性评价、形成性评价和终结性评价对学生的学习进行监控。

2.范例教学模式

范例教学模式兴起于20世纪50年代的原联邦德国，由瓦根舍因（M.Wagenshein，1896～

---

① 布卢姆等著，邱渊等译：《教育评价》，华东师范大学出版社1987年版，第75页。

② 布卢姆等著，邱渊等译：《教育评价》，华东师范大学出版社1987年版，第76页。

③ 布卢姆等著，邱渊等译：《教育评价》，华东师范大学出版社1987年版，第2页。

1988)正式提出并付诸实践，再由德国教育家克拉夫基(W.Klafki)做理论阐述而逐渐完善。范例教学旨在使学生依靠范例掌握一般的科学原理和方法，理解带有普遍性的规律性知识，提高独立学习能力。其主要内容是：

(1)理论基础。范例是“隐含着本质因素、根本因素、基础因素的典型事例”，是学科材料中最典型的材料，包括学科知识体系中基本概念、基本定理、基本理论及应用。教学就是要通过有限的典型范例使学生主动获得一般的、本质的、规律性的东西，进而借助于一般原理和方法进行独立学习，培养学习的主动性和自学能力。

(2)教学目标。教学的目标在于把知识、能力、态度这三大目标统一起来，培养学生的独立性，使学生通过对范例的探究、思考，形成一种整体的认识结构，获得独立、批判性认识、行动及自发的继续学习的能力和态度。

(3)操作程序。范例教学模式的操作程序主要分为四个阶段。①阐明“个”。筛选出作为范例的典型事物，阐明事物的本质特征，并运用直观的方法将它们展示在学生面前。②阐明“类”。根据第一阶段的个例分析，对同类事例进行归类，从而认识一类事物的普遍特征，从“个”向“类”迁移。③掌握规律和范畴。通过对“个”和“类”的分析，使学生的认识上升为对普遍性规律的认识，从而把握事物发展的客观趋势。④获得关于世界关系的经验，认识更为抽象的规律。

(4)实现条件。①教学内容要做到基本性、基础性和范例性，即教学内容应主要包括学科的基本概念、基本原理、基本规则等，应适合学生的智力水平、基本经验和生活实际，应是精选的范例，有利于学生进行学习迁移和实际应用。②教学要求上应做到教学与教育的统一，具体问题的解决与系统学习的统一，掌握知识与培养能力的统一，学生主体与教材客体的统一。③教师在备课中应具有双重身份，即教材编写者的身份和学习教材的学生的身份；要对教学内容进行“教学论分析”，即对基本原理、智力作用、课题对学生未来的意义、课题的内容结构及内容特点进行分析。

(5)教学评价。范例教学的过程严密，在进行教学评价时，不仅要对范例的典型性和教学内容的基本性、基础性和范例性进行评价，还要对教学过程是否遵循由个别到一般的操作程序进行评价。但教学评价的关键是看学生是否通过范例的学习能够举一反三地掌握学科的知识结构，以及学生独立思考和判断能力是否得到有效培养。

3.暗示教学模式

暗示教学模式是20世纪60年代由保加利亚心理学家乔治·洛扎诺夫(G.Lozanov)创立的一种通过运用多种暗示手段，充分调动起学生的无意识活动，激发学生的学习动机，提高记忆力、想象力和创造性解决问题的能力，提高教学效果的教学模式。其主要内容如下：

(1)理论基础。人的学习活动是意识和无意识交织的心理活动。当人的意识和无意识处于和谐的状态时，学习的效果会成倍增加。通过暗示，让学生心理处于放松状态，就可以消除学习障碍，激发学习潜能，促进学习效率的提高。

(2)教学目标。使学生形成轻松愉快、没有心理压力和学习负担的良好状态，把认知与情感、意识与无意识结合起来，既学得又快又好，又充分发展自我，提高记忆力、想象力和创造性解决问题的能力。

(3)操作程序。暗示教学模式的基本操作程序包括三个阶段。①创设情境。根据教学目标,教师通过语言描绘、实物演示、音乐渲染和场景表演等手段营造出轻松愉快的学习氛围。②参与活动。教师引导学生参与各种游戏、唱歌、听音乐、表演、谈话和实践操作等活动,使学生在音乐节奏的配合下身心放松,积极地、全身心地投入到学习活动之中。③总结转化。在欢快的气氛中,激发学生情绪,启发学生发表自己的见解,实现学科知识的系统化条理化和道德情感的内化。

(4)实现条件。①在轻松、愉快、和谐的教学气氛中,诱导学生产生积极的情绪,帮助学生建立自信,促进学生主动学习。②采用多种暗示手段,促进学生有意识和无意识的协调,情感与理智的一致,使学生的心理活动处于最和谐的状态。③建立师生之间、生生之间良好的信任、融洽关系。

(5)教学评价。评价暗示教学效果的依据,既要看它激发学生自主参与学习的程度,学生是否体验到学习的欢乐,还要从质与量上看学生对知识的理解、掌握情况,以及学生记忆力、想象力和创造性解决问题能力的培养情境。

(三)我国当代主要教学模式

20 世纪 80 年代以来,我国的教学改革实验深入开展,在批判、继承和创新的基础上,形成了丰富多样的课堂教学模式。从实际产生的教学效果和社会影响来看,比较有代表性的有传递—接受教学模式、问题—探究教学模式、自学—指导教学模式、目标—导控教学模式、情境—体验教学模式。前两种教学模式,具有典型性、代表性,应用的范围广泛,前述的接受教学与探究教学即反映了这两种模式。在教学实践中,这两种主要的教学模式又产生许多具体的样式,如由常州师范学校的邱学华于 1982 年在前期“先练后讲”教学实验基础上提出的尝试教学法,又叫“五步教学法”“小学数学尝试教学法”,即属于问题—探究教学模式的一个具体变式。而由山东省杜郎口中学于 1998 进行的教学改革所形成的“三三六”教学模式,又称为“10+35”模式,则将两种主要的教学模式进行了综合。“三三六”即该模式课堂自主学习的三特点:立体式、大容量、快节奏;自主学习的三模块:预习、展示、反馈;课堂展示的六环节:预习交流、明确目标、分组合作、展现提升、穿插巩固、达标测评。“10+35”即教师讲解≤10 分钟,学生自主≥35 分钟。所谓“立体式”就是教学目标、任务是新课程要求的三维立体式,将学习任务落实到每个人、每个小组,充分发挥每个学生的主体性和每个学习小组的集体智慧,产生不同层次、不同角度的思考与交流;所谓“大容量”就是以教材为基础,拓展、演绎、提升教学内容,并通过辩论、小品、课本剧、诗歌、快板、歌曲、绘画等多种课堂活动形式予以展现,倡导全体学生参与体验;所谓“快节奏”就是在单位时间内,紧扣目标任务,通过周密安排和师生互动、生生互动,达到预期效果。下面着重介绍自学—指导教学模式、目标—导控教学模式、情境—体验教学模式。

1.自学—指导教学模式

它是指教学活动以学生的自学为主,教师的指导贯穿于学生自学始终的教学模式。属于这一类的教学模式较多,如卢仲衡主持的“中学数学自学辅导实验”、上海育才中学的“读读、议议、练练、讲讲”八字教学模式、魏书生的中学语文教学“六步法”模式、黎世法的“六课型单元教学实验”、钱梦龙的“三主四式语文导读法”等。

该模式的操作程序是:①提出要求。根据教学需要,教师对自学的范围、重点和要解决的问题提出要求,让学生有目的地学习。②开展自学。根据要求,学生自学,教师巡视,了解自学情况,及时解决学生的个别性问题。③讨论启发。对学生提出具有代表性的问题,教师汇总后再集体讨论。讨论常分大组或小组形式。教师的指导是启发、点拨,给学生提供解决问题的思路和方法。④练习运用。疑难解决后,教师布置练习,使学生所获新知在运用中得以检验、巩固。⑤及时评价。教师对练习结果及时评价并根据反馈信息,采取巩固性或补充性教学,以确保学生牢固地掌握知识。⑥系统小结。教师让学生将所学知识系统化,概括化,并联系原有知识,从整体上理解所学内容。

2.目标—导控教学模式

它是指以明确的教学目标为导向,以教学评价为动力,以矫正、强化为活动中心,让绝大多数学生掌握教学内容的一种教学模式。全国各地自20世纪80年代中期以来所进行的目标教学、单元达标教学实验均属此类。如江苏省泰兴市洋思中学课堂教学改革所建立的让学生人人都会学、人人都肯学、人人都能学好的洋思中学教学模式。该模式根据大纲划分单元,制定单元教学目标并按单元目标组织教学,借助评价、反馈、强化和矫正等活动,保证绝大多数学生达到教学目标,为后续学习提供前提。

该模式的操作程序是:①前提诊断。对将要学习的单元教学内容所涉及的基础知识,由教师组织学生进行简短的检查、提示、复习或回顾,给学生学习新知识做好铺垫。②明确目标。教师展示目标,让学生对新知识的感知,在学习新知识的过程中不断地针对目标的落实对学生进行形成性评价,对于未达目标之处采取强化或补救性教学。该模式在运用时,教师是目标的提供者和学生达标的组织者。教师应对所教学科的目标有科学的理解,特别是要在课程标准的背景中体会单元目标。为此,教师要安排好单元教学内容,分析各单元中的每个知识点,并用目标去准确界定。教师必须热爱和相信学生,有极强的责任心。

3.情境—体验教学模式

该模式是由江苏省南通师范第二附属小学特级教师李吉林提出的。它是指教师在教学过程中根据课文所描绘的情境,运用具体的形象,辅之以生动的文学语言及音乐的艺术感染,创设类似的情境,以引起学生一定的态度体验,帮助学生更好地理解教材,推动学生产生积极的认识活动和情感活动的教学模式。该模式主要是受到外语教学中运用情境进行语言训练的启示,借鉴了我国古代文艺理论中的"境界学说",也吸取了传统教学注重读写结合及近代西方直观教学的经验。注重以生动的情境激发学生的情感,促使学生积极地投入到学习活动中,有效地掌握知识、技能,启迪学生的思维,培养学生丰富的想象力。

情境教学一般经过感知、理解、深入三个阶段。①感知,即通过生活展现、实物演示、图画再现、音乐渲染、表演体会、语言描述等直观手段创设一定的情境,激发学生的兴趣,使学生获得鲜明的表象,形成努力探究的心理。②理解,即深入情境,把课文与情境为一体,理解课文,激发情感。③深化,即引导学生领悟情境,细心品味"情中之境,境中之情",用自己的语言描述情境,抒发内心的真切感情。情境教学围绕"情境"展开,它要求教师要设计好情境,要善于激发学生的情感,要引导学生积极地投入到情境中,师生之间也要做好协调配合。

三、课堂教学设计

从教师教的角度来看，教学工作一般包括：备课、上课、课外作业、课外辅导、学生学业成绩的检查与评定五个环节。备课要完成三个计划：学期教学进度计划、课题（单元）计划、课时计划；做好三方面工作：钻研教材、了解学生、考虑教法。其中，钻研教材要认真研究课程标准、教科书和教学参考书，对教材要做到懂、透、化。“懂”就是要求掌握教材的基本结构。“透”就是要求对教材融会贯通，使之成为自己知识体系中的一部分。“化”就是要求教师的思想感情要和教材的思想性、科学性融合在一起，只有达到这个境界才算掌握了教材。上课是教学工作的中心环节，要做到目的明确、内容正确、方法恰当、结构紧凑、学生积极参与。课外作业是课堂教学的延伸，有助于巩固和完善学生课内学到的知识、技能，培养学生独立学习的能力，但作业量要适度。课外辅导是实施因材施教的重要途径。学生学业成绩的检查与评定是教师了解、改进教学，提高教学质量的重要环节。在这五个环节中，备课是前提，是上好课的先决条件。对于课堂教学而言，备好课就是要完成好课时计划，或者说是课堂教学方案。

课堂教学设计是运用系统方法，将学习的心理控制与教学技术紧密结合，优化组合教学要素，对课堂教学活动进行系统规划、安排与决策的过程。课堂教学设计一般要解决三个基本问题：我们要到哪里去（教学的目标是什么）；我们怎样到那里去（需要有什么样的教学策略与媒体）；我们如何知道是否达成了目标（如何检测？如何评估与教学调整）。针对这些问题，课堂教学设计通过实施教学分析，设计教学目标和教学过程，最终体现为课堂教学方案。

（一）学生分析

学生的学习是教学设计的出发点。了解学生生理、心理和社会特征是选择教学内容、制定教学策略以及开展因材施教的依据。学生分析主要包括以下几个方面：

1.学习需要分析

学习需要是指学生目前的学习状况与期望达到的状况之间的差距。它反映的是学生在知识、能力、情感、态度等方面目前已达到的水平与社会和学生自己对其发展要求之间的差距。这种差距指出了教学中实际存在和要解决的问题，规定了教学目标。

2.学生初始能力分析

初始能力是指学生在从事特定学科内容的学习前已经具备的知识技能和能力基础，以及对有关学习内容的认识与态度。分析学生的初始能力一定要联系学习内容。初始能力分析是确定教学起点，进行有效教学的条件。

3.学生学习风格分析

学习风格是学习者持续一贯的带有个性特征的学习方式，是学习策略和学习倾向的总和。学习策略指学习者为完成学习任务或实现学习目标而采用的一系列步骤。每一个学习者在学习过程中会表现出不同的学习倾向，包括学习情绪、态度、动机、坚持性以及对学习环境、学习内容等方面的偏爱。有些学习策略和学习倾向可随学习环境、学习内容的变化而变化，而有些则表现出持续一贯性。那些持续一贯表现出现的学习策略和学习倾向，构成了学习者通常采用的学习方式，即学习风格。学习风格源于个性特点，是学生个性在学习活动中的定型化、习惯化，具有独特性、稳定性。不同的学习风格具有各自的优缺点，并无绝对的优劣之分。因此，诊断学生的学习风格，绝不是试图去改变学生在学习风格方面的差异，而是在承认、尊重学生学习风格差异的前提下，为设计出有利于因材施教的教学方案提供依据。

（二）教学目标的分析与设计

教学目标是师生具体教学活动的预期结果，对教学活动具有导向、激励、评价和聚合功能。教学目标的分析与设计是解决课堂教学为什么教的问题。

1.教学目标的分类

(1)布卢姆等人的教学目标分类

布卢姆等人认为，复杂行为可以分解为比较简单的行为，教学目标可以用可见的行为来表示。他们把教学目标分为认知、情感、动作技能三大领域的目标。认知领域的目标，从低级到高级共分为识记、理解（领会）、应用、分析、综合、评价六个层次；情感领域的目标依据价值内化的程度分为接受或注意、反应、价值评价、价值观的组织、品格形成五级；动作技能领域的目标，分为知觉、准备、有指导的反应、机械动作、复杂的外显反应、适应、创作七级。

(2)加涅的学习结果分类

加涅从人类习得的性能（一种内在的心理状态或心理品质，其存在是根据学习者外在的表现推测出来）中区分了五种学习结果。

智慧技能。智慧技能指运用符号并与环境发生相互作用的性能。包括：辨别、概念、规则、高级规则。

认知策略。认知策略指学习者用以调控自己内部认知活动，如注意、学习、记忆和思维等过程的技能。认知策略是内部组织化的技能，它不指向于具体外部内容。包括注意策略、编码策略、提取策略、记忆策略、思维策略。

言语信息。言语信息是人的习得性能类型之一，即可用言语表达的信息。学习者在学习言语信息以后，能记忆诸如事物的名称、符号、地点、时间、定义、对事物的具体描述等具体的事实，能够在需要时将这些事实表述出来。根据言语信息的复杂程度，可分为三种类型：名称或符号、单一命题或事实、大量命题（知识群）。

动作技能。动作技能是通过练习而形成的协调的肌肉运动方式。

态度。态度指通过学习而形成的一种影响和调节个体行为选择的内部状态。

2.教学目标的表述

(1)ABCD 法

ABCD 法反映了行为主义的观点，强调用行为术语来描述教学目标。对象 A(Audience)，即指需要完成行为的学生、学习者或教学对象。行为 B(Behavior)是学生通过学习所能够完成的特定而可观察的行为及其内容。条件 C(Conditon)制约学生形成行为的环境、设备、信息等因素。行为的标准 D(Degree)是指行为完成质量的可接受的最低衡量依据。例如：

初中二年级学生，在观察各种云的图片时，应能将卷云、层云和雨云分别标记出来，准确率

A　　　　　　C　　　　　　B　　　　　　D

达 90%。

(2)五要素目标表述法

加涅认为一个较为准确的学业行为目标必须说明怎样去观察一个业已习得的教学结果。他所说的学业行为目标即学习目标或教学目标。为此,他提出了“五要素目标”表述法。学业行为目标中必须包含:学业行为的情景(situation),习得能力的类型(type of learned capability),学业行为的对象(object),运用习得能力的具体行为(action),与学业行为有关的工具、条件或限制(constrains)。以 S、V、O、A、C 表示情景、能力动词、对象、行动、限制五要素。例如:

认知策略目标:[S]给学生 10 个记忆项目,学生[V]采用[O]关键词记忆法,[C]不借助任何工具,在 30 秒之内[A]记住这些内容并保持至少两天。

态度目标:[S]在有朋友吸烟的场合,[V]采取[O]不赞成的态度,[A]拒绝接受别人敬烟。

(3)内部过程和外显行为相结合的方法

学生因学习而产生的比较持久的变化既包括行为的变化,也包括认识、能力和心理倾向方面的变化,而且后者的变化又难以行为化,因此,为了全面准确描述教学目标,应将内部过程和外显行为结合起来,首先明确陈述如理解、记忆、欣赏、掌握等内在的心理变化,然后再列举反映这些内部变化的行为表现样例。

例如:理解杠杆的原理。做到能举出三种生活中采用杠杆原理的实例;能用自己的语言说明杠杆的平衡条件;能写出杠杆实例中的力臂和力矩的关系式。

(4)“三维目标”表示法

教学目标表述的是学生的学习结果,目标的表述应力求明确、具体,可以观察和测量,避免用含糊的和不切实际的语言表述;应体现学习结果的类型及其层次性。我国《基础教育课程改革纲要(试行)》从“知识与技能”“过程与方法”“情感态度与价值观”三方面提出了课程目标要求,构成新课程的“三维目标”。(见图 7-1)知识点及教学目标不仅可以在三个维度上展开,也可以在同时包含三个方面展开。如 Ax、Ay、Az 分别是知识点 A 在知识与技能、过程与方法、情感态度与价值观方面的目标要求。利用“三维目标”表示法在表述教学目标时,不能把教学目标等同于教学内容。要注意目标的完整性、启发性、引导性。对目标的表述要清晰,不能含糊。对目标的叙写要把握好四个要素:行为主体、行为动词、行为条件和表现程度。(见表 7-3)同时,还要结合目标层次形成教学目标双向细目表。(见表 7-4)

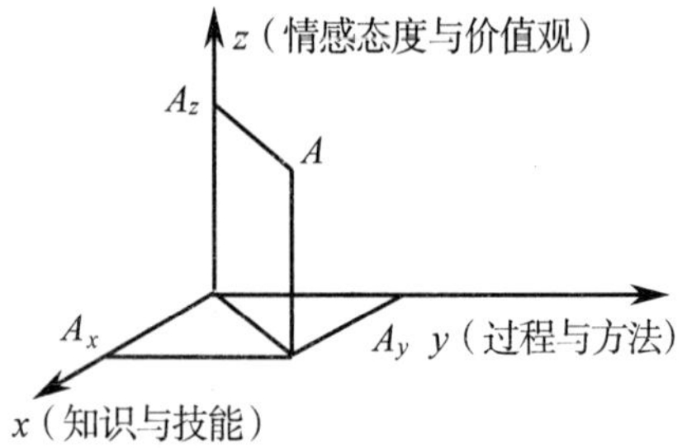

图 7-1　新课程理念下教学目标三维结构

表 7-3 新课程理念下的教学目标陈述实例①

学习水平	常用行为动词
知识	1.了解——说出、背诵、辨认、回忆、选出、举例、列举、复述、描述、识别、再认等 2.理解——解释、阐明、比较、分类、归纳、概述、概括、判断、区别、提供、猜测、预测、估计、推断、检索、收集、整理等 3.应用——应用、使用、质疑、辩护、设计、解决、撰写、拟定、检验、计划、总结、推广、证明、评价等
技能	1.技能——模拟、重复、再现、例证、临摹、扩展、缩写等 2.独立操作——完成、表现、制订、解决、拟订、安装、绘制、测量、尝试、试验等 3.迁移——联系、转换、灵活运用、举一反三、触类旁通等
过程与方法	经历、感受、参加、参与、尝试、寻找、讨论、交流、合作、分享、参观、访问、考察、接触、体验等
情感态度与价值观	1.反应——遵守、拒绝、认可、认同、承认、接受、同意、反对、愿意、欣赏、称赞、喜欢、讨厌、感兴趣、关心、关注、重视、采用、采纳、支持、尊重、爱护、珍惜、蔑视、怀疑、摒弃、抵制、克服、拥护、帮助等 2.领悟——形成、养成、具有、热爱、树立、建立、坚持、确立、追求等

表 7-4 "11～20 各数的认识"认知领域教学目标层次双向细目表②

认知目标层次 知识点及教学目标	识记	领会	运用	分析	综合	评价
1.数、读 11～20 各数						
1.1 会正确地数出数量在 11～20 之间的物体各数；	√					
1.2 初步理解计数单位"一"和"十"；		√				
1.3 掌握 20 以内数的大小顺序；						
1.3.1 能按要求顺数和倒数。					√	
2.11～20 各数的写法；						
2.1 初步知道十位和个位；	√					
2.2 熟练地读写 11～20。	√					
3.10 加几和相应的减法；						
3.1 理解 20 以内各数的组成；		√				
3.2 熟练口算 10 加几和相应的减法。			√			

① 参见朱慕菊主编:《走进新课程——与课程实施者对话》,北京师范大学出版社 2002 年版,第 60～61 页。

② 黄甫全、王本陆主编:《现代教学论学程》,教育科学出版社 2003 年版,第 198 页。

（三）教学内容分析

教学内容是课堂教学中为实现教学目标师生共同作用的对象，表现为各门学科中的事实、观点、概念、原理和问题。其主要载体是课程计划、课程标准和教科书，其主要形态是书本知识。教学内容分析主要包括以下几个方面：

1.确定教学内容的地位与作用

在分析、研究课程计划、课程标准和教科书的基础上，通过理解课程的基本理念和总目标，把握本学科或本课程的教学目标及各单元、课题的具体目标，并进一步掌握课本的基本思想与知识体系，确定课本中各部分教学内容的关系及其在实现课程教学目标中的地位与作用。

2.分析知识的类型

陈述性知识与程序性知识性质不同，教学要求与教学策略也有差异。陈述性知识的教学应放在如何帮助学生进行有效的理解、掌握上，而程序性知识的教学应放在如何帮助学生进行有效的练习及积极的智力活动上。因此，对教学内容的分析，不仅要明晰事实、命题、概念等陈述性知识，还要有目的地挖掘内容中的程序性知识。

3.分析内容的顺序

教学内容的逻辑顺序即知识系统的内在逻辑体系，而学生对知识的学习则存在着心理顺序，即学生学习活动内在的认知规律。两者在很多情况下不一致，在分析教学内容时，一定要把逻辑顺序和心理顺序相结合。

4.确定教学的重点、难点及知识点

教学重点是指教学内容中最基础、最基本的知识、技能以及要培养学生形成的重要的能力、情感态度、价值观，在教学内容逻辑体系中处于枢纽地位，是实现教学目标的重要依据。教学难点是指学生在学习中感到有困难的内容，难点不突破就会影响学生对重点的把握，乃至对整个教学内容的领会与理解。教学重点、难点要依据课程标准，并把教学内容与学生的状况紧密地结合起来进行确定。知识点是指教学内容结构体系中的事实、概念、原理、技能、问题解决等。在分析知识点时要确定学生对各知识点的学习所要达到的目标层次。

（四）教学过程设计

教学过程设计是教学设计的中心环节。它一般包括以下几个方面：

1.教学方法的选择

教学方法是为实现教学目标，教师引导学生掌握知识技能、获得身心发展而共同活动的方法，包括教师教的方法和学生学的方法。中小学常用的教学方法有讲授法、谈话法、练习法、演示法、实验法、讨论法、研究法等。教师应尽可能广泛地了解有关新的教学方法，并对各种可供选择的教学方法进行比较，主要比较他们之间的特点、适用范围、优越性和局限性等。在对教学方法进行比较、选择时应依据以下几个方面①：

（1）课题（或单元）与课时的教学目的和任务，该学科内容的教学法特点。

（2）教学过程、教学原则和班级上课的特点。

---

① 王道俊、郭文安主编：《教育学》，人民教育出版社2009年版，第238页。

(3)学生的情趣、可授受水平,智能的发展状况,学习态度、学风与习惯。

(4)教师本身的条件,包括思想与业务水平,实际经验与能力,个性与特长。

(5)教师与学生活动的配合、互动,教师主动性与学生主动性的动态平衡。

(6)讲与练,学与用,班级、小组与个人活动,课堂教学与课外作业或课外活动等方面的结合。

(7)教学过程中的交往、沟通、合作与竞争。

(8)学校与地方可能提供的条件,包括社会条件、自然环境、物资设备等。

(9)教学时限,包括规定的课时以及其他可利用的时间,如早自习、晚自习等。

(10)对可能取得的效果的慎重预计与考量。

2.教学媒体设计

教学媒体是指被用于教学场景,介入教与学过程之中,承载、传递和控制以教学为目的的信息工具或装置。它既包括印刷课本、黑板等传统教学媒体,也包括幻灯、投影、录音、VCD、电影、计算机、网络等现代教学媒体。现代教学媒体包括硬件和软件,是软硬件的统一。教学媒体特别是现代教学媒体的运用,为教学信息的便捷、高效传递提供了可能,为教学质量的提高奠定了物质基础。选择教学媒体时,需要综合考虑以下几个方面的因素:

(1)教学媒体的适合性。应考虑媒体的使用是否有利于达成特定的教学目标,是否切合教学内容的性质和特点,是否适合于学生的年龄特点和学习的实际需要,是否有利于激发学生的学习兴趣,发展他们的学习潜能。

(2)教学媒体的技术性。没有一种教学媒体是万能的,要充分考虑不同类型媒体的功能及技术特点。还要考虑教师对所选教学媒体的驾驭能力,以及运用所选媒体是否有助于发挥自己教学的特长。

(3)现有的教学条件。要考虑教学媒体的可提供状况,包括资源状况、经济能力、使用环境、管理水平等。

3.教学结构的设计

教学结构是指为了实现一定的教学目标,各教学要素在时间和空间上的排列组合方式。教学结构的设计应注意以下方面:

(1)确定教学环节。在不同教学模式下,如接受教学模式与探究教学模式,教学具有不同的环节。因此,应根据所采用的教学模式以及学科的特点、教学对象、教学目标、教学内容等,明确课堂教学的开展需要哪几个教学环节,这些环节的时间分配及相互关系。

(2)组织教学要素。设计各环节具体展开的方式,如师生的活动方式、教学方法如何运用、教学媒体如何呈现,以及教学时间的控制等。不仅要注意课堂教学中学生的专注学习时间,还要把握好每个环节,防止教学时间遗失。研究表明,每天学生的学习能力有高低变化,每天学习能力最强的时间是上午二三节课期间,较差的时间是下午第一节课。此外,学生的年龄不同,学习的有效持续时间也不相同。根据测量研究,学生不产生疲劳的适当学习时间是:6～8岁为30～40分钟,9～12岁为40～50分钟,13～15岁为50～60分钟。

(3)形成结构体系。各个环节之间、各环节各要素之间形成一个有机协调、协同作用的整体，做到重点突出、兼顾全面，以保证课程教学的顺利开展。

（五）课堂教学评价设计

课堂教学评价是针对课堂教学活动过程及其结果的测量、分析和评定。对课堂教学评价进行设计应做好以下工作：

1.确定评价目的与对象

即解决为什么评价、评谁、评什么的问题。明确教学评价是评定学生的学业成绩，还是教师的教学工作；是为了改进完善教学，还是为了评优或选拔，等等。

2.分析评价目标与标准

这是教学评价设计的关键环节。它解决依据什么进行评价的问题。教学评价目标应以教学目标为依据，尽量具体化，并力求形成一个科学、合理的评价标准体系。

3.选择评价方法与工具

这一步骤解决的是用什么评价技术获取评价信息的问题。评价技术是指评价主体为完成评价任务所采用的工具以及方式方法。常用的评价方法很多，如观察、调查、谈话、标准测验、非标准测验等。根据评价的目的、目标和评价对象的特点，选用不同的评价方法。

经过以上六个方面的分析和设计，最终形成课堂教学方案（见表 7-5）。

表 7-5　表格式教学方案设计模板

<table>
<tr><td colspan="6">设计者：________　执教者：________课件制作者：________</td></tr>
<tr><td colspan="6">时间：____年____月____日　所教学校：________　班级：________</td></tr>
<tr><td>教学题目</td><td colspan="5"></td></tr>
<tr><td>学科</td><td></td><td>年级</td><td></td><td>学时</td><td></td></tr>
<tr><td>教材</td><td colspan="5"></td></tr>
<tr><td colspan="6">一、教学内容简介</td></tr>
<tr><td colspan="6">二、学生分析</td></tr>
<tr><td colspan="6">三、教学目标
1.知识与技能

2.过程与方法

3.情感、态度与价值观</td></tr>
</table>

续表

<table>
<tr><td colspan="7">四、教学内容分析</td></tr>
<tr><td colspan="7">1.知识点与学习目标</td></tr>
<tr><td rowspan="2">知识点及学习目标描述</td><td colspan="6">学习目标层次</td></tr>
<tr><td>识记</td><td>理解</td><td>应用</td><td>分析</td><td>综合</td><td>评价</td></tr>
<tr><td>(1)</td><td></td><td></td><td></td><td></td><td></td><td></td></tr>
<tr><td>(2)</td><td></td><td></td><td></td><td></td><td></td><td></td></tr>
<tr><td colspan="7">2.教学的重点和难点</td></tr>
<tr><td colspan="7">五、教学方法与媒体的选用</td></tr>
<tr><td colspan="7">六、课堂教学过程设计</td></tr>
<tr><td>教学环节</td><td colspan="2">教师活动</td><td colspan="2">学生活动</td><td colspan="2">备注</td></tr>
<tr><td></td><td colspan="2"></td><td colspan="2"></td><td colspan="2"></td></tr>
<tr><td></td><td colspan="2"></td><td colspan="2"></td><td colspan="2"></td></tr>
<tr><td colspan="7">七、形成性练习题和开放性思考题</td></tr>
<tr><td colspan="7">八、教学反思及修改意见</td></tr>
</table>

专栏 7-2

说　课

说课是教师在一定的教学思想指导下，依据课程标准，口头表述自己对教学目标、教学内容、教学重难点、教学方法、教学程序等的理解与设计的教研活动。它集"备中说""说中评""评中研""研中学"为一体，是优化课堂教学设计、提高教师教学和教研能力的一种有效途径。说课既可以根据说课的时机分为课前说课和课后说课，又可以按照说课的目的分为研讨型、示范型、评价型、检查型。

1.说课的特点

①机动灵活。说课既不受时间、地点、教学设备的限制，可随时随地进行，也不受教学对象和参加人数的制约，只要两个人以上即可开展。

②短时高效。说课一般时间较短，20～30 分钟即可完成，但内容却十分丰富，要全面说清自己对课堂教学的设计及将要开展的课堂教学活动的组织。

③用途广泛。检查教师备课、教师间研究教学、评价教师的教学水平、开展教学技能竞赛等均可采用说课的方法。

④理论性强。说课是理论性的分析，教师只有具备一定的理论水平，才能说好课。

2.说课的内容

说课要做到"四说二写一展示"。"四说",即说课堂教学的指导思想及课程标准、教材,说教法,说学法指导,说教学环节;"二写",指写出本课课题及板书设计;"一展示",指展示自己参与设计的辅助教学课件。

说课一定要说清"教什么、为什么教、怎么教和为什么这么教"。不仅要说清教学目标及内容、重难点的设计,还要着重说清培养学生创新精神和实践能力的具体做法,以及调动学生学习兴趣的具体措施。不仅要说清按照教学的先后顺序每一个教学环节所用的大体时间、师生双边活动、重难点如何突破,也要说出板书的内在结构及对学生有效学习的价值,还要简述自己设计、制作的辅助教学课件的思路和过程。

说课,不同于一般的发言稿和课堂教学,它要求说者比较系统地介绍自己的教学设计及其理论依据,而不是宣讲教案,也不是课堂教学的浓缩,它的核心在于"说理"。为了说好课,教师应提前按照说课的内容及要求撰写好说案。

四、课堂教学行为

课堂教学行为是教学实施过程的重要方面。教学是一个不断发展变化的活动过程,教学行为是教学活动过程的细节。在影响教学有效展开的各种因素中,只有教学行为是教学活动的实体,具有真实可见性。可以说,教学行为是实现对课堂教学进行直接观察与体验的载体。经过课堂教学设计所形成的课堂教学方案最终必须借助于课堂教学行为才能得以落实。

(一)教学行为的概念

1.教学行为的界定

教学行为即课堂教学行为,是教师在课堂这一特定场景中,在一定教学思想观念支配下所展现出来的职业行为,是课堂教学活动的实体、细节。从系统的角度讲,课堂教学由观念系统、行为系统、物质系统所构成。在行为系统内部,教师的教学行为与学生的学习行为是动态、互动关系,教学行为是否有效,不仅直接影响着学生学习行为的有效性,而且还关系到学生学习的效率与效果的高低和好坏。教学行为总是受到教师某种教学意图的支配,是教师教学思想观念的集中表现。教学行为又总是包含着一定的操作步骤,表现为一定的连续、周期的动作。教学行为还具有鲜明的个体特性,反映了教师的个性特点和教学风格。

需要指出的是,教学方法与教学行为既有联系又有区别。①教学方法是对具有某种共同特征的大量的具体教学行为的抽象和概括,是教学行为的规则体系。②教学方法是抽象的、静态的,其作为一种客观的精神产品,不依托于人而存在,而教学行为是生动的、具体的,其存在依托于具体的人。③教学方法为教学行为提供了一个框架,教学行为是教学方法框架中的细节。由于教学行为的个体性,同样的教学方法在教学实践中会展现不同的形态。④教学方法只有被教师认识理解和运用,并在教学实践中以教学行为的方式展现出来才具有真正的意义,离开了有效的教学行为,教学方法也只是方法知识而已。

2.教学行为的类型

教学行为的分类方法很多，这里根据教师在课堂教学中的行为方式及其发挥的功能把教学行为主要分为三类：主要教学行为（主教行为）、辅助教学行为（助教行为）、课堂管理行为（见表 7-6）。主要教学行为是以课堂教学的目标与内容为定向，需要教师具备必要的专业知识与技能。辅助教学行为是以课堂教学中的学生和情景为定向，需要教师具备一定的课堂经验和个性素养。课堂管理行为主要是为课堂教学的顺利进行创造条件，它需要教师具有一定的课堂经验与必需的技能。

表 7－6　课堂教学行为的分类①

类别	主教行为			助教行为	管理行为
	呈示行为	对话行为	指导行为		
具体方式	语言呈示（讲述行为等）	问答行为	练习指导	学习动机的培养与激发	课堂规则
	文字呈示（板书行为等）	讨论行为	阅读指导	有效的课堂交流	行为问题管理
	声像呈示		活动指导	课堂强化技术	课堂管理模式
	动作呈示			积极的教师期望	课堂时间管理

（二）课堂主要教学行为

课堂主要教学行为的具体方式很多，其中，呈示行为是以教师为核心的、基本的教学行为。呈示行为中最常用的是讲述行为。文字呈示中与教师关系最密切的是板书行为。以下介绍几种使用广泛的主要教学行为。

1.讲述行为

讲述行为是指教师以口头语言意向地向学生呈现、说明知识，并使学生理解知识的教学行为。讲述行为是课堂教学中最古老、应用最多的教学行为。有研究者指出，讲述平均占课堂时间的 65％左右。② 讲述行为既可以向学生说明是什么，介绍概念或术语的含义，也可以告诉学生怎么做，使学生明白一个过程、一种结构或一系列步骤，还可以说明为什么要做某件事或某件事发生的原因，因此，讲述行为主要表现为诠释性讲述、描述性讲述、解释性讲述。教师运用讲述行为可以由易到难、由浅入深地传递信息，利于学生接受；传递信息的效率高，信息量大；没有学生数量上的限制；教师也可自主控制教学时间，耗费课时少。但讲述行为对教师的语言表达能力和组织听讲的能力要求高。如果讲不好不仅难以增强师生课堂交流沟通，易导致课堂气氛沉闷，也易使学生形成被动学习的习惯，不利于学生主动性的培养。

在课堂教学实践中，讲述行为常有被误用的情况：①过短的时间内呈现了过多的新知识。

---

① 施良方、崔允漷主编：《教学理论：课堂教学的原理、策略与研究》，华东师范大学出版社 1999 年版，第 149 页。
② 施良方、崔允漷主编：《教学理论：课堂教学的原理、策略与研究》，华东师范大学出版社 1999 年版，第 175 页。

②讲述时间太长，超出学生有意注意的时限。一般而言，对小学、初中学生以讲述 10～20 分钟为适；高中生以 20～30 分钟为适；大学生及成人以 30～60 分钟为适。③讲述内容缺乏组织性、逻辑性。④讲述不顾及学生原有的知识基础或对学生知识准备做想当然假设。⑤讲述时没有激发起学生有意义地理解知识的心理倾向。

针对上述误用表现，教师在运用讲述行为时应注意：

语音准确，语词恰当，语流连贯，语速适中。教师语音应以普通话为准，保证学生听清楚每一个字；同时应使用普通话词汇，避免使用方言词汇。教师也要适时、恰当地使用本学科的专业词汇，避免使用日常生活词汇。教师应选择最准确的词汇，防止使用笼统和容易引起歧义的词汇。为了表达连贯流畅，教师在备课时要把教案中的书面语言转换为口语化的语言；讲述时尽量使用短句子，戒除说话带口头禅和多余语助词的不良习惯。教师讲述时的语速以稍慢于日常生活说话速度为宜，大致在每分钟 200～300 字。

讲述学生不太熟悉的新内容时教师可向学生呈现"先行组织者"，以明确知识的内在结构性和新旧知识之间的联系。"先行组织者"是指新材料学习之前向学生呈现的引导性材料，它比新材料本身有更高的抽象性水平、包容性水平。它的主要功能是展示所学习材料是如何组织的，说明学生已有旧知识与新知识之间的联系，增进学生对新材料的理解。

结合讲述内容本身结构选择某种组织形式，展开讲述。讲述可以按照部分—整体关系、序列关系、相关关系、连接关系、比较，以及规则—例证—规则型式向学生提供足够的肯定例证和否定例证等组织形式展开。

2.板书行为

板书行为是讲述过程中经常伴随的行为。板书配合讲述的开展，可提供学生学习内容的要点和结构，为学生识记、保持、再现学习内容提供线索，为师生将注意集中于共同内容提供现实载体。

从重要性和详略程度的角度看，板书主要有两种表现形式：系统板书（或称主板书、正板书）和辅助板书（或称辅板书、副板书）。系统板书要完整地反映出教师当前的讲述内容和思路，包括内容框架、重要的概念、基本要点、主要结论和重点词汇等。辅助板书反映的是与当前学习有关但相对较次要的内容，如先前学过的概念或公式、某些细节的推理过程、具体的演算步骤等。它对系统板书起辅助、说明作用。系统板书和辅助板书在黑板上的安排主要有两种方式：

例一：

辅助板书	系统板书	辅助板书	提示栏

例二：

系统板书	辅助板书	提示栏

从板书的形象化程度的角度看，板书主要有五种表现形式。①要点式。在黑板上只列出标题、要点和层次。能清晰地反映出授课内容的逻辑思路和层次，便于学生把握主要观点。②对比式。用于在某些维度上有不同表现的教学内容。可使不同表现形成鲜明对照，突出各自特征，便于理解、记忆。③表格式。它将教学内容中同一类概念、事物或事件的不同侧面分项目整理、归纳，并以表格的形式进行对照比较，能直观地看出它们的异同点和各自的特征，给学生留下深刻印象。④线条式。根据教学内容的发展过程、情节起伏或逻辑思路，选择关键的词语，以线条、箭头等连接起来构成一幅流程图，清晰地展现教学内容的线索。⑤图解式。以示意图的形式帮助学生认识某一事物的外形、结构和空间位置，或者人为地为某一内容配上具有象征意义的图案，帮助学生理解、记忆教学内容。

教师在运用板书行为时应注意以下几点：

①课前要设计好板书。预先设计的板书类型应与教学目标、教学内容和学生认知发展水平等相一致，要点式、总分式等较抽象的板书适合于高年级学生，而线条式、图解式等较形象的板书适合于低年级学生。板书整体框架要条理清楚，有系统性，内容要重点突出，语言要准确、简洁。如果系统板书不多，则应安排在黑板中间偏左的位置，反之，则应根据板书各部分的重要程度，依次安排在黑板的左上、左下、右上、右下位置。

②根据学生的反应书写板书。课堂教学中，教师应时时观察学生对板书的需求反应，尤其是中下水平学生的反应，从而决定何时或提供多少(详或略)板书、是否修正原先设计好的板书。板书时应做到字迹清晰、醒目。板书字体应为正楷，字体大小应以后排学生能看清为宜；根据需要选用恰当的彩色粉笔，以形成鲜明对比。

③避免干扰学生注视板书。黑板周围不放显眼的东西；书写时身体应尽量站在黑板一侧，避免挡住板书内容，避免粉笔和黑板摩擦发出尖锐的叫声；不在黑板裂隙或边框上写字；及时擦掉不用的字迹；建立使用黑板的常规；为重要内容或特别提示开辟固定的专门区域等。

④不要连续长时间板书。较复杂的图、表可提前在黑板上用虚线画出浅浅的轮廓，需要时再用实线画出来。如果需要呈现给学生的文字材料太多，也不要过度依赖黑板，可利用印刷的材料。

3.对话行为

对话行为是指课堂教学中师生、生生之间通过口头语言互动交流的教学行为。运用对话行为可以有目的地诱发学生参与教学的积极性；为学生提供练习和反馈的机会，也为教师针对教学实际调整教学提供线索；有利于学生对知识的巩固，有助于学生学习结果的迁移，培养学生的能力；还有助于活跃课堂气氛。对话行为主要有两种基本形式：问答行为和讨论行为。

(1)问答行为

问答行为是师生互动交流最常用、最主要的教学行为。其主要有两种表现形式:质问式问答行为和对话式问答行为。前者是教师几乎完全控制着问答的过程和方向,教师可以提问而学生则不能。后者是教师提出问题请学生表达自己的观点,并在学生观点的基础上再提出新的问题;学生也可向教师提出质疑,就某一问题共同探讨,学生对问答进程和方向有较多的支配机会。问答行为由发问、候答、叫答和理答四个环节组成:

①发问。问题要清晰,措辞要精练,难度要适当。一次只提一个问题,依照具体目的,确定提问的水平是知识水平、理解水平、应用水平、分析水平、综合水平还是评价水平;保证对学生学业成绩有积极作用的高认知水平问题的比例,与学业有关问题的发问频率应维持在较高水平,把学生的注意力组织在与学业内容有关的问题上。有研究者指出,在一项实践数学教学的相关研究中,在50分钟的一节课里,高效教师平均问24个问题,低效教师平均问8.6个问题。①

②候答。教师发问之后,根据问题的认知水平和具体情境,等候3～5秒钟,给学生以思考问题、组织答案的时间。如果在教师叫答后,学生没有说话,教师也应等待,直至学生给出实质性回答。不过,为了不对课的连续性造成破坏,教师应当缩短等候学生回答的时间,及时采取理答行为。

③叫答。叫答的范围应广,应保证每个学生有尽量多且均等的回答机会。教师可以按学生名单顺序或座位顺序等固定形式叫答,或者把班级分成小组,小组里学生共同商议答案,教师随机请各小组的某一位学生回答。

④理答。根据学生的回答情况,教师给予具体的理答。对于学生迅速而坚定的正确回答,要表示肯定,必要时给予表扬,或对正确回答做进一步解释,或追问一个问题。对于学生不完整或部分正确的回答,教师应首先肯定正确的部分,而后探问学生,并向学生提供回答的线索或对问题进行重新措辞。对于不正确的回答或不回答,先要弄清造成这种情况的原因,然后及时采取探问、转问、提示等适当措施。

(2)讨论行为

讨论行为是班级成员之间通过互动交流,形成对某一问题较为一致的理解、评价或判断的教学行为。讨论行为有利于培养学生批判性思维能力,帮助学生自己解决问题,培养人际交流技巧等;但存在着不易控制、耗费时间和讨论结果难以预料等缺点。教师运用讨论行为需要注意以下问题:

①教师要做好讨论的准备,确定并精确表述有待讨论的主题,把经验和观点不同、相互之间比较喜欢的同学5～8人分为一组。②讨论开始时,教师对写在黑板上的讨论主题进行解释,向学生说明讨论的要求:说明自己解决问题的办法;详细阐明自己的想法;为自己的观点辩护;根据有关思想,修正自己的观点;每人都要评价别人的观点。③讨论过程中,教师要专心倾听,谨慎反应,要做好讨论笔记。为了确保讨论不离开主题和顺利进行,当学生的发言离题太远,学生因意见不同而发生争执,个别学生发言过多或不参与讨论,无人发言或讨论难以继续

① 施良方、崔允漷主编:《教学理论:课堂教学的原理、策略与研究》,华东师范大学出版社1999年版,第205页。

时，教师应适时、适量，客观公正地介入讨论。④讨论完毕时，教师应做归纳总结，以加深学生对所讨论问题的理解，掌握讨论的方法，学会表达自己的意见，促进思维能力的发展。

4.指导行为

指导行为主要有练习指导、阅读指导和活动指导。练习指导是教师帮助学生成功完成课堂练习，达到掌握知识和技能的目标，保证教学顺利进行的教学行为。阅读指导是教师在学生独立阅读教学材料时，帮助学生理解阅读内容，掌握阅读方法、策略的教学行为。活动指导是指教师对学生独立从事的操作或实践活动的组织、引导和促进的教学行为。下面着重介绍活动指导。

活动指导主要是指导学生的自主学习活动，并为活动的开展提供所需的基本条件。根据学生自主活动的学习类型，活动指导行为主要有体验学习指导、探索学习指导和解决问题学习指导等三种表现形式；根据学生自主活动的组织形式，活动指导行为又有个别活动指导、小组活动指导和班级活动指导等形式。教师在运用活动指导行为时应注意：

①学生活动方案的设计。教师首先要确定活动主题。遵循接近学生的生活实际和经验原则，活动的主题主要来看三个方面：与日常生活和个人发展有关、与社会生活和文化生活有关、与科学技术和社会发展有关。其次，确定学生活动目标。在态度、能力和知识三类目标中，应把活动目标的重点放在态度和能力上，并侧重目标的方向和性质而不是量化水平。第三，要选择活动的方法和组织形式。对于小学低、中年级学生来说，较适于选择游戏、模仿、观察、手工制作、动植物养育等活动方法；对于小学高年级及其以上年级学生，选择讨论、查阅资料、调查访问、科技制作、社区服务等活动方法较适宜。

②学生活动的基本条件的提供。教师提供的活动条件主要包括物质条件、信息条件、人力条件。物质条件主要包括活动工具（如锤子、锯、米尺、计算器、针等）、活动材料（如木料、布料、种子、花盆等）和活动场所。信息条件包括使用图书馆、观看录像、听讲座、参观访问等机会。

③自主活动的引入。应让学生明确活动的主题、目标和内容，教师可以通过问答、讨论、参观或观察等方式引入课题及活动方案，激发学生参与活动的兴趣，增强学生对活动主题、目标和内容的理解，提高他们的参与活动的意识。

④自主活动的促进。学生是活动的主体，教师起着间接指导作用。教师的作用主要体现在：启发学生独立思考，提高小组成员的团结合作意识，让学生力争自己解决遇到的难题；鼓励学生创新、探索、尝试，提醒他们认识到成功的方向；允许学生失败，让学生从失败的体验中认识到计划、分工、合作、方法等因素的重要性；让学生填写“个人活动记录表”和“小组活动记录表”，分别了解个人参与学习的态度和行为表现、小组成员间的合作与交流情况，使学生对活动过程实施自我监控。

⑤成果交流的组织。活动结束，教师可依照活动内容特点和预期结果的形式指导学生举办成果交流报告会、辩论会、表演剧或展览会等。教师应让学生自由地表现自己的成果，对成果展示的过程不要施加任何限制。在展示的内容方面，教师要提醒学生不仅要展示最终活动成果，也要展示活动过程。

（三）课堂管理行为

课堂管理行为是指教师为了保证课堂教学的秩序和效益，协调课堂中人与事、时间与空间等各种因素及其关系的教学行为。课堂管理不仅有助于维持良好的课堂教学秩序，也有助于激励学生潜能的释放，引导学生从事积极的学习活动，提高学习效率。

1.课堂规则

课堂秩序是课堂教学顺利进行的基础，是有效教学的保证。课堂秩序有赖于课堂规则及其执行。课堂规则是课堂成员应该遵守的保证课堂秩序和效益的基本行为要求或准则。课堂规则有地区差异，内容多种多样，通常设置的课堂规则有：

按时上课，不迟到、不早退，不随意缺课；

因特殊原因迟到者要向教师报告，因事因病无法上课者应请假；

听到上课铃响，立即进教室，准备好书籍用具，静待上课；

按排定的座次入座，不可私自随意调换座位；

上课和下课时随班长或值日生的口令起立、问候，向教师表示敬意；

提问和回答问题要先举手，经允许后才能起立发言，语言要清楚、简洁；

课前要预习，课后要复习；

上课专心听讲，勤于思考，仔细观察，不看无关的书籍，不做无关的事情；

按时完成作业，做到独立思考、书写整洁、字迹清楚、格式规范；

离开座位，走动要轻，不妨碍他人；

保持正确的看书写字姿势，注意用眼卫生；

保持课堂内外整洁，不乱丢纸屑杂物，不随地吐痰；

课前课后，值日生做好教室清洁卫生，要揩净黑板，整理好讲台；

尊敬教师，注意礼貌，关心同学，相互帮助；

进出课堂要依照次序，保持安静，不影响他人学习。

课堂规则的制定应以有关的法律法规以及学生守则、学生行为规范条例、学校规章制度为依据。应尽可能通过师生的充分讨论，共同制定。课堂规则应明确、合理、必要和可行。如“注重自己的行为”，这种规则即不明确。又如“上课期间禁止上厕所”，这种规则学生不仅难以做到也不利于学生健康。所制定的规则的项目应少而精，一般 10 条左右即可，内容的表述以正向引导为主，多用积极的语言，多规定“做什么”，少采用“不准或严禁做什么”之类的词语。规则一旦制定，应让每一个学生都理解，并始终一贯地执行，而且坚定、果断。规则在执行时既要公平，又要因材施教，多使用鼓励与表扬等正面强化。

2.课堂问题行为管理

课堂问题行为是指在课堂中发生的、违反课堂规则、妨碍及干扰课堂活动正常进行或影响教学效率的行为。课堂问题行为具有普遍性，无论什么课堂，什么类型的学生，问题行为都可能出现。课堂问题行为在程度上也具有差异性，但又以轻度为主。课堂问题行为一旦产生，又很容易蔓延，激发许多类似或其他的问题行为。如果处理不当，不仅容易引起教师与学生之间的冲突和课堂纪律问题，影响课堂教学活动的正常进行，而且还会影响学生的身心健康，甚至影响学生人格的发展。

(1)学生课堂问题行为产生的原因。综合起来看，学生课堂问题行为的产生主要有三方面的原因。①教师的教育失策。教师职业道德、敬业精神有待提高，为人师表的风范不够，没有赢得学生的信任；教育观念错误，没有树立正确的学生观，唯分数论，题海战术；放任学生或对问题行为反应过敏、粗暴；教学偏差，教学方法呆板，教学能力偏低，在学生中没有威信。②学生的身心状况。自控能力的性别差异；视、听、说等方面的生理障碍；学生发育期的紧张、疲劳、营养不良；因神经发展迟缓或神经功能障碍而造成的"多动症"；学生的焦虑、挫折、性格倾向等。③环境因素。家长的教养方式、家庭气氛、家庭结构等；庸俗、低级的媒体内容；课堂内部环境，如课堂内的温度、色彩、课堂气氛等。课堂座位的编排方式也与学生的问题行为有关。有研究表明，坐在前排座位的学生大多在学习上过分依赖教师，而坐在后排座位的学生，通常有捣乱和不听讲等问题行为；课桌椅秧田排列时，学生学习努力的程度是圆桌式的 2 倍；而坏习惯的出现频率，则圆桌式是秧田式的 3 倍。①

(2)教师对课堂问题行为的管理。针对课堂问题行为产生的原因，教师可采取以下切实措施恰当予以处理。①先入为主，预防在先。及时制定课堂规则，确立学生的课堂行为标准；保持课堂整洁、秩序与优雅；打破按高矮次序或学习成绩排位的简单方式，综合考虑学生的特点，选择适当的座位排列形式；认真进行教学设计，合理安排课堂教学的内容与节奏；尊重、爱护每一个学生，建立和谐的师生关系；②有效控制，及时处理。鼓励和强化良好行为，以良好行为控制问题行为；通过停顿、走近、眼神等信号暗示，使用幽默、创设情境、有意忽视、转移注意、移除媒介、批评或处罚等有效方法，及时终止问题行为；③帮助校正，有效转变。以奖为主，多奖少罚；综合分析，统一目标，协调行动，形成全力；开展心理辅导，帮助学生自学转变。

第五节 教学评价

一、教学评价概述

(一)教学评价的概念

教学评价是指依据一定的客观标准，对教学活动及其结果进行测量、分析和评定的过程。它以参与教学活动的教师、学生、教学目标、内容、方法、教学设备、场地和时间等因素的有机组合的过程和结果为评价对象，是对教学工作的整体功能所做的评价。教学评价以教学测量为基础。教学测量是对教学属性分配数值，属于事实判断范畴，而教学评价则是依据教学测量的结果对教学活动所做的价值判断。教学评价包括教学评定、教学考评、教学评估，一般认为，教学评定用于对学生个体的评价，教学考评用于对教师和教育管理人员的评价，教学评估用于对教育机构和教育方案等的评价。

---

① 施良方、崔允漷主编:《教学理论:课堂教学的原理、策略与研究》,华东师范大学出版社 1999 年版,第 299 页。

（二）教学评价的功能

教学评价在教学过程中发挥着多方面的功能，从整体上调节、控制着教学活动的进行，保证着教学活动向预定的目标前进并最终达到该目标。具体说来，教学评价的功能主要表现在以下几个方面：

1.诊断功能

通过教学评价，教师可以了解自己的教学目标确定得是否合理，教学方法、教学手段的运用是否得当，教学的重点、难点是否讲清，也可以了解学生在知识、技能和能力等方面已经达到的水平和存在的问题，分析造成学生学习困难的原因，从而调整教学策略，改进教学措施，为教师的教学和学生的学习指明方向，有针对性地解决教学中存在的各种问题。

2.反馈功能

教学评价的结果，不仅可以为教师判定教学状况提供大量的反馈信息，而且也可以为学生了解自己学习的好坏优劣提供直接的反馈信息。对于教师而言，教学评价提供的反馈信息，可以帮助他们及时获得有关教学过程各个方面的详细情况，发现自己工作中的薄弱环节，在此基础上修正、调整和改进教学工作；对于学生而言，一般说来，肯定的评价可以进一步激发学生的学习积极性，提高学习兴趣。

3.调控功能

在教学过程中，教学评价的内容和标准往往会成为学生学习的内容和标准，从而左右学生学习的方向、学习的重点以及学习时间的分配；教师的教学方向、教学目标、教学重点的确定，教学方法和教学行为的选择，也要受到评价内容和评价标准的制约。

4.检验功能

在教学活动中，教师的教学水平和教学效果如何？学生是否掌握了必备的基础知识和基本技能？预定的教学目标是否实现？这些都必须通过教学评价加以检查和验证。对于学生学习结果的评价，尤其是某一课程或某一段教程结束之后进行的终结性评价，可以作为证明学生知识掌握程度、能力发展水平的证据；同时，对于学生学习结果的评价，也可以作为教育行政部门评价教师教学工作质量的重要依据。

（三）教学评价的基本类型

1.根据评价在教学活动中的作用的不同进行划分

（1）诊断性评价。诊断性评价指在学期开始或一个单元教学开始时，为了了解学生的学习准备状况及影响学习的因素而进行的评价。其作用在于检查学生的学习准备程度；决定对学生进行怎样的分班分组；辨别造成学生学习困难的原因。通常采用的方式有：查阅学生此前的有关成绩记录；进行摸底测验；通过问卷、小组座谈、个别谈话等方式调查学生的学习技能、习惯、学习态度等。

（2）形成性评价。形成性评价指在教学过程中为改进和完善教学活动而进行的对学生学习过程及结果的评价。其作用在于改进学生的学习；为学生的学习定步调；强化学生的学习；给教师提供反馈。形成性评价主要通过形成性测验，辅以日常作业和观察来进行。

（3）总结性评价。总结性评价也称为终结性评价，指在一个大的学习阶段、一个学期或一门课程结束时对学生学习结果的评价。其作用在于评定学生的学习成绩;证明学生掌握知识、技能的程度和能力水平以及达到教学目标的程度;确定学生在后继教学活动中的学习起点;预言学生在后继教学活动中成功的可能性;为制定新的教学目标提供依据。终结性评价通过终结性测验进行。

2.根据评价所运用的方法和标准的不同划分

(1)相对性评价。相对性评价又称为常模参照性评价,是运用常模参照性测验对学生的学习成绩进行的评价,它主要依据学生个人的学习成绩在该班学生成绩序列或常模中所处的位置来评价和决定他的成绩的优劣,而不考虑他是否达到教学目标的要求。相对性评价具有甄选性强的特点,因而可以作为选拔人才、分类排队的依据;它的缺点是不能明确表示学生的真正水平,不能表明他在学业上是否达到了特定的标准,对于个人的努力状况和进步的程度也不够重视。

(2)绝对性评价。绝对性评价又称为目标参照性评价,是运用目标参照性测验对学生的学习成绩进行的评价,它主要依据教学目标和教材编制试题来测量学生的学业成绩,判断学生是否达到了教学目标的要求,而不以评定学生之间的差异为目的。绝对性评价可以衡量学生的实际水平,了解学生对知识、技能的掌握情况,它关心的是学生掌握了什么、能做什么或没掌握什么、不能做什么,宜用于升级考试、毕业考试和合格考试;它的缺点是不适用于甄选人才。

(3)个体内差异评价。个体内差异评价是指把学生个体的过去与现在进行比较,或者把个体的有关侧面相互进行比较,判断其发展状况的评价方法。其优点是充分尊重学生的个体差异,便于因材施教,并适当地减轻了学生的压力。但是,由于评价本身缺乏客观的标准,不易给学生提供明确的目标,难以发挥评价的应有功能。

二、教学评价的原则与方法

(一)教学评价的原则

1.客观性原则

客观性是教学评价的基本要求。开展教学评价一定要做到评价标准客观,不带随意性;评价方法客观,不带偶然性;评价态度客观,不带主观性。

2.发展性原则

教学评价应着眼于学生的学习进步、动态发展,着眼于教师的教学改进和能力提高,以调动师生的积极性,提高教学质量。因此,教学评价应是鼓励师生、促进教学的手段,应尊重学生的人格,而不能是整人的工具。

3.整体性原则

教学评价应树立全面观点,从教学工作的整体出发,进行多方面的检查和评定。一要评价标准全面,尽可能包括教学目标和任务的各项内容,防止突出一点、不及其余;二要把握主次,区分轻重;三要把分数评价、等级评价和语言评价结合起来,以求全面地、准确地接近客观实际。

4.指导性原则

教学评价应在指出教师和学生的长处、不足的基础上，提出建设性意见，为教学指明方向和增添前进的动力。因此，要明确教学评价的指导思想在于帮助师生改进学习和教学，提高教学质量；要信息反馈及时；要重视形成性评价，起到及时矫正的作用；分析指导要切合实际，发扬优势，克服不足。

（二）教学评价的方法

1.观察法

观察法适用于在教学评价中那些不易量化的行为表现（如兴趣、爱好、态度、习惯与性格等）和技能性的成绩（如唱歌、绘画、体育技巧和手工制成品等）。观察时不能让被观察者获知，观察者应记录学生有意义的或异常的行为表现，写好观察日志。对于学生的技能、美术、手工作业、作文等评价时，还可确定观察（评价）的项目，运用等级量表进行观察。（见表 7-7）

表 7-7　行为观察等级量表（样式）

等级 评定标准 评定项目				

2.调查法

调查法是指通过交谈、答卷等形式获得原始资料，并对所得资料进行分析、讨论，从而对学生的成绩进行评价的方法。调查法能够同时收集到大量的资料，使用方便，并且效率高，特别是有利于了解学生的学习态度、方法与习惯。调查一般通过问卷与访谈进行。问卷要简明扼要，只提调查者希望知道的问题，答卷人应自主对问卷进行回答，问卷所获的资料必须经过统计分析才能科学地利用。访谈可采用与学生一对一，或召开学生座谈会的形式进行，访谈前一定要做好准备，要达到什么目的，要问哪些问题，要有访谈提纲。

3.测验法

测验是在同一时间内用同一试卷考核、测定众多学生成绩的方法。它主要以笔试形式进行，适用于对学生学习科学文化知识成绩的评定。测验能够搜集大量可供比较研究的宝贵资料，不仅简便易行，而且结果也较可靠，历来受到普遍重视。但测验亦有局限性，它难于测定学生的智力、能力和行为技能的水平。测验有以下类型：

（1）主观性测验与客观性测验

①主观性测验是通过主观性试题（论述题、案例分析题、应用题、作文题、比较题等）而进行

的测验。它强调学生的主动性和答题中对所提问题的思考过程，要求学生根据对测验所提问题的认识和理解，用自己的语言来形成答案，有利于测量学生分析和解决问题的能力，是对较高级思维过程和能力的测验。但是，由于试题的主观性强、评分标准也难以统一，而且测验中较费时、题量小、覆盖面窄，所以，主观性测验效果的可靠性和有效性相对较低。

②客观性测验。客观性测验是通过客观性试题（填空题、选择题、是非题、改错题等）而进行的测验。其命题内容的覆盖面广、容量大，减少随机因素的影响；试题答案具有确定性，评分标准统一且易于掌握，阅卷方便，直至用机器评分，不易受评卷人主观态度的影响。但是，试题编制难度较大，不利于有效测出学生对问题的思考过程以及组织材料的能力、文字表达的能力和创造力，而且无法排除猜测答案的可能性。

(2)教师自编测验与标准化测验

①教师自编测验。它是教师依据教材或要测验的内容自己编制测验。一般来说，其出题在数量上、题目对知识点的覆盖面上、题目难度与区分度上、回答时间上等方面都没有严格的规定，因而出题较为容易。但其容易因个人的喜恶等因素而在编制上出现较多的问题。

②标准化测验。它是一种应用统一的试题与评分标准、对测验中的误差做了严格控制的了解学生知识的检验形式。标准化测验，在以下六个方面与教师自编测验有明显的区别。一是要按照出题蓝图的构想（知识点、能力点、难度、题量、时间等）来出题。二是在题目的总量上有一定的要求，不能过少。三是有较为严格客观的评分标准。四是在评价时以“常模”来作为评价对比基础。五是实施测验时在时间及其测验程序等方面都有统一的要求。六是在测验完成后，有相关的统计量来分析说明测验质量，这包括“测验信度、测验效度、测验难度、测验区分度”等。这类测验多用于衡量学习者达标的水平。

4.档案袋评价法

(1)档案袋。档案袋又称学习档案、成长记录袋，是指显示学生学习成绩或持续进步的作品、评价结果以及其他相关记录和资料的汇集。档案袋可以是纸质的也可以是电子的，随着教学信息化的发展，越来越多的学校、教师、学生建立各种类型的电子档案袋。档案袋里的内容应与某一时期教学或学习目标一致，学生自己可以决定把何内容放入档案袋，也可以自己进行评价和反馈。档案袋依据目标主要分为展示档案袋、过程档案袋、综合档案袋。展示档案袋旨在收集学生最终的学习成果；过程档案袋主要反映学生的努力过程；综合档案袋则提供学生发展水平的信息，是评估学生发展状态的工具。

(2)档案袋评价。档案袋评价指以档案袋为依据对评价对象的发展状况进行客观综合判断的教学评价。它是 20 世纪 80 年代在美国教育实践中涌现出来的一种新型质性教学评价方法。档案袋评价与标准化测评有明显区别（见表 7-8）①。它与传统的评价最大的不同在于，学生是评价的直接参与者，是选择档案袋内容的主要决策者，是评价的主体，它通过学生的自评、互评，家长评和教师评，实现了学生、教师、家长的多向交流。档案袋评价并不给予好与不

① W.J.Popham 著，国家基础教育课程改革“促进教师发展与学生成长的评价研究”项目组译:《促进教学的课堂评价》，中国轻工业出版社 2003 年版，第 162 页。

好的结论，而是关注学生的学习和成长过程，关注过程中的相关事件，并提出相应的改进与发展建议。档案袋评价的内容广泛，涉及学生知识、技能、情感、行为、态度等多方面，注重学生的全面发展和个性培养。评价的形式多样，既有学生作品展示，又有学生自我反思；既有过程的积累，也有终结性评语；既有教师评价，也有家长反馈，力求多渠道反映学生的成长历程。档案评价记录了学生的成长过程和对学生的多方鼓励，可以帮助学生感悟成长、感悟人生、助长生命。

表 7－8　档案袋评价与标准化测评的区别

档案袋评价	标准化测评
反映学生参与的多种读写活动	依据有限的读写任务来评价学生的读写能力
让学生参与自己进步与成就的评价，并提出进一步学习的预期目标	由教师根据学生的答题情况评分
在尊重学生个体差异的基础上评价每一个学生的成就	用同一标准评价所有的学生
评价过程是合作性的	评价过程是非合作性
自我评价是重要目标	没有自我评价方面的目标
关注学生进步、努力与成就	只关注学生成就
将评价与教、学结合起来	教、学、评价是分离的

(3)档案袋评价的程序

档案袋评价的操作涉及四个方面：为什么收集材料、收集什么材料、怎样收集材料、对材料的评价形式。因此，档案袋评价有以下程序：

①确定评价对象。

②明确目的，确定主题。根据学生实际确定评价的目的和主题，可以全班统一，也可以部分统一，还可以是针对个别的学生；可以由教师确定，也可以由教师指导学生确定，还可以由学生自己自主确定。每一个主题作为一个子档案袋，一个学期的总档案袋可以包含着体现各种主题的若干个子档案袋。

③设计评定的格式。根据特定的学科、特定的对象、特定的目的，设计特定的评定格式。

④界定内容的范围。目的、主题不同，内容自然有别。无论针对什么目的和主题，收集的内容都应客观反映出学生的进步、成绩、问题及反思。

⑤规定收集的频次和时间阈限。

⑥确定评价的主体、流程及方法。

⑦交流与分享。

三、学生发展评价

学生发展评价是指依据国家的教育教学目标，运用恰当、有效的工具，系统收集学生在教学和自学的影响下认知行为上的变化信息和证据，并对学生的发展状况进行价值判断的过程。学生发展评价不仅包括对学生知识技能水平的评价，还包括对学生态度、情感、价值观的评价，是对学生综合素质发展状况的整体评价。

(一)学生认知发展评价

认知即认识，指学生所获得的知识及对知识运用的能力。为了评价学生的认知发展，我国建立了中小学考试制度，主要由考查和考试两个部分组成。考查是指对学生的学习情况和成绩进行的一种经常性的小规模的检查与评定。考查可以由任课教师自主安排，也可由学校统一安排。考查的方式主要有口头提问、检查书面作用、随堂进行的课题或单元测验等。

考试是对学生认知发展评价的主要方式。它一般由学校或上一级教育行政部门统一组织，其目的是对学生的学习质量进行全面检查与评价。考试一般对学生的认知发展进行形成性或总结性检查与评定，通常有期中考试、学期考试、学年考试、毕业考试等。随着我国考试制度改革，考试应与其他评价方式相结合；应根据考试的目的、性质、内容和对象，选择相应的考试方法；要充分利用考试促进每个学生的进步；要特别注重形成性评价和对学生综合素质的评价。

考试的主要方法是测验，为了搞好考试，确保对学生认知发展检查与评定的效果，必须做好测验的编制工作。

1.有效测验的标准

(1)信度。信度指测验结果的可靠性或一致性的程度。如果一个测验在不同的条件下经反复使用，所获得的结果大体一样，那么这个测验的信度就较高。以信度的最高值是1为例，通常认为正规测验的信度应不小于0.9，否则测验就没有意义。一般认为在编制测验中可以通过适当增加测验试题的数量、控制试题的难度(适中)、选择测验内容(应尽量同质)等方法来提高测验的信度。

(2)效度。效度指测验得到的结果的准确性或有效性的程度。它反映测验测到的知识、能力等与原来设计要测验的这些对象之间，是否相符合及其相符合的程度大小。信度和效度是编制测验必须考虑的最基本要素。一个有较高效度的测验，一定是有信度的测验；反之则不成立。

(3)难度。难度指被测验人完成测验的难易程度。一般是以通过某一测验的人数与参加测验的总人数比值来反映，所以，实际上是“容易度”“通过率”。如一个试题在被试群体中的得分率是80%，就表示这个试题的难度是0.8，如要求试题的难度适中，即试卷的平均难度为0.5左右。

(4)区分度。区分度指某个测验能在这个测验规定的范围内把参加测验的优秀与非优秀人才区分开来的一种指标。它是鉴定一份测验的必需指标，特别是对于选拔人才用的测验来说，还须有较高的区分度。区分度通常在测验完成后，对所有参加测验的人的分数进行统计分析后得到。

2.测验的编制

(1)明确测验的目的。编制测验首先要明确测验的目的与用途,以减少测验的盲目性,增强测验的信度和效度。

(2)编制考试命题双向细目表。命题双向细目表是一种考查目标(能力)和考查内容之间的列联表。一般包括纵向列出的考查内容和横向列出的考查能力两个维度。编制双向细目表,一是根据学科课程标准和教学目标,纵向列出教材中的重要知识点。二是横向列出能力水平,从左到右依次是识记—理解—运用—分析—综合,也可简化为识记—理解—运用。三是在知识与能力共同确定的方格标明考题的题型、分数等(如表 7-9、表 7-10 所示)。题型一般有:选择题、是非题、匹配题、名词解释题、填空题、简答题、论述题、论文题等。由于考试命题双向细目表在各项中并没有规定命多少道题,也没有规定题目出在哪些知识点上,然而,一个知识点可以包括大量具体的内容,命题者可以从中选择,因此,可以根据测验的目的与要求,依据双向细目表进行针对性的命题。

(3)编制试题,即命题。依据命题双向细目表命题,试题的取样应有代表性,试题的分布范围要广,应当覆盖该学科全部重要的教学内容;题型要多样化,应根据测验的用途、材料的性质和学生的年龄特征而定;各试题应彼此独立,不应有任何重复或相关,不应有暗示本题或其他题目正确答案的线索;试题要有一定的分量,注意难度分布和整套试题的难度,以便拉开学生成绩的差距;试题的文字表述要简明,不要遗漏必要的条件,标点符号要正确;试题数目应当充足,以备删除、淘汰和选用。

(4)试测与分析。对初步编拟的题目应进行测试,并分析题目的性能,从而为进一步筛选题目提供客观依据。试测之后要及时进行项目分析。编制一套测验往往要经过多次试测与分析,最后才能筛选出令人满意的题目。

(5)编制试卷。选出性能优良的题目经过适当的编排组合成一套试卷。在试卷的编排上,应尽可能将同一题型组合在一起,并将试题按由易到难的顺序排列。每一题都应测量到双向细目表中的一项重要的学习结果,全套试卷应当覆盖整个双向细目表的内容。

(6)提供测验的评定标准。测验编制过程中应同时考虑制定测验的答案和评分标准。既要提供客观性试题的标准答案;也要提供主观性试题的答案要点;还要说明评定的记分规则。为了尽量缩小不同教师对试卷评定时产生的误差,在给主观性试题提供答案要点的同时,应尽可能进一步做出详细说明,如答案准确、简单、详细、有创造性的应分别给出得分标准。

表 7-9 测验内容与测验目标关系的双向细目表

测验内容	测验目标				
	识记	理解	应用	分析与综合	创新
第三节光合作用					
一、光合作用的发现	一、3/(3)	二、2/(2)			
二、叶绿体中的色素	一、17/(4)	二、3/(5)			

续表

三、光合作用的过程	一、7/(5)	一、11/(2)		二、1/(10)	
四、光合作用的意义	一、9/(3)		一、10/(3)		二、4/(6)
实验六、叶绿体中色素的提取和分离	二、5/(5)				

注：上表仅为试卷的一部分内容，不是一张完整的试卷双向细目表。“一”为选择题，“二”为简答题，斜线上方的数字为小题号，括号内的数字是分值。

表 7-10 初中升高中英语试题命题双向细目表

题类		题号	考点内容	分值	目标层次				难度预估				出处			
					识记	理解	运用	综合	易	中	难	难度值	教材	练习	改编	课外
听力测试	情景反应 5 分	1	问候及应答	1		1			1			0.65	1			
		2	赞赏及应答	1		1			1			0.65	1			
		3	表述要求及应答	1		1			1			0.65	1			
		4	请求及应答	1		1			1			0.65	1			
		5	建议及应答	1		1			1			0.65	1			
	句子理解 5 分	6～10	句义理解	5		5			3	2		0.6	3		2	
	对话理解 15 分	11～20	就情景对话提问	10		10			8	2		0.65	5	3	2	
		21～25	就对话细节提问	5		5			3	2		0.6			5	
	短文理解 5 分	26～30	语篇实事细节理解	5		5			3	2		0.6				5
笔试	选择填空 15 分	31	代词	1			1		1			0.6			1	
		32	就餐及应答	1			1		1			0.6			1	
		33	名词词义辨析	1			1			1		0.6			1	
		34	介词	1			1			1		0.6			1	
		35	情态动词	1			1			1		0.6			1	
		36	不定代词	1			1			1		0.6			1	
		37	动词时态	1			1			1		0.55			1	
		38	动词时态	1			1			1		0.55			1	
		39	疑问代词	1			1			1		0.55			1	
		40	形容词短语辨析	1			1			1		0.55			1	
		41	动词短语辨析	1			1			1		0.55			1	
		42	宾语从句	1			1			1		0.55			1	

续表

笔试	选择填空 15 分	43	被动语态	1			1			1		0.55			1	
		44	告别及应答	1			1			1		0.6			1	
		45	标志识别	1			1			1		0.6			1	
	完形填空 10 分	46～55	名词的词义及应用	4			4			2	2	0.5				4
			动词的词义及应用	4			4			1	3	0.5				4
			形容的词义及应用	2			2			2		0.5				2
	阅读理解 15 分	56～70	细节理解	11			11			6	5	0.5				11
			词义推测	2			2			1	1	0.5				2
			中心概括	2			2				2	0.5				2
	词汇 10 分	71～80	单词拼写	5	5				1	3	1	0.5			2	3
			词汇应用	5			5		1	2	2	0.55			2	3
	改写句子 5 分	81～85	like better	1			1			1		0.55			1	
			neither, nor	1			1			1		0.55			1	
			状语从句与简单句	1			1			1		0.55			1	
			不定式	1			1			1		0.55			1	
			宾语从句与被动语态	1			1				1	0.50			1	
	对话 10 分	86～95	打电话、提供帮助、问价格、问路、赞同等	10			10		4	4	2	0.50			10	
	综合填词 10 分	96～105	动词的应用	4				4		1	3	0.40				4
			形容词的应用	2				2			2	0.40				2
			名词的应用	1				1			1	0.40				1
			副词的应用	2				2			2	0.40				2
			连词的应用	1				1			1	0.40				1
	写作 15 分	三年制	根据提示写发言稿	15				15		15		0.55				15
		四年制	根据提示写发言稿	15				15		15		0.55				15
合计				120	5	30	60	30	30	60	30	0.55	13	7	45	55

(二)学生技能形成评价

技能是指顺利完成某种任务的一种活动方式。根据技能的性质和特点，技能一般分为动作技能和心智技能。动作技能是指通过学习而形成的合乎规则的外部操作活动方式。心智技能也称智力技能，是通过学习而形成的合乎规则的内部心智活动方式，如阅读技能、写作技能、运算技能、解题技能等。教学中，通常将学生口头语言表达技能、实验操作技能和动作技能作为独立项目予以评价。

1.口头语言表达技能评价

口头语言表达技能是指运用特定语言进行思想表达的能力。口头语言表达技能评价包括六个方面。①语用。正确运用语言知识，进行语言交际。②语脉。说话有条理，表达通顺、连贯。③语态。神态自然，并有恰当的表情。④语意。说话意思清楚明白。⑤语汇。说话具体，用词丰富生动。⑥语量。能自主地控制音量和速度。其中，重要因素是语用、语脉、语态。评价方法主要是口试，有间接、半直接、直接三种测试形式。间接测试要求学生听或读一段材料后，用书面形式回答问题，一般在大规模的统一考试中使用，但效度较差。直接测试是通过教师与学生面对面的交流来进行的形式，虽能综合地反映学生的表达能力，但评定过程受主试者的影响较大，主观性较强。半直接测试是使用课文、图片、录音磁带、计算机等设置说话情境和提示，主试者和被试不直接当面交谈，用磁带录下被试的回答，事后请多名教师做出评定。

2.实验操作技能评价

实验操作技能是学生使用和直接操纵相关的仪器设备或处理实验材料进行实验操作以及通过实验研究问题的能力。实验操作技能评价主要通过观察学生对仪器设备的使用和实验操作，检查学生的实验记录、实验报告和实验设计，一般采用观察法、实际操作法并辅之以笔试和口试等。实验操作技能评价的目标等级通常为初步学会、学会、熟练(如表 7-11)。

表 7-11 化学实验操作技能评价指标体系①

项目	指标
仪器的使用	①识别：能识别仪器，了解其用途，能按比例绘出常用的或某些重要的仪器图 ②初步学会：在教师指导下，能正确使用(学生自己使用过 1～2 次) ③学会：能独立正确地使用(学生自己使用过两次以上的) ④熟练：能正确无误、快速、顺利地使用仪器
实际操作	①识别：看过演示、装置或图示，学生虽未动手操作过，但能叙述实验过程，能判断实验操作和装置的正、误 ②初步学会：在教师指导下，学生能正确进行操作一次或两次 ③学会：能独立、正确地进行操作(两次以上的) ④熟练：能独立准确地、有条理地、迅速地进行操作
实验记录和报告	①学会：能正确地记录实验中观察到的现象，并能根据现象得出结论 ②熟练：不仅能正确地记录实验中观察到的现象，根据现象得出结论，还能对有关现象与问题进行解释，并能迅速准确地绘制出有关仪器装置图
实验设计	①初步会学：在教师指导下设计简单实验 ②学会：能独立地设计实验，并通过实验设计能对科学方法有些认识

3.动作技能的评价

动作技能的形成一般经历三个阶段：泛化阶段(粗略地掌握动作阶段)、分化阶段(改进和提高阶段)和自动化阶段(动力定型阶段)。自动化是动作技能形成的标志。对动作技能的评

① 全国十二所重点师范大学联合编写：《教育学基础》，教育科学出版社 2002 年版，第 323～324 页。

价一般运用观察法给予定性评价。在对体育、音乐、美术等课程中动作技能进行评价时，应依据各学科的教学目标及对动作技能的发展要求制定等级化的评价标准(如表 7-12)，应重视形成性评价，并注意克服评价的主观性。

表 7-12　中小学体育运动技能测量标准及等级分值表①

等级	分值	动作技能标准	技能评分数段
优秀	90 分以上	能掌握与完成动作： 1.动作正确、规范、协调 2.动作连贯、有节奏感 3.完成动作表情自然，姿态端正	100 95 90
良好	75～89	能较连贯地完成动作： 1.动作基本正确，符合技术要求 2.动作比较协调和连贯 3.有小的缺点和不足	89 85 80 75
及格	60～74	能基本完成动作： 1.动作有些僵硬、不协调 2.动作不够连贯、表情紧张 3.有较明显错误	74 70 65 60
不及格	59 分以下	未能完成动作： 1.全部动作有部分完成 2.需要他人保护与帮助才能完成动作 3.关键的技术环节不能完成 4.全部动作不能完成	59 55 50 45 40～30 25 20 15 10

(三)学生情感发展评价

布卢姆把学生情感的发展看作是一个价值内化的过程，从单纯觉察开始，经过一定的动力阶段，最后达到对一个人行为的控制，并把这一过程按由低到高分为接受或注意、反应、价值评价、价值观的组织、品格形成五级，这五级又进一步分解为 13 个不同的层次水平。这种划分很细，便于教师理解，但由于它覆盖的面太宽，几乎是一个人全部性格的发展，因此，教师在实际教学中难以以此来评价学生情感的发展。目前在教学实践中，对学生情感的评价主要从兴趣、态度、品德三个方面入手，一般采用观察法、问卷法。在评价实施中重在诊断性评价和形成性评价，总结性评价通常较少使用。

(四)学生品德行为评价

道德行为是学生品德形成的关键和标志。我国现行中小学对学生品德的评价集中在对

① 张奇等著：《音体美教学心理学》，北京教育出版社 2001 年版，第 159 页。

学生品德行为的评价上。

1.学生品德行为评价的标准

由于缺乏一个为大家所认可并切实可行的评价指标体系，目前在对学生品德行为评价时主要以《中小学德育大纲》规定的教育目标、要求和内容以及《中小学生守则》和《中小学生日常行为规范》为根本依据，并根据各地、各年级学生的实际提出要求，制定具体标准。

2.学生品德行为评价的方法

(1)整体印象法。整体印象法是指教师依据一定的评价内容和标准，通过日常对学生的观察和了解，经过综合分析对学生的品德发展状况给予终结性整体评定的方法。教师通常对学生品德发展状况评定为四个等级：优秀，即对评定的内容诸方面都做得好或在某些方面有突出表现；良好，即对评定的内容诸方面基本能做好；及格，即对评定的内容诸方面大部分能做到，但在某些方面做得不好，有严重缺点或有错误，但已改正；不及格，即对评定的内容诸方面大部分不能做到，或在某些方面有严重错误，或有违法和轻微犯罪行为，不接受教育，无改正表现。

整体印象法是教师进行学生品德测评最常用的一种方法，是其他品德测评方法的基础，通常用于学生日常的品德考核中。该方法主要依靠教师平时的观察，过程简单易行、花费小。由于它主要依靠教师来实施，因此，其评价结果的主观性较强，具有很强的随意性和片面性。为了克服其弊端，提高其评价的可靠性，现在中小学使用较多的是依据品德评价标准，由多重评价者共同实施。在评价步骤上首先由学生进行自我评价，其次是学生小组评价，最后是班主任综合评价。

(2)操行评定法。操行评定法是指教师根据一定的标准和要求，在平时观察和了解的基础上，通过书面语言描述对学生的品德发展状况做出评价的方法。它是中小学使用最广泛的一种品德评价方法，能够比较全面地反映学生的品德状况，便于学生及时了解自己。但它对教师关于学生品德评价的评语要求很高。它要求教师的评语准确，不能出现套话；多采用激励性的语言，客观描述学生的进步、潜能及不足；有实质性的内容，指定明确、简要的促进学生发展的改进计划，帮助学生认识自我，树立自信。

专栏:7-3

评语情感的差异

评语1：按时到校上课，作业基本能按时交，上课较认真听讲，但举手发言方面欠佳，接受知识能力较强，但容易骄傲自满，对自己没有严格要求，故成绩一直停滞不前。

作为班干部，不能以身作则，违纪情况严重。对老师的批评不能立即接受并改正，劳动态度也不够认真。望今后对自己严格要求，做事不能单凭兴致，而应动脑子去做。

这是某区重点中学初一一位学生的评语，班主任对学生是比较了解的，评语对学生也很负责，但看后使人有一种压抑的感觉。主要的原因是每写一个优点，马上就是一个缺点，讲优点没讲足，讲缺点没抓住主要的，因此没能表达出班主任的满腔热情。

评语2：该生最大的特点是认真，能认真参加班组活动，尊师守纪，友爱同学，认真劳动，成绩良好，且稳步上升，但学得不够灵活，全面素质有待提高，特别要注意身体素质的锻炼，争取全面发展。

这一评语抓住了该生的基本特点就是认真，指出了两个弱点，学习上欠灵活和身体素质不够理想，但使人感受到班主任对其充满着一种期望的情感。

评语3：该生热心参加集体活动，能配合体育委员开展工作，对班长的工作也能大力协助和支持。尚能认真完成班级交给的工作，建校劳动表现好，受到好评。在学习方面，主观上想努力，但力度还不够，成绩尚不够理想。希望进一步学习中学生行为规范，加强政治理论学习，力争在各项实践活动中得到更好的锻炼，在素质教育方面取得更大的进步。

这是一位各方面都欠佳的学生，但老师还是竭力挖掘其向上的闪光点，对缺点不姑息，但批评很婉转，如学习努力程度不够，基本行为规范不够理想，政治思想方面要求不高等，使人感到老师的理解与期望。

资料来源：陈桂生主编：《到中小学去研究教育》，华东师范大学出版社2000年版，第171～172页。

(3)计量评定法。计量评定法是指教师根据一定的标准和计分规则，通过对学生的品行表现计分以对学生的品德发展状况进行评价的方法。它是一种侧重于量化的品德评价方法。这一方法在一定程度上克服了品德评价只有定性而无量化容易出现主观随意性和片面性等问题，便于学生之间、学校之间和班级之间进行比较，而且方法简单易行，易于操作，尤其适用于对道德行为习惯等外部表现进行的形成性评价。但它依然无法从根本上克服品德评价中的主观性问题，如对评价项目、指标等的界定受主观因素影响较大。此外，它对学生形成道德行为的动机无法考察，评价的结果也难以体现个性特征等。

(五)学生综合素质评价

对学生综合素质的评价既是新课程改革的要求，也是全面推进素质教育的要求。实施学生综合素质评价可以真实、全面地了解学生整体素质和个性发展状况，尊重学生的个体差异，因材施教，促进学生个性全面发展。实施学生综合素质评价也有助于改变长期以来中小学评价只强调甄别与选拔功能，忽视改进与激励作用，只注重学生的学习成绩，不注重学生综合素质的提高，只注重结果不重视过程等问题，从而形成合理的评价机制，把素质教育真正落实到教学工作中。

目前，根据基础教育课程改革和中小学评价与考试制度改革，我国中小学生综合素质评价标准主要包括基础性发展目标和学科学习目标两个方面。① 学科学习目标以各学科课程标准所列出的本学科学习的目标和各个学段学生应该达到的目标为准。基础性发展目标主要包括以下六个方面：

道德品质。爱祖国，爱人民，爱劳动，爱科学，爱社会主义；遵纪守法，诚实守信，维护公德，关心集体，保护环境。

---

① 《教育部关于积极推进中小学评价与考试制度改革的通知》(教基〔2002〕26号)。

公民素养。自信，自尊，自强，自律，勤奋；对个人的行为负责；积极参加公益活动；具有社会责任感。

学习能力。有学习的愿望与兴趣，能运用各种学习方式来提高学习水平，有对自己的学习过程和学习结果进行反思的习惯；能够结合所学不同学科的知识，运用已有的经验和技能，独立分析并解决问题；具有初步的研究与创新能力。

交流与合作能力。能与他人一起确立目标并努力去实现目标，尊重并理解他人的观点与处境，能评价和约束自己的行为；能综合地运用各种交流和沟通的方法进行合作。

运动与健康。热爱体育运动，养成体育锻炼的习惯，具备锻炼健身的能力、一定的运动技能和强健的体魄，形成健康的生活方式。

审美与表现。能感受并欣赏生活、自然、艺术和科学中的美，具有健康的审美情趣；积极参加艺术活动，用多种方式进行艺术表现。

教师对学生综合素质的评价应在教育教学的全过程中采用多样的、开放式的评价方法（如行为观察，情景测验，学生成长记录等），了解每个学生的优点、潜能、不足以及发展的需要。应建立每个学生成长记录。成长记录应该收集能够反映学生学习过程和结果的资料，包括学生的自我评价、最佳作品（成绩记录和各种作品）、社会实践和社会公益活动记录、体育与文艺活动记录、教师、同学的观察和评价、来自家长的信息、考试和测验的信息等。

为了全面评价学生的综合素质，增强评价的操作性，还应该建立学生综合素质评价指标体系，以规范学生综合素质评价的目标、要素、内容和评价标准（如表 7-13）。

表 7-13　湖北省普通高中学生综合素质评价指标

一级指标	二级指标	主要观测点
一、道德品质与公民素养	1.道德品质	爱祖国、爱人民、爱劳动、爱科学、爱社会主义
		遵纪守法
		诚实守信
		维护公德
		关心集体
		环境保护
	2.公民素养	自信、自尊、自强、自律、勤奋
		对个人的行为负责
		积极参加公益活动
		具有社会责任感
二、交流与合作能力	3.自我认识与调控	能客观评价自己的行为
		能约束自己的行为
		能融入集体，与老师和同学建立良好的关系

续表

二、交流与合作能力	4.同伴认识与交流	尊重并理解他人的观点与处境
		能运用恰当的方法进行交流和沟通
	5.合作与分享	能与他人一起确立目标并努力去实现目标
		能采取恰当的方法与他人进行合作
		愿意与他人分享自己的观点、方法与经验
三、学习能力与学业成就	6.学习兴趣与态度	有学习的愿望与兴趣
		能坚持认真完成各项学习任务
	7.学习能力	能运用各种学习方式来提高学习水平
		有对自己的学习过程和学习结果进行反思的习惯
		能够结合所学不同学科的知识，运用已有的经验和技能，独立分析并解决问题
		具有初步的探究与创新能力
	8.学业成就	学校必修和选修模块总平均综合成绩和总学分
		学业考试成绩
		综合实践活动总平均成绩和总学分
四、体育与健康	9.体育锻炼	热爱体育运动
		养成体育锻炼的习惯
		具备锻炼健身的能力
		认真参加学校组织的各类体育活动
	10.健康心理	讲究个人卫生
		有健康的生活方式
		有一定承受挫折的能力，有积极、健康的心态
	11.健康体质	身体形态正常
		运动技能达到国家规定要求
		身体素质达到《国家学生体质健康标准》
五、审美与表现	12.艺术感受与欣赏	能感受并欣赏生活、自然、艺术和科学中的美
		具有健康的审美情趣
		艺术欣赏成绩
	13.艺术表现	积极参加艺术活动
		能用某种形式进行艺术表现

续表

六、个性与创新	14.特长	学科特长
		体育运动特长
		艺术特长
		技术特长
		其他特长
	15.有新意的成果	活动成果
		设计成果
		制作成果
		研究性学习成果
		其他成果

四、教师教学评价

教师教学评价，又称“评教”，是对教师教学质量的分析和考评。通过评教，可以获得课程与教学情况的有效信息反馈，既可以使教师了解自己教学工作的优点与不足，从而加强教学反思，提高教学水平，也可以使教师之间互相取长补短，共同提高，还可以使学校领导深入教学一线，了解教学实际，帮助教师改进教学，加强教学管理。

（一）教师教学评价的标准

以什么标准对教师教学质量进行评价？对此，人们提出了各种不同的观点。有人从教学最优化思想出发提出了八项指标：对新事物的感受、教育分寸、本学科的知识、发展学生的思维、培养学生的一般学习技能、培养学生对学科的兴趣、以个别方式对待学生、学科课外活动的组织。而每项指标又有四级具体的评分标准。有人认为，教师教学质量的评价应包括：教学目的切合实际、使学生积极参与教学、重视学生能力培养、重点突出难点准确、教学方法生动有效、注重概念原理教学、不忽视系统知识传授、语言表达流畅简洁。有人提出，一节好课的标准是：目的明确、内容正确、方法恰当，结构紧凑。各种不同的评价标准，侧重点不同，各有其合理性。一般地，中小学在对教师教学质量进行评价时，主要基于三个基本维度。①教学目标。教学目标应具体清晰、定位准确、便于操作。②教学过程。涉及教学内容、教学方法、教学组织形式、板书、练习量、教学语言、师生情感、班级气氛、教学艺术、教学风格、教育精神，等等。评价教学过程的基本标准是教学过程的科学性、艺术性和教育性。③教学效果。教学效果的评价，主要是看教学目标是否达到，学生在知识、技能及能力、品德等方面有无实际进步，教学的投入与效益情况等。评价教学效果的基本标准是质量高、效益好。

（二）教师教学评价的基本方法

1.综合量表评价法

这是评价主体运用教师教学评价表对教师教学质量进行测量、评定的评价方法。其基本程序是:①编制专门的教师教学评价表。确定评价指标(项目)、各项指标的权重及评分或评等的标准。②评价主体在听课的基础上,针对教师教学质量,对教师教学评价表各项目,独立地打分数或评等级。③数据处理。汇总所有的教师教学评价表,运用一定的统计方法对所得数据进行分析处理,得出每个评价对象的总分或等级。

综合量表评价法在实践中的应用有简有繁,取决于量表本身的精细程度、评价人员的多寡以及统计办法的选择。综合量表评价法在实践中应用广泛。其优点是:注重对教学活动的具体分解,评价指标比较具体;注重量化处理,结果比较准确;注重标准的一致性,评价人员主观因素干扰较少。但其不足和困难是:项目和权重的确定难以做到充分合理;因受个人经验或价值观的影响,评价人员对标准的理解难以做到客观公正。

2.分析法

这是一种根据一定的教学目的、原则对教师的教学质量进行定性分析和评价的方法。分析法一般没有专门的评价指标及标准,评价结果往往是评价人员依赖自己的知识和经验所做的定性描述。分析法既可用于他评,也可用于自评。分析法简便易行、能突出主要问题或主要特征的优点。但由于没有明确的标准,分析法受主观因素影响较大,规范性差。因此,分析法主要适用于日常的以改进课堂教学为直接目的的教师教学质量评价,不宜用于规范的以评定等级为主要目的的管理性的教师教学质量评价。

3.调查法

这是一种运用问卷、座谈等方式,依据调查结果对教师教学质量进行评价的方法。问卷调查的程序是:设计专门的调查问卷,向相关人员(如所教班级的学生、同校的教师)发放问卷进行调查,收集处理问卷所得的有关数据,最后对教师教学质量做出定性或定量的评价。座谈调查法的基本做法是:召集有关教师和学生举行座谈会,询问某教师的教学情况,分析对该教师教学的意见,最后对教师教学质量给出评价。调查法兼有综合量表评价法与分析法的有关要素,适合于专门了解某个教师较长时间内的教学情况,多在专门鉴定某教师的综合教学水平的管理性评价中运用。当然,教师也可以通过调查法来了解学生对自己教学的意见,以改进自己的教学工作。

复习思考题:

1.名词解释:教学、五步教学法、五段教学法、程序教学、非指导性教学、教学过程、合作学习、教学组织形式、道尔顿制、掌握学习、范例教学、暗示教学、教学行为、“三三六”教学模式、课堂教学设计、教学评价、相对性评价、绝对性评价、形成性评价、测验的信度与效度。

2.教学的任务是什么?

3.夸美纽斯教学思想的主要内容是什么?

4.赫尔巴特教学思想的主要内容是什么?

5.杜威教学思想的主要内容是什么?

6.试评述凯洛夫的教学思想。

7.布鲁纳结构主义教学思想的主要内容是什么?

8.建构主义教学思想的主要内容是什么?
9.试论述教学过程的性质。
10.如何处理好教与学的关系?
11.如何处理好直接经验与间接经验的关系?
12.如何处理好掌握知识与发展智力的关系?
13.如何处理好智力活动与非智力活动的关系?
14.如何处理好掌握知识与提高思想品德的关系?
15.结合班级授课制的优缺点,谈一谈如何对班级授课制进行改革。
16.接受教学与探究教学各有何优势与局限?应当怎样处理二者之间的关系?
17.什么是档案袋评价?档案袋评价有什么特点?如何开展档案袋评价?
18.情境—体验教学模式的主要内容是什么?
19.什么是教学模式?教学模式有什么特点?其结构怎样?
20.课堂问题行为产生的原因是什么?教师如何开展课堂问题行为的管理?
21.结合教学实践,谈一谈如何开展课堂教学设计。

第八章　德　育

学习目标：

1.了解德育的基本常识，掌握德育、德育原则、德育过程等基本概念和基本原理，树立正确的德育观。

2.熟悉我国学校德育的目标、内容、基本原则、途径与方法，为从事德育工作做好理论准备。

3.学会将德育理论运用于实践，提高运用德育理论分析并解决德育实践问题的能力。

4.寻求观察德育问题的多种视角，提高自身的教育素养和教育智慧，形成道德判断的能力和积极的人生态度。

德育是我国学校教育的一个有机组成部分。加强德育是全面贯彻党的教育方针的需要，是青少年思想品德健康发展的需要，也是建设社会主义精神文明的需要。德育所涉及的问题很多，本章从德育概念的界定和现代德育观念的树立入手，吸收学术界关于学校德育的研究成果，对德育的目标与内容、德育的基本原则、德育过程及其组织、德育的途径与方法作基本介绍。

第一节　德育概述

一、什么是德育

(一)德育的概念

什么是德育？世界上绝大多数国家或地区的德育就是指道德教育，但是，我国教育界由于对德育内容的不同理解，产生了狭义和广义的德育。狭义的德育专指道德教育，也就是西方教育理论中所讲的“moral education”。广义的德育包括道德教育、思想教育、政治教育和法纪教育。有人甚至认为德育还应包括心理教育、性教育、青春期教育、环境教育、预防艾滋病教育等。以至在德育实践活动中有人打趣说：“‘德育’是个筐，什么东西都可往里头装！”这就是所谓德育概念“泛化”的问题。德育概念泛化的主要弊端是将德育视为无所不包的范畴，实际上也就取消了这一概念本身；在实践中让德育承担其所不能承担的任务，而忘记最根本的目标；

在德育实践中容易使道德问题与政治、思想、法制或心理问题相混淆，采取错误的教育策略。

对德育过程的不同理解也影响人们对德育概念的界定。一种观点即所谓的“转化”理论，认为德育是由外而内向学生施加影响的过程，思想道德等是从外部“转化”进学生头脑的，德育过程是把一定的社会思想和道德转化为个体的思想意识和道德品质的过程。如《中国在百科全书·教育卷》就认为德育是“教育者按照一定社会或阶级的要求，有目的、有计划、有组织地对受教育者施加系统的影响，把一定的社会思想和道德转化为个体思想意识和道德品质的教育”。另一种观点即所谓的“建构”理论，认为德育是教育工作者组织适合德育对象品德成长的价值环境，促进他们在道德价值的理解和道德实践能力等方面不断建构和提升的教育活动，是促进个体道德自主建构的价值引导活动。①

不同学科对德育概念的界定也是不一样的。伦理学意义上的德育就是指道德教育。伦理学范畴的道德，作为一种社会意识形态，是相对于政治观念、法律观念、宗教观念和艺术观念来划分的，故伦理学上的德育侧重人的行为规范和风尚的培养，以培养人的道德品质为目的。教育学上的德育“则是相对于智育和美育来划分的，它的范围很广，包括培养学生的思想品质、政治品质和道德品质”②。就目前我国中小学德育的实际而言，它大多包括如下五个部分：道德教育、思想教育、政治教育、法纪教育和心理品质教育。

由于我国对德育的约定不是从概念出发，而是从德育工作实际出发，长期的实践自然而然地形成了一套把政治教育、思想教育、道德教育等融为一体，全面实施社会意识教育的经验，并由此形成了以政治教育、思想教育、道德教育三大板块为基本格局的“大德育”观。这种“大德育”实际上适应中国革命和建设在不同历史时期的需要，是对德育概念外延的不断拓展。事实上，新中国成立以来，我国德育概念的外延始终处于不断的演变和发展之中，经历了一个从“德育即政治教育”到“德育即思想、政治和品德教育”，再到“德育即思想、政治、道德和心理品质教育”的过程。建国后，“德育即政治教育”曾经长期流行；到 20 世纪 80 年代，“德育即思想品德和政治教育”，如 1988 年 12 月《中共中央关于改革和加强中小学德育工作的通知》指出“德育即思想品德和政治教育”，1993 年 2 月《中国教育改革和发展纲要》指出“德育即思想政治和品德教育”；而 1995 年 2 月《中学德育大纲》则指出“德育即对学生进行思想、政治、道德和心理品质教育”。由此我们可以看出，这种在实践中不断形成的“大德育”观，得到了政府相关规范性文件的认可，并形成了德育工作者和学界的基本共识。

综合以上分析，我们认为：德育是教育者根据受教育者身心发展规律，按照一定社会或阶级的要求，有目的、有计划、有组织、系统地对受教育者施加思想、政治和道德等方面的影响，通过受教育者积极的认识、体验、身体力行，以形成他们的品德和自我修养能力的教育活动，是道德教育、政治教育、思想教育、法纪教育和心理品质教育的总称。

德育概念的外延很广泛，德育是由教育者、德育内容、德育对象三要素构成的。因此，我们划分德育外延的依据或标准也在这三要素中寻找与确定。

---

① 檀传宝著：《德育原理》，北京师范大学出版社 2007 年版，第 6 页。

② 王道俊、王汉澜主编：《教育学》，人民教育出版社 1989 年版，第 330 页。

(1)依据德育主体的不同,我们可以将德育分为学校德育、社会德育和家庭德育。

(2)根据德育内容的不同,可分为道德教育、政治教育、思想教育、法纪教育和心理品质教育。

(3)依据德育客体即教育对象的不同,又可做多种划分。依据学段的不同,可分为学前幼儿德育、小学德育、初中德育、高中德育和大学德育;根据受教育者的年龄段,可分为幼儿德育、青少年德育和成年德育等。

(二)德育的地位

我国在教育指导思想上,一直都是重视德育的。所不同的是,20 世纪 60～70 年代,强调德育的政治功能和价值;20 世纪 80～90 年代,逐步认识到德育的多种功能与价值,并强调学校教育的根本目的,是培养全面发展的人,认为一个合格的社会成员,无论他将充当什么社会角色,德、智、体、美、劳这五个方面的素质和基础都是不可缺少的,它们相互影响、互为条件、相互补充、互为目的与手段,因此有"五育并重"之说,在学校教育中应该对各育同等重视,一视同仁。

进入新世纪后,党和国家在强调学校教育要确立坚定正确的政治方向的同时,重申要把德育放在全面发展教育的首位,这是由我国现今的形势所决定的。随着我国改革开放的不断深入,社会主义市场经济的不断发展,以及经济全球化、政治多极化、思想文化多元化的不断冲击,我国学校教育进入了一个新的特定的历史时期。这既为学校教育现代化提供了有利条件,也随之带来一些消极影响。而由于这一新的时期又刚刚开始,社会对不良因素和消极影响的制约机制尚未形成,所以这种消极影响不仅远远超出仍然没有完全摆脱旧格局的学校教育,更远远大于青少年自身的抵御力量。如果对德育工作仅仅停留在过去的一般重要位置上,我们的德育工作仍会是苍白无力的。因此,在新的历史时期,我们要构建社会主义核心价值体系,促进学生全面健康成长,就必须把德育放在首位,只有这样,才能保证德育工作取得实效,才能保证党的教育方针全面贯彻落实。

人的全面发展教育包括德育、智育、体育、美育和劳动教育。这五个方面缺一不可,否则就培养不出中国特色社会主义事业所需的合格建设者和可靠接班人。然而,人的政治觉悟、思想品德又对其在社会生活中的奋斗方向起决定作用。一个人是否有益于社会,他的智力、体力发挥怎样的作用,他的审美情趣、劳动态度,总是自觉不自觉地受其思想品德和政治立场的制约。因此,德育的作用不仅表现在使教育对象形成社会需要的政治立场和态度、思想观点和法纪观念、道德情操和行为习惯,以及性格特征,正常地维护人与社会、人与人之间的关系,而且还表现在教育对象所形成的政治品质能够作为一种能动的精神力量,有力地规范他们的智育、体育、美育和劳动教育的发展目标。德育的这一独特作用,使其在全面发展教育中决定着培养人才的方向,在全面发展教育的诸因素中以其方向性贯穿于其他诸育之中而居首要地位,起统帅作用。

二、德育的功能

德育功能是德育活动自身所具有的功效和能量,指德育系统内部诸要素之间以及系统与环境之间相互作用所产生的结果。德育功能分内部功能和外部功能，其中德育内部功能是德育系统内部诸要素相互作用所产生的结果，而德育外部功能是德育系统与外部环境相互作用所导致的结果。

（一）德育的社会性功能

德育社会性功能指德育对社会发展所能产生的客观作用，即德育系统与外部环境之间相互作用所产生的结果。德育的社会功能在不同时期具有不同的表现形式，概括起来不外乎两点：一是为社会的稳定与发展培养合格公民，二是传播和倡导为社会稳定与发展所需要的思想、意识、观念和舆论。具体来说，德育功能表现为德育的经济功能、政治功能、文化功能和自然生态功能。

1.德育的经济功能

德育的经济功能是指学校德育通过培养受教育者特定的思想道德素质，而对经济发展所产生的推动作用。这种作用，表现为宏观和微观两个层次。宏观层次作用表现为通过德育形成一定经济文化、经济思想、经济道德，以此影响社会经济生活、经济行为的价值取向；微观层次作用表现为培养劳动者主体意识、科技立国思想、全球观点、竞争意识、效益观念、时间观念及劳动积极性等。

德育的经济功能通过三种方式来实现。一是直接影响劳动者的素质。二是直接制约科学技术的发展。现代科学技术发展所显示的社会后果——既可为人类造福，也可助纣为虐，更提醒人类要强调科学家的社会道德和社会责任。这就为德育影响科技发展奠定了理论基础。德育对科学技术的影响有多种途径，主要有：通过传播特定的哲学观念为科技发展开路或阻碍科技发展；通过培养求真、求实等科学精神促进科技发展；通过培养社会大众对科学的关心，培养科学家的社会责任感而保证科技沿着正确的方向前进，为人类造福等等。三是影响生活方式。生活方式由生产方式决定，受人的精神、情操、价值观念、需要水平影响。德育通过创设真善美的文化氛围，提高人们对人类优秀精神产品的享用能力与需要，培植受教育者的理想人格，传播正确的价值观念等途径，影响人们的生活方式。

2.德育的政治功能

德育政治功能就是德育通过培养受教育者特定思想政治道德素质来实现对政治发展的推动作用。政治是经济的集中表现，是人们在物质、精神和自身生活过程中，为了保障特定社会集团根本利益而产生的公共权力、公共关系、权威意识以及与之相适应的各种组织设施、制度和管理活动。德育在再生产政治关系、巩固现行政治制度与秩序、引导人们政治行动、形成主导政治意识以及发展特定政治机构等方面有独特作用。

德育的政治功能实现途径包括三个方面。一是传播与发展社会政治意识。政治意识是社会政治团体的社会史观、政治观，它通过思想理论形式和社会心理形态来表现。德育传播与发展政治意识一般通过系统德育课程教学实现。二是引导政治行动。思想是行动的先导，政治行动需要相应思想观念支配。德育通过思想政治教育，培养个体坚定正确的政治方向，提高他们政治判断力、鉴别力和选择力，发展其参与政治的意识，形成较高政治素养。三是再生社会政治关系。政治关系是政治生活中体现的人与人之间内在本质关系。德育在再生产社会政治关系中有工具性作用。它通过培育个体政治角色意识和政治归属感，指导他们形成自觉的阶级意识倾向，逐步成为本阶级的政治角色。同时德育在反复“灌输”占主导地位政治文化中，逐渐消融社会不同政治偏见。德育政治功能随着国际和国内政治的发展而发展。我国现代政治集中表现在以经济建设为中心，因而执行党的基本路线，坚持经济建设为中心，保证社会主义现代化建设顺利进行，是现代德育政治功能又一显著表现。

3.德育的文化功能

德育文化功能指德育对精神文化的保存、传递和创造、更新。从内容分析，它可区分为道德文化、政治文化、经济文化等不同文化结构单位所产生的功能；从文化的运行过程分析，则可区分为对社会文化的维护性功能以及变异性功能。

德育的文化维系功能指德育具有使文化各要素发生协同作用，维持原有文化及其结构，保持文化相对稳定性功能。这一功能主要表现为传播思想政治价值、思想理论知识、思想道德信念，对各种文化思潮进行整合，维护社会主导意识形态，抵制不健康文化侵袭等。德育通过文化传承和文化控制来实现其文化维系功能。德育传递的不是知识形态文化，而是规范形态文化，解决人们信与不信矛盾，促使人形成世界观、人生观和价值观。道德是一种普遍性约束规范，本身具有很强的控制作用，能对各种文化进行鉴别、取舍，实现文化有机整合，以维护其稳定发展。任何一种文化，当它符合一定社会道德、价值标准时，才能得到普遍认同。在道德、价值多元化趋向下，运用德育这一手段来实现对文化的控制，愈发显得有意义。

德育的文化变异功能指德育能改变社会文化的内容与结构，促其不断发展；能对文化主体进行改造，改变其深层思想文化，最终引起文化变迁。德育通过增强人的文化适应能力和提高人的文化创造能力实现其文化变异功能：德育创设各种不同文化情境对人进行熏陶，在向人们提供价值规范中发展人的适应力，增强自主解决文化冲突能力；在人与文化因果链条中，德育作为一个重要环节，总是通过价值观、主导思想和道德的“灌输”，形成和发展人的创新意识、创新精神和创新能力，最终完善人格。

德育的核心功能在于传播伦理文化，使德育对象完成伦理、政治等方面的社会化，同时使之具有伦理、政治、文化等的创生能力。文化观念更新是推动社会发展和人发展的前提，是保持和发展人创造性的关键。德育要实现其超越本质，就须帮助学生在学习、实践中做到思想领先。同时，德育更多地要运用大众传媒所营造的舆论环境，精心布设文化氛围，进行潜移默化的教育。

4.德育的生态功能

德育生态功能指德育在保护自然、保护环境中的独特作用。现代社会发展已向教育严肃地提出了保护环境的要求，教育也逐步具备了保护环境、保护自然的能力。培养学生环境意识，使他们形成新的人生观和自然观，规范自己与自然交往行为，增强环保责任感和使命感，已成为教育义不容辞的职责。20 世纪 40～50 年代诞生的生态伦理学，提出了把道德原则延伸到自然领域的观点；60～70 年代环境教育在英美等国家开展和推广；80 年代“学会关心”(包括关心环境) 成为指导各国教育发展的根本方针。德育生态功能逐渐被发掘和发挥。德育生态功能实现的途径主要有规范德育课程教学和开展德育活动，由此引导人们走出“人类中心论”

的误区，为社会可持续发展提供人力支撑。

（二）德育的个体性功能

德育个体性功能指德育对受教育者个体发展所能够产生的实际影响。概括地说，德育对个体具有生存、发展和享用三方面功能。

1.德育的个体生存功能

德育的个体生存功能是德育具有提升个体生存质量的作用。德育最根本目标是赋予每个个体以科学世界观、人生观和价值观，使人具有“德性”和“德行”，这是人在社会生活中生存的基本需求。一方面，个体要在社会中生存，就必须把维系这个社会的规则个体化。德育的核心任务在于促使个体思想品德社会化和实现社会思想政治道德个体化。在这一过程中，德育的促进和塑造作用表现为调节个体自我意识，促进个体自我意识有机要素均衡发展，使其认知、情感、评价和行为达到协调统一，形成道德观和道德意识，确定道德价值观、自我评价标准观，实现“自我”的扩展。另一方面，社会思想政治道德观念、原则和规范对个体来说，似乎是约束自己的异己力量，然而德育正是通过这些“异己东西”塑造着个体，使个体形成品德，并逐渐为社会所接纳，获得生存的“资本”，也正是这些东西，使个体具有充分的社会性，能禀赋社会所给予他的力量，最大限度地实现特定任务。在现阶段，德育个体生存功能对人生活质量的提升愈发突出。德育所体现出来的对人完整生命的呵护，实质是对人生命的关爱，使德育真正发挥促进人全面发展的功能。

2.德育的个体发展功能

德育的个体发展功能是德育对个体品德结构发展所起的作用，主要包括形成和发展个体品德内容结构、形式结构和能力结构。品德内容含有价值真理、道德原则和行为规范等，通过德育将这些内容内化成个体品德，实现个体社会化和社会要求个体化。品德形式包括个体道德认知、情感、信念、理想等，一般分为品德认知和态度两部分。品德能力由认识能力、选择能力、控制能力和决策能力组成。面对多样化的道德规范体系，德育发挥选择机制，向受教育者传递居主导地位的道德规范，保证品德沿着正确方向发展；面对个体道德意识出现失调与冲突，德育发挥协调机制，帮助个体建构结构合理的道德知识，实现道德原则和具体规范协调发展，发挥德育价值引导功能；德育通过道德情感、动机、需要的激发来实现对受教育者品德认识能力、选择能力的培养，通过深入挖掘和利用丰富的道德教育资源，引导受教育者在处理实际道德问题中获取切身体验，提高品德控制能力和决策能力。

3.德育的个体享用功能

德育的个体享用功能指德育能使个体获得一种精神上的享受，是个体满足、快乐、幸福的体验过程。德育是一种道德追求活动，它内部更深层的价值表现于在不断发展和完善人各种德性与道德人格过程中，使人得到一种自我肯定、自我完善的满足。个体在道德学习和生活中阅读、领会并体验道德人生的幸福与崇高和人格的尊严和优越，因而具有审美的性质；受教育者践行道德，也可看成是道德人生的立美创造。个体享用性的发挥要求德育建立一种审美和立美教育模式。德育的享用功能并非每个受教育者在德育过程的每个阶段都有这种体验，都能明确地认识到这种内在需要，它属于层次较高的个体性功能。

（三）德育的教育性功能

德育的教育性功能，就是德育的价值教育属性，实质是整个德育活动精神本质的实现。从教人做人的德育理念出发，不存在完全脱离教育价值的德育与教学，也不存在没有德育任务的智育、体育和美育。教育活动价值全息性质意味着德、智、体、美、劳诸育相互融通一体，共同承担着育人重任。德育教育性功能具体表现为：把教人做人作为总目标；通过德育促进受教育者智、体、美诸育具体任务完成，具体表现在动机作用、方向作用、习惯和方法上的支持。

这一功能的实现要从两方面着手：一方面是在德育自身系统中突出教育性功能的自觉意识，努力把学生塑造成具有健全人格和完整德性的人；另一方面是实现教育与教学、“人师”与“经师”有机结合，学科课程教学活动都应发掘显性和隐性教育，使其教育性功能渗透教学活动每一环节。

现代德育具有自主性与创造性，其教育性功能正在逐步得以延伸。德育过程面临着机遇与风险，德育活动并非都有成效并顺利发展，为避免德育失误，面向未来取得实效，德育进行科学预测和决策是关键一环，这标志着德育由“经验型”转向“科学型”。德育要着力于增强学生面向未来意识，使其对未来发展趋势有一个清晰认定，会抓住机遇，能化解风险，避免偶然因素和不道德行为干扰与冲击，培养驾驭自己发展方向的能力。德育只有深入到人的主体意识，使教育内化成人的信念和意志，才具有现实伦理意义。

三、现代德育观

人类进入 21 世纪以来，随着科学技术的进一步发展，世界范围内的经济、文化乃至政治交往日益频繁、普遍，出现了经济全球化、政治多极化、思想文化多元化的发展趋向。虽然存在冲突、斗争，但和平、尊重人、尊重民族文化和文化差异、可持续发展等理念已逐渐深入人心。不同民族、种族以及国家和地区之间的文化交融日趋普遍，加之社会变迁本身呈现出新的特点（范围大、速度快、内容新等），在过去追求单一化社会时所建立起来的稳固的思想意识、道德观念逐渐失去了以往的权威性。与此同时，终身教育作为一种教育观念也得到了普遍的认同，“学会认知”“学会做事”“学会生存”“学会共同生活”成为未来教育的四大支柱。我国学校外部环境的变化、教育进一步改革、学生自身变化也对德育工作提出了新课题、新要求。这就促使学校不得不改变传统的德育模式，强调德育为现代化、民主化、多元化、多极化的社会发展需求服务，通过客观、民主、协商的方式方法，协助学生进行更加理性的道德思考与独立自主的价值判断。因此，作为教育的重要组成部分之一的德育，必须建立适应全面推行素质教育、提高德育工作实效性的现代德育观念。

（一）德育实体观

德育实体观是对德育是不是一个相对独立的教育实体的看法。人们往往把智育、体育、美育乃至劳动技术教育看作是实体，而把德育看作是“虚”体，认为它只有寓于或渗透在其他各育之中才能存在。因此，要使德育的价值真正得以重现，使德育在实践中真正取得实效，必须首先树立德育实体观，力争在实现教育体制、教育模式的转变中千方百计地把德育打造成可以操作和调控的实体。

人的全面发展包括德、智、体、美、劳诸方面。德育与智育、体育、美育、劳动技术教育存在千丝万缕的联系，德育的特殊性在于，它虽然要以认知做基础，但它所要解决的不是事实性认知，而是价值性认知，回答应该和可能是什么；德育虽然要培养学生践行道德的行为习惯，可它所追求的不是动作的完善与优美；德育虽然要培养学生的健康、积极向上的道德情感，但它不纯粹是情感问题。德育的特殊性就在于道德是一个价值问题，它要超越事实，高于现实。个体要实现道德社会化，社会道德规范要成为每个社会成员的稳定品质，必须依靠学校德育。因此，学校德育的独立实体地位毋庸置疑。

（二）德育双重价值观

德育双重价值观认为，德育既具有维护社会稳定、促进社会发展的价值，也具有促进个人发展的价值。在过去的德育理论和德育实践中，我们常常只是注重德育的社会价值，而且更多的是强调德育对维护社会稳定的意义，对于德育对社会发展的促进和改造作用，对个体价值的改善和提升却不够重视，往往把德育作为传递一定社会的意识、观念、规范、准则，培养一定社会所需要的人的手段。虽然也比较强调个人的自我修养，但"修身"的目的是为了"齐家、治国、平天下"。德育的一个重要功能在于培养个体的思想品德，促进个体自身的完善和发展，发掘个体的潜能，实现一定社会条件下的个体价值。德育的这种促进个体发展的功能，即体现了德育的个体价值。20 世纪七八十年代以来，虽然中国德育发生了较大转变，由高度的政治化倾向开始转变为注重社会现实和个人生活，但德育的实效却并不令人满意。如果撇开社会转型这一特殊背景，从德育内部究其原因，显然与片面强调德育的社会功能、不重视德育的个体价值有关。鉴于此，在我国实现现代化的过程中，重视德育的价值，就应当既重视德育的社会价值，也重视德育的个体价值。一方面要在进一步强化德育在维护社会稳定、促进社会发展的作用中实现其社会价值，另一方面又要通过施加教育影响来丰富个人生活，提升个人的价值和精神追求，发掘个人的潜能，促进个体的完善，以努力实现德育的个体价值。

（三）德育主体观

德育主体观是关于学校以及教育者和受教育者在德育过程中的地位问题。长期以来，由于我们对德育作为一个相对独立的教育实体重视不够或不当，对德育的个体价值比较忽视，同时也受到传统教育观念的束缚，因而在考察学校与社会、教育者与受教育者等一系列关系的时候，比较容易忽视学校作为实施德育的主体、教育者作为组织德育活动的主体、受教育者作为参与德育活动的主体的意义。树立德育的主体观，就是要考虑到：在教育方针指导下，学校根据社会进步的需要，遵循德育特性和受教育者的思想品德形成的特点，制定合理而有效的德育实施方案，健全德育领导管理体制，独立自主地开展德育工作，努力拒斥社会不良影响和一些社会团体或部门对学校德育的粗暴干扰，确立学校在德育过程中的自主形象；在学校统一部署下，教育者遵循德育规律和受教育者的思想品德的形成规律，根据受教育者个体或群体的实际，积极主动地组织和开展德育活动，充分发挥教育者的主导作用，确立教育者的主体地位；在教育者指导下，受教育者通过自身的内、外化机制，积极主动地接受教育影响，努力形成和完善个体的思想品德结构，确立受教育者在接受教育影响过程中的主体地位。在这三方面中，如何在德育过程中确立和落实受教育者的主体地位，是德育主体观的核心。

(四)全方位德育观

思想品德内在构成的复杂性、形成机制的复合性、内外影响因素的多元性以及教育诸组成部分之间的不可分割性,决定了实施现代德育需要树立全方位的德育观。它要求在实施德育的过程中,必须考虑德育作为教育组成部分之一的相对意义;考虑教育环境下显性因素与隐性因素的统一;考虑学校、家庭、社会(特别是社区)各种影响因素内部和各种因素之间的力量整合。这里所说的全方位德育观,主要包括以下几种观念:

1.全社会德育的观念

如前所述,学校进行德育活动时,要努力排斥社会不良影响和一些社会团体或部门对学校德育的粗暴干扰,独立自主地开展德育工作,但这并不意味着否定家庭和社会在德育过程中的地位与作用。相反,我们应该强调德育不只是学校的任务,家庭和社会一样担负有德育的重任。学生的思想品德是在学校、家庭、社会多方面综合影响下逐步形成和发展的,这就要求校内外各方面对学生的教育要做到认识统一、目标一致、步调合拍,以形成教育合力,发挥整体功能。否则,积极影响和消极影响会互相抵消,不一致的观念会使学生莫衷一是,不统一的要求会使学生无所适从。同时,学生思想品德的形成与发展是一个由许多从低级到高级、相互联系的阶段构成的长期累积的过程,而且德育的内容具有内在的系统性与逻辑性,这就要求各个阶段对学生的教育影响要前后一贯、连续不断、循序渐进、相互衔接,方可提高德育的有效性。学校、家庭、社会(特别是社区)只有共同地按照德育目标要求,充分发挥各自优势,完成各自侧重的教育内容,以形成一个统一协调的德育系统,才能共同促进德育对象的成长,培养中国特色社会主义事业的建设者和接班人。

2.全员德育的观念

马卡连柯说,凡是教师没有结合在一个集体里的地方,凡是集体没有统一的工作计划,没有一致的步调,没有一致的对待儿童的方法的地方,那里就不会有任何的教育过程。在学校内部,学校领导、班主任、任课教师和共青团、少先队组织,都具有对学生进行思想品德教育的职责,应对德育工作实现“共管齐抓”。要在校长的领导下,统一校内外各方面教育力量,使全体教职工和各种学生组织,按照统一的培养目标、德育要求、内容和计划,分工合作,共同对学生进行教育。各科教师要自觉地承担起教书育人的责任,管教、管导,既教书,又教人,明确教书是手段,从而紧密配合班主任做好品德教育工作。

3.多育并举的观念

组成德育的政治教育、思想教育、道德教育、法纪教育和心理品质教育,这五个方面所要解决的问题不同,不能互相替代,但又是互相联系,密不可分的。我们进行政治教育,同时也要进行思想教育,因为政治观与世界观是密切联系的。政治教育和道德教育的关系也很密切,一定社会的道德规范是根据一定阶级的政治要求制定的,是受一定阶级的利益支配,为一定阶级的政治、经济服务。在社会发展过程中,道德行为规范从来没有也不可能摆脱阶级和政治的影响而存在。思想教育和道德教育也分不开,因为道德观是世界观的一部分,人的道德行为总是受人的道德意识支配,道德意识又和世界观有密切联系。道德与法纪,本身就是一对“孪生兄弟”,两者都是调节或处理人与人关系的行为准则;在现实生活中,特别是在当前社会治安严峻形势下，光靠道德教育提高人们的精神面貌，是远远不够的，加强法纪教育，使人们养成遵纪守法的好习惯，遵守党纪、政纪，依法办事，是目前亟须解决的问题。心理品质教育与政治教育、思想教育、道德教育、法纪教育也都是紧密联系的。一个人只有具备了胸怀广阔、乐观向上的性格，才会有敏锐的政治眼光、政治远见与政治韬略，才会有正确的世界观、人生观，才会有集体主义、爱国主义和共产主义的道德品质，才会使自己努力成为遵纪守法的模范。由此看来，政治教育、思想教育、道德教育、法纪教育和心理品质教育，缺一不可，它们之间互相联系、互相渗透、相辅相成。因此，在德育日益为人们所重视的今天，我们必须全面地理解它们之间的关系，多育并举，不可片面地、孤立地用一个方面的教育代替其他四个方面的教育，也不可顾此失彼。

第二节 德育的目标与内容

一、德育的目标

（一）德育目标的含义

德育目标是德育活动预先设定的标准，是德育过程在某一特定教育阶段所应达到的培养规格和要求，是德育实践所要达到的境地，是德育目的的具体化和规范化。

弄清德育目标的内涵，必须注意其与德育目的的区别与联系。德育目的是各类教育培养人的品德的总的质量标准和规格要求；德育目的是德育最高理想的体现，具有一定的终极性。德育目标是教育所要完成的德育任务的具体目标，是德育活动具体努力方向，是德育目的的具体化和规范化，因教育阶段、对象的不同而不同。当然，德育目的必须转化为具体的德育目标才能避免其空泛；德育目标的制定必须考虑德育目的的总要求，与德育目的相联系，否则会流于琐碎，失去其意义和存在的价值。

（二）确定德育目标的原则

德育目标的确定受到主客观因素的双重制约。客观上受一定社会政治经济制度的要求与制约；主观上受一定年龄阶段教育对象的思想、心理特别是品德心理发展规律的制约。因此，确定德育目标应遵循如下基本原则。

1.超越性与现实性相统一的原则

德育目标具有未来指向性，往往是超越现实的。如果德育目标缺乏超越性，那它就失去了存在的价值和意义。德育目标又应该有其现实依据，具有实现的可能性，是以一定历史条件下的现实主客观条件为基础的。如果德育目标失去了现实性，就会成为空中楼阁，不可能实现，那同样也失去了存在的价值和意义。

2.统一性与多样性相结合的原则

一定历史时期，一个国家、一个民族具有共同的利益需要，从而要求德育必须具有共同的目标，这就是德育目标的统一性。德育目标又具有多样性，这种多样性表现为德育目标具有层次性和具体性。因此要注意各种德育目标的衔接与相互支撑，分清主次，使各种具体目标服从于整体目标的实现。

3.继承性与创新性相结合的原则

没有继承，德育目标甚至整个德育工作将会失去根基，变得苍白无力。从文化传承上看，社会发展的渐进式使得德育目标也应该是渐进性的，德育目标的确定应该汲取前人有价值的东西。从德育目标的性质上看：德育是一个连续性的过程，我们不能人为地割断前后联系。德育目标要真正起到应有的指导作用，就必须形成一个开放性的结构，必须随着时代的进步与变化而加以改进和创新。

4.先进性与广泛性相结合的原则

德育目标的确定应当把先进性与广泛性的要求紧密结合起来。先进性以广泛性为基础，广泛性以先进性为导向；没有广泛性，先进性就成为无源之水、无本之木；没有先进性，广泛性就将放任自流，迷失方向。因此，在确定德育目标时，要把握好弘扬、要求、允许、抑制、取缔等五个层次。

（三）我国学校的德育目标

1.小学的德育目标

《小学德育纲要》规定，我国小学的德育目标是：培养学生初步具有爱祖国、爱人民、爱劳动、爱科学、爱社会主义的思想感情和良好品德；遵守社会公德的意识和文明行为习惯；良好的意志、品格和活泼开朗的性格；自己管理自己、帮助别人、为集体服务和辨别是非的能力，为使他们成为德、智、体、美全面发展的社会主义事业的建设者和接班人，打下初步的思想品德基础。

2.中学的德育目标

《中学德育纲要》规定，我国中学的德育目标是：热爱祖国，拥护党在社会主义初级阶段的基本路线；初步树立为人民服务的思想和为实现社会主义现代化而奋斗的志向；具有良好的道德品质和文明行为；具有诚实正直、自尊自强、勤劳勇敢、开拓进取等品质和一定的道德判断能力及自我教育能力，成为有理想、有道德、有文化、有纪律的社会主义公民。

(1)初中阶段德育目标的要求。思想政治方面基本要求是：热爱祖国、热爱家乡，关心家乡建设，有民族自豪感、自尊心；懂得社会主义初级阶段基本路线的主要内容，了解社会主义现代化建设的常识；初步具有惜时守信、重视质量、讲求效益、优质服务等与发展社会主义商品经济相适应的思想观念；有基本的民主与法制的观念，知法、守法；相信科学，反对封建迷信和陈陋习俗；立志为实现四化，振兴中华而学习，正确对待升学和就业，初步树立为人民服务的思想。道德行为方面的基本要求是：尊重、关心他人，爱护、帮助他人；热爱班级和学校集体，爱护集体荣誉。积极参加劳动，初步养成劳动习惯和生活自理能力；养成自觉遵守社会公德的良好品质。个性心理素质和能力方面的基本要求是：养成诚实正直、积极向上、自尊自强的品质；具有初步的分辨是非等能力。

(2)高中阶段德育目标的要求。思想政治方面的基本要求是：初步运用马克思主义观点和方法观察分析社会现象；正确认识社会主义建设与改革、开放的形势，具有与祖国休戚与共的感情；有振兴中华，建设家乡的事业心和责任感，能够把个人前途与社会主义建设的需要结合起来；进一步树立与发展社会主义市场经济相适应的价值观念、竞争观念和改革开放的意识。道德行为方面的基本要求是：具有国家利益、集体利益和个人利益相结合的社会主义集体主义精神；树立劳动观点，有良好的劳动习惯、较强的生活自理能力和艰苦奋斗的思想作风；遵守公民道德；懂得现代文明的生活方式和交往礼仪。个性心理素质和能力方面的基本要求是：形成坚毅勇敢不怕困难、敢于创新的品格；对不良影响有一定识别能力和抵制能力，并具有一定的自我教育和自我管理等能力。

3.高等学校的德育目标

《中国普通高等学校德育大纲》规定，我国高等学校德育目标是：使学生热爱社会主义祖国，拥护党的领导和党的基本路线，确立献身于有中国特色社会主义事业的政治方向；努力学习马克思主义，逐步树立科学世界观、方法论，走与实践相结合、与工农相结合的道路；努力为人民服务，具有艰苦奋斗的精神和强烈的使命感、责任感；自觉地遵纪守法，具有良好的道德品质和健康的心理素质；勤奋学习，勇于探索，努力掌握现代科学文化知识。同时，从中培养一批具有共产主义觉悟的先进分子。

二、德育的内容

(一)德育内容及其制约因素

德育内容是指德育活动所要传授的具体道德价值与道德规范及其体系。

因历史与文化条件不同，不同历史时期、不同国家、不同文化的德育内容各不相同。原始社会德育内容的核心是原始的集体主义，其重点是维护氏族、部落所需要的忠诚、勇敢、勤劳、复仇等道德法则，但是这种原始的集体主义、平等、民主等道德原则局限于一定的氏族、部落之内，具有狭隘性；德育内容与生活、民俗、劳动融为一体，在呈现形式上具有非专门、不自觉的特点。古代学校德育本身的等级性和道德法则本身具有的浓厚等级色彩，导致其内容呈现形式上绝对灌输的特色，内容中也存在鄙视体力劳动的倾向。现代学校德育伴随着市场经济的需要，道德教育中出现了对自强、诚信、效率、开放与宽容等价值观念的强调，以平等、公正、个性自由为特色的道德教育内容也成为近现代学校德育的特点，在道德教育过程中，德育内容的呈示方式开始出现尊重道德学习主体性的努力。分析世界各国的德育目标、内容及其具体的道德教育实践，我们不难发现，其德育内容具有如下一些共同特点：道德规范、道德原则、道德价值观和世界观并重，独特的民族性和普遍的国际性并重，学生的道德素养、能力与综合素质并重，学生的个性与群体意识、社会责任感并重，注重国情和国策教育，注重公民教育、劳动教育。

德育内容的根本制约因素是一定社会的社会性质和社会、阶级、民族对德育对象的要求，以及德育对象品德发展的需要与可能。而德育内容的直接制约因素则包括德育目的、目标及其序列化，德育对象品德发展的规律，德育对象品德的实际状况与水平，对德育过程的不同理解和一些偶发因素等，这些因素都制约着具体德育内容的安排。

（二）我国学校的德育内容

我国学校的德育内容根据德育目标和教育对象思想政治品德发展的一般规律而确定，并随着社会发展进程而充实调整。

1.小学的德育内容

小学德育主要是向学生进行以“爱祖国、爱人民、爱劳动、爱科学、爱社会主义”为基本内容的社会公德教育和有关的社会常识教育（包括必要的生活常识、浅显的政治常识以及同小学生有关的法律常识），着重培养和训练学生良好的道德品质和文明行为习惯，教育学生心中有他人，心中有集体，心中有人民，心中有祖国。其基本内容包括：热爱祖国的教育，热爱中国共产党的教育，热爱人民的教育，热爱集体的教育，热爱劳动、艰苦奋斗的教育，努力学习、热爱科学的教育，文明礼貌、遵守纪律的教育，民主与法制观念的启蒙教育，良好的意志、品格教育。

2.中学的德育内容

我国中学德育的主要内容包括以下八大系列内容：爱国主义教育、集体主义教育、马克思主义常识和社会主义教育（马克思主义常识教育主要在高中阶段进行）、理想教育、道德教育、劳动和社会实践教育（社会实践教育主要在高中阶段进行）、社会主义民主观念和遵纪守法的教育、良好个性心理品质的教育。初、高中阶段分别根据学生思想政治品德发展的特点，具体教育内容有所不同。除以上各系列内容的教育外，还要随着国家经济、政治形势发展进行形势任务和时事政策的教育。

3.高等学校的德育内容

2004年10月，中共中央、国务院颁布《关于进一步加强和改进大学生思想政治教育的意见》，规定了我国高校的德育任务和主要内容：一是以理想信念教育为核心，深入进行树立正确的世界观、人生观和价值观教育；二是以爱国主义教育为重点，深入进行弘扬和培育民族精神教育；三是以基本道德规范为基础，深入进行公民道德教育；四是以大学生全面发展为目标，深入进行素质教育。

三、中小学生心理健康教育

良好的心理素质是人的全面素质的重要组成部分，是未来人才素质中的一项十分重要的内容。中小学生正处在身心发展的重要时期，随着生理、心理的发育和发展，竞争压力的增大，社会阅历的扩展及思维方式的变化，特别是独生子女、留守儿童在学习、生活、人际交往和自我意识等方面可能会遇到或产生各种心理问题。有些问题如不能及时解决，将会对学生的健康成长产生不良的影响，严重的会使学生出现行为障碍或人格缺陷。他们的健康成长，不仅需要有一个和谐宽松的良好环境，而且需要帮助他们掌握调控自我、发展自我的方法与能力。因此，加强中小学心理健康教育，既是学生自身健康成长的需要，也是社会发展对人的素质的要求。从20世纪80年代后期开始，一些省、市在中小学生开展心理健康教育，促进了学生心理素质的提高，取得了良好的效果。为了进一步加强中小学心理健康教育，教育部在1999年颁布了《关于加强中小学心理健康教育的若干意见》。

(一)中小学心理健康教育及其主要任务

1.中小学心理健康教育的含义

中小学心理健康教育是根据中小学生生理、心理发展特点,运用有关心理教育方法和手段,培养学生良好的心理素质,促进学生身心全面和谐发展和素质全面提高的教育活动。

中小学心理健康教育是素质教育的重要组成部分,是培养高质量人才的重要环节。对中小学生及时有效地进行心理健康教育是现代教育的必然要求,也是广大教育工作者所面临的一项紧迫任务。各级教育部门的领导和学校校长、教师、家长要充分认识加强中小学心理健康教育的重要性,要以积极认真的态度对待这项教育工作。

2.中小学心理健康教育的主要任务

中小学心理健康教育的总目标是:提高全体学生的心理素质,充分开发他们的潜能,培养学生乐观、向上的心理品质,促进学生人格的健全发展。其主要任务是:

(1)面对全体学生,开展预防性和发展性的心理健康教育,使学生不断正确认识自我,增强自我调控、承受挫折、适应环境的能力;培养学生健全的人格和良好的个性心理品质。

(2)向少数有心理困扰或心理障碍的学生,给予科学有效的补救性和矫治性的心理咨询和辅导,使他们尽快摆脱障碍,调节自我,提高心理健康水平,增强发展自我的能力。

(3)面对教师和家长开展心理健康教育工作,共同促进学生的心理健康发展。

(二)中小学心理健康教育的基本原则及实施途径

1.开展心理健康教育的基本原则

中小学心理健康教育,是一项科学性、实践性很强的教育工作,应遵循以下一些基本原则:

(1)根据学生心理发展特点和身心发展的规律,有针对性地实施教育。

(2)面向全体学生,通过普遍开展教育活动,使学生对心理健康教育有积极的认识,使心理素质逐步得到提高。

(3)关注个别差异,根据不同学生的不同需要开展多种形式的教育和辅导,提高他们的心理健康水平。

(4)以学生为主体,充分启发和调动学生的积极性。把教师在心理健康教育中的科学辅导与学生对心理健康教育的主动参与有机结合起来。

2.心理健康教育的实施途径

心理健康教育要讲求实效,把形式和内容有机地结合起来。具体方式和所需时间,应从实际出发。目前,我国中小学实施心理健康教育可通过以下一些途径:

(1)全面渗透在学校教育的全过程中。在学科教学、各项教育活动、班主任工作中,都应注重对学生心理健康的教育,这是心理健康教育的主要途径。

(2)心理健康教育的专题讲座及校园文化活动。除与原有思想品德课、思想政治课及青春期教育等相关教学内容有机结合进行外,心理健康教育还可利用活动课、班团队活动,举办心理健康教育的专题讲座。对小学生也可通过组织有关促进心理健康教育的游戏、娱乐等活动,帮助学生掌握一般的心理保健知识和方法,培养良好的心理素质。

(3)开展心理咨询和心理辅导。对个别存在心理问题或出现心理障碍的学生及时进行认真、耐心、科学的心理辅导，帮助学生解除心理障碍。

(4)建立学校和家庭心理健康教育沟通的渠道，优化家庭教育环境。引导和帮助学生家长树立正确的教育观，以良好的行为、正确的方式去影响和教育子女。

需要特别说明的是，心理健康教育与德育工作有密切的联系，但不能用德育工作来代替，它也不能取代德育工作。在实际工作中，我们要特别注意不能把学生的心理问题简单归结为思想品德问题；要注意防止心理健康教育医学化和学科化的倾向；不能把心理健康教育搞成心理学知识的传授和心理学理论的教育。

第三节 德育的基本原则

一、德育原则的概念

德育原则就是教育者进行德育时所必须遵循的基本准则和要求。它反映了德育过程的规律性，是对德育实践经验的概括和总结，更是制订德育计划、选择德育内容和方法、组织德育过程的依据。

正确理解和贯彻德育原则，对提高德育工作者的自觉性，促进德育工作科学化，提高德育的实效性都具有重要意义。教育者只有掌握了德育原则，才能使自己真正成为主导者。

二、我国学校的德育原则

我国学校的德育原则，是以马克思主义为指导，依据我国教育目的，批判地吸取了宝贵的历史遗产，反映德育过程的规律，总结社会主义学校的德育经验而提出的。这些原则既反映德育的一般原理，又体现当前我国学校德育的一些特殊规律。

(一)方向性和现实性相结合原则

方向性与现实性相结合的原则是指在德育过程中，既要坚持社会主义方向，坚持以马克思主义为指导，抵制各种错误思想影响，又要从社会主义初级阶段的现实出发，按现行的方针政策要求学生，把德育的方向性和现实的可能性结合起来，使各项德育活动具有共产主义方向性和具体的社会主义品德教育的目的性。

这一原则是根据德育要受社会政治经济制约这一规律提出来的，是由我国社会主义教育的性质和任务决定的。我国社会主义初级阶段的德育属于社会主义、共产主义德育范畴，因此，它必须坚持共产主义方向性，这是社会主义德育的根本原则，它集中地反映了社会主义德育培养新人的根本要求，也是我们进行德育的政治方向的根本保证。同时，我国现阶段的德育又要从社会主义初级德育的现实性出发，使德育不脱离实际，使社会主义初级阶段的德育落到实处，取得实效。贯彻这一原则的基本要求是：

第一，要以马克思主义理论为指导，把共产主义方向性和社会主义初级阶段现实性结合起来。马克思主义理论是我们党和国家发展的指导思想。共产主义思想道德是社会主义思想道德的高级发展阶段和必然的发展方向与归宿。在社会主义初级阶段，坚持德育的共产主义方向性，就是要在马克思主义指导下，用社会主义思想道德武装学生，使他们了解党在新的历史时期的路线、方针和政策，树立中国特色社会主义的共同理想，同时使他们了解、向往和追求共产主义的远大目标，并引导他们逐步树立共产主义的人生观和世界观。

第二，坚持德育目标，要从实际出发，针对学生的不同类型、不同层次和个体差异进行教育。要明确学校德育的基本任务，在德育目标上解决好普遍性要求和先进性要求的关系；在德育内容上解决好基础性内容和超前性内容的关系；在理想教育上解决好共同理想和远大理想的关系。要克服要求过高、不分层次，过于理想化而和现实社会脱节的弊端。学校要把对学生的共产主义思想体系的教育同我国社会主义初级阶段的实际和现行的路线、方针、政策的教育结合起来，引导学生把实现中国特色社会主义共同理想同自己日常的学习、生活、劳动联系起来，使德育落到实处。

第三，把学校德育置于社会大背景之中。要拆掉学校和社会之间的无形的“隔离墙”，将学校这一传统的所谓“理想环境”“真空世界”变为“现实环境”与“真实世界”，将“理想化”的学校思想品德教育变成社会化的思想品德教育，帮助学生从小学会全方位、多侧面、科学地观察社会，既具有世界意识、现代意识，适应时代潮流，又能脚踏实地正确认识和处理发生在自己身边的事，做到对自己的个性发展承担个人责任，进而做到对家庭、对他人、对集体、对国家乃至对人类社会、对生态环境承担个人的责任。

第四，要引导学生把自己日常的学习、生活同建设社会主义现代化强国、最终实现共产主义的理想联系起来。教育者要善于由小见大，由近及远，教育学生从大处着眼，小处着手，立足当前，放眼未来，从我做起，从现在做起，从小事做起，使社会主义、共产主义的思想道德渗透到他们学习、生活等各个方面去，成为推动他们前进的动力。

（二）理论与实践相结合的原则

理论与实践相结合的原则是指在德育工作中既要对学生进行系统的道德知识传授，又要联系国内外政治经济文化的发展变化和学生的思想实际；既要注重理论教育，又要注重实践教育，引导学生参加社会实践，把提高学生的思想认识与培养良好的行为习惯结合起来，提高教育实效。

这一原则是根据辩证唯物主义认识论和社会主义教育的目的提出来的，符合德育过程是教育与自我教育的统一过程的规律和德育过程是培养学生知、情、意、行统一发展的过程的规律。贯彻这一原则的基本要求是：

第一，要重视系统的道德理论知识的传授，为思想品德的形成打下基础。道德理论知识的获得是良好的道德认知的基础。在德育过程中，教育者要有目的、有计划地向受教育者讲清社会主义道德体系的基本内容与要求，提高受教育者对社会主义核心价值体系的认识。比如：思想政治课的教学不能满足于政治概念与道德观念的简单灌输，而必须致力于政治信仰和道德信念的形成，以培养正确的社会态度和道德品质为主要目标；必须密切联系实际，面对社会政治生活和经济生活中的各种现实问题，把握学生的思想脉搏，触及学生思想的“热点”，帮助学生提高认识和觉悟，积极引导他们以科学的理论为武器，去分析研究在生活中遇到的各种问题，并直接参与现实的社会生活，使学生从中受到启示与鼓舞，增长见识，受到教育。

第二，要引导和组织学生参加实际锻炼，要让学生在实践中把所学的理论运用到日常的学习生活和工作中，去分析、评价、解决实践中的有关思想、政治、法纪和道德方面的问题，做到学用结合，言行一致；还要重视在日常生活中训练学生的行为习惯。

第三，对学生思想品德的要求和评价要坚持知行统一，言行一致。要引导学生把学到的社会主义思想道德的基本观点、原则和规范转化为自己的品德动机和信念，并贯彻到实际的行动中去，在实践中身体力行，反复训练，克服思想上和行动中的各种困难和障碍，养成良好的行为习惯，做到言行一致、知行统一。

（三）教育与管理相结合原则

教育与管理相结合原则是指教育者对学生要坚持以正面引导，说服教育为主，调动学生接受教育的自觉性，同时辅之以必要的纪律约束，使二者结合起来。青少年学生容易接受新观念、新思想，但同时由于涉世未深、知识经验不足，对复杂的社会现象，缺乏判别是非、善恶美丑的能力，看问题容易片面，易走极端，往往容易受错误思潮的消极影响，他们在思想认识上出现这样那样的问题。教育者要做到循循善诱，坚持正面说服与疏导相结合，做到入情入理，因势利导，同时辅以纪律、规章的约束。贯彻这一原则的基本要求是：

第一，坚持正面教育，摆事实，讲道理，以理服人。对青少年进行德育，要注重摆事实、讲道理，做深入细致的思想工作，启发他们自觉认识问题，自觉履行道德规范。即使学生在思想品德上有了缺点、毛病，行为上出现了过失、错误，也要注意疏通思想、提高觉悟，使学生心悦诚服、自觉改进。

第二，建立合理的规章制度，把正面教育与纪律约束结合起来。规章制度是思想道德规范的具体化，它不仅带有正面引导的性质，而且具有一定的强制性，这是培养青少年学生的自我控制能力和良好行为习惯的必要手段。说理疏导与纪律约束是相辅相成的。只有在进行正面说理教育的同时，辅之以必要的规章约束，才能保证青少年学生的思想和行为有章可循，共同促进学生良好道德行为习惯的养成，使以培养文明行为为宗旨的养成教育，真正落实到使学生思想纯洁、情操高尚、内心文明、言行符合社会主义道德要求。

第三，坚持表扬、奖励为主，批评、惩罚为辅。通过表扬、奖励，树立正面典型，能够给学生以积极向上的力量。特别是树立学生身边的典型，具有可比性的特点，能为学生提供可以直接仿效的参照系。对学生的批评则应本着与人为善、治病救人的态度，对犯有错误的学生更应苦口婆心、坦诚相待。对学生的批评最好采用讨论、咨询的方式，而不是训斥、指责的方式。教育中切忌简单粗暴、讽刺挖苦、侮辱谩骂，更不可体罚和变相体罚学生。

第四，教师要以身作则，增强说服的力量。在教育活动中，教师要严于律己，以身作则，自觉模范地遵守校纪校规，以行正人，以自身的榜样力量去教育学生；要注重自身的形象，用自己的人格魅力去影响学生。

（四）集体教育与个别教育相结合原则

集体教育与个别教育相结合原则是指教师对学生的德育工作，要重视组织培养学生集体，并通过这一集体来教育集体中的每一个成员。这一原则包含两层意思：一是教师要重视培养教育学生集体；二是要通过集体来教育每一个学生。只抓集体教育而不抓个别教育，就会使教育工作流于一般化，影响集体的巩固和发展；反之，只抓个别教育而不抓集体教育，就不可能形成健康向上的集体，发挥学生集体的教育作用，个别教育也就失去了基础和依托。贯彻这一原则的基本要求是：

第一，要重视培养健全的学生集体，要充分发挥集体的教育功能。良好的集体一旦形成，就会成为巨大的教育力量。实践证明，一个良好的集体可以培养学生各种优良的个性品质，改变不良的行为习惯，甚至可以教育好沾染上严重不良习气、在思想品德上有严重缺陷的学生。一个不好的群体，则会使其成员“交叉感染”，造成严重的负面影响。因此要发挥学生集体的教育作用，就要耐心组织、精心培养一个具有共同奋斗目标、正确的舆论、良好的风气和传统、严格的组织纪律、朝气蓬勃、团结友爱的学生集体。

第二，通过集体教育学生个人，通过学生个人转变影响集体。教师要把集体当作教育的主体，先向集体提出要求，然后让集体再去要求、教育和帮助它的成员。教育集体与教育个人，实质上是并行不悖的。这种方式把学生集体和个人都摆在教育主体的地位，能调动他们参与教育活动的积极性，激发每个学生对集体的责任感，培养主人翁意识。教师也要注意通过学生个人的转变来影响和培育集体。这样不仅通过教育一个学生教育了全班、全校每一个学生，而且培养了正确的集体舆论和良好班风从而使集体与学生个人互相促进。

第三，针对集体中每个成员的特点和问题，加强个别教育。在教育集体的同时，必须看到集体中每个成员及其独特的精神世界，关怀备至地教育每个学生。个别教育是一个与集体教育紧密相关的过程。重视个别教育才能克服一般化、“一刀切”等简单化的教育方式，做到“一把钥匙开一把锁”，使教育更有针对性。有一些问题，如学生的早恋、初犯的偷窃行为、某些心理障碍等，就宜采用为学生保密的个别教育帮助为好。

（五）严格要求与热情关怀相结合原则

严格要求与热情关怀相结合原则是指在德育过程中，教师应当从热爱、尊重学生出发，把对学生的严格要求和对学生的尊重信任结合起来，全面关心学生的健康成长，对他们既要严格要求，又要热情关怀，积极主动帮助他们解决思想、学习和生活等方面的实际问题。贯彻这一原则的基本要求是：

第一，要树立正确的学生观，爱护、尊重、信任每一个学生。“没有爱就没有教育，只有爱孩子的教师，才可以教育好学生。”这是许多优秀教师的切身体会。教师对学生的爱是师生关系的“润滑剂”，是学生思想品德积极转化的“催化剂”，是学生克服困难、奋发向上的动力源。只有爱护、尊重和信任学生，才能充分调动学生的主动性和积极性，激发他们进行自我教育的自觉性。

第二，要严格要求学生，对学生提出正确的、合理的、具体的要求。教育是从提出要求开始的，在这一意义上，我们可以说“没有要求也就没有教育”。严格要求学生出之于对学生的殷切期望，出之于对学生的充分理解和高度信任。一位美国的青年学生是这样向老师吐露自己的心里话的，他说：“你们严格要求我们、批判我们，我们都能接受。而你们对我们的失望，则会使我们对你们也失去信赖。"教师对学生的要求应明确、具体、适度、可行，一经提出，便不能朝令夕改或姑息迁就。要充分利用学生的自尊心和积极向上的心理，鼓励他们不断前进，树立正面典型，抑制不良思想行为的产生和发展。

第三，要形成尊师爱生的良好师生关系。教师要尊重学生的人格和权利，尊重学生的自尊心和上进心，做学生的知心朋友；教师还要虚心听取学生的意见和建议。良好的师生关系，可以让学生信任和尊重教师，把教师作为学习的榜样，从而更好地按教师的要求行事。

第四，要关心爱护学生，帮助学生解决实际困难。随着独生子女和"留守儿童"的增多，学生中的心理问题、生活问题、学习问题、人际关系问题也越来越多。教师要从全面关心学生的健康成长的角度出发，在对他们进行严格要求的同时，要善于了解、发现学生存在的学习和生活上的困难，积极主动帮助他们解决思想、学习和生活等方面的实际问题。

（六）整体性与层次性相结合的原则

整体性与层次性相结合的原则是指德育在完善科学的工作体系，各方面协调一致，形成卓有实效的德育合力的同时，要从实际出发，针对学生的不同类型、不同层次和个体差异进行教育。贯彻这一原则的基本要求是：

第一，要注重发挥全体教职员工、各种途径和环节的德育功能，形成校内教育的合力。学校内部的各种教育力量对学生的要求要一致。如学校领导、班主任、任课教师和共青团、少先队组织，对学生的思想品德教育要"共管齐抓"，并做到目标一致，配合默契。一个学校的全体教职员工，一个班级的全体任课教师都要形成相应的教师集体，及时互通学生的情况，定期研究学生德育中的问题，制定教育的方案，互相配合开展教育活动。

第二，学校要和家庭、校外教育机构及社会团体加强联系，共同研究和协调对青少年的教育，逐步形成以学校为中心的学校、家庭、社会三结合的教育网络。学校和教师要主动与家庭、社会有关方面取得配合，协同一致地教育学生。对学生的德育工作要系统连贯地进行，要注意各个阶段各个环节的联系和衔接，使学生思想品德的发展成为一个前后联系的完整过程。要保持对学生的教育影响的连续性与系统性。对学生的教育影响前后不连贯、不一致，时紧时松、时宽时严、时断时续，不仅直接影响学生良好品德和行为习惯的形成，而且会导致负面效应。为此，必须做好衔接工作，包括做好小学与初中、初中与高中、学期与学期之间学生思想品德教育的衔接工作，还要做好班主任和教师因工作调换而产生的衔接工作。

第三，要针对学生身心发展、品德发展及个性特征因材施教。每个学生都是一个独立的社会成员，他们在各自的环境和教育影响下活动着，因而形成各自的思想特点和品德实际，出现一些具有个人特点的特殊的实际品德问题。同一年龄阶段、同一班级的学生，由于各人的遗传、环境和教育的不同，因而每个人的身心发展都有各自的特殊性，形成各不相同的个性特点。因此，学校、家庭、社会都应从学生的年龄特征、个性特征和实际品德状况出发，不仅要研究、掌握学生的一些具有时代性、地区性或学校、班级的共同的思想、心理特征，而且要全面地了解研究学生，了解各个学生的思想特点，掌握学生的个性特点和品德实际情况，有针对性地进行教育。

（七）教育与自我教育相结合的原则

教育与自我教育相结合的原则是指德育既要发挥教育者的主导作用，积极地对受教育者进行品德教育，又要发挥受教育者的主体作用，自觉主动地进行自我品德教育或品德修养。贯彻这一原则的基本要求是：

第一，要发挥教育者和受教育者两方面的积极性，充分发挥教育者的主导作用和受教育者的主体作用。德育过程是教育者和受教育者双方自觉能动活动的矛盾统一过程。在这一过程中，既有教育者的施教传道活动，又有受教育者的受教修养活动，双方都有自觉能动性。因为人的品德发展是在外部环境和德育影响下，其品德内部矛盾运动的结果，自我品德教育正是推动其品德形成发展的内部因素和动力。因此，在实际德育活动中，应该坚持发挥两个主体的积极性。

第二，增强学生接受教育的主动性，并不断提高自我教育的能力。德育的最终目的是要使受教育者无须教育者的教育而能自觉主动地进行自我品德教育和自我品德完善，即所谓"教，是为了不教"。因此，在德育过程中，教育者要充分发挥受教育者的主动性与积极性，受教育者要不断培养和提高自身的道德分析判断能力，并最终实现自我教育。

第四节　德育过程及其组织

一、思想品德的形成与发展

（一）思想品德的形成与发展是知、情、意、行的培养过程

1.思想品德是由知、情、意、行四个要素构成的

思想品德包括政治态度、人生态度和道德品质等。任何一种思想品德，都包含着认知成分、情感成分和行为成分（外显的意志行为的倾向与习惯）。思想品德的核心道德品质就是由道德认知、道德情感、道德意志、道德行为习惯等四个要素构成。

道德认知主要是人们对道德规范及其意义的理解和掌握，也包括道德印象的获得、道德概念及道德观念的形成、道德信念的产生、道德评价和道德判断能力的发展等。人的品德的形成离不开认知，一定的品德总是以一定的道德认知为必要条件的。

道德情感是指人们按照一定的道德观点去评价他人、自己的品行是否满足道德需要而产生的一种内在情感体验。道德情感是在道德认知的基础上产生的，也是道德认知的一种具体表现形式。道德情感在人的品德形成发展过程中具有非常重要的作用，它是产生道德行为的巨大动力，也是个人对其行为进行自我调节的一种内部力量。高级的道德情感（如责任感、义务感等）更是一个人道德倾向性的核心和道德行为的巨大内驱力。

道德意志是指一个人自觉的克服内外障碍去完成预定的道德行为，实现一定的道德动机的过程。人的道德行为是一种自觉意志行动过程。人在确立目的、采取某种道德行动的过程

中，各种愿望、意向或动机之间常常会产生矛盾而需要内部的调节与控制。教育实践证明，缺乏坚强的道德意志，就难以形成良好的品德。品德不良和违法青少年的心理特点之一，就是意志薄弱。道德意志的培养与锻炼，对于学生良好品德的形成与发展具有极其重要的意义。

道德行为是指人们在一定的道德认知、道德情感和道德意志的支配和驱使下采取的行动。道德行为是人的品德的一个重要的外部表现。一个人的道德是通过经常性而不是偶然性的道德行为体现的，道德行为是衡量人们的道德修养水平的重要标志。评价一个人的品德如何，不仅要听其言，而且要观其行。道德行为在人们的品德发展中具有至关重要的作用，因为只有在履行道德规范的实践活动中，才能深化道德认知和情感，锻炼道德意志，提高道德评价能力，从而使行为主体的品德得到发展。

2.思想品德的发展是各构成要素协调统一的发展

组成思想品德的各要素不是孤立的，而是一个彼此相互联系的统一的整体，每一种因素都是不可或缺的。知（认知）是情（情感）、意（意志）形成发展的必要条件，是行（行为）的先导。情是知在内部升华为信（信念），在外部转化为行的中间环节，也是产生动机与需要的基础，起着中介作用，是一种内部驱动力。信是知、情、意发展到一定水平结合升华的“合金”，属于品德的高级层次，是人的强大的精神支柱。信念是思想品德形成中的关键因素。人的道德行为可以是一时性的，也可能是经常性的；可以是经过矛盾斗争和反复抉择才做出的，也可能是基于信念或经常重复而无须再思索的道德行为习惯。可以说，只有形成道德信念和道德行为习惯，把一时性的道德行为转化为经常一贯的、自动化的道德行为，才算真正形成了某种品德。因此，培养学生良好的道德行为习惯，根除不良习惯，是学校德育最重要的任务。

（二）思想品德的形成和发展离不开活动和交往

1.思想品德的形成和发展是主客体相互作用的结果，是行为主体活动和实践的结果

瑞士著名心理学家和教育家皮亚杰指出，儿童道德成长或发展的根源不在于单纯的外部环境，也不在于单纯的主体内部，而在于主体与其道德环境的积极的交互作用——活动或实践，在于这种活动或实践引起的矛盾和思考。任何道德行为、道德品质都是人们在工作和思想的统一中跟别人发生适当的关系而得来的。只有通过活动和实践，人们才能获得对道德规则更全面、更深刻的认识，并以此调节自己的行为，而正是在活动中，在与别人的交往中形成了尊重别人、关心别人、善于合作等品质。我们这里所说的实践是能动的社会实践，而不是只有个人意义的具体活动或人的精神活动。

我们这样说，并不否认家庭、社会环境对学生的重大影响；更不否认学校教育对学生的主导作用，但是外界各种教育因素只有成为学生活动的对象，才能纳入学生的主观反映领域，才能被接受。由此可见，进行德育要善于组织、指导学生的活动。这些活动应包括两个方面：一是以学生为主体由学生积极参与的各种丰富多彩的教育活动；二是学生在思想情感上进行的内部心理活动。学校德育要组织好学生各种表现为外部行为的实际的教育活动，这样才能启迪、激发和引导他们积极开展内部心理活动，促进他们思想认识的提高和品德的发展。

2.学生活动的主要形式是学习劳动

对学生来说，最基本的活动是学习劳动。它既包括智力活动，也包括体力活动，两者密切

联系。从形式上分，包括学科学习活动、课外教育活动和社会实践活动。

学科学习活动也就是通常所说的教学活动，是在教师和学生以及学生和学生之间的交往过程中进行的。学生可以获得在集体中生活和工作的能力，掌握社会主义公共生活的准则和规范，培养集体主义精神。在完成学习任务的过程中形成一些最重要的性格特征和道德品德，诸如责任心、进取心、成就感、纪律性、坚持性、乐群性、忠实、勤奋、创造精神等。同时，教学过程以学生所学知识武装学生，有助于学生在科学世界观的基础上提高道德思维、道德判断和正确决定活动方向的能力。

课外的各种教育活动对学生思想品德的形成和发展有重大意义。组织得好的课外教育活动，有明确的德育目标，可以充分发挥学生的主动性、自主性，具有课堂教学无法代替的作用。

社会实践活动是近些年兴起并受学生欢迎的一种教育活动。学生在参与真实的社会生活的过程中，认识社会生活的真实面目，学习怎样参与社会生活的改革与创新活动，对思想品德的形成和发展有重要作用。

(三)思想品德的形成和发展是学生思想内部矛盾斗争的过程

1.当前德育要求与学生现有思想品德水平之间的矛盾是学生思想品德发展的内部动力

学生把社会思想准则和道德规范转化为个体的思想品德，是内外因素相互作用的结果。外部教育影响作为条件是不可缺少的，但任何外界影响都必须通过个体的心理内部矛盾而起作用。思想品德作为个体现象，必然依赖个体的心理活动，依赖于个体内部的心理矛盾运动。心理矛盾错综复杂，但最基本的矛盾只有一个，那就是被学生个体所反映、所接受的德育要求和学生现有的思想和道德发展水平之间的矛盾。这种德育要求是教育者根据一定社会的要求和学生思想品德的实际状况提出来的，往往高于学生现有的思想品德发展水平，而且主要是从所组织的活动和所设置的情境中体现出来的。当这种要求在学生主动参与的活动中被学生所认识、所理解、所接受，内化为学生内部的需要和动机时，就要和学生原有的思想道德状态发生矛盾，这种内部的矛盾运动就成了思想品德发展的根本动力。

2.学生思想品德内部矛盾的多样性

学生思想品德发展的矛盾，除品德发展的基本矛盾外，还有各种各样的矛盾。教育者要对这些矛盾的性质和内容做具体分析、区别对待，才能促使这些矛盾向积极方面转化。有些矛盾是外部世界客观矛盾的反映。如学校、家庭和社会对学生的教育要求不相一致甚或相互抵触，或者社会主义的道德标准与周围人们的错误行为不相符合。这种现象反映到学生的头脑里，就使学生产生疑惑和迷惘。在价值观念多元化的社会转型时期，这类矛盾显得特别的突出。有些矛盾是认识性质的矛盾，是学生认识上的知与不知、全面与片面、深刻与肤浅的矛盾。在这种矛盾中，学生常常是“有错不知错”，如把鲁莽的举动、把举止怪诞当作风度潇洒等。有些矛盾是思想性质的矛盾，即思想意识方面的矛盾，包括正确与错误、先进和落后、正直与虚伪、正义和邪恶的矛盾。有些中学生沾染上或已形成某些不良的思想和习气，因而不能或根本不愿遵循正确的思想准则和道德规范，往往是“知错犯错”“明知故犯”。这种矛盾主要发生在有问题行为的学生身上，对他们的思想与行为稍有放松，就可能导致违规犯法的行为。还有些矛盾是心理素质方面的矛盾，即知、情、意、行各心理因素之间的矛盾和某些个性心理特征和道德要求之间的矛盾。学生的知与行、知与情、愿望与能力之间的矛盾，都属于这类矛盾。比如性格懦弱、孤僻与勇敢进取、合作乐群就是这类矛盾的表现形式。

(四)思想品德的形成和发展是从他律到自律、自我教育能力不断增强的过程

1.思想品德的发展经历从他律到自律的不同阶级

教育心理学的研究成果表明：儿童的道德发展具有阶段性。儿童道德的发展所经历的一系列阶段形成了一个与成熟有关，但不是由成熟决定的固定的发展顺序。就个体而言，道德的发展尽管有早迟、快慢，但都必须遵循这一发展顺序；道德发展的各阶段虽然有各自不同的本质特点，但发展的各阶段又形成了一个连续的、互相衔接、互相交叉的统一的整体。整个道德发展过程是一个从不自觉到自觉，从单纯受外部环境的支配到受行为主体自我控制的过程。皮亚杰把这一发展过程概括为从他律到自律的过程。

2.自我教育能力是思想品德发展水平的一个重要标志

随着学生年龄和才智的增长，他们的自我教育能力，在他们自身的品德发展上起着越来越重要的作用。苏联教育家苏霍姆林斯基就很不赞成紧紧抓住青少年的手不放，一直到17岁还把他们只当作受教育者的不科学的做法。他说："我深信，只有能够激发学生去进行自我教育的教育，才是真正的教育。"[①]认识自己——掌握自己——自己去做，这是苏霍姆林斯基对自我教育的最通俗、最确切的注脚。青少年只有具备了自我教育能力，才能真正做到道德上自律，达到古人所崇尚的"慎独"的道德境界。

3.学生的思想品德形成与发展是长期、反复、从量变到质变不断积累和逐步提高的过程

德育过程的社会性，德育因素的广泛性和复杂性，以及青少年学生本身的可塑性等特点，决定了学生思想品德的形成和发展不可能是直线的而是波浪式地曲折前进，有时还会出现反复。首先，从学生主观世界来看，品德的形成，知、情、意、行矛盾斗争的统一实现，要经过长期培养和磨炼；每一新的思想品德的形成，都具有不稳定性，需要多次反复，这就决定了德育过程必然是一个曲折反复、长期的教育过程。其次，从客观环境影响看，社会、家庭、学校影响的广泛性和多层次性，积极因素和消极因素的矛盾斗争此起彼伏；社会发展对学生思想品德的要求不断提高等，都决定了德育过程是个长期的、反复的过程。

二、德育过程

(一)什么是德育过程

1.德育过程的概念

德育过程是教育者按照一定社会的要求和受教育者思想品德形成规律，有目的、有计划地对受教育者施加系统影响，以使受教育者形成符合社会所需要的思想品德的过程。

德育过程的基本含义可以从以下四方面理解：德育过程是有目的的活动过程，目的指向于德育对象品德能力的形成与发展；德育过程是一种教育活动过程，是思想品德教育活动的

① 瓦·阿·苏霍姆林斯基著，杜殿坤译：《给教师的建议》，教育科学出版社，2000年版，第341页。

展开、运行、延续、发展的过程；德育过程是教育者与受教育者共同参与、交互作用的过程；德育过程是一个促进德育对象品德能力发展的过程。

2.德育过程的基本要素

德育过程的基本要素包括教育者、受教育者、德育影响。①

教育者是德育过程的组织者、引导者、调控者。教育者作为社会要求的代言人，按照一定的社会要求来设计、组织和调控德育活动，引导受教育者追求品德的发展。一个真正的教育者必须具有明确的教育目的，正确认识所肩负的个体发展和社会发展的使命，必须能够根据社会对受教育者的品德要求和受教育者思想品德发展的规律来引导、规范、促进受教育者的发展。教育者在德育过程中发挥主导作用。

受教育者即德育的对象。在德育过程中，受教育者既是德育的客体，也是德育的主体。当他作为教育对象，接受教育者所施加的教育影响时，是德育的客体；当他进行自我品德教育、促进自我品德发展时，则成为德育的主体。受教育者在德育过程中不是消极被动的，而是积极主动的。现代德育理论非常重视发挥受教育者的主观能动性，重视发挥受教育者的力量与作用，实现教育者与受教育者的有效互动。事实上，看不到受教育者的主体地位和作用的德育不可能是好的德育过程。

德育影响指教育者与受教育者之间相互影响和作用的全部信息，包括德育内容、德育手段、德育方法、德育组织形式等。

教育者、受教育者、德育影响三者互相作用，构成了德育过程的矛盾运动，离开其中任何一方，都不可能构成德育过程。德育过程中要实现两个转化，即教育者将社会意识转化为受教育者的个人意识；受教育者在教育者的引导下，将个人意识转化为行为习惯，形成个人的道德品质。这两个转化都是在统一的德育过程中实现的。

(二)德育过程的基本矛盾

一般认为，学校德育过程中的基本矛盾包括三个方面：一是学校道德教育影响与一般社会道德影响之间的矛盾；二是德育目标要求与学生的道德发展实际之间的矛盾；三是学生的道德认知、道德理想与道德实践之间的矛盾。其中第二对矛盾常常被认为是德育过程的主要矛盾。

学校道德教育影响与一般社会道德影响之间的矛盾是社会价值观念与学校德育价值系统的矛盾。这一矛盾主要表现为两个方面：一是所谓“同质矛盾”，即社会正面的价值观念与学校德育之间的矛盾。社会正面的价值观念是学校德育内容的基础，但是社会正面的价值观念实际上是多种多样的，有不同的层次与维度。只有那些合乎教育对象发展实际的价值内容才能进入学校德育的范围。二是所谓“异质矛盾”，即社会系统中与学校德育价值相冲突的价值观念与学校德育系统的矛盾。这一矛盾在价值多元的现代社会表现得日益突出。

德育目标要求与学生的道德发展实际之间的矛盾是学校德育过程的主要矛盾。这一矛盾最终需要通过将德育目标转化为德育内容与方法等中介环节，最终实现德育目标的方式才

---

① 赵玉英、张典兵主编：《德育原理》，山东人民出版社 2008 年版，第 133 页。

能解决。

学生的道德认知、道德理想与道德实践之间的矛盾是德育过程的关键性矛盾。在德育实践中，我们常常遇到学生能知不能行(或叫作知行不一)、愿意行动而行动效果不佳的情况。解决这一矛盾的关键是要加强德育过程的情感培育，使道德认知真正成为为道德情感所接纳的道德信念，同时应该注意在德育过程中对学生进行意志的培育、实践技能的培养，不断提高学生的价值判断能力和道德实践策略水平。

(三)德育过程的组织运行

德育过程是教育者与受教育者交互作用的过程，是双方教育与自我教育统一的过程，是个体社会化与个体个性化统一的过程。因此，德育过程的组织运行必须协调教育者与受教育者的活动，构建科学合理的运行程序，提供教育性活动与交往，保障受教育者通过认知、体验、践行等环节逐步形成符合社会需要的思想品德。德育过程的组织运行一般包括三个基本环节：

1.德育活动的准备

德育活动的准备包括受教育者道德学习动机的激发、德育活动方案的制定、落实方案的相关准备、引导受教育者做好心理准备等。德育活动的准备因为具体活动要求不同具有不同的特点和内容。但所有准备的核心都是道德学习动机的激发。

2.德育活动的开展

这一环节的任务是要实现道德认知到道德行为的转化，由品德心理建构的偶然实现到道德品质的个性化，包括课堂教授与学习、课外活动、道德实践等。德育过程是一个多端性的过程，单个德育过程可以从知、情、信、意、行任何一个环节开始，但多端性的每一端之间都是相互关联的，德育活动要尽量做到学生在知、情、信、意、行方面的综合提升。

3.德育活动的评价

德育活动的评价是指用一定的评价手段和技术对德育活动及其结果的一种检测与判断。正确的德育活动评价不仅有评价功能，而且有诊断和进一步改进德育的意义。德育评价涉及德育活动过程及其主体的方方面面，其中，最重要的方面是对学生进行的品德评定。品德评定是对德育过程最终成果的评定，也是德育过程最后的一个最重要的环节。品德评定要具有教育意义需要注意以下几点：要做到阶段性评定和终结性评定的统一，使道德教育与修养的结果成为德育的手段；品德评定要以形成性评价为主，使评定成为激励、诊断、调整和提高的手段，避免下绝对的结论；坚持运用教师对学生评定和学生自评、学生集体评价等多种手段，发掘评定方面的道德教育资源。

需要强调的是，一个完整的德育过程的组织运行应当特别注意以下几个基本原则：保持教育与发展矛盾双方之间的张力；注意“教育性的活动与交往”的安排；注意学校德育的物质和精神文化条件的建设；坚持教育与再教育、自我教育的统一。

三、德育途径

(一)德育途径的概念

德育途径是落实德育内容、实现德育目标的渠道和方式。从总的方面或根本方面说，学校、家庭和社会等所实施的德育是德育主要的或根本的组织形式或途径。

(二)我国学校的德育途径

1.政治理论课和思想品德课

政治理论课和思想品德课是对学生系统进行思想政治教育的主渠道和基本环节,是每个学生的必修课程。通过教学实施德育是学校德育的其他形式或途径所无法比拟的,也是学校德育区别于校外教育机构进行德育的一个显著特点。

2.各科教学

各科教材中都包含有丰富的德育内容,只要充分发掘教材本身所具有的德育因素,把教学的科学性和思想性统一起来,就能在以系统的文化科学知识武装学生的同时,使学生受到良好的品德教育。通过学习活动能帮助他们形成对祖国、对人民的责任感、义务感,养成勤奋刻苦地进行脑力劳动的习惯。由于各科教学的目的、任务、内容、性质各不相同,在品德教育中所起的作用也就不同。因此,教育者必须根据各门学科的特点对学生进行生动活泼的品德教育,充分发挥其应有的德育作用。

3.班主任工作

班主任是全面负责一个班学生教育工作和管理工作的教师。班主任的基本任务是带好班级,教好学生,即全面关心本班学生的品德、学习、生活和健康,努力把本班学生培养成为一个坚强的学生班集体,促使全班学生在德智体美等方面都得到发展。虽然学校对学生进行品德教育的一切途径几乎都是在班主任的参与、指导下进行的,但班主任对本班学生进行的品德教育又是其他途径所不能代替的。班主任要做好学生的品德教育工作,必须全面深入地了解研究学生,尊重信任学生,并争取其他任课教师、团队组织、社会有关方面和学生家长的配合,共同对学生进行教育。

4.共青团、学生会、少先队组织及其活动

学校团组织可围绕学校各个时期的中心任务,针对青年学生的实际思想状况,及时而有灵活性、针对性地开展深入细致的教育工作,从而更好地接触青年学生的思想实际,帮助他们解决思想上和行动上的问题;可以通过团组织特有的组织形式发挥教育作用;通过开展适合自己特点的形式多样、丰富多彩的活动教育青年学生;团组织是青年学生自己的组织,在这种组织中,学生的主动性、创造性可以得到充分发挥,有利于学生形成自我教育的能力。

学生会是学校学生的群众组织。校学生会的基本任务是在学校党政和上级学联领导下,在共青团组织的直接领导和帮助下,将全体学生团结起来,使他们努力做到身体好、学习好、品德好。其主要工作和活动内容是依靠它的基层组织——班委会,协助学校党政和配合共青团组织,团结全体学生,积极开展以“三好”为目标、以学习为中心的各项活动,积极向学校反映同学的意见和要求,促进学校各项工作的顺利进行和学生身心的全面发展。

少先队是我国少年儿童特有的组织形式,具有很强的教育作用。其基本形式是队会。队会有大队会、中队会、小队会三种基本形式。除了队会外,还可开展阵地活动、参观访问、社会公益活动和夏(冬)令营等。其中阵地活动特别值得重视。

5.课外活动和校外活动

通过课外活动和校外活动实施德育，必须紧密结合课外活动和校外活动的内容和形式来进行。这种形式是建立在学生对某项活动的兴趣、爱好和要求基础上的。通过课外活动和校外活动实施德育，必须遵循以下基本要求：要有明确的目的；要把思想性、知识性和趣味性结合起来；充分发挥学生的主动性、独立性和创造性；活动中要进行品德教育工作。

6.社会实践活动

根据德育的要求，组织学生参加各种形式的社会实践活动，是实现德育内容，达成德育目标，使他们形成良好品德所不可忽视的途径。这主要包括：组织学生参加劳动，开展勤工俭学活动，组织学生参加社会政治活动。学校要把劳动教育、军事训练、社会实践纳入教学、教育计划，有组织地开展各类社会实践活动，在活动中加强思想政治教育。学校应努力争取和借助社会各种教育力量，与社会企事业、部队、农村、机关共建社会实践基地。

7.校园文化建设

加强校园文化建设，优化育人环境，才能发挥环境的育人功能。加强校园文化建设应从以下方面入手：加强校风建设；开展各种文明健康的文化、科技和体育等活动；建设“文明、整洁、优美、有序”的校园环境；加强广播、影视、报纸、专刊等宣传舆论阵地的建设和管理，丰富精神生活，发挥正确的导向和宣传教育作用；充分利用和发挥社会主义文化设施和大众传媒对德育的积极作用。

四、德育方法

（一）德育方法及其选择

1.德育方法的概念

“方法”一词，英语为“method”，来源于希腊文“metodos”，原意为沿着一定的路径（前进），也就是以一定方式或程序开展活动，从而达到目的的意思。德育方法就是为了达成德育目的，实现德育内容，在德育原则指导下，运用德育手段进行的教育者和受教育者相互作用的活动方式的总和。它包括教育者的施教传道方式和受教育者的受教修养方式。

2.影响德育方法选择的主要因素

德育方法是实现德育目标的中介，因此德育方法的选择往往会受到德育过程内外各方面因素的影响。一般来说，直接影响德育方法选择的主要因素可以概括为以下几方面。

（1）教师和学生因素。教师方面，首先必须考虑的是教师作为德育活动的主导，其具有的优势与不足，从事德育活动的教师宜选择那些能够发挥自身特长的德育方法。学生方面，应该重点考虑特定学生及其群体道德发展水平、实际的道德经验、身心发展实际、文化背景、兴趣与个性、特长等，以做到因材施教。

（2）对德育过程的理解与设计。对于德育过程的不同理解不仅影响人们对德育概念的界定，同样也影响到德育方法的选择。当教师认同“转化”理论，认为德育过程是一个由外而内向学生施加影响的过程，其德育方法可能选择以讲授法等“灌输”类方法为主；而当教师认为德育过程是促进个体道德自主建构的价值引导过程时，价值体验、价值澄清等方法则成为教师的首选。同理，依据具体的德育任务，教师怎样设计一个具体的德育活动过程，也会影响教师对具体德育方法的选择。

(3)德育过程其他要素的影响，包括德育目标、德育内容、德育手段等。德育方法要以德育目标为根本的选择依据，同时还必须与德育内容相适应，应当考虑不同的教育手段的实际来设计教育方法。

3.德育方法的选择与运用

德育方法是一个完整的、科学的体系。各种具体的方法之间存在着互相联系、互相渗透、互相促进的辩证关系。任何一种方法都不应脱离整个方法体系而孤立地加以运用。任何方法，如果它的作用不受同时和它一起运用的其他方法的制约，就不可能成为行之有效的方法。而方法体系本身是不断变化、发展的，不可能永远固定不变。正所谓"德育有法而无定法"，在德育实践过程中，教育者要根据受教育者的实际情况、受教育者所处的环境条件来选择德育方法。由于受教育者的主观情况与客观条件千差万别、千变万化，因此，对任何对象都适用、在任何地方都适用、在任何时候都适用的方法是不存在的。成功地选择和运用德育方法，取决于教育者有一个正确的教育观与学生观，而且有赖于教育者的事业心和责任感，有赖于教育者的教育学、心理学素养，也有赖于教育者的教育机智、教育技巧和开拓创新精神。

(二)德育的基本方法

德育活动的形式丰富多彩，因此，德育实践中积累起来的德育方法也极具丰富。不同的德育工作者从不同的角度出发对德育方法作不同的分类。一般地，学校德育主要采取以下几类基本方法。

1.思维训练法

思维训练法是以道德知识的学习和道德思维能力的提高为主要目标的德育方法。这一类方法主要包括一般教学中常见的讲授法、谈话法和讨论法等。

(1)讲授法。讲授法是以教师的语言作为主要媒介，向学生传授知识、表达情感和价值观念的教育方法。讲授法的主要优点是：能在短时间内呈现大量和系统的信息；有利于学生思维能力的提高、价值观念的形成和信念的确立。其主要不足是学生不能以平等身份参与到教育过程中，学生的积极性、主动性不易发挥。因此，在使用这一方法时，应该注意内容的组织，注意学生的发动，注意语言艺术。

(2)谈话法。谈话法是以师生交谈的方式进行知识传授和价值辅导的教育方法。其主要形式有提问和对话二种。谈话法的主要优点是：能充分调动学生的思维，激活学习动机与潜能；具有较高的启发性。其主要不足是耗费时间较多，对教师的谈话技巧要求较高。因此，在使用这一方法时，教师应该作为学生的伙伴、朋友平等讨论，而不是居高临下地进行价值说教。

(3)讨论法。讨论法是在教师的指导下，学生用讨论与辩论等方式，就某一道德问题各抒己见、澄清思想、寻求结论的教育方法，一般用于学生自我教育的场合。科尔伯格和拉思斯等人提出的"两难问题讨论法"和"价值澄清法"是值得我们借鉴的两种方法。这一方法具有在讨论时老师角色的隐蔽、学生主体性得到较好发挥等优点，但如何减轻讨论中过多的人为痕迹较困难。因此，在使用讨论法时，应该注意讨论的问题要切合实际，要启发学生解放思想、畅所欲言，教师的注意力应当放在过程而不是结论上。

2.情感陶冶法

情感陶冶法是通过设置一定的情境让学生自然而然地得到道德情感与心灵熏陶的一种教育方法。其具体实现途径主要包括教师的师爱与人格陶冶、环境陶冶、艺术陶冶三个方面。使用这一方法的基本要求有：教师的主要作用是设计教育情境，此后应尽量淡化；教师的挚爱、真诚，应具有人格魅力，成为学生学习的榜样；促进学习主体与情境的互动，净化、美化环境。情感陶冶法的主要优点是：教育意向和内容寓于生动形象的环境与活动中；教育过程具有情感与认识高度统一的特点；易发动和培养学生的学习动机、想象和理解能力。但是其不足是教育内容的容量有限。所以，情感陶冶法有时必须与其他教育方法结合起来才能发挥最大的教育功效。

3.理想激励法

理想激励法是指通过适当方式促进学生形成道德理想、道德信念，进行道德教育的方法。如：道德美育的方法、“争论状态”的方法、“地图上旅行”的方法等。可分为价值理想激励和人格理想激励两个方面。理想激励法有利于实施社会主导的价值观教育，有利于培养学生的道德信念；但这一方法容易造成学生的不信任或反感，容易使学生产生畏难情绪。因此，德育实践中应当充分注意理想激励对道德教育的策略意义，关键是主体自身对道德理想的向往与追求，应当寻找适合不同德育对象生活实际的激励策略。

4.行为训练法

行为训练法是指通过道德实践和对道德行为的价值领悟、策略训练、奖励与惩罚等方式进行道德教育，以巩固道德信念、磨砺道德意志、形成良好的道德行为习惯的德育方法。

(1)道德实践。这里的“实践”是指教育过程中学习主体积极改造主观世界的一切学习性实践活动。道德实践法的基本形式有模拟活动、社会实践、日常规范训练。使用道德实践法，可以将教育过程寓于学生的主体学习与探索中，有利于巩固道德知识的教学成果，有利于道德技能训练和价值观念的培养。需要注意的是，教师是活动的组织者或领导者、指导者和帮助者、鼓励者和评价者；规范的制定应当民主，让学生感到是必需的；应当建立公平而有效的监督机制。将教育性质的实践等同于一般的改造世界的实践，实践法应用频率和难度失当，以及对道德实践主体的自由的否定是道德实践法的几大忌讳。

(2)奖惩法。奖惩法是通过奖励与惩罚这两种积极和消极的强化方式去影响学生道德行为的教育方法，也是广泛存在于德育过程中的教育方法，主要包括赞许、表扬、批评、处分等形式，评比和操行评定是实施奖惩法的重要形式。在实施奖励时需要注意：奖励并不绝对是一种积极的教育方法，也可能导致负面的德育效果；奖励的指向不仅是成功的结果，也是获得成就的过程；奖励的频率和程度要恰当；注意奖励的灵活应用；无论何种奖励，本质上都是精神上的鼓励；奖励应尽可能地面对全体学生。使用惩罚方法时要注意：惩罚的目的是教育，不能为惩罚而惩罚；惩罚应当合情合理、公平、准确；要注意惩罚的灵活性；惩罚要与对学生的尊重相结合；适合公开处罚的惩罚应当充分发扬民主，获得群体支持，扩大教育面。无论奖励与惩罚都要适度应用。

5.修养指导法

修养指导法是教师指导学生进行道德上的自我修养，提高道德水平的教育方法。由于这是一种以学生自我修养为核心的教育方法，因此也有人称之为“自我教育法”。修养指导法的基本要求是：首先要培养学生道德修养的自觉性，其次要帮助学生制定修养的标准与计划，最后要指导学生监控和评价自己的道德行为。

6.心理咨询法

心理咨询法即运用语言、文字等媒介，通过询问、商讨等方式，在心理方面给学生以疏导、规劝和帮助，解决其在学习、生活和人际关系诸方面的心理问题，保持身心健康，从而促进良好品德的形成。心理咨询的形式很多，包括有个别咨询、团体咨询、门诊咨询、书信咨询、现场咨询等。心理咨询不等于一般的谈心，它是一门专业，有系统的理论、科学的方法和专门的技巧。在运用此法前，必须经过一定的专业训练，通过培训或进修，获得有关的专业素养。

复习思考题：

1.谈谈你对德育概念的认识。

2.目前中小学德育内容包括哪几个方面？

3.你认为是什么原因导致目前德育实效性不高？

4.德育过程等同于学生思想品德的形成过程吗？为什么？

5.中小学德育过程应遵循的基本规律是什么？

6.为什么说德育过程是长期、反复、逐步提高的过程？

7.为什么说只有突出学生在德育过程中的主体地位，强调学生的主动参与，才能提高德育的有效性？

8.中小学德育过程应遵循的基本原则是什么？

9.中小学德育途径和常用的方法有哪些？

10.为什么说“德育有法而无定法”？德育方法选择的依据是什么呢？

第九章　班级建设

学习目标：

1. 掌握班级、班集体与班级建设的概念。
2. 理解班级建设的主要内容。
3. 领会班级建设的主要策略。
4. 理解班主任的重要作用以及如何对学生做个别教育工作。

第一节　班级与班级建设

学校是为实现育人目标而按社会要求建立起来的、培养年轻一代的组织机构，它以班级为单位对学生进行组织管理，开展教育教学活动。班级建设是学校管理的基础。

一、班级的概念及特点

（一）班级与班集体

班级是学校为实现一定的教育目的，把处于一定年龄阶段、文化程度大体相同的学生按一定的人数规模建立起来的基层教育组织。班级既是开展教学活动的基本单位，也是学生从事集体活动、结交好友的场所。班级与班集体有一定的区别，班集体是班级的最高发展形式。班集体是在学校班级基础上，在教师教育指导和集体主义价值观引导下，在共同活动中所形成的社会心理共同体。班级组建初期，学生之间互不了解，交流少，班级规范不健全，学生以服从教师为主，班级缺乏凝聚力。这时班级处于一个松散群体阶段。随着班级工作的深入开展，学生之间交往增多，班级骨干分子产生，班级规章制度开始发挥作用，集体意识开始形成，班级凝聚力增强，班级开始进入一个稳定发展的阶段。班级发展成为班集体是一个质的飞跃过程。这时的班级有着明确的共同奋斗目标，有着和谐的人际关系，有着良好的班风、学风，有着很强的自我教育能力、自我管理能力。①

---

① 张作岭、宋立华主编：《班级管理》，清华大学出版社 2010 年版，第 91 页。

（二）班级的特点

1.班级具有明确的目标

班级作为一种社会组织，有着明确的目标，其目标是要促进学生的发展，实现教育目标。学生既是班级组织教育过程的主体又是班级组织教育的对象。班级建设的各个环节都必须服从培养人、塑造人这一目标，要与教学过程有机配合，创设一个优化的环境，使班级组织成员的智力、能力、个性都能得到充分的发展。

2.班级存在着师生交往之间的直面性与多面性

作为学校开展教育教学活动的基层单位，班级活动本身就要求班级中教师与学生、学生与学生之间的互动必须是直接的、面对面的。教师总是在认识学生的特性、当前心理状态、对教学内容的理解之后，才能对学生施加有针对性的影响。班级的健康发展程度在很大程度上取决于班主任和教师对班级成员的认知和理解程度。因此需要班主任和教师与学生建立和谐、互动、相互信任的人际关系。在现实的班级活动中，由于班级中存在着各种交往中的情感因素，因此班主任和教师与学生之间，学生与学生之间的交往不是单一的、片面的，常常是全面的和多层次的，既有知识传递与接受的交往，也有情感方面的交流与分享，等等。

3.班级是社会的缩影

从教育社会学的角度看，班级是社会的缩影，是一种社会体系，是以青少年学生为主体、以社会化学习与交往活动为特征的教育社会。班级的确定、班级中的机构设置、班级中的活动都会反映社会对受教育者的培养要求，时刻受到社会环境的渗透和影响，学生则在班级中学习、活动、交往，实现自身的个性化、社会化。班级成为学生了解社会、适应社会的重要环境，是学生步入社会的桥梁。

二、班级建设的意义

（一）班级建设的概念

班级建设是指全班同学在班主任的带领下，通过对班级中的各种资源进行计划、组织、协调、控制达到建设班级生活的目的，促进学生成长的教育实践活动。班级建设是一种组织活动过程，它不仅体现了教师与学生之间的双向互动，还体现了人与事的互动。

班级建设不同于课堂教学，尽管它是课堂教学的基本组织单位，但是它有着独立的价值。班级建设也不同于德育，它的价值与内涵要比德育更为综合，而不仅仅关注道德品质的发展。而且，班级建设也不仅仅是班集体建设，班集体的发展是班级建设的构成，但不是全部内容。班级建设也不同于传统的班级管理，除了必要的管理内容外，其核心在于建设富有教育意义的班级，建设一种新型的、有意义的班级生活。①

（二）班级建设的意义

班级建设对于班级活动的顺利进行，对于学生的健康成长和全面发展具有很大的影响。具体来说，班级建设的作用主要有以下几方面。

---

① 叶澜主编：《教育学原理》，人民教育出版社 2007 年版，第 216 页。

1.传递社会价值观与社会规范

班级建设就是要按照社会需要和教育目标，在教学实践和其他社会实践中，向学生进行世界观、人生观、价值观的教育，引导学生朝着预定的目标前进，从而在社会核心价值观的指导下，树立正确的生活理想、职业理想和社会理想，追求更高的人生目标。班级是学生群体活动的基础，是学生交往活动的主要场所，班级的人际交往、规章制度必然形成一些相应的规范，学生在潜移默化地影响下可以形成自己独有的社会行为方式。

2.实现教学目标

班级组织产生的根本原因是为了更有效地实施教学活动，因此如何运用各种教学技术手段来精心设计各种不同的教学活动，组织、安排、协调各种不同类型学生的学习活动，是班级建设的重要任务。有效的班级建设不但能帮助实现教学目标，而且能提高学生的学习效率。

3.矫正学生的不良倾向

学生置身于班级中，当班级组织有团体规范时，其人格及能力存在的缺陷就会显现出来，如过度的个人主义、自我控制能力差、社会技能的欠缺、情绪的不稳定、极度内向或外向。班级建设的重要功能就是既要帮助学生成为学习自主、生活自理、工作自治的人，又要帮助学生进行社会角色的学习，获得认识社会、适应社会的能力，对于学生的不良倾向，班主任或教师要开展有针对性的教育，加以引导和矫正，培养学生良好的个人品格和习惯，促进学生身心健康发展。

（三）班级建设中需要关注的问题

1.关注学生的成长需要是班级建设的起点

班级建设有必要的规范、管理的内容，但如果班级建设中只有行为规范的教育，只有纪律与卫生的检查，这就不是班级建设的全部。班级建设的独特之处在于对学生的班级生活进行整体的建设，形成一个富有活力的班集体，班级建设不能局限在整齐划一地管理学生上。班级建设离不开班主任与科任教师的参与、引导与组织，但作为教师不应该仅仅是管理者，而应该回归到教育者这一本源上来，在班级建设中需要关注学生的成长需要。班级是属于学生的，应该把学生看成是班级建设的主人，并且能够让学生在班级建设实践中实现自己的生命的成长。在具体的班级建设改革实践中，需要教育者有更宽更广的视野，不能让班级内部的竞争使得处于劣势的学生处在群体的边缘，他们的成长过程也是需要充满信心和希望的，需要在班级中不断地去体验成功感与价值感。关注学生的成长需要是教育者的天职，也成为班级建设的起点。

2.充分发挥学生的主体性是班级建设的关键

班级建设是以实践活动为载体的，活动是人的发展中的一个现实因素，个体的活动是个体发展的决定性因素，体现着人的主观能动性。在班级建设中，需要充分发挥学生的主体性，这是班级建设中不容忽视的一个问题。在传统的班级建设与管理中，过于强调教师的重要地位，比如在教育实践中比较多的类似公开课类型的班级活动，存在着功利主义的倾向，往往以博得观赏者的喝彩为追求，活动的全程由教师控制，学生缺少主动参与活动的机会，活动中以表演为主，以至于学生不能主动地并创造性地参与到班级活动中来。班级建设不是靠简单地说教、灌输就能产生真正的教育影响。只有建立起“把班级还给学生”的教育理念，学生的主动性才能真正地发挥出来。

3.关注班主任工作智慧是班级建设成功的条件

班主任是班级建设领域的责任主体、实践主体。班级建设的成功与否，受制于班主任的全部素养。在传统的班级建设中，班主任习惯于照搬学校的工作计划，按部就班地完成学校的各项具体安排。这种工作使班主任将班级工作变成了例行公事，同时也降低了班主任工作中应该有的创造精神。在基础教育课程改革背景下，必须关注学生的成长，因此，班主任的工作智慧显得尤为重要。新课程改革理念要求班主任在班级建设中使自己从班级外的控制者走向班级活动中，成为班级活动的共同参与者，只有班主任成为班级中的一员，才能在与学生的交往与互动中实现班级管理的多样性，创建出适合学生发展的宽松的班级环境。班主任转变自己的角色后，还要不断提升自己的专业管理能力，要改变迷信书本、依赖权威的思想，将自己的学生真正作为自己的研究资源和发展资源，真正在工作实践中学会研究、学会发展，学会根据学生的具体情况探索出独具特色的工作思路。

第二节 班级建设的内容

班级建设是一个系统工程，为了实现班级的发展目标，需要班级师生齐心协力地为班级建设做出自己应有的贡献。班级建设的主要内容包括班级组织建设、班级文化建设、班级活动建设三个方面。

一、班级组织建设

现代社会学理论认为，社会群体成为社会组织需要具备以下三个组织特征。第一，具有明确的组织目标；第二，具有严密的组织机构；第三，具有严格的组织规范。[①] 班级在建立之初，只是一个被赋予了组织形式的学生群体，它既是开展教学活动的基层组织单位，又是学生生活及开展活动的集体单位。要使这个群体成为真正意义上的组织，还需要明确班级组织建设的内容。

（一）班级组织目标建设

班级组织目标是指通过班级组织建设所要达到的预期行为结果，它是班级组织建设的第一要素。班级组织目标建设的目的在于使班级每个成员在认识、情感、意志和行动上同集体的要求统一，并将这种要求逐步内化为自身的精神需要，借此提高学生素质，让集体中每个成员的个性获得充分的发展。目标的确定要实事求是，过高或过低都不利于学生的发展。

（二）班级组织机构建设

班级作为正式的组织，要有一定的组织机构。组织机构的建立为组织的运转奠定了坚实

① 张作岭、宋立华主编：《班级管理》，清华大学出版社 2010 年版，第 79 页。

的基础。就班级内部来看，一般的组织结构形式有以下几种。第一，班委会。班委会是班集体的核心，班委会一般有班长、副班长、学习委员、文娱委员、生活委员、体育委员等。第二，团支部。团支部是共青团在班级中的基层组织，它对组织团员奋斗向上，协助班委会搞好班级工作有着不可低估的作用。

（三）班级组织规范建设

任何一个组织要达到组织目标都必须制定一定的行为准则，这就是组织规范。班级组织规范主要表现为两种形式。一种是正规的规范。正规规范是由正式文件明文规定的规范，是学生的学习生活方面最基本的规范，它是属于硬性的制度。另一种是非正规的规范。非正规规范是指班级的传统、舆论、风气、习惯等，是一些不成文、约定俗成的非常规规范。

二、班级文化建设

班级文化是班级师生在共同学习生活中所形成的价值观念、行为准则和生存方式的总和。班级文化建设包含了三个层面的内容，文化的外层是指班级的物质文化，文化的中层是指班级的制度文化，文化的内层是指班级的精神文化。三个层面相辅相成，物质文化是基础，制度文化是保证，而精神文化则是核心和灵魂。

（一）班级物质文化建设

班级物质文化是一种“显性文化”，能体现班级成员共同价值、信念并为班级成员感官所直接触及的客观存在物。班级物质文化是班级文化的物质基础，也是班级文化的外化结果。班级物质文化主要包括班级的环境布置、班级规划、座位编排、墙报、班级卫生状况以及教师的仪表，它是班级文化中看得见、摸得着的东西。比如：有的班级教室布置别具匠心，在教室前黑板上方是八个大字：严谨、勤奋、求实、创新；在教室后黑板上方是：自信地迎接每一天；标语的上方正中悬挂着班徽；教室右边，是学生书画作品展示；教室后边的墙壁上是同学们出的墙报，甚至还有学生的格言：“书山有路勤为径，学海无涯苦作舟”“知之为知之，不知为不知”，等等。这种布置就体现出班级特色，有艺术气息，它用环境来熏陶人、感召人。

（二）班级制度文化建设

班级制度文化是由一个班级的全体成员共同认可并遵守的班级规章制度、公约、行为准则等形成的文化形态，班级制度文化建设是班级文化建设的保障。班级制度文化起着观念的导向作用，对于一个班级的秩序化、法制化具有重要的作用。班级制度文化建设的内容与前面讲述的班级组织规范建设基本上是属于一个层面的内容。它同样包括班级正规制度建设与非正规制度建设。比如：班级的常规制度建设、班级运转机制的建设（监督机制与评价机制）、班级领导班子岗位责任制（班长职责、团支部职责、班委会委员职责、科代表职责、值日班长职责等）、班级舆论的建设等。

（三）班级精神文化建设

班级精神文化是指班级全体成员在长期的交往过程中所共同认可的价值观、信念、态度等。班级精神文化是班级文化的核心内容、班级文化的灵魂，是班级文化的最高层面，主要包括班级的思想意识、精神风貌、集体心理氛围、集体舆论、人际关系以及价值观念等，其中正确的舆论和人际关系的建设是班级精神文化建设的核心。因为这二者促进良好班风的形成。良好的班风一经形成，就能以一种无形的同化力和约束力对班级成员的个性产生潜移默化的影响。

三、班级活动建设

班级活动是在班主任引导下，为了实现教育目标，促进班级建设，有目的、有计划地举行的各种活动。班级活动是建设良好班集体的重要组成部分和最重要的内容。班集体的形成，需要通过一系列教育活动。班级活动的种类多种多样，主要包括六种。第一，班级例会。例会的内容主要有贯彻学校工作计划，研究确立班级整体目标和计划；制定班级有关规章制度，表彰好人好事，开展批评与自我批评；选举或调整班干部；选举“三好生”；总结班级工作；处理偶发事件等。第二，主题班会。主题班会是指围绕一个教育主题，在班主任指导下，由学生自己组织和主持的、全班同学都积极参加的一种自我教育的集体活动；也是班主任通过学生集体来教育和影响学生的一种较为普遍的教育形式。第三，学习活动。主要方式有作业展览、学习方法指导、学习经验交流会、知识竞赛、课外阅读等。第四，班级文体活动。主要形式有联欢会、歌咏会、诗歌朗诵会、故事会、体育竞赛、文艺表演等。第五，科技活动。主要形式有科技参观、科技班会、各种科技兴趣小组活动等。第六，社会实践活动。主要形式有参观访问、社会调查、社会服务、远足、游览、自我服务性劳动、社会公益劳动等。

第二节 班主任与班级建设

班主任是学校中全面负责一个班学生的思想、学习、生活等工作的教师，在班级建设中，班主任居于中心地位，班主任工作的优劣直接影响到学生的成长。

一、班主任在班级建设中的地位与作用

(一)班主任是学生健康成长的引路人

班主任对学生的个性、品德行为的形成和发展起着潜移默化的作用。中、小学生世界观尚未形成，可塑性大，能否把全班几十个学生塑造成具有广阔胸怀，高尚情操，能辨真假、美丑、善恶，正直诚实，不损人利己，不弄虚作假，且富有同情心的一代，能否使他们成为有健康个性、健全人格的一代，与班主任工作的好坏直接相关。在班级建设中，班主任是影响学生最深刻、最全面的教育者，班主任的工作时刻关系着、联系着学生，他既要对学生进行全方位的思想品德教育，又要有效地指导学生的学习；既要在各种活动中培养学生的能力，又要有意识地发展学生的个性等。

(二)班主任是班集体的组织者与指导者

班级既是学校的基本单位，又是学生学习和生活的一个群体。一个班集体的形成离不开

具体明确的目标。制定和确立班级的目标需要班主任来组织,各项班级活动能否顺利地开展也是班主任工作内容之一,班主任称得上是班集体的组织者。同时,班主任也是班集体的指导者。班主任受学校的委托去指导和管理班集体的工作。在学生的成长道路上,班主任在思想上、学习上、生活上都会给予学生一定的指导,这是一般任课教师不能取代的,因为与学科教师相比,班主任与学生接触的时间相对较长、机会较多,比较了解学生的特点、成长状况,能针对学生具体情况及时地进行各方面的教育与指导,引导学生全面发展。

(三)班主任是协调各种教育力量的纽带和桥梁

学生的健康成长是各种教育力量协调配合的结果。班主任的地位决定了他是班级内外各种教育力量的协调者。在一个班级里,班主任是联系班级任课教师的纽带,一个班里有好几位任课教师,他们的教育对象相同,但各门学科的特点不同,教师的认识、教育方法也各异。为了使他们保持思想政治方向的一致性、教育要求的统一性、教育活动的协调性,共同提高教育质量,就需要班主任积极协调任课教师与学生的关系。同时,班主任也是沟通学校、家庭、社会三方面教育力量的桥梁。学校教育、家庭教育、社会教育三种不同的教育力量,会产生教育影响的不一致性,这就需要班主任通过家访、书面联系、召开家长会、建立家长委员会等方式进行协调,使不同的教育力量产生合力。

二、班级建设的策略

(一)建构有特色的班级组织制度

任何班级都包含有组织制度,班级的组织制度建设尤其是班级干部的轮换和班级岗位建设,可以对学生公民意识的形成和综合素养的提升,对班级的发展会产生积极的作用。班主任应从这三个方面着手构建有特色的班级组织制度。

1.确立班级发展目标

班主任是班级建设的主要力量,是班集体的缔造者和设计者。班主任需要根据学校的整体办学思想,在主客观条件许可的范围内提出相对理想的班级模式,包括班级建设的目标、实现目标的途径、具体方法和工作程序。其中,又以班级建设目标的制定最为重要。班主任要精心设计班级发展的目标。第一,班主任要根据学校管理目标,结合本班实际情况,确定班级发展目标。在制定目标时,班主任应让全班同学参与进来。第二,班主任要注意班级主流的东西,认真分析学生骨干,以及个别学生在班级中的作用,要将远期目标与近期目标结合起来。比如,一个班是属于各种习惯比较差的班级,班主任在确定近期目标时可定为“搞好课堂纪律”“抓寝室文明建设”等,远期目标可定为“获取优秀班级称号”。第三,班主任可依据班级发展目标确定各科教学工作、德育工作,将班级活动目标体系量化为可检测的指标,让全班学生都参与进来,充分吸取学生的意见,这样做可以调动学生参与班级目标建设的积极性,使他们明确群体努力的方向和自己的职责。比如,班主任可把一个班分成几个组,每月一统计,评出纪律优胜组、学习优胜组、卫生优胜组,期末按目标评出各项最佳小组,获最佳小组的同学可获得一定的奖励,学生则可以根据这些指标不断调控自己的行为。

2.实行干部轮换制

在运用班级正规制度时，需要注意的是要防止出现“控制主义的层级化管理”。“控制主义的层级化管理”指的是班主任或教师按照校领导的要求，直接或间接地通过班干部，借助一定的规章制度去约束学生，实现对学生思想与行为的控制。[①] 这一管理过程形成了一个自上而下的权力层级系统，实际上是把集体与个人对立起来了，权力分层的观念在无形中慢慢地形成了，同时学生也会朝着循规蹈矩的方向发展。在实行干部轮换制时，班主任需要努力做以下几方面的工作。第一，建立灵活的选拔制度。学生干部选拔可以不拘一格，学习成绩好不是唯一标准，任何学生都有权利担任学生干部。依照班级情况班干部每三月或半学期一换，这样一来，几乎每一位学生都有锻炼的机会。选拔可以通过学生自荐、民主选举和老师推荐的方式实现。第二，适当增加管理岗位。因班干部轮换频繁，班务工作有时会衔接不上，所以，班主任可以考虑设一个常务班长、常务副班长，每一名班干部可以增设一名助手，这样一来，在轮换中，就避免干部换下来后影响班务工作的衔接。第三，做好“群众”的思想教育工作。“群众”可能存在不同的类型，有的是当过班干部轮换下来的学生，需要避免他们成为挑剔者；有些“群众”是暂时还没有当过班干部的学生，需要教育他们认识班级中的组织制度、规则的必要性，以理解、合作、建设性的方式参与班级工作。第四，建立班级和学校层面的培养机制。比如通过学校对小干部的专项培训，通过高年级学生对低年级学生的帮助，通过各类小结活动的开展，培养学生的反思能力。

3.实行岗位责任制

传统意义上的班干部常常会有较强的优越感，对待同学缺少平等的态度，把自己看作是老师的助手，对老师负责的意识很强，为同学服务的观念则不足。在当代的班级建设中，班主任应改变这种状态，应通过设置班级岗位的方式，让每个学生参与班级管理，同时也为班级服务。

在具体的岗位建设实践中，班主任应强调岗位设置的教育性。只要有利于学生的发展，都可以设置相应岗位，比如全国优秀班主任魏书生在班上就很善于进行岗位建设，在他班上，是人人有事干，人人都能为班级尽一份力。在他班上，有花长，有鱼长，有炉长，还有银行行长、检察长、公安局长、法院院长、邮局局长，班上每个人都有事可做，无形中也提高了学生的服务意识。班主任在设置岗位时，应关注每一个具体岗位对学生成长的价值。当学生在岗位工作中出现问题时，班主任需要及时地帮助学生，当岗位工作取得成效时，需要给予及时的反馈。这样，通过岗位设置，学生的自主管理意识、管理能力等各个方面都会获得很大的发展，同时，通过班级岗位建设，班级生活开始组织化，班级自主管理的势头也会越来越好。

(二)协调校内外各种教育力量

班级是一个开放的系统，学生是在多种因素纵横交错的影响下发展成长的。班主任要对班级实施有效的教育与管理，必须要争取校内外各种教育力量的配合，调动各种积极因素。

1.充分发挥本班任课教师的作用

一个学生在学校会遇到许多教师，学生的成长过程是多位教师通力协作教育的过程。班

---

① 全国十二所重点师范大学联合编写：《教育学基础》，教育科学出版社2008年版，第294页。

主任的职责之一就是要协调所有任课教师的工作，充分发挥他们的教育力量。第一，班主任要在班上养成尊师爱生的风气，让教师和学生生活在一种相互信任和支持的氛围里面；第二，要定期联系任课教师，主动地向任课教师介绍本班学生的情况和存在的问题，及时向任课教师反映学生的意见和要求等。同时，任课教师也掌握着一些关于学生的信息，特别是学习情况，班主任应经常与任课教师交流，了解班级学生的学习情况，征求对班级教育教学的意见，探讨班级教育管理的策略与方法；第三，班主任要协助任课教师开展教学活动。比如协助任课教师检查作业、监考测验、印发资料等。这样既可了解学生的学习情况，也能够与任课教师联络感情。对于教学有困惑的教师给予及时的帮助与理解，给予妥善的安排，要让任课教师感受到被尊重与信任；第四，班主任要邀请任课教师参与班级管理。比如可以邀请任课教师参加主题班会、家长会和其他班级活动，另外，在班级活动的策划、设计和组织实施中，应经常向任课教师征求意见，使他们主动配合班主任的工作。

2.协助和指导班级团队活动

团队的性质、任务决定了它在班集体中的核心作用。班主任有责任指导团队活动。班主任应当做好这样一些工作：第一，协助团队组织制订工作计划；第二，帮助团队组织落实计划，为他们创造开展活动的条件；第三，帮助团队干部提高思想认识和工作能力。

3.争取和运用家庭及社会的教育力量

家庭和社会是学生成长的重要环境，班主任要积极争取家庭、社会对学校教育的支持，形成学校、家庭、社会一体化的教育力量。班主任应做好以下工作：第一，要定期对学生家庭进行访问，举行家长座谈会，接待家长来访，了解家长和学生的全面情况，同时，也为家长了解学生和学校提供一个平台；第二，充分利用家长的教育资源，将家长的各种教育条件转化为共同搞好班级工作的教育力量；第三，争取校外各种积极的教育因素，以此来弥补学校教育的不足。比如，为了保证年轻一代沿着正确的道路健康成长，班主任会主动与社会有关组织和团体，如宣传部、共青团、妇联、工会、校外文化教育机关、街道办事处、居(村)民委员会等单位取得联系，邀请这些单位的领导和辅导员参与学校或班级研究教育工作，向他们介绍学生情况和学校一定时期的教育任务，共同商讨如何指导学生的校外活动。班主任还要主动协助学校与社区教育委员会，与各有关社会单位共建校外教育基地。

(三)构建有教育价值的班级活动体系

没有活动就没有教育，班级活动是产生集体主义精神的源泉，是联系个人与集体，个人与个人之间的桥梁，在主动参与中能使学生认识到个人在班级中的价值，培养起热爱集体的情感、团结友爱的精神和遵守纪律的习惯等。班集体也正是在一个接一个有意义的活动中发展起来的，因此，抓好班级活动，精心设计每一次班级活动，是建设优秀班集体的有效途径。那么，怎么去有效构建有教育价值的班级活动体系呢?

1.活动主题的选择以促进学生的成长为核心目标

班级活动主题的选择是最初的也是最重要的工作之一。活动的主题选不好，活动就不会搞好。在主题设计的过程中，避免为了表面的热闹而只注重形式，班主任要关注主题的独特性。主题的选择必须来自于对学生当前发展问题的判断和成长需要的认识，活动的内容必须建立在学生真实的感受与基础上，这样的活动可以触动学生的心灵，因此班主任要关注教育主题的内生性。班主任在确定班级活动主题时要经过充分思考，要注意班级奋斗目标和班级建设计划是否适合当前班级建设内容的需要；要注意班级的现实情况是否有急需解决的热点问题；同时还要注意学校教育计划和教育活动安排，然后在此基础上交班委会充分讨论。在大家畅所欲言的基础上确定大致内容，最后由班委会向广大同学征求意见。通过个别交谈或开小型座谈会方式，对同学们的反馈信息要认真收集、整理，作为组织活动的重要参考。有些活动，还可征求任课教师、校领导以及部分家长的意见。

2.活动的形式要丰富，探索形成多种类型的班级活动

班级活动形式要丰富多彩，变化新奇。如班级活动内容是“心中有他人”，形式上可多样化，可以开故事会，讲英雄模范的事迹；可以用文艺演出的形式，把本班同学的好事编成小节目演出来；可以去给退休老人送温暖。在一个活动中也可运用多种富于变化的形式，如中秋佳节，可以安排化妆晚会，有歌舞表演、民间传说介绍、即席演讲、谜语竞猜、点蜡烛、吃月饼等多种形式。让所有参加活动的学生都感受团圆，体验快乐。同时，一个班级还要探索形成多种类型的班级活动。开展班级活动要兼顾学生德、智、体、美、劳各方面的素质，使活动既有教育性，又有趣味性。如一个班级在制定活动计划时，主线是“通过活动促进学生全面发展”。具体安排上既有思想教育方面的“一日常规我知道”“集体在我心中”活动，又有学习方面的“智力竞赛”活动；既有发展体能的“乒乓球比赛”活动，又有图文并茂的“手抄报汇展”；还有“科技小制作”班会。活动内容多样化，使不同程度的学生都有施展的机会，心理上有成功的体验。在班级活动的过程中，务必要处理好内容与形式的关系，不要单纯表演事先准备好的节目乃至每句话，需要每一个人都是真情实感的投入与多样化的表达，不是过度的准备，而且也需要教师临场参与和调节。

3.明确班主任的主导作用与学生的主体地位的关系

开展活动的目的除了对学生进行思想教育外，还可以锻炼学生的能力。这就要求班主任在班级活动中起到主导作用，毕竟学生年龄较小，他们的能力毕竟有限，班主任从活动主题的确定、活动内容的组织、活动的实施以及活动的评价几个方面及时指导学生。但班主任须注意的是既不能包办代替，也不能放任自流。班主任要树立学生主体的意识，让学生参与到活动中来，这样既调动了学生参与活动的积极性、主动性，又培养了他们的创新意识和创新精神。在实践中，可通过组织一系列“小主人”活动，如“我是班级小主人”“我爱我班”“我为班级添光彩”等班队活动，告诉学生自己是班级的主人，从而培养学生的主体意识。魏书生在他的班级管理中就很注意发挥学生的主体性，把班级管理得井井有条，他在班上搞的“两分半钟收好书本”的比赛，就把班上所有的学生的积极性都调动起来了，也让学生增强效率感，增强集体观念，增强与别人协调一致的能力。在班级活动的开展中，只有明确了班主任的主导作用与学生的主体地位的关系，才能最大限度地开发班级活动的教育价值。

（四）创建富有活力的班级文化

学生在校生活主要是在班级中度过的，塑造一种有生命气息的班级文化对学生的健康成长是不言而喻的。在班级文化建设领域，班主任要从以下几个方面着手。

1.创建优美的班级物质环境

班级物质环境主要指微观物质环境，比如班级中的标语、图书资料、教学设施、墙报、班级寄语、教室的采光与通风、学生课桌椅的摆放等。马克思说："人创造环境，同时环境也创造人。"优美的班级物质环境，具有"桃李不言"的作用，可以使学生产生"蓝天更蓝，天地更宽"之感，从而在不知不觉中自然而然地受到熏陶感染，并对他们的心理产生深刻的影响。班主任可以从这些方面去营造一种好的物质环境。第一，净化教室。比如，地面无杂物，门窗无积尘，学生的作业本、用具要摆放整齐等。教室的净化是一个班级精神风貌的外在体现。第二，建立生物角。一个班级有了花、有了鱼，虽然可能发生把花盆打碎的情形，但同时也能约束他们的行为，激发、培养学生的责任感，培养学生的生活情趣。第三，建立图书角。班主任要为学生营造读书的氛围，比如，魏书生就要求学生每天都要看几分钟的名人传记，这样，可以使学生每天都受到熏陶感染。第四，布置教室墙面。班主任要放手让学生去做，要善于利用学生的智慧创建出主题突出、个性鲜明、布局合理、创意新颖的墙面环境，从而使班级物质环境成为建设个性化班级文化的无声力量。

2.创建良好的人际环境

人际关系是人在社会生活中存在、发展的基本条件，它对个性发展、行为表现、心理健康都发生巨大的影响。人与人之间的相互理解、信任、关心和爱护会造成良好的社会心理气氛，它能使每一个正常人健康、合理的心理需要得到程度不同的满足，从而产生开朗、乐观的情绪，对生活更加热爱，并使群体保持一种稳定、融洽的秩序。反之，会对人产生一种消极的影响。班级里面的人际关系主要有班主任与学生的关系、班主任与任课教师、任课教师与学生、学生与学生四种关系。班主任应极力去营造一种好的人际氛围。首先要与学生建立起一种相互信任的关系，只有建立信任的关系，学生才会愿意把自己的问题与困惑讲给班主任听，这样班主任开展工作就会容易得多，同时班主任也应努力与各科任课教师搞好关系，应经常与教师沟通，及时把班上学生的情况反映给任课教师，以便任课教师能更好地去调整自己的教学。在班级里面，学生与学生之间的关系也是影响班级建设的一个重要因素，要让同学们建立起一种信任合作的伙伴关系，班主任就应该通过班级活动的开展加强学生合作意识的培养和班集体凝聚力的形成，比如说开展班级演讲赛、辩论赛、文艺活动，班主任在活动中应带领全班学生积极参与，不仅加强了学生之间的关系，还加强了教师与学生之间的关系。在人际关系氛围的建设方面，班主任要善于用榜样的力量感召人。"欲正人，先正己。"班主任在行动上要对教育事业忠诚和执着，对学生充满热忱和爱心，对任课教师充分理解和信任，班主任表现出来的这种精神能给学生以示范作用，从而转化为特殊的感召力，在班上营造一种良好的人际氛围。

3.营造正确的舆论和班风

舆论是在班级中占优势的、为多数人所赞同的言论和意见，它以议论或褒贬等形式肯定或否定集体的动向或集体成员的言行，成为控制个人或集体发展的一种力量。班风是班级的风气，是班级大多数成员的思想认识、情感意志和精神状态的综合反映，是班级文化建设的核心和精髓。正确的舆论是良好班风形成的基础和支撑力量，班风又是一种无形的力量，潜移默化地影响全班学生的思想和行为。所以班主任在培养正确的集体舆论和优良的班风方面必须努力做到以下几点。第一，给予正确的舆论引导。正确的舆论和优良班风来自明确的是非观念，班主任要在人生观、价值观、世界观方面对学生进行明确的教育，使学生形成正确的是非观念。比如班级涌现的好人好事，不论是大是小，是先进学生做的还是后进学生做的都应及时给予表扬，这样才能强化学生助人为乐的行为，形成想做好事、争做好事的风气。第二，引导学生参加各种集体活动。正确的舆论和良好的班风只有在集体活动中才能形成。比如，体育竞赛、文艺活动、社会实践、义务劳动等对于培养学生的集体荣誉感和责任感都有好处。第三，充分利用舆论阵地。班主任要充分利用班会、团队活动、墙报、思想评论栏等形式，发挥正确的集体舆论导向作用，不断提高学生是非判断的能力，从而促进班风的形成。

三、班级建设中的个别教育工作

班主任工作既要从一般发展水平上把握学生共同特点，实施集体教育，又要尊重学生差异，因材施教。个别教育是根据每个学生具体情况和特点进行的有针对性的教育，它是集体教育的深化和补充，保证每个学生在尽可能的条件下全面健康地发展。有人把个别教育工作等同于做后进生的思想工作，这种看法是片面的。个别教育不仅仅是做后进生的工作，还包括做中等生和优等生的工作。

（一）优等生的教育

优等生通常是指在班级中相对来说德、智、体、美各个方面都好或在某一方面有突出表现，或有特殊才能的学生。他们在班级中往往有较高的威信和号召力，是班主任和任课教师的助手，是学生中的骨干，是家长心目中的骄傲。他们优点很多，比如说理想远大、品质优良、聪明好学、成绩优秀、自尊自信、好胜心强等。但是他们也存在很多不足，他们很容易产生优越感，容易滋生自满情绪，不能遭受一点挫折，等等。

对于优等生，班主任应加强教育与指导。首先，客观对待。既要肯定其长处，又要指出其不足。对优等生既要给予表扬，又要在适当的时候提出批评。可经常组织优秀学生召开“批评与自我批评”民主生活会，要求大家客观、坦率地进行批评与自我批评，班主任对学生的生活、学习、工作中的不足应及时予以指正，对其困惑及时予以解答、引导。其次，提高抗挫能力。优秀生的期望值一般都比较高，对成功的渴求比一般同学更为强烈。但由于主、客观原因，有时也会遭到一些失败和挫折，而且由于较少受到挫折，他们的挫折承受能力往往也较低，有的甚至因此而一蹶不振。在这种情况下，班主任要给以真诚的鼓励，教育他们正确对待挫折，提高他们对挫折的承受能力，并为他们创造展示良好表现的机会，满足他们的补偿心理。

（二）中等生的教育

中等生是指在班级中德、智、体、美各方面都不突出的同学，在班级中各方面表现平平，这些同学在班级中谈不上好也谈不上差。中等学生在班级中居大多数，是班级的主体力量，是班级建设的主力军，他们能否在各个方面得到良好发展，对整个班级有举足轻重的作用。班主任对于他们的教育，必须有个清醒的认识，不能“忙两头、丢中间”。首先，主动接近，了解他们的特点和长处。班主任要主动接近中等生，对他们的优缺点做到心中有数，让他们感觉到老师在注意他们、关心他们，这是促进中等生积极变化的首要条件。其次，注意发挥中等生的积极性，多加鼓励。班主任要根据中等生的长处，发挥他们的特长，特别是对那些平时很少有表现机会的学生，更要为他们创造参与班级工作的条件，甚至使他们成为某项工作的骨干，从中体验到自己的进步和为集体奉献的愉悦，增强对集体的感情和责任心。班主任应经常用“你们可以做得更好”之类的话语来鼓励他们，使之树立起奋发向上的决心，早日跨入优秀生的行列。

（三）后进生的教育

后进生是指在班级中智力发育正常，但思想品德、学业成绩表现差的学生。后进生总是存在这样那样的问题。比如，常常欺负同学，破坏团结，扰乱课堂秩序，与教师顶撞、对立，甚至违法乱纪。后进生数量虽少但影响却较大，无论是维护集体秩序，建设优秀班集体，还是提高教学质量、促进学生的全面发展，班主任都必须重视后进生的教育转化工作。

1.尊重学生，信任学生

尊重和信任学生是联系学生与班主任的情感纽带。每个学生都有自尊心和荣誉感，希望得到别人的尊重，班主任应该充分尊重学生的人格、个性、意见。对后进生的个别教育，要多鼓励、少批评，耐心地帮助他们进步，著名的“罗森塔尔效应”产生的期待效应就说明教师的态度能够改变学生的行为。那种急功近利，图一时痛快，随意揭老底、击伤疤的做法，必然伤害学生自尊心，常常使教育工作陷入困境。

2.发扬积极因素，克服消极因素

任何一个后进生不论他多么落后，或多或少都有些积极因素，班主任要善于及时发现这些因素，有时甚至要夸大其积极因素。通过教育的转化活动，激发他们的上进心和自信心，班主任可协调各学科教师，在学习上多给予指导、帮助。对他们的点滴进步给予及时的表扬，使之成为推动他们前进的动力和良好转化的开端。

3.要鼓励学生团结互助，发挥集体教育力量

马卡连柯提出“在集体中，通过集体，为了集体”的教育思想。他通过这种方式教育好了很多学生。转化后进生不能仅靠班主任一个人的力量，必须发挥集体的作用。班主任要重视组织培养学生集体，要把班级培养成一个团结互助的集体，并通过这一集体来教育集体中的每一个成员。班主任要鼓励其他学生去关心、团结、帮助后进生，使其感受到集体的温暖，逐步培养起他们的集体意识和责任感；同时，也要联系家庭、社区共同关心、帮助他们，为其转化创造良好的条件。

4.反复抓，抓反复

在对后进生的教育中，我们发现常常会出现反复现象。其实，这是一种正常的现象，后进生往往意志力薄弱，新的思想与行为习惯还不十分巩固，很容易发生动摇。因此，在他们产生反复时，班主任要正确对待，要有足够的耐心、信心，不急不躁，不能因此而失去教育他们的信心。班主任要深入分析原因，要耐心细致地做好反复教育工作。在反复工作中，班主任要把工作做在学生出现反复之前，要做到提前预防，以减少学生反复的次数和反复的程度，促使他们实现真正的转变。

复习思考题：

1.什么是班级？班级有什么特点？班级与班集体有哪些异同点？

2.班级建设的意义是什么？当前开展班级建设应关注哪些问题？

3.试从组织建设、文化建设、活动建设三个方面论述如何开展班级建设。

4.班主任应如何创建富有活力的班级文化？

5.班主任应如何构建有教育价值的班级活动体系？

6.班主任在班级建设中应怎样做好个别教育工作？

第十章　教育质量

学习目标：

1.深刻理解教育质量的内涵与特性。

2.分析教育质量观变化历程，掌握教育质量观发展动态。

3.全面理解教育质量标准，树立多元化教育质量标准观。

4.正确把握和运用教育质量监控体系与保障机制。

第一节　教育质量概述

质量概念来自于物理学，最原始的含义是指“物体所含物质的多少”；近代物理学将质量和物体的运动速度与物体的能量联系起来，质量概念的内涵得到一定扩展。随着社会的发展、经济的进步，质量概念得到进一步拓展，并被其他领域广泛运用。

一、多维度质量概念解释①

（一）语义学的角度

在我国古代，开始并没有“质量”一词，“质”与“量”是分开使用的。根据《词源》的解释，“质”有“本性”“禀性”“质朴”之意，“量”有“容量”“度量”“称量”之意。随着时代的发展，在我国的语言习惯逐渐由单字词为主向双字词为主转变的过程中，“质”和“量”被合二为一，并继承了早期“质”的主要含义，成为今天的“质量”一词。

质与量一起构成事物的规定性。质是一事物区别于其他事物的一种内部规定性，是由事物内部的特殊矛盾规定的。质与事物是同一的。量是事物存在的规模和发展的程度，是一种可以用数量来表示的规定性。一切事物都是质和量的辩证统一，事物的质以一定的量为自己存在的条件，事物的量又受其质的制约。

《辞海》对质量的解释有两种。一是产品或工作的优劣程度。如：建筑质量、工程质量、教学质量。二是量度物体惯性大小和引力作用强弱的物理量。最初作为“物质多少的量”引入，

---

① 董泽芳主编：《高等教育生命线——高等教育质量的理论与实践问题》，武汉大学出版社 2009 年版，第 13～19 页。

后来质量用物体所受外力和由此得到的加速度之比表示，这样定义的质量称为“惯性质量”。

《汉语词典》对质量的解释是：活动或工作的有效程度。

英语中质量的解释。英语“quality”一词源于拉丁文“qualis”，指一给定实体（entity）的性质，基本上是价值无涉或是价值中立的。也就是说，质量只描述事实，不做价值判断或好坏区分，现代英语保留了“quality”这一词义。但是，现代英语对“quality”一词的词义做了进一步的扩展，还具有优质、高质量的含义，比如 quality education（高质量教育）、quality production（优质产品），这里显然已经包括了价值判断。

（二）哲学的角度

按照哲学的观点，质量是一个相对的、发展的、动态的概念。它涉及价值论领域，与价值一样，质量概念也属关系范畴。判断质量的高低、有无，取决于客体本身的性质和特定主体的需要两个方面。所谓质量，实质上是对于事物的属性是否满足各主体的需要以及满足的程度如何所做出的价值判断。哲学的观点主张质量本质上指事物的内在规定性，是此一事物区别于其他事物的根本属性。

（三）经济学的角度

从经济学的投入—产出或者成本—效益分析出发来讨论质量，主要有“绩效质量”。弗雷泽、杰弗里、彼得等人从学校的投入和产出的维度来考察，按照面向市场需要的原则，对价值主体进行策划和设计，并以绩效来理解系统的质量。绩效观强调主要依据投入、产出、成本等一些经济学指标来衡量和评价效益和质量。价值增值观主张以价值主体的“入口”和“出口”之间的“价值差”作为价值主体的质量标准。价值主体和价值客体的变化越大，价值增值就越多，质量就越好。

“质量”意味着能够满足顾客的需要，从而使顾客满意的那些产品特征。按照这种理解，质量的这一含义是收益导向的。那种高质量的目的旨在实现更高的顾客满意，人们期望以此来实现收益的增加。可是，提高更多或更好的质量特征常常要求增加投资，从而会导致成本的增加。就这种含义而言较高的质量通常意味着“花费更多”。

“质量”意味着免于不良——没有那些需要重复工作（返工）或会导致现场失效、顾客不满、顾客投诉等的差错。按照这种理解的质量含义是成本导向的，高质量通常会“花费更少”。

（四）国际标准化组织的角度

在国际上，一般认为最流行的质量定义来自于国际标准化组织（International Organization for Standardization，简称 ISO）。

国际标准化组织颁布的 ISO08402—86 标准，将质量定义为“产品或服务满足规定或潜在需要的特征和特性的总和”。产品质量就是产品所应该具有的符合人们需要的内在因素与外观形态的各种特性的综合。在有些资料或场合中，把质量定义为适用性、适应意图、符合需要或用户需要、优良程度等，现在看来，这些都不能对质量做出全面的解释。

国际标准化组织颁布的 ISO08402—94《质量管理和质量保证术语》中的质量定义，即质量是“反映实体（产品过程或活动等）满足明确和隐含的需要的能力的特性总和”。质量是一组特性，而不是单一的特性，具有综合性的特点，它不仅包括产品质量和服务质量，也包括它们形成和实现过程的工作质量。而“实体”是指可单独描述和研究的事物，可以是活动或过程、产品、组织、体系、人或他们的任何组合。这个定义较好地包含了产品的适用性和符合规定性的全部内容，从这个定义中还可以看出产品质量的优劣是用质量特性是否满足人们需要及满足需要的程度来衡量的。

国际标准组织颁布的 ISO9000：2000《质量管理体系基本原理和术语》中的质量定义，即质量是“一组固有特性满足要求的程度”。质量是对主体需要的满足，是“适用”，它不仅要满足顾客的需要，还要满足社会的需要，使顾客、业主、职工、供应方和社会均受益。定义中“固有的”（其反义是赋予），是指在某物或某事物中本来就有的，尤其是那种永久的特性，包括产品的适用性、可信性、经济性、美观性和安全性，等等。“特性”是指“可区分的特征”。它可以是固有的或赋予的、定性的或定量的。定义中的“要求”是指“明示的、通常隐含的或必须履行的要求或期望”。“明示的”可以理解为规定的要求，在文件中予以阐明。而通常隐含的则是指组织、顾客或其他相关方的惯例或一般的做法所考虑的要求或期望是不可言喻的。“要求”可由不同的相关方提出，可以是多方面的，特定要求可使用修饰词语表示，如产品要求、质量管理要求、顾客要求等。这一质量定义，充分体现了质量的新概念以及该术语的定义演进至今的结果。

我国国家标准 GB/T6583 中，将“质量”界定为：“质量是产品、过程或服务满足规定或潜在要求（或需要）的特征和特性总和。”这一界定与国际标准化组织中的相关定义基本一致。

（五）西方专家学者的角度

西方一些专家学者，也从不同方面对质量提出自己的见解。

1.质量就是符合规格

代表人物是美国质量管理专家劳斯比，他从生产者的角度出发，把质量概括为产品符合规定要求的程度。专业所用标准都给予定义和衡量，质量的衡量才是可能和有实际意义的，而规格必须明确指出不产生误解，必须连续进行衡量和控制，以确定产品或服务符合既定的规格。

2.质量就是适用性

世界著名的质量管理专家朱兰从用户的使用角度出发，把质量的定义概括为产品的“适用性”（fitness for use）。适用性是指产品使用过程中成功地满足用户目标的程度，它普遍适用于一切产品或服务。它是由产品的特性决定的，用户认为这些将是有益的。

3.质量就是满足需求

代表人物是格鲁科克、菲根鲍姆、休哈特。格鲁科克指出，质量是指产品所有相关特性和特性符合用户需求的程度，用户需求受到他们愿意接受的价格和交货实践（交货方式）所限定。菲根鲍姆认为，产品或服务质量是指营销、设计、制造、维修中各种特性的综合体。借助于这些综合体，产品和服务在使用中就能满足顾客的期望。衡量质量的主要目的在于确定和评价产品或服务接近于这一综合体的程度和水平。休哈特博士在 20 世纪 20 年代就对质量有过精辟的表述，他认为，质量兼有主观性的一面（顾客所期望的）和客观性的一面（独立于顾客期望的产品属性）；质量的一个重要度量指标是一定售价下的价值；质量必须由可测量的量化特性来反映，必须把潜在顾客的需求转化为特定产品和服务的可度量的特性，以满足市场需要。正是由于质量的主观性一面，质量的内涵是非常丰富的，而且随着顾客需求的变化而不断变化；同样正是由于质量的客观性一面，使得对质量进行科学的管理成为可能。

综上所述，所谓质量，实质上就是对于某一客体是否能够满足特定主体需要及其程度所做出的肯定性价值判断。质量的有无及高低，取决于客体本身的性状和特定的主体需要。

二、教育质量的内涵与特性

（一）教育质量的内涵

质量引入教育领域，因教育活动的特殊性，其内涵发生深刻变化。

教育质量的概念与内涵经历了一个从较为单一维度向多维度逐步发展的过程。在不同的历史发展阶段，教育质量的具体内涵是不完全相同的。不同国家和地区，对其的理解和解释都会有所不同。

目前，国内外对“教育质量”的争议较多。在国外，目前尚未有一个公认的概念，不同学者从不同的方法论角度研究教育质量，得出不同的结论和看法。①

艾斯丁认为，教育质量是指学校的声望等级、学生成果、可得到的资源、学生的发展或增值。

莫迪认为，教育质量是合理的高标准、类型或特点、卓越程度。

格林认为，教育质量是卓越成就、完成标准、适于目的、值钱，可变的等多种可能性。

库姆斯认为，教育质量是教育如何适应在特定环境与情景下学习者当前和将来的需要，还涉及教育体系本身及构成教育要素（学生、教师、设备、设施、资金）的重要变化，目标、课程和教育技术以及社会经济文化政治环境等。

美国高质量教育委员会的定义是：每个学习者无论在学校或工作岗位应在个人能力的极限上工作，从而考验本人的极限，并把这种极限推向更高，高质量指的是一个学校或学院为全体学生规定了高标准和目标，然后，想方设法协助学生达到这些目标。

Mialaret 在 1985 年提出，教育质量的一般性定义应强调两个方面：一是以一般的或具体的教育而表达的社会期望，二是教育过程的实际特征以及在学习水平上所观察到的变化。

在国内，对教育质量的理解也没有统一。我国有学者认为，教育质量是指学生获取的知识、技能及价值观与人类和环境的条件及需要所相关的程度。②

也有学者认为，教育质量是“学校根据国家教育方针政策的要求，为满足特定的社会和学生发展的需要而确立的教育目标，设计、组织、实施的旨在实现这一目标的教育活动达到的预期效果的度量”③。

此外，我国的《教育大辞典》的解释则是指“教育水平高低和效果优劣的程度。其衡量标准是教育目的和各级各类的培养目标，教育质量的高低最终体现在培养对象的质量上”。

---

① 韩立福、刘芳：《构建我国基础教育质量监控与保障体系建议》，http://www.bjedu.cc/html/jiaoshiyuandi/duicejianyi/2009/0604/61476.html。

② 朱益明：《教育质量的概念分析》，《比较教育研究》1996 年第 5 期。

③ 沈玉顺：《现代教育评价》，华东师范大学出版社 2002 年版，第 195 页。

可见，教育质量并非是一个内容与标准固定不变的概念，而是一个与特定的社会主体相联系，随社会的发展而变化的动态概念，反映人们对教育活动结果的期望。一般来讲，教育质量包含三个方面内容：一是教育“产品”或教育活动过程、服务的优劣程度；二是教育活动过程、服务是否符合国家教育标准，教育“产品”是否符合国家教育目标；三是教育活动过程、服务和“产品”是否使受教育者和社会满意。也就是说应当把外适性质量观、内适性质量观和个适性质量观结合起来考虑，要与时俱进，既要遵循教育发展规律，又要满足社会需要，还要考虑学生个体发展需要。所以，基础教育质量就是以促进学生全面发展的教育观为指导，以国家教育目标和标准为依据，整个基础教育系统机构和教育者为受教育者提供的教育活动过程和教育服务能够满足社会和受教育者个人需要的能力特征的总和。

因此，究其实质而言，教育质量主要是指评价者对教育活动所产生的结果是否达到既定教育目标及满足教育“客户”需求及程度所做出的肯定性的价值判断。它不仅体现了教育目标达成与主体需求的满足的统一，同时，也体现了时代与社会所赋予的一种内在的规定。

（二）教育质量的特性

从教育质量的历史演进与不断丰富的历程可以看出，教育质量具有发展性、系统性、规定性和可控性四个特性。

1.发展性

教育质量的概念与内涵是不断发展与完善的。它不是一个固定的东西，人们对其认识也随着社会与认识的发展不断完善。工业化之前，教育是一种奢侈品，是一种身份的象征，它所追求的是精致的学术能力和伦理常识。工业化和现代国家形态带来了教育普及，为适应标准化生产的要求，掌握最基本的读写算(3R)能力和一般的概括能力及简单的工作态度成为教育质量最基本的内容，其中，读写算能力是教育质量的核心。贵族教育部分地隐匿在学校教育的“类型”和“级别”当中。学校教育变成培养普通劳动者的必要环节，教育借助筛选性考试确定职业，完成社会身份的再认(包含社会的向上流动)，质量标准是相对固定的，独立于学习者的价值、意义和文化。到了全球化时代和信息社会，公司代替了工厂，写字楼代替了车间，生产不全是物质性的，文化产品、信息产品、精神产品越来越丰富，并且出现了许多服务行业。在这种社会生产形态中，教育质量的内容发生了变化，培养目标和学习方式也发生了变化。教育要为生活在不断变化的世界的孩子提供他们真正需要的课程，这意味着教育既要培养社会的生产者，也要培养消费者；学校教育既要教授生存知识与技能，也要帮助学生感悟生命的意义与价值；发展认知能力仍然是教育质量的核心，但是关于生存意义、态度、环境意识、交际能力等社会与情感的学习也成了教育质量必不可少的部分。

2.系统性

教育是由多个子系统组成的系统，其构成要素是多方面的，具有系统性。从联合国相关组织公布的报告中可以看出，对教育质量的衡定从来都不是一个单一的维度，即便是最初比较简单地从结果去定义时，也仍然提出“学会认知、学会做事、学会生活、学会做人”四个方面，而《全民教育全球监测报告 2005：提高教育质量迫在眉睫》则从教育的内部与外部全方位对教育质量进行归纳与概括，从学习者特征、背景、投入、教与学和结果五个相互联系的维度，建构了教育质量的框架。五个维度实际上就是教育质量下的五个子系统,因此,教育质量实际上是一个完整的系统,由各个子系统有机地组合而成。教育质量的保障,不能单纯只关注其中的任何一个子系统,而应该从总体出发,全方位衡量。质量的保障过程本质上就是一个其系统内各个组成部分的协调运转的过程。

3.规定性

时代不同,社会的需求也随之不同,其对教育质量的规定与要求是不断增强与提高的。从本源上说提高质量是时代与社会对教育质量的一种内在的规定,同时也是教育根据时代的要求与社会的需要所进行的一种自觉的规定。这种规定,在教育尚未普及的年代,显得并不重要,因此对教育质量的规定并不详细,随着教育的普及程度越来越高,教育开始真正影响到社会各个阶层的时候,对教育质量的要求随之增强,其规定也越来越详细,教育质量的很多方面开始需要进行细致的划分并赋予一定的数值,在质性规定的同时科学地进行量化的管理。也正因为这一点,当前教育质量的保障,一个重要的方面就是标准体系的制定,并以此作为衡量教育质量的一个主要标志,教育管理部门可以并按标准对实施教育的学校与教育机构进行监督,以达到保障教育质量的目的。一般来说,制定科学系统的教育质量的标准主要有两个作用:一是比较,在相对统一的教育质量观和大致相同的教育背景下对学生通过教育过程所达到的程度进行一种测量与评价。二是通过测量结果分析教育质量问题的根源并有针对性地提出改进的意见与措施,促进教育质量的提高。

4.可控性

众所周知,企业产品的质量是可控的。企业通过发现产品质量问题的源头,找到相应的原因,采取相应的措施,进行技术攻关,完全可以实现对产品质量的控制。而教育的对象是人,具有比物更大的复杂性。教育的质量也不像企业的产品,教育是一种服务,提供给特定的对象,如学生与家长,并且教育质量还具有明显的后显性,它对教育对象的作用在很多情况下是在若干年以后才能显现。因此,这种对象的复杂性和产品的特殊性及后显性决定了对教育质量的控制远比对企业产品的控制困难得多,但这并不意味着教育质量是不可控的。因为,教育作为一种服务,其质量首先表现在它的合需要性上,它要么满足了当时社会的需要,要么满足了受教育者个人的需要。其次,它还表现在一种程度的提高上,受教育者从接受教育到结束教育,这之间的提高即是教育质量的体现,正因为此,教育质量在某种意义上说是可以测量的,也是可以控制的,假设我们能对每个学生在入学前进行科学的测评,及时发现受教育者的缺陷与不足,并有针对性地进行培养与训练,对提高教育质量无疑具有重大的现实意义。也正因为此,对教育质量进行保障的一个重要方面是加强对教育质量的监控。如果能形成一个系统完整的质量监控体系,无疑将会对教育质量的保障起到积极的推动作用。

三、教育质量观

(一)质量观

质量观是指一定社会中人们所遵循的一种价值准则,这种价值准则是指客体对主体需要的满足。质量观包含两个方面内容:一是质量;二是质量标准。所谓质量,与数量相对,是作为评价对象的载体或承受者；所谓质量标准，是赋予质量以某种特定内涵和价值观的基本尺度。当人们选择了作为质量的载体之后，再赋予一定的评价标准，在思想上就具备了某种质量观。不同的历史时期，社会不断地发展变化，客户的需求也不断变化，因此，质量观也在不断完善与变化。① 传统的质量观是以符合质量标准为基础的质量观。现代质量观是以适用性为标准，所谓适用性就是产品使用过程中成功地满足客户要求的程度。综观质量观发展历程，中外具有代表性的质量观有以下几种：

1.模糊质量观

以菲利普(Philip)、皮尔斯(R.Pirsing)、斯蒂芬(Stephen)、科恩(Cohen)、格林(D. Green)等为代表的学者认为，虽然人们对质量有一种直觉上的理解，但却难以清楚地表达。质量是含蓄的、模糊的，难以明确定义的，甚至是不可知的。质量是自相矛盾的；它只可意会，不可言传。既然认定质量是捉摸不定的，基于其不可知，一些学者转而从外围特征来描述质量(如学校声誉)。

2.合目的性的质量观

国际标准化组织(ISO)曾将质量界定为“指产品或服务所具有的能用以鉴别其是否合乎规定要求的一切特性和特征的总和”。这种质量观是以既定的承诺目标为标准衡量产品或服务满足或符合的程度。

3.合需求性的质量观

传统上，质量被视作是满足优劣的程度；或将其视作符合顾客需要的程度。菲根鲍姆(L. V.Feigenbaum)认为，质量指产品所有相关的特性和特性符合用户所有方面需求的程度。我国有研究者指出“质量就是适用性”(fit to the purpose)，即最终产品在多大程度上满足了用户需求，“符合需要”即为质量。②

(二)教育质量观

所谓教育质量观就是人们对于教育质量总的看法。有什么样的教育质量观就有什么样的教育质量。至今为止，主要有以下几种教育质量观：

1.发展的质量观

发展的质量观有四层含义。首先，发展是质量的基础和前提，发展是首要任务。只有发展了，有了一定的数量，才能谈质量。在我国教育不发达的情况下，尤其是高等教育比较落后的情况下，必须树立为教育发展服务的质量观。其次，用发展的眼光看待教育质量问题，不要因为眼前出了一点问题而停滞不前。任何事物在运行过程中总会遇到一些困难，然而只有通过发展才能克服困难，才能解决问题。再次，质量观是相对的，是发展变化的，要从特定的时空出发确立正确的质量观，而不能一成不变地、僵化地看待质量。第四，渐进性的质量观，只要是不断提高、不断发展就是质量。

2.合目标的质量观

不同的学校有不同的目标、不同的质量标准。不同类型、不同层次的学校，只要达到既定

---

① 尤建新、陈宝胜：《树立以顾客为中心的企业质量观》，《上海管理科学》2004年第4期。

② 钱军平：《再生性：高等教育质量观新解》，西北师范大学2007年高等教育学专业硕士学位论文。

的目标就是质量。基础教育要求的是德、智、体、美全面发展的质量观，是知识与技能、过程与方法、情感态度与价值观和谐统一的质量观，而非单一的“分数”观。提升中小学生教育质量必须从学生的德、智、体、美的全面发展去着手，要明确衡量教育质量的根本标准是促进人的全面发展、适应社会需要。各类学校因国家投入不同，生源不同，师资、设备条件不同，在规格、层次、培养目标等方面也不一样。每所学校都必须正确定位，把自己放在同类学校的平台上去比，然后再向更高水平发展。

3.需求性的质量观

人的需求、素质、爱好、追求的目标、愿意付出的劳动多种多样，需求性就是适应性，教育要满足不同人的需求，满足不同行业的需求。而教育的适应性是教育质量的本质。重点学校、名牌学校能适应高水平、高层次、追求高目标学习者的需求，但不适应基础较差、追求目标不高的学习者的要求。

教育的适应性包括外适性、内适性和个适性。外适性是指教育质量要适应国家、社会的需要；内适性是指教育质量要适应教育内在的需求，即适应下一阶段学习的需要，为下一阶段学习、升学打好基础；个适性是指教育质量要适应学习者个体需要。教育是社会的产物，是为社会服务的，只要从整个社会的需求出发，就是适应的，就是质量。人的需求是千差万别的，学校教育要为受教育者提供多种多样的教育内容、教育模式、教育层次，才能满足社会对各类人才的需求，满足各类学习者的需要。对教育来说，教育质量就是学校培养的学生满足国家、社会以及用人部门需要的程度。这一质量观的表述通常见之于各国政府的教育改革文件、教育改革的建议或报告及一些学校的规章文件。还有学者提出，教育是学生的自我实现过程，教育质量是学生个体的认知、情感、兴趣、特长、意志、品质等个性发展程度的反映。这种质量观强调学生理智的训练、心智的发展和完善比功利的目的更重要，人格的陶冶比知识的掌握更重要。

4.多元化的质量观

这主要针对高等教育质量而言的。美国学者马丁·特罗把高等教育分为三个阶段，即精英教育、大众教育、普及教育阶段。每个阶段的培养目标不尽相同，因而质量标准也不同，必须树立多元化的质量观。伴随着高等教育大众化的到来，各类学校增多了，因此各种不同层次、不同形式、不同培养目标的学校，应有不同的质量标准，要用多元化的质量观衡量多样化的教育质量。

5.特色的质量观

特色就是发挥学校的优势，就是集中学校的智力、财力，在某些领域独占鳌头，就是满足社会某些方面的需求，满足学习者个人特长、兴趣爱好的发展。特色是学校求发展、求生存的有效途径。任何一所学校不可能是“全能冠军”，不可能每个方面都国内领先。

从以上几种质量观可以看出，随着社会发展、时代的变迁和教育快速发展，教育质量观也在发生变化：开始由静止的、不变的、封闭的质量观向发展的、动态的、开放的质量观转变；从单一的、平面的质量观向多元的、多层面的质量观转变；从通用的、刚性的、标准化的质量观向特色的、柔性的、个性化的质量观转变；从计划的、供给主导的、生产导向的质量观向市场的、需求主导的、消费导向的质量观转变；从反馈的、总结性的、问题诊断型的质量观向前瞻的、预测性的、愿景引导型的质量观转变；从外在的、异化的、依附型的质量观向内生的、本性的、自主型的质量观转变。

第二节 教育质量标准

一、教育质量的构成

教育系统是一个复杂系统，其质量标准是多维的。关于教育质量的构成与标准，许多学者从不同的角度提出了自己的看法。

有的学者从教育基本因素角度提出教育质量的构成要素与衡量标准。一是教育目标的质量——目标的合理性(学校培养目标与学校办学类型、层次的一致性)；二是教育过程的质量——包括师资队伍水平，课程质量，教学秩序、教学环节的实施水平，学校管理人员素养与管理水平；三是教育制度的质量——教育制度的先进性和科学性，管理机构的精干有效，符合教育发展规律；四是教育设施的质量——学校的校舍、设施的齐备与先进，教育教学手段的现代化程度；五是教育产品质量——学校的学生在品德修养、知识技能、能力与方法等方面达到的水平。

有的学者从内外两个方面分析教育质量构成。从外在方面看，教育质量包括教育投入质量、过程质量和产出质量。从内在教育活动来看，教育质量包括教学质量、管理质量和服务质量。

西方学者毕比(C.E.Beeby)提出，可以从三个不同的水平去思考“教育质量”。第一水平，即最简单的水平，可叫作“课堂概念中的质量”，是对知识和基本技能的掌握。这种教育质量是可测量的，争议最少，是校长眼中的教育质量。第二水平，即较复杂的水平，可以叫作“市场概念中的质量”。在市场中，教育质量是根据“生产能力”来测量的，这是经济学家眼中的教育质量。第三水平，可以叫作社会的个人判断中的教育质量，根据个人、子女、部落、国家设立的最终目标判断。①

美国高等教育鉴定委员会(COPA)在《教育质量与鉴定对多样性、连贯性和创造性的呼吁》报告中提出：“一个教育过程的质量涉及：(1)目标的合适程度；(2)在目标实现过程中资源利用的有效程度；(3)已达目标的水平程度。”②

国外还有的学者提出：教育质量的一般性概念应包括三个内在相关的维度：为教学所提供的人与物的资源质量(投入)；教学实践的质量(过程)；成果的质量(产出和结果)。③

---

① 朱益明：《教育质量的概念分析》，《比较教育研究》1996年第5期。

② 焦红光、孙玉霞：《再议高等教育质量内涵》，《教育理论与实践》2004年第11期。

③ 朱益明：《教育质量的概念分析》，《比较教育研究》1996年第5期。

二、教育质量衡量标准

由于教育质量构成要素是多维的，其评价标准应是多元的。由于人才培养是教育的主要职能，所以，衡量教育质量标准一般都是从人才培养的目标、过程和结果等方面进行。

一是看目标，学生全面素质的和谐发展。这一标准反映了教育对人的发展需要的满足。学生的素质能否得到全面、和谐地发展，形成完美人格，成为社会需要的合格人才。

二是看过程，学生在学校取得的进步和对学校培养的满意程度。教育过程是否体现了师生间和谐的互动关系，教育活动是否成为学生自由的、自我创造的活动。这一标准反映了教育对人的爱、尊重、交往和自我实现等需要的满足程度，也是对教育的内在目的性价值标准的反映。

三是看结果，毕业生在人才市场的竞争力。教育培养的各级各类人才在数量、质量、结构等方面是否符合当前社会物质文明和精神文明建设的要求。这一标准是教育满足社会进步需要的反映。

有学者认为教育质量是教育满足个体和社会的教育需要能力的特性。由此，应以教育对个人和社会的教育需要满足程度来衡量教育质量的标准 。应从三个方面来衡量：一是教育过程是否体现了师生间和谐的互动关系，教育活动是否成为学生自由的、自我创造的活动；二是学生全面素质的和谐发展；三是教育培养的各级各类人才在数量、质量、结构等方面是否符合当前社会物质文明和精神文明建设的要求。

教育质量是一个多维概念。既有宏观层面的质量，也有微观层面的质量。宏观层面的质量是与整个教育体系有关，该体系是由规模、结构、质量和效益等要素构成的，这些要素是相互联系、相互制约的统一体，质量的好坏与每一个要素密切相关。而微观层面的教育质量，是指学校内部办学思想、培养目标、教学任务、管理职能等方面所指向的“质量指标”，它最终落实到办学质量、人才质量、教学质量、服务质量和管理质量等具体指标方面，每个质量指标既相互独立又相互联系。

教育质量标准与人的质量观密切相关，不同教育质量观就有不同的质量标准。反映出人们对教育认识和要求的多样性。故不宜用统一的质量标准去衡量不同层次、类型的学校教育质量。评估不同层次、类型的学校的教育质量时，应采用多样化的质量标准，采用国际与国家和地域化的标准相结合，既要统一要求又要区别对待。

第三节 教育质量的监控与保障

“监控”一词源于管理学。西方著名学者亨利·法约尔认为：“监控就是核实所发生的每一件事是否符合所规定的计划，所发布的指示以及所确定的原则。其目的就是要指出计划实施过程中的缺点和错误，以便加以纠正和防止重犯。监控在每件事、每个人、每个行动上都起作用。"在此，亨利·法约尔不仅提出了监控的定义，而且点明了监控的目的、监控的适用范围等。依据亨利·法约尔的观点，监控也适用于教育领域，适用于教育质量监控。①

一、教育质量监控与保障的含义

教育质量监控与保障是以适应素质教育理念的教育质量观为基础，以实现国家教育目标为依据，在教育行政部门直接领导和宏观指导下，以评估、认证、监督、监测等先进技术为手段，全面保障学校教育质量的持续发展的组织与系统。这个组织与系统监控与保障的内容主要是整个教育系统、机构和教师为学生全面发展而提供的教育活动过程、服务是否能够满足社会发展和学生个体发展的需要。监督"过程和服务"是否达到国家标准，是否体现国家意志，"产品"是否符合国家教育目标，是否适应信息社会不断发展的需要。从教育的特殊性和复杂性来考虑，教育质量监控与保障体系是一个多目标、多层次、多类型、多过程、多途径、多手段的十分复杂的质量管理系统，是一种多维度的立体结构，体现全面性、系统性、多元性、过程性和开放性等特征。

二、教育质量监控的要求

教育质量监控就是以现代信息技术和政策性行政技术为手段，对教育质量生成过程、服务、产品，实施外部作用的活动过程。全面实施素质教育、提高教育质量是一项系统工程，必须全方位地整体推进。因此，建立健全具有中国特色的基础教育质量保障体系势在必行。

（一）要建立以素质教育理念为核心的教育质量标准

要依据国家教育方针，遵循教育规律和学生身心发展规律，完善课程标准、教育教学标准、学生身心健康标准。标准要充分体现时代要求，重视学生创新精神、实践能力、科学和人文素养及审美情趣的培养，为全面实施素质教育、提高教育质量奠定基础。

（二）要建立教育质量监测体系

进行基础教育质量监测是实施素质教育、提高教育质量的基础性工程。基础教育质量监测要依据国家法律法规，按照基础教育质量标准进行。监测范围要覆盖学生德、智、体、美全面发展的各个方面。还要特别重视监测学生的创新意识和心理健康水平。要通过监测，全面准确把握我国基础教育的质量状况，科学诊断我国基础教育质量存在的问题和原因，为教育决策提供科学依据。在此基础上，不断探索基础教育发展的规律、人才成长的规律和教育管理的规律，引导全社会树立正确的人才观和教育质量观。通过若干年的努力，逐步建立起基础教育质量监测体系。

（三）改革和完善教育质量督导与评价制度

进行督导与评价制度改革，一是要建立对政府履行教育职责的监督和评价制度，督促和引导各级政府按照科学发展观和正确的教育质量观，遵循教育规律，抓好教育工作，切实担负起全面实施素质教育的责任；二是要建立健全普通中小学校督导评估制度，研究制定普通中

① 王毓珣、吴仁英：《教育质量监控系统构建申论》，《河北师范大学学报（教育科学版）》2005年第9期。

小学校督导评估标准和实施方案，督促和引导学校全面实施素质教育，全面提高教育质量，促进学生全面发展；三是改革和完善教育督导与评价工作机制。要定期对政府、学校实施素质教育和提高教育质量情况进行有针对性的督导评估，督导报告要向社会公布，充分发挥督导的作用。

三、教育质量保障机制

教育质量保障分为外部教育质量保障和内部教育质量保障。外部教育质量保障主要是指学校系统以外的保障系统，它主要由组织、职责、制度、标准、经费、队伍、技术等要素来驱动；内部教育质量保障主要是指学校自我评价、自我监督、自我控制和自我发展的运行系统。要实现教育质量监控与保障体系的有效运行，就必须是内外保障系统密切结合、相互作用，形成良性循环，从而保证教育质量整个系统的有效实施。

（一）组织要健全

完善学校教育质量评估组织，创建学校教育质量认证组织，建立和完善教育质量监测组织，规范教育质量监督组织行为。完善和健全组织系统是保证教育质量监控与保障体系有效运行的基本条件和物质基础。

（二）职责要明确

需要进一步明确学校教育质量评估的职责和任务，研究和制定学校教育质量认证职责，修改和完善各级教育行政部门对学校教育质量监督与指导的具体职责和任务，完善和落实教育质量监测职责。只有明确和落实各系统的职责才能保证基础教育质量监控与保障体系的有效运行。

（三）制度要完善

保证教育质量监控与保障体系的有效运行，制度建设是一个十分重要的环节，在现有制度的基础上，完善学校教育质量评估制度、学校教育质量监督制度和教育质量监测制度；创建和制定学校教育质量认证制度。制度建设是保证教育质量监控与保障体系有效运行的保障机制。

（四）标准要科学

关于学校教育质量评估指标和基础教育质量监测，目前已形成初步的指标体系和监测内容。需要创建和完善的是学校教育质量认证标准，依据国家有关法律、法规以及教育行政部门规定的相关标准和要求，结合我国教育实际，制定具体的国家标准。学校教育质量监控目标要实现方向性的转移，充分体现素质教育理念，适应新课程的改革与实施。标准要科学是保证基础教育质量监控与保障体系有效运行的重要依据。

（五）经费要支持

国家教育质量监控与保障体系的有效运行，是一个十分复杂的社会化工程。开展学校教育质量评估、实施和建立全国范围学校教育质量监测系统、创建国家学校教育质量认证体系等，必然需要大量的专项经费的支持。在经费支持方面，不必搞“一次性”，可以采用“滚雪球”的办法，坚持“一边创建、一边投入”“一边完善、一边加大”的原则，走稳步发展的路子。只有强有力的经费支持,才能充分发挥监控与保障体系的有效作用。经费支持是保证基础教育质量监控与保障体系有效运行的物质保障和决定性因素。

(六)技术要先进

监控与保障系统是一个以定性、定量技术为手段的科学处理过程,技术的科学性、合理性决定着监控与保障系统的效益、速度和质量,所以,技术因素是国家基础教育质量监控与保障体系有效运行的重要支撑点。学校教育质量评估技术、学校教育质量认证技术、学校教育质量监测技术和学校教育质量监督技术等必须体现现代性、科学性、有效性。

(七)队伍要专业

教育质量监控与保障是一项专业性很强的工作,需要有一支专业性队伍。为保证监控工作有效开展,需要进一步加强学校教育质量评估队伍建设,培训和提高监督队伍素质,创建和培养学校教育质量认证队伍和监测队伍。从理念、思想、业务、能力等素质方面提高各类队伍的整体水平,实现评估队伍专业化、认证队伍专业化、监督队伍专业化和监测队伍专业化。只有实现队伍专业化,才能保证基础教育质量监控与保障体系有效运行。所以,队伍建设是保证基础教育质量监控与保障体系有效运行的关键因素。

(八)健全学校自我发展机制

学校自我发展机制,既是外部基础教育质量监控与保障体系的重要因素,又是内部基础教育质量监控与保障体系的核心因素,也可以说是根本性的保障因素。在外部监控与保障的指导与监督下,学校必须加强内部建设,不断提高学校教育质量自我评价、自我控制、自我发展的能力。从学校内部的组织、职责、制度、标准、队伍、自我发展机制等方面加强和完善,以适应外部监控与保障系统的要求。通过与外部基础教育质量监控与保障体系的有机配合、相互作用,实现全面提高学校教育质量的最终目标。

四、教育质量的保障措施

(一)树立科学的教育质量观——质量保障的基本前提

教育质量观是对教育产品质量的认识。科学的教育质量观,首先应是整体性的。因为教育质量既是一种服务,又是一种产出,即受教育者的规格与质量作为对教育质量内涵的全面、整体性的评价,教育质量观既包括对教育服务质量的认识与评价,又包括对受教育者发展质量的认识与评价。这种教育质量本身的整体系统性决定了教育质量观的整体性。其次,科学的教育质量观应是动态性的。它随着时代的变化与人们认识的变化而不断变化。这与教育质量的动态性是相吻合的。因为真正的教育质量来源于对教育环境变化的准确判断。质量的优劣主要取决于客体本身的性质和特定的主体的需要,因为主体的需要是不断变化的,因此质量的需求及为满足需求而具有的质量也是不断发生变化的。正是由于教育质量的这种动态发展性,决定了教育质量观同样应坚持动态的、发展的标准。例如,衡量一个地区、一所学校的教育质量是不能脱离当地的社会、文化和经济背景这些因素,特别是对于我国这种各地差异性较大的教育发展状况来说,更不能简单地用同一标准去衡量重点学校和薄弱学校、发达地区和落后地区的教育质量。教育质量是一个多层面的概念,没有一成不变的教育质量,也没有一成不变的教育质量观，它是随着不同时期、不同的认识、不同的发展主题而发展变化。

(二)系统的教育质量标准——质量保障的主要依据

教育质量的规定性说明教育质量标准是可以制定的。作为质量保障的主要依据与参照，一个完整系统的教育质量标准体系对教育质量的保障至关重要。教育质量标准既要符合国家教育方针和相关政策文件的要求，又要遵循教育的自身规律和学生身心发展的规律。具体而言，教育质量标准体系的构建应包括三个方面：一是建立监督和评价机制，对政府履行教育的义务和职责予以监控，同时督促各级政府和教育部门树立科学的教育质量观，并遵循教育规律，抓好教育工作，切实担负起提高教育质量的相应责任。二是建立详细的课程标准、教育教学质量标准和学校评价标准，同时规范教育管理的内容，加强对学校教育过程和管理过程的监督，促进和引导学校全面实施素质教育，全面提高教育质量。三是建立具体而明确的学生身心健康发展标准和学业成绩考核标准，并充分体现时代的要求，把重视创新精神和实践能力、加强科学和人文素养及审美情趣的培养列入考核标准。

(三)完善的教育质量监控——质量保障的重要手段

教育质量是可控的，但具有相当的难度。因此，对教育质量进行监控既必要，又有相当的难度。教育质量的监控关键要明确两点：一是由谁来监控；二是怎样监控。关于谁来监控的问题，就我国国情，教育质量监控的实施主体无疑是国家，具体负责监测的应是代表国家行使教育管理权的国务院教育行政主管部门——教育部。教育部应当设置独立的教育质量监测机构，负责行使国家教育质量监测的管理权。相应的，各省(直辖市、自治区)也应当设置教育质量监测机构，组织落实国家教育质量监测事务。省级机构的职责包括：组织落实国家教育质量监测的统一测试；收集本省的原始测试数据，以及其他关于学生学习结果的数据，呈送中央监测机构；根据中央监测机构返还的监测数据，形成省级监测报告，并在本省范围内发布；向省级教育行政部门提供决策建议，并以市县为分析单位向各市县提供政策调整建议。国家和省两级监测机构主要承担质量监测的管理职能，具体的监测实施、数据处理、报告撰写等工作需要专业素质极高的专业人员来完成。

因此，在国家教育质量监测体系中，还需要建立一个重要机构，即负责国家教育质量监测具体事务的专业机构。在当前强调政府机构精简的背景下，这种机构不应成为政府机构的一部分，而应当以中介机构的形式存在，并在国家教育质量监测体系中发挥作用。中央监测机构作为政府部门需要为这种专业的中介机构设定准入门槛，实施准入认证，并借助竞争机制购买这些专业的中介机构的服务；有资格的中介机构通过中央监测机构的招投标程序竞争国家基础教育质量监测体系中的位置。当前，在我国此类中介机构尚未起步和发展之时，国家鼓励有实力的组织发展此类专业机构并给予大力扶持显得十分必要。

怎样监控的问题，实质上是一个制度建设的问题。由测评到报告到问责，都应有相应的制度安排。测评制度主要用以规范整个检测过程的各种活动，如题目编制、题库建设、试卷编制、样本选择、测试实施、评分及数据处理等方面的工作。良好的检测制度既有助于保证检测工具的各种技术要求，如效度、信度等，也有助于保证国家教育质量监测体系本身的公正性，从而维护国家教育质量监测体系的权威性和公信力。报告制度是将国家教育质量监测结果的报告常规化，并规范监测结果的报告活动。这项制度的目的在于保障公众对教育质量状况的知情权，保障各级政府的教育行政部门(特别是国家、省、市县三级)及时了解教育质量的整体状况以及本省、市县的教育质量在全国或本省教育质量整体版图中的位置，能够为各级教育行政部门的相关决策提供依据。问责制是对教育质量检测、结果报告的后续活动的规范。其核心假设在于，各级政府不仅对于教育的投入负有重要责任，而且对教育的质量负有重要责任；同时各级政府对于本辖区的教育质量具有重要影响。基于这一假设，国家可以根据各省教育的情况为各省设定标准，根据监测结果与设定指标两者的比照结果对各省实施奖励和惩罚；各省也可以根据监测结果来追究市县一级政府的责任。但问责决不能局限于责任的追究，实施国家教育质量监测的目的并不单纯在于提供一个关于各国或各省教育质量状况的终结性报告，其更重要的目的在于促进教育的发展和质量的提高。因此，问责及其后续的干预是保障监测体系目标实现不可或缺的一个组成部分。

复习思考题：

1.什么是教育质量？谈谈你对教育质量的认识与理解。

2.教育质量构成要素有哪些？其衡量标准是什么？

3.联系实际，谈谈如何构建基础教育质量的监控体系。

4.结合国情，谈谈怎样构建我国基础教育质量保障的有效机制。

第十一章　教育研究

学习目标：

1.领会教育研究的概念、教育研究的类型、教育研究的特点。

2.理解教育研究的意义、教育研究的条件。

3.在明晰教育研究的一般过程的基础上，初步学会运用教育研究的基本范式开展教育研究。

在我国传统的学校制度下，学校被视为培养人才的“加工厂”，工厂的产品规格(合格标准)由专家学者和教育行政部门统一制定，学校只需按照规定的计划加工“人”。显然，教育研究在传统学校制度下可以不需要，或者至多只是研究“加工”人的工艺过程(教育艺术)。随着社会转型①，人力资本理论与新课程理念的引导，现代学校制度逐步确立，教育研究随之与中小学校及教师的关系日益密切，教育研究成了“现代学校的组织功能和教师的职责”②。

第一节　教育研究概述

了解教育研究的概念、掌握教育研究的类型、把握教育研究的特点、明确教育研究的意义，是深入学习教育研究的原理与方法的前提。

一、教育研究的概念

教育研究这一概念在我国现实使用中显得比较模糊，甚至有点混乱，尤其是存在“教育研究与教育科学研究这两个词常常互用”③的局面。为此，在给教育研究下定义之前，有必要事先明晰教育研究与教育科学研究这两个概念是否相同。从已有研究看，对于教育研究与教育科学研究两个概念相同的观点，既有支持者也有反对者。支持者通常不对这两个概念加以区分，认为两者的含义基本一致。其代表性观点主要有：

---

① 关于社会转型的界说很多，此处主要指我国社会结构的转化、运行机制的转换和价值观念的转变。

② 宋之菡：《教育研究是现代学校的组织功能和教师的职责》，《上海教育科研》2004 年第 5 期。

③ 秦行音：《教育研究、教育的科学研究与我们的选择——我国教育研究的现状分析与趋势研究》，《教育理论与实践》2004 年第 21 期。

①在通常的(也即狭隘的)意义上,研究即指科学研究,教育研究就是指教育科学研究[①];教育科学研究是指运用一定的科学方法,遵循一定的科学研究程序,通过对教育现象的解释、预测和控制,探索教育规律的一种认识活动[②]。

②教育科学是正确反映教育领域内客观事物的关系和规律的知识体系,是人类教育实践经验的总结和概括,并将随着教育实践的发展而不断发展,教育科学的研究方法就是教育研究方法[③]。

③教育科学研究是科学研究的形式之一,是以教育现象为研究对象,以科学的态度,运用科学的方法,有目的、有计划地探求教育现象及规律,阐述、控制、预测教育现象直至发现教育规律并指导教育的创造性的认识活动[④]。这种说法同样适合用于界定教育研究。

④教育科学研究是指系统地搜集和评价信息的探索过程。其目的在于,认识我们所要研究的问题的本质及其规律,从而得到解决问题的答案[⑤]。这种观点亦可用来解释教育研究。

⑤教育科学研究(简称教育科研)是指,用教育理论去研究教育现象,探索新的未知的规律,并用以解决新问题、新情况[⑥]。该说法明显可以用来界说教育研究。

⑥教育科学研究的范围非常广泛,它包括所有有关教育方面的宏观的和微观的问题[⑦]。显然,此处的教育科学研究其实是指教育研究。

反对者往往注重以上两个概念之间的区别,认为教育科学研究只是教育研究的一部分,因而在概念的表达上,往往突出强调教育科学研究的对象是教育科学各分支学科本身,而教育研究的对象则是整个教育领域中的问题。其代表性观点主要有:

①教育科学研究指的是对教育科学各门学科的科学研究工作,是一项探索、揭示教育运动、教育现象本质和规律的活动[⑧]。

②教育科学是研究教育规律的各门学科的总称[⑨]。

③教育科学研究只是对教育这门科学本身的研究,那么,教育科学研究就只属于教育研究中的教育学科元研究,而教育研究除了教育学科元研究外还包括教育活动研究和教育观念研究。[⑩]

④教育研究是指采用系统的研究方法,对特定的教育现象或问题进行研究,从而获取教育规律,为教育理论提供知识,帮助解决教育实践问题,提升教育质量的一种活动。[⑪]

从上述两类观点看,前一类观点是从方法论的视角对教育研究或教育科学研究下的定

---

① 张胜勇著:《反思与建构——20世纪的教育科学研究方法论》,山东教育出版社1995年版,第29页。
② 国清:《教育科学研究方法》,《中国考试》2005年第8期。
③ 裴娣娜著:《教育研究方法导论》,安徽教育出版社1995年版,第3页。
④ 周家骥著:《教育科研方法》,上海教育出版社1999年版,第1～2页。
⑤ 赫德元、周谦编译:《教育科学研究法》,教育科学出版社1990年版,第1页。
⑥ 林焕章、林惠生主编:《教育科研操作指南》,国际文化出版公司2000年版,第1页。
⑦ 李秉德主编:《教育科学研究方法》,人民教育出版社2001年版,第9页。
⑧ 杨丽珠主编:《育科学研究方法》,辽宁师范大学出版社2002年版,第5页。
⑨ 顾明远主编:《教育大辞典》(第1卷),上海教育出版社1989年版,第80页。
⑩ 叶澜著:《教育研究方法论初探》,上海教育出版社2001年版,第306～308页。
⑪ 朱德全主编:《教育研究方法》,重庆出版社2006年版,第2页。

义，认为教育研究或教育科学研究就是用科学的态度与科学的方法看待教育现象、研究教育问题、揭示教育规律的一种研究活动。从方法论的角度看，两者的区别确实甚微。后一类观点是从逻辑学的视角对教育研究或教育科学研究下的定义，认为教育研究是以教育问题为研究对象，探讨的是整个教育领域的问题，揭示的是整个教育领域的规律。而教育科学研究是以教育科学这一学科体系为研究对象，探讨的是教育科学学科体系中的问题，揭示的是教育科学体系中的规律。从逻辑学的角度看，上述两个概念显然有别。

从学理上讲，不能视教育研究与教育科学研究为同一概念：一方面，若将两者当作同一概念，则要么无视了教育研究的科学性，要么无视了教育科学研究的学科性；另一方面，从语义学上看，教育科学研究可以理解成"对教育科学的研究"和"教育的科学研究"两种形式，前者侧重突出的是学科体系，后者突出的是研究观点，具体来说，前者是指对教育科学学科体系的研究，后者是指用科学的态度与方法对教育领域中的问题进行研究，显然，前者与后者的含义是有别的。如果不对教育研究和教育科学研究这两个概念加以区别而含混使用，"就会引起学生或读者在理解上或思维上的混乱，这对于学科本身的发展是不利的，对于指导教育教学的实践也是不利的"①。但是，从我国现实情况看，没有必要过分计较教育研究与教育科学研究之间的差异。主要原因在于：其一，人们通常将研究理解为科学研究，比如，辞海中研究的含义就是指"用科学方法探求事物的本质和规律"②，即是说，研究一词，在我国学术上特指科学研究，由此出发，教育研究在我国特指教育科学研究已是一种约定俗成，凡是教育研究就是指用科学的态度与方法研究教育系统中的问题；其二，教育科学研究在我国并非仅仅只是指对教育科学学科体系进行的研究活动，更多的时候，它泛指对整个教育系统的科学研究活动。总之，虽然教育研究与教育科学研究这两个概念本身具有一定的区别，但出于我国语境中的使用习惯，我们不能轻易依据语义逻辑理解它们，其具体含义如何，还得从具体的语境中去审视，而且在涉及使用这两个概念的过程中，尽管不须刻意选择哪一个概念，但在具体使用场合最好对其具体含义加以特别阐释，以免引发不必要的曲解或其他不必要的后果。

基于以上分析，我们认为，有必要在此专门界定教育研究这一概念。由于研究就是钻研、推究，是在反复思考的基础上，认真地提出问题，并以一定的方法与策略寻找问题答案的过程；研究的目的，实质上是为了深刻地认识某种现象，并探索其中蕴含的相应规律。因此，对教育研究下定义，必须突出三点：第一，教育研究的对象；第二，教育研究的方法；第三，教育研究的目的。由此看来，所谓教育研究，是指人们为了解释一定的教育现象、解决一定的教育问题、发现一定的教育规律，在一定理论的指导下，运用科学的方法与手段，有目的、有计划地探索活动。值得一提的是，对于我国中小学教师来说，其研究对象是中小学教育教学情境中的教育教学问题，其研究目的是为了发现并解决中小学领域中存在的教育教学问题。可见，"中小学教师的教育研究不是一种为了丰富教育科学理论问题的研究，而是一种为了解决中小学领域中教育问题的研究。具体来说，我国当下中小学教师开展的教育研究，是一种以中小学教师为研

---

① 李秉德：《教学设计与教学论》，《电化教育研究》2000 年第 10 期。

② 《辞海》(下册)，上海辞书出版社 1979 年版，第 3747 页。

究主体，以发现与解决中小学教育教学情境中存在的教育教学问题为中心的探究活动”①。

二、教育研究的类型

从教育研究的实践看，由于人们选择的具体研究对象有别、所采用的具体研究方法各异、具体指向的教育目的不同，因而导致教育研究类型多样。立足于不同的角度，可以将教育研究划分为不同类型。以下为几种常见的分类方式及其类型。

（一）依据研究水平分类

依据研究水平的不同，可将教育研究分为直觉水平的研究、探索水平的研究、推广水平的研究以及理论水平的研究等四种教育研究类型。这四种研究水平是由浅入深的。

直觉水平的研究主要是指依据人体感官进行观察之后，凭直觉判断“发生了什么事”，即凭直觉隐约感觉某一种原因与结果之间存在某种关系。

探索水平的研究是指在直觉水平研究的基础上，进一步找出引起某种结果的原因是什么，为什么会发生这样的结果。

推广水平的研究是指某一种研究结果在其他条件下还会发生吗，发生的概率有多大。

理论水平的研究是最深层次的研究，是指为了进一步探究某一研究结果的背后存在哪些潜在的理论基础。就是说，从教育学、心理学、社会学等学科视角挖掘某一研究结果背后的潜在理论。对于中小学教师来说，他们所做的研究通常处于前三种研究水平，一般不需要从事理论水平的研究。

（二）依据研究目的分类

根据研究目的不同，可将教育研究分为基础研究、应用研究与开发研究三种类型。

基础研究也称为纯理论研究，主要回答“为什么”的问题，其目的在于发展和完善理论。“根据发展和完善理论的程度，又可以将其分为三个层次：第一，修正性基础研究，即对教育理论中的个别原理或概念做出修正；第二，拓展性基础研究，即对教育理论中的某一原理或概念进一步探究、丰富和拓展；第三，建构性基础研究，即在核心概念、基本范畴或基本原理方面有新的突破，建立了某种新的理论体系。”②总之，基础研究的宗旨是为了增加知识体系，它并不一定会带来直接实际价值的结果。基础研究的特征表现为抽象性与一般性，其目的是揭示、描述、解释某些现象和过程，以及它们的活动机制与内在规律。

应用研究旨在直接解决某些特定的实际问题。与基础研究相对，应用研究的特征表现为具体性与特殊性。“根据应用研究的目的，又可将其具体分为四类：第一，验证性应用研究，即将基础研究的成果直接运用于教育实践，以验证基础研究的理论成果；第二，推广性应用研究，即在小范围内验证了理论成果的有效性之后，将其广泛运用于教育实践当中，以改进教育实践，促进教育发展；第三，普适性应用研究，即直接解决教育实践中某些典型的、具有普遍意义且涉及面广的实际问题，以提出具有普遍意义的解决方案；第四，具体性应用研究，即直接解决

---

① 徐红：《中小学教师的教育研究：性质与特点》，《教育科学研究》2011 年第 11 期。

② 朱德全主编：《教育研究方法》，重庆出版社 2006 年版，第 4 页。

教育实践中的单个实际问题，以提出解决这一实际问题的具体方案。”①

开发研究是指为了寻找可以直接应用于教育实践的具体技术，研究者运用已有的基础研究和应用研究的相关成果，探讨具有某种实施价值的规划、对策、方案、方法、程序等为目的的研究类型。值得一提的是，在不严格的意义上，开发研究也可以看成是一种特殊的应用研究。

（三）依据研究内容分类

以教育研究的内容为依据，可将教育研究分为宏观研究、中观研究和微观研究。②

宏观研究是指对国家或某个区域的经济和社会发展密切相关的宏观层面的教育问题做综合性与系统性的研究。在宏观研究中，教育活动被作为整个社会系统中的一个子系统，与社会的经济系统、社会的政治系统等处于同一层次。宏观研究着重探讨教育系统与社会其他系统之间的关系，比如，教育与政治、教育与经济、教育与人口、教育与文化等之间的关系。

中观研究介于宏观研究和微观研究之间，是对中观层面的教育进行的研究。在中观研究中，教育往往被视为一种机构的活动，比如，视为学校或社会的其他教育机构的一种活动。中观研究重在研究学校或社会其他教育机构中的某些活动，比如，研究学校内部的教育教学问题、学生管理问题等。

微观研究是指从微观的层面对某些教育教学实际问题进行的研究。在微观研究中，教育则被视作人与人之间的一种特殊交往或互动活动，这一活动的直接结果就是受教育者身心的变化与发展。比如，课堂教学中师生的互动研究就属于微观研究。

（四）探索性研究、描述性研究、解释性研究

根据研究任务不同，可将教育研究分为探索性研究、描述性研究和解释性研究三类。其实这种分类是从研究目的角度的另一种分类方式。

探索性研究是一种对研究对象或问题进行试探性与摸索性的研究，以获得对研究对象或问题的初步了解和感性认识，继而为将来更为周密、深入的研究提供基础和方向的一种研究类型。

描述性研究又称为叙述性研究，是指对现实中发生的教育现象、教育事实和教育案例的描述。描述性研究的主要任务是通过收集与整理资料、统计与分析数据，从杂乱的教育现象中，描述出主要的教育规律。

解释性研究也称为因果性研究。这种研究类型主要探索教育现象之间或变量之间（某种假设与条件因素之间）的因果关系，即在充分认识教育现象是什么以及教育状况怎样的基础上，进一步探讨发生某一教育现象或出现某一教育问题的具体原因。

尤为一提的是，探索性研究、描述性研究与解释性研究经常同时存在某一项具体的研究活动之中，它们在研究过程中既各司其职又互为所用。

（五）横向研究与纵向研究

根据研究方向的不同，可将教育研究分为横向研究与纵向研究。

---

① 朱德全主编：《教育研究方法》，重庆出版社2006年版，第4页。

② 叶澜著：《教育研究及其方法》，中国科学技术出版社1990年版，第4～7页。

横向研究是指在某一个具体的时间点上针对某一教育现象进行的研究。比如,研究新课程背景下中小学教师的教师观与学生观就属于横向研究。

纵向研究是针对某一研究对象或研究问题在某一段时期内的情况所开展的研究。比如,研究新课程背景下中小学教师教师观的发展问题就属于纵向研究。

(六)定性研究与定量研究

根据教育研究的性质不同,可将教育研究分为定性研究与定量研究。

定量研究又称量的研究或量化研究,是指事先建立某种假设并确定具有因果关系的多个变量,然后通过某些经过检测的工具对这些变量进行测量和分析,以检验事先提出的假设的一种研究活动。

定性研究在国外又称为质的研究,不过,定性研究在国内是一个比较宽泛、比较抽象的概念,至今在学术界尚无明确的定义。国内学者通常将所有非定量研究包括哲学思辨、个人见解、理论解释等都划入定性研究的范畴。国内质的研究的含义是指,"以研究者本人作为研究工具、在自然情境下采用多种资料收集方法对社会现象进行整体性探究、使用归纳法分析资料和形成理论、通过与研究对象互动对其行为和意义建构获得解释性理解的一种活动"①。国内定性研究的基本含义为,研究者在自然状态下,从当事人(被研究者)的视角理解他们(被研究者)行为的意义和对事物的看法,从中提出研究假设,并对假设进行检验的一种研究活动。

三、教育研究的特点②

由于教育研究的对象复杂、教育研究的方法多样,使得教育研究的特点很多,此处主要阐述中小学教师在教育研究中通常体现出来的一些特点。

(一)研究目的具有针对性

中小学教师从事教育研究的主要目的并非是为了发现普遍规律、形成或发展教育理论,而是为了解决教育教学实践中遇到的具体问题、寻求真实有效的问题解决方案或改进问题的措施,因而,其教育研究的目的具有明显的针对性。中小学教师需要经常亲临教育教学实践,其关注的问题主要是实践中出现的问题,为了解决问题的困扰,进一步提高教育教学质量,中小学教师理当研究如何在具体的场景下解决这些问题。教师工作的对象主要是人,人是具有主观能动性的智慧动物,因而教师的工作虽有教育规律指导但又无具体规则可循,教师不能像技术工人那样按既定规则进行教学,而需要在不断研究教育教学与人及社会发展之间的关系中开展教学工作。在这样的教学工作期间,教师必然会遇到这样或那样的问题,教师的教学工作正是伴随着不断解决这些问题的过程而进行的。

(二)研究内容具有微观性

中小学教师成天忙于课堂教学与班级管理,很难有充分的时间与充足的精力顾及教育领域的宏观问题,因而其研究内容主要是一些教育领域中的微观问题。对于一名中小学教师来

---

① 陈向明著:《质的研究方法与社会科学研究》,教育科学出版社 2000 年,第 12 页。

② 徐红:《中小学教师的教育研究:性质与特点》,《教育科学研究》2011 年第 11 期。

说，其工作在异常复杂的课堂教学与班级管理环境之中的，虽然有教育理论的宏观指导，但实际教学与班级管理中往往充满了复杂性和不确定性，很多教学与班级管理问题都是以细节的方式呈现。而这些细节性的问题无疑危及教育教学质量。显然，中小学教师必须每天花费大量的心思去考虑如何提高教育教学的质量，不可能有许多时间和精力去进行涉及宏观方面问题的调查与分析，“就像让一个农村中学教师去从事“农村教育综合改革的研究”，显然是不现实的”①。比如，如果一名中学语文教师选择“中学语文特色教学和学生全面发展关系的研究”这样的课题是不切实际的，因为它需要探明中学语文特色教学与学生发展之间的关系，而不只是研究一所中学语文特色教学如何开展的问题，显然属于一个宏观层面的理论研究；倘若把它改为“某某学校语文特色教学的研究”，就可使研究既具有可行性，又具有现实针对性。总之，从实际出发，中小学教师的研究应该着重以课堂教学和具体的学科教学为中心，围绕课程标准、教材、教法等内容而展开。

（三）研究场所具有自然性

中小学教师因教学与管理的需要不得不经常亲临班级和课堂，无疑十分忙碌，受工作场所和工作时间的限制，不可能长时间地“泡”在书山文海里，所以，其研究场所更多的是处于自然状态下的课堂教学与班级管理之中。比如，当某位教师想要了解“不同的课堂提问方式与教学效率之间的关系如何”这一问题时，可以事先查阅别人有关“课堂提问及教学效率”方面的研究成果，比如“课堂提问”有哪些功能、“提问”的方式有哪些、“提问”的问题如何设计、“提问”有哪些技巧、影响教学效率的因素有哪些、提高教学效率的措施有哪些，等等；然后深入课堂观察其他教师在真实的课堂情境下的提问方式如何，并思考这样的提问方式是否符合理论要求，是否在实践中有成效，当然，该教师也可以反思自己的课堂提问方式与教学效率之间关系如何。显然，要想弄清课堂提问与教学效率之间的关系，该教师不得不在自己或其他教师的自然课堂教学中开展研究。

（四）研究范式具有平民性

研究范式是指某一学科共同体或学术团体在研究相关问题时所沿用的一套圈内人士业已公认的理论体系与方法及规则。中小学教师教育研究范式的平民性主要体现在两个方面：其一，随着“教师成为研究者”②这一口号的提出，参与教育研究便成为中小学教师的一项群众性的活动；其二，中小学教师所进行的教育研究并非是一种严格意义上的学科规训式研究，即中小学教师并非采用专业人士的研究范式开展教育研究。正如一些学者指出，“不宜用专家学者旨在建构理论的严格的学科规训，来规范教师丰富多样的个别化研究之路，不能用专家学者的研究范式来排斥、否认教师的研究及其成果的价值和水准”③。教师从事教育研究，更多强调的是一种研究态度，一种研究意识。“让教师成为研究者，究其本质，就是期盼教师以思考者、追问者、探究者与反思者的姿态来看待教育教学中的一切现象或事实。”值得指出的是，我们并不是反对中小学教师开展如专家学者一样的学科规训式研究，如果他们有足够的学术研

---

① 鲁兴树：《简论教师的教育研究特点》，《中小学教师培训》2005年第1期。

② 宁虹、刘秀江：《教师成为研究者：教师专业化发展的一个重要趋势》，《教育研究》2000年第7期。

③ 全国十二所重点师范大学联合编写：《教育学基础》，教育科学出版社2002年版，第295页。

究能力与学术研究精力，同样可以运用严格的研究范式开展研究。但是，从国家、学校及中小学教师的现实条件看，在目前及未来相当长一段时间内，绝大部分教师还得运用平民性的研究范式参与教育研究。

（五）研究成果具有实效性

中小学教师的教育研究不同于专家学者的研究，是一种服务于教育教学实践的研究。中小学教师从事教育研究的根本目的就是为了破解他们在教育教学过程所遇到的一系列现实问题，因而他们非常注重研究成果的实效性。中小学教师教育研究成果的实效性主要有体现有二：其一，研究成果具有较强的针对性。中小学教师处于教育教学实践的第一线，能够真切体验教育教学实践中每一个细小的环节，最了解教育教学实践中的困难和需求，对于教育教学实践中出现的各种问题，他们有着最真实的体验与感悟。通过教育研究，中小学教师可以客观、准确地分析教育教学实践中存在的问题，提出解决问题的设想与措施，进行周密地科学论证和反复的实践、验证，最终可能从真切的感受中找出解决这些问题的有效策略。不难发现，中小学教师从事的教育研究是一个发现教育教学问题为起点，以解决教育教学问题为终点的发展过程，依次经历"问题诊断—原因分析—对策探讨—实践检验—理性反思—经验总结"的研究之路。其二，研究成果具有较强的操作性。从当下中小学教师开展教育研究的实际情形看，他们使用的研究方法主要是经验总结法①。因而，其研究成果往往不是以学术论文或专著的形式呈现出来，而通常采用叙事式的表达方式，即由研究者本人叙述自己在整个研究过程中所经历的一系列教学事件，包括所研究的问题是怎样提出来的、是怎样设计解决问题的思路的、在解决问题的过程中遇到了什么困惑或障碍、是如何反思的、采取了什么新的策略、取得了什么样的效果。这种叙述方式不仅通俗易懂，而且具有很强的可操作性。

四、教育研究的意义

教育研究的意义主要体现在两个方面：第一，教育研究（包括中小学教师的教育研究，以下简称教师教育研究）对教育本身（包括教育理论与教育实践二个维度）具有重大的价值；第二，教师教育研究对中小学教师（简称教师，以下同）本身具有明显的意义。

（一）教育研究对教育本身的作用

1.教育研究对教育理论的贡献

教育研究对教育理论的贡献，主要体现在它给教育带来了四种类型的知识，即描述性知识、预测性知识、改进性知识和解释性知识②。

（1）描述性知识。描述性知识是关于自然和人为现象的描述。描述性知识一般产生于描述性研究。教育研究中也存在着较多的描述性研究，如关于教育教学、学校制度、班级管理等现象的描述，从国际比较的视角对一个国家的教育状况和教育现象进行描述。这些描述性知识不仅丰富了教育理论知识，而且为教育政策的制定者、教育理论研究工作者和教育实践工

---

① 南纪稳、孙文静：《对中小学教师教育科研特征的分析研究》，《当代教师教育》2010年第9期。

② 梅雷迪斯·D.高尔等著，许庆豫等译：《教育研究方法导论》，江苏教育出版社2002年版，第3～11页。

作者提供了诸多相关的教育统计信息。(2)预测性知识。所谓预测性知识,即通过已有的信息预测未来可能出现某一现象的知识。预测性知识经常源于预测性研究。预测性的教育研究较多。比如,根据学生的智商预测该生的学业发展,根据学生的特长预测其可能在某一特定领域取得成功,等等。预测性知识有二类。第一,纵向预测性知识,即通过学生当前的学业成绩预测此生以后的学业成绩或进入社会之后的工作成就。它包含选拔性预测知识和淘汰性预测知识两种亚类。第二,横向预测性知识,即利用两个因素之间的相关关系,然后用其中一个因素的发展来预测另一个因素的发展。例如,《小学生心理与师生关系现状的调查研究》表明,学生的学习效能感、焦虑程度、师生情感关系、地位关系与学生的学习成绩存在显著的线性关系,它们能很好地预测学业成就状况。[①] (3)改进性知识。改进性知识是关于提高学生学业成就或其他教育教学效果的一类知识,如通过阅读训练、及时反馈、合作学习、当面辅导等方式改进学生学习成绩的知识。改进性知识当然主要来自于改进性研究。(4)解释性知识。这类知识包含了前面所述的三大类知识。就是说,如果研究者能够解释某一教育现象,那么就意味着他能够准确描述、预测和控制这一教育现象。这种对被调查现象做出的解释即被称为理论。解释性知识主要来源于两种方法:其一为"扎根理论"法,即从研究者自己所掌握的直接资料中推导出理论的方法,这种方法经常为质的研究者所用;其二为科学研究法,即通过形成假设——推演该假设所能导致的可以观察到的后果——通过观察检验假设等程序进行的研究方法。

2.教育研究在教育实践中的价值

教育研究除了通过贡献教育知识而影响了教育理论之外,对教育实践也存在诸多影响。这主要体现在四个方面。第一,教育研究能够影响教育政策的制定。"在国际教育界,在过去的几十年里,教育研究的成果也在很大程度上通过教育政策影响了教育实践。但是因为教育政策的制定受到政治的、经济的、社会的和文化的等许多因素的影响,并且政策制定是一个严肃而复杂的过程,有着自己的规则,教育研究的结果被应用于教育实践并不是简单的过程。教育研究包含有价值观,因此,把研究结果应用于实践也就意味着把一系列的价值观充入教育实践。此外,即使研究结果引起了政策制定者的注意,他们在制定政策时也只是会将其看作制定政策时的信息之一。"[②]第二,教育研究能够解决实际中存在的许多问题。比如,通过开发性研究,将教育研究的相关理论成果直接用于解决教育实践中存在的某些问题;通过普适性研究,提出具有普遍意义的问题解决方案;通过开展应用性研究,直接提出某一具体问题的解决方案。第三,教育研究能够有效增进教育教学效果。比如,通过教育研究,可以总结以往教育教学活动中存在的经验与不足,以便未来进一步改进教育教学;通过教育研究,可以将成功的教育教学经验进行推广,以之大幅度地提高教育教学效率;通过教育研究,可以积累许多未来能够用于指导一定教育实践的理论。第四,教育研究能够发掘深层的教育教学问题。比如,对于教育实践工作者来说,由于长期从事相对稳定的教育教学工作,极可能出于因循守旧或按部就班而忽视教育实践中存在的许多深层问题,通过教育研究,这些平常不易引起教育实践

① 杨继平、高岭:《小学生学习心理与师生关系的现状调查研究》,《教育研究》2005 年第 1 期。

② 秦行音:《教育研究、教育的科学研究与我们的选择——我国教育研究的现状分析与趋势研究》,《教育理论与实践》2004 年第 21 期。

工作者注意的深层问题就很可能进入他们的视野而成为值得研究的问题，而通过相应的研究之后，这些深层问题或多或少就会得到一定程度的解决。

尤为一提的是，教师从事教育研究是适应新一轮基础教育课程改革(简称新课改)的需要。中小学教师在新课改的实施过程中必然会遇到一些意想不到的问题，而且许多问题在书本上难以找到答案，因而，教师不能依靠简单模仿，而必须根据问题的实际情况进行探索与研究。此外，新课改特别提倡培养学生的创新精神和创新能力，如果教师没有创新精神和创新能力，就难以培养具有创新精神和创新能力的学生。

(二)教育研究对教师发展的作用

1.教师从事教育研究可以提高教师的职业地位

一直以来，教师因为极少参与学术研究而被称为“教书匠”，其职业地位因之明显偏低。“传统上，研究被认为是大学教授、学者或专家的工作，与教师无关，教师只要能接受别人生产的知识，不必也没有能力做研究。但是在今天，‘教师即研究者’已成为师范教育上重要的一种运动。”①教师从事教育研究，意味着教师开始注重自己的体验，意味着教师开始注重自己的发展，同时也意味着教师有能力对自己的教育行为加以反思、研究与改进，提出最贴切的改进建议。此外，教师从事教育研究，“可以使教师从无效的知识中解放出来，意味着教师确信自己有能力构建知识和改进实践”②。

在教育研究中，教师通过不断反思自己在教育教学中的经验与教训，以研究者的眼光审视已有的教育理论和教育实际问题，使其才能与潜力得以充分发挥。尤其是通过教育研究，教师能够获得本专业的实践性知识，这种实践性知识是建立在系统研究和理论知识基础之上的专门技术和技能，可以使教师职业从其他职业之中区别开来，是教师专业标准最为显著的特征之一。③ 不难推断，通过教育研究，教师的学术声望得以充分彰显，教师的职业地位得以无限提升。由此可见，教师从事教育研究，是教师获得职业解放的必由之路④(此处的职业解放，主要是指确立教师职业的专业地位，获得教师专业发展的自主权)，是教师提升职业地位的重要途径。

2.教师从事教育研究可以提升教师的教育理念

教育理念是指导教育实践的行动指南。所谓教育理念，即教育理想、教育观念和教育信念的总称，是教师在理解教育本质的基础上，结合自身长期的教育实践而形成的一种具有导向与动力特征的理性系统。不同的教育理念将带来不同的教育实践，从而产生不同的教育教学成效。可见，是否依据有效的教育理念去指导具体的教育教学实践，决定了教师教育教学成效的好坏与高低。

---

① 欧用生:《提升教师行动研究的能力》，http://content.edu.tw/primary/society/ks_ck/nine/n4.htm，2005-12-31.

② Mary，I.R.Orientations，Purposes and Reflection：A Framework for Understanding Action Research.*Teaching and Teaching Education*，1999，(5)：20～21.

③ Carr，W.，Kemmis，S.*Becoming Critical：Education，Knowledge and Action Research*.London：The Falmer Press，1982.pp.1～2.

④ 王卫华:《教师在教育研究中的地位变迁及展望》，《教师教育研究》2010 年第 7 期。

有效教育理念的形成并非一蹴而就,它建立在教师不断研究已有教育理念与不断总结自身教育经验的基础之上。这是因为,一方面,随着教育科学的不断发展,有关教育教学的理念不仅日益繁多,而且众说纷纭,可谓“仁者见仁,智者见智”。每一种教育理念的提出都有其特殊的背景,其合理性与适用性都存在着不同的局限,因而教师绝不能囫囵吞枣,随意选择一种教育理念去指导自身的教学实践。这就需要教师自身去研究、去体会、去探索,如何使之与实践结合起来,并形成适合自身教育实践的有效教育理念。换言之,教师从事教育研究,可以对已有的教育理念进行甄别与遴选,从而不断提升自己的教育理念。另一方面,随着教育的国际化与文化的多元化,先前合理的教育理念可能越来越不适应当下教育实践,这就需要教师通过反思自身的教育实践,认真总结已有的教育经验,从而实现教育理念上的自我超越。

3.教师从事教育研究可以促进教师的专业发展

教师专业发展的过程,即“在教学职业生涯的每一个阶段,教师掌握良好专业实践所必备的知识与能力的过程”①。此处的知识主要是指教育教学实践所必需的知识,而能力则主要包括教师的教育专业能力与教育科研能力。

教师从事教育研究,可以促进教师实践知识的发展。所谓教师的实践知识,是教师在长期的教育教学实践中逐渐形成的与教育教学有关的个性化知识,它集中体现了教师个性化的教学风格与教学智慧。教师的实践性知识,是教师专业发展过程中不可或缺的重要组成部分。教师的实践知识直接影响教师对教育教学理念、课程教学观念、师生关系、课堂管理等的理解。通过教育研究,教师可以不断反思自身的教育教学过程,不断总结自身教育教学过程中的一系列失败与成功体验,从而有效地发展自身的实践性知识。

教师从事教育研究,可以促进教师教育专业能力的发展。教师教育专业能力的发展,不是仅仅建立在学习专业学科知识和教育学科知识的基础之上,也不是仅仅建立在积累教学经验的基础之上,还必须要求教师在教育教学工作中投入大量的精力进行教育研究才能形成。

教师从事教育研究,可以促进教师教育科研能力的发展。在教育研究的过程中,教师需要查阅并整理大量文献资料、收集诸多相关信息数据、积极大胆思维、不断理性反思,然后才能解决自己想要解决的教育问题。因而,教师必须掌握教育科研的基本理念与基本方法、学会撰写专题论文、经验总结、调查报告或实验报告等成果表达形式。毫无疑问,在教育研究过程中,教师的教育科研能力会逐渐提高。

第二节 教育研究的过程与范式

想要知道如何开展教育研究,必须懂得教育研究的基本操作过程,要想有效地开展教育

① Hoyle,E.*Professionalization and Deprofessionalization in Education*// Eric Hoyle & Jacquetta Magarry. *World Year book of Education*,*Profession Development of Teachers*.London:Kogan,1980.42.

研究，必须知道教育研究的一般范式。

一、教育研究的过程

一般认为，教育研究的过程包括选择研究课题（选题）、查阅相关文献（文献检索）、制定研究计划、搜集研究资料、整理并分析研究资料（分析总结）、合理表达研究成果（成果表达）等几个环节。

（一）选题

1.选题的含义

选题就是选择教育研究课题，是教育研究的起点。一个教育研究课题，是一个未知的、有价值的、可实施的、有待于解决的问题。

2.选题的基本要求

大量实践表明，一个好的选题至少应该具备价值性、明确性、创新性与可行性等四大特征。选题的价值性是指所要研究的问题应该具有一定的理论意义或时间价值；选题的明确性是指所要研究的问题应该具体清晰，不至让人产生歧义或理解困难；选题的创新性是指研究问题的未知性，即所要研究的问题应当是前人尚未研究或研究不足的问题；选题的可行性是指所要研究的问题是研究者有能力、有条件实施研究并能够解决的问题。以上四大特征即是选题的基本要求。

3.选题的途径

一般而言，选题的途径有五。一是从教育实际中寻找问题。对于教师来说，这是最重要、最直接的选题途径，因为教师从事教育研究最迫切的任务就是要解决教育实际中有待解决的问题。二是从某些教育理论中推演出需要研究的问题。教师在学习相关教育理论或阅读相关教育刊物时，如果多留一份心思，就有可能发现其中蕴含着某些有待解决的问题。三是从已有的研究中寻找问题。有的教育研究不仅探索其所要研究问题的答案，而且也从其研究中导出了很多值得研究的问题。四是从日常交往与交流中获取问题。比如，教师在与专家学者或其他教师以及学生的交往与交流过程中，常常可以发现一些值得研究的问题。五是从课题指南中选择所要研究的问题。教师有时也可以从相关部门提供的课题指南中选择自己感兴趣的问题开展研究，比如，从教育部规划课题中选择课题。

（二）文献检索

1.文献检索的含义

文献检索是指从众多文献中搜集、鉴别、整理所需资料，从而形成对某一问题科学认识的方法和程序。文献检索不是照抄照搬原始文献资料，而是在对其进行去粗存精、去伪存真地分析和鉴别的基础上，找出真正符合客观事实和规律的资料来。

2.文献检索的作用

文献检索在教育研究中占有不可替代的地位，是课题研究中十分重要的环节。据美国科学基金会20世纪的一份统计，一个科研人员用在查阅和梳理文献资料上的时间占全部科研时间的50.9％，计划思考占7.7％，实验和研究占32.1％，写报告和论文占9.3％。在人类的知识积累到如今这种规模和水平，许多研究问题，并不是第一次提出来，而是已经被前人、其他人研究过的，对这种问题的研究通常称为“接着说”。通过文献回顾可以厘清问题的来龙去脉和研究的进展，以此作为自己研究这一问题的基础，即使那些第一次提出新的问题即所谓“从头说”的研究，可资利用的文献也许会少些，但总有一些相关文献能反映出与问题相关的历史和思想渊源。查阅文献，在某种意义上也是一种观察，只不过所观察的对象是卡尔·波普尔所谓的“世界 3”。①

3.文献检索的途径

从当前的实际出发，教师能够检索文献的途径主要有两种。第一，在线检索。所谓在线检索，即通过互联网的相关网站(网页)查找相关文献资料，比如通过谷歌(google)、百度(baidu)或中国教育学术期刊网等查找有关文献。第二，光盘检索。光盘检索的具体渠道较多。常见的渠道主要有：人大报刊资料全文数据库、清华同方中国期刊全文数据库、清华同方博硕士学位论文全文数据库、ERIC(Educational Resources Information Center)、ASE(Academic Search Elite)、Spring 等数据库。

4.文献检索的方法

检索文献方法主要有三种。一是追溯法，即以已经掌握的文献的后面所附参考文献的目录为线索，追溯查找其他文献。由于每种文献后面所附的参考文献数量是有限的，因此使用这种方法查找资料一般会漏掉一些有用的文献。二是工具检索法，即凭借某种检索工具查找文献。这种方法通常能够方便、迅速、准确地找到比较齐全的文献。三是混合法，即把追溯法和工具检索法结合起来查找文献。这种方法的一般程序是，先利用检索工具找到一些文献，再利用这些文献后面所附的参考文献目录追溯查找更多的文献。

(三)研究计划

研究计划是一份对整个研究过程的全面规划，包括对研究的各项主要工作进行合理的安排。一般来说，由于研究课题的类型不同，研究计划的内容也会存在差异，因而撰写研究计划时不必拘泥于某一种特定的格式，不过一份合格的研究计划至少应该阐释研究什么、为什么研究、怎样研究以及研究的价值如何等四个方面的问题基本要求。总的说来，一份完整的研究计划主要涵盖如下内容。

1.课题名称

课题名称，即关于研究问题的一种简洁明了的文字陈述。选择好了一个研究问题并不意味着它有了恰当的陈述，而问题陈述得好可以为研究者提供从事该研究计划的方向，资料的搜集与分析方法等，因而问题如何表述显得十分重要。不过，研究问题的陈述往往并非立马就能清楚明了。一般而言，在研究的初始阶段，我们可以先对问题进行粗略陈述，然后在查阅文献的基础上逐步对其加以限制，直至使其成为一个合理的陈述。一个合理的陈述应指明研究问题的中心和研究问题的背景，也就是说，一个合理的陈述不仅要明确所要研究的问题或内容，而且还要明确研究的对象、研究的方法及研究的背景。

---

① 冯向东：《关于教育研究方法的功能分层》，《大学教育科学》2010 年第 2 期。

2.研究的目的和意义

课题研究的目的和意义，主要回答为什么要进行这项研究，课题有什么理论意义和实践价值（一个研究课题，要么是理论意义和实践价值兼备，要么是必有其一，否则，这样的课题是不值得研究的），课题产生的背景，研究的重点等问题。在表述上要明确研究的理由，可以从问题的现状入手，指出问题的重要性，从而表明进行研究的必要性；也可以从前人研究的不足入手，阐述进行研究的价值。总之，这部分内容的写作所遵循的基本逻辑是：由于问题的重要性或严重性，所以有必要进行研究；或者由于以往的研究不足或有错误，所以必须加以解决或纠正。

3.研究内容

研究内容是研究计划的主体。通常是把课题提出的研究问题进一步细化为若干个小问题，并加以一一列举。一个研究内容往往可以分解成多个小问题，分解愈细，研究思路愈清晰。比如：有关"中国城乡初中语文课程的实施"这样一个研究内容的问题，至少可以分解为如下5个基本问题：

问题1：当下初中语文课程标准的基本特点是什么？

问题2：教师在教学计划阶段做了哪些决策？

问题3：教师在课堂教学中做了哪些决策？

问题4：影响教师课程决策的主要因素有哪些？

问题5：在问题2、问题3与问题4中，城乡初中语文教师有哪些不同的表现？

4.研究假设与研究思路

研究假设是指根据已有理论和已有资料对研究课题设想出一种或几种可能的答案与结论，是对研究结果的预测，以及对课题涉及的主要变量之间的相互关系的设想。一般来说，研究问题都研究假设为具体行动的指引，因此无论采用什么格式撰写研究计划，必须具体明确地列举研究假设，明确课题的研究范围，然后根据研究假设阐述具体的研究思路。所谓研究思路，即研究者为了解决某一研究问题所遵循的具体思维路线。

5.研究对象和研究变量

研究对象是教育研究的客体。由于研究对象的多样性和复杂性，研究者在制订研究计划时必须对研究对象和研究的主要变量加以界定，避免不同的人从不同的角度来理解而带来混乱。对研究对象的描述，主要涉及研究的总体范围、样本数量、抽样的方法①等，必要时还需提示研究对象的来源和特征。

---

① 所谓抽样，即从一个总体中选取一部分个体作为研究对象。其中抽取的那部分个体叫作样本。抽样的方法主要有六种。第一，单纯随机抽样，即全凭机遇抽样。第二，等均抽样，即根据研究的目的要求，按与研究有关或无关的标准，把总体各单位按次序排成表，然后按相等的距离或间隔抽取足够数目的样本。第三，分类抽样法，也叫分层抽样法，就是先把总体按一定标准进行分类或分层，然后按类层抽取一定数目的对象。第四，多级抽样法，也叫多阶段抽样法。这种抽样法往往用于总体太大而样本过小的情况下。比如，要研究全国范围小学生的学习态度，可先抽取一定的区域，再从一定区域抽取一定的学校，最后再从一定的学校抽取一定的小学生。第五，整体抽样法，即从总体中选取一个或几个单位整体来作为样本。第六，有意抽样法，即按研究者的某种目的与要求抽选样本。——参见李秉德主编：《教育科学研究方法》，人民教育出版社2001年版，第35～37页。

研究变量是指研究过程中在质或量上会变化的、有差异的因素。研究变量有三种：一是自变量，是引起或产生变化的原因，是研究者操纵的假定的原因变量；二是因变量，是通过自变量的作用而发生变化的结果变量；三是无关变量，是指与特定研究目标无关，但因影响研究进程与结果而在研究过程中必须加以控制的一些变量。

6.文献综述

文献综述是文献综合评述的简称，是指通过归纳整理、分析鉴别已经全面搜集的相关文献资料的基础上，对一定时期内某个学科或专题的研究成果和研究进展进行系统、全面的陈述和评论。文献综述是课题研究中必不可少的前期准备工作，也是论证选题是否有价值的前提条件之一。文献综述的作用在于：一方面，它能够展示研究者对该领域研究现状的了解程度；另一方面，它能够以其系统分析评价和有根据的趋势预测，为新课题的确立提供了强有力的支持和论证。

7.研究方法

研究方法的含义有广义与狭义之分。广义的研究方法涵盖三个层面：一是方法论层面，即指导整项研究的思想体系，包括理论基础、研究逻辑和思路等；二是研究方式层面，即贯穿于整个研究过程的程序和操作方式；三是具体技术和策略层面，即在某一研究程序中所使用的工具、手段等，主要是具体的资料收集策略。① 狭义的研究方法是指，研究者在研究过程中获取研究资料或数据时所采用的具体方式、途径与手段。此处所说的研究方法主要是从狭义上而言的。一般来说，教育研究中所采用的具体的研究方法主要有观察法、调查法、实验法和文献法等几种。“在具体工作中，教师选择研究方法主要应考虑两个因素：所要研究的问题及教师自身的特点。”②

8.研究进度

为了确保研究工作既能有条不紊地展开，又能如期完成，往往需要对整个研究进度进行整体规划。大量经验表明，规划研究进度时，有两个因素必须考虑：一是时间；二是工作项目。具体来说，若研究有时间的限制，则以最终完成时间为依据，倒过来分配每一工作项目的时间；若无明确的时间限制，则可以工作项目为依据，安排每一项工作的时间。

9.成果形式

成果形式是指把所有研究结果统一起来的结构方式或表现方式。教育研究的成果形式主要有研究论文、研究报告、专著和教材、教具和教学仪器、教学软件等。

10.课题组成员及其分工

一项研究工作是否存在分工问题，取决于课题的大小。如果一项课题较小，研究工作可以由一个人独立完成，那么就不存在分工问题，在研究计划中只需要填写研究者个人的学历、职务、专业等情况即可；如果一项课题较大，需要由一个课题组承担，则研究工作就存在分工问题，在研究计划中，需要列出课题组每个成员的基本情况和具体分工情况。

---

① 耿涓涓：《对高等教育研究方法学术观点的文献分析》，《高教探索》2005 年第 5 期。

② 王卫华：《教师在教育研究中的地位变迁及展望》，《教师教育研究》2010 年第 7 页。

11.经费预算

巧妇难为无米之炊。一项研究工作的正常开展,离不开一定的人力、物力与财力。所有这些都会涉及经费问题。为了尽可能节省研究成本,研究者需要实事求是地估算研究过程的每一项开支。一项研究经常涉及的经费项目主要有:图书资料费、小型会议费、交通差旅费、上机费、印刷费、劳务费、设备材料费、邮电费、管理费、专家咨询费、成果鉴定费等。

12.参考文献

为了显示研究计划的学术性,正规的研究计划往往要求列出主要的参考文献或参考书目。

值得一提的是,并非所有课题的研究计划都会涵盖以上全部内容。在实际撰写研究计划的过程中,可以根据课题的性质、研究的目的等做适当的增删。

(四)搜集资料

任何性质的科学研究都必须搜集资料,教育研究自然不能例外。不过,搜集资料并没有一定之规。搜集资料的方法主要有两种:其一是通过文献检索的方法搜集资料,这类资料通常被称为文献资料;其二是通过观察、问卷、访谈、测量等方法搜集资料,这类资料通常被称为调查数据。此外,还可以通过互联网查找与研究有关的网络资料。前已述及通过文献检索搜集资料的方法,在此着重介绍中小学教师常用的观察法、问卷法与访谈法。

1.观察法①

(1)观察法的含义。观察法是研究者凭借自身的感觉器官和其他辅助工具,在教育活动的自然状态下,对研究对象进行的有目的、有计划的考察与研究的方法。其中运用自己的感官获取资料,称为直接观察;借助于摄像机等仪器进行的观察,称为间接观察。教师在进行观察研究时,通常使用直接观察,只有在需要做详细分析的情况下,才借助一些仪器进行间接观察。

(2)观察法的类型。根据观察记录方式的不同,观察法可分为三类:描述性观察法、取样观察法、评价观察法。其中,描述性观察法是指通过详细记载时间或行为发生、发展的过程而获得资料的方法;取样观察法是缩小范围的聚焦观察,它首先对观察的行为或事件等进行分类,通过分类将其转化为可以数量化的材料,然后用具体的、可感知的方式对每种类别进行界定,最后根据类别设计出记录表,从而便于记录;评价观察法也称为等级量表法,指观察者根据预定标准,不仅要观察行为,同时要对观察的行为做出等级评价。

(3)观察法的实施。①明确观察的目的。观察目的是根据科研任务和观察对象的特点而确定的。为了明确观察目的,正式观察前应做试探性观察。其目的不在于系统收集科研材料,而要掌握一些基本情况,了解观察对象的特点,以便确定通过观察需要获得什么材料、弄清楚什么问题,然后确定观察范围,选定观察重点,具体计划观察的步骤。②制订观察计划。观察计划一般应包括如下内容:观察的目的、观察的对象、观察的内容、观察的过程、观察的记录表格与速记符号、观察的手段和工具、观察中的注意事项等。③实施观察。观察者进入现场,按

---

① 在教育研究中,观察法一般分为两种:一种称为实验观察法,另一种称为自然观察法(通常称为参与观察法)。实验观察法是在对观察的情境做实验控制的条件下观察其结果;参与观察法是研究对象在自然状态下,研究者参与某一情境中进行的观察。由于中小学教师常用的观察法为参与观察法,因此,本文专门阐述参与观察法,文中所指观察法即为参与观察法。

照观察计划，有步骤地进行系统观察。④记录并收集资料。观察记录是观察活动中的一项重要内容，对观察研究具有重要的意义。做观察记录，应符合准确性、完整性和有序性的要求。⑤整理、分析观察资料。删去一切错误材料，补充遗漏材料，及时纠正和修补资料。在对观察资料分析的基础上，得出研究结论。

2.问卷法

(1)问卷法的含义。问卷法是运用统一设计的问卷向被调查者了解情况的调查方法。

(2)问卷的类型。问卷主要有两种类型，即自填式问卷和访问式问卷。自填式问卷是通过邮寄或分发的方法由被调查者自己填写，访问式问卷是在现场询问并代填。两类问卷的共同点是统一格式、标准答案、汇总统计与处理等。

(3)问卷的结构。一般来说，一份完整的问卷包括四个部分。第一，封面信。这是一封致被调查者的短信。它主要说明调查者的身份、调查的内容、调查的目的、调查的意义以及希望被调查者合作等内容。第二，指导语。这是对如何填写问卷、如何回答问题的说明。第三，问题及答案。这是问卷的主体。第四，编码。这是将各种回答转换成数字，以便于进行计算机处理。

(4)问卷设计的步骤。第一步：把调查内容转换为具体的问题；第二步，初步设计问卷、答案；第三步，将初步设计的问卷至少经过一次试用修改后形成正式问卷。

(5)问题的种类。问卷中要询问的问题，大体上可分为四类。一类是背景性问题，主要是被调查者个人的基本情况，如性别、年龄、民族、文化程度、婚姻情况、行业、职业、职务或职称、收入、宗教信仰、党派团体等，有时还包括被调查者家庭的某些基本情况，如家庭人口、家庭类型、家庭收入等。二类是客观性问题，是指已经发生和正在发生的各种事实和行为。三类是主观性问题，是指人们的思想、感情、态度、愿望等一切主观世界状况方面的问题。四类是检验性问题，即为检验回答是否真实、准确而设计的问题。其中，背景性问题是任何问卷都不可缺少的。因为，背景情况是对调查者分类和对不同类型被调查者进行对比研究的重要依据。其他三类问题则依调查的目的、内容而定。

(6)设计问题的原则。设计问题一般应该遵循四条原则：第一，客观性原则，即设计的问题必须符合客观实际情况；第二，必要性原则，即必须围绕调查课题和研究假设设计最必要的问题；第三，合理性原则，即必须符合被调查者回答问题的能力；第四，有效性原则，即必须考虑被调查者是否真实回答问题。

3.访谈法

(1)访谈法的含义。访谈法是指通过与研究对象交谈的方式搜集相关资料的方法，亦称谈话法或访问法。教育研究中的访谈是一种研究性交谈[①]，也就是两个人或两个以上的人之间的有目的的谈话。访谈一般以面对面的个别访谈为主，也可采用小型座谈会、调查会的形式进行团体访谈，还有通过电话进行的电话访谈[②]。从本质上说，访谈和问卷都是为了获取研究所

---

① 白芸著：《质的研究指导》，教育科学出版社 2002 年版，第 42 页。

② 陶保平编著：《学前教育科研方法》，华东师范大学出版社 1999 年版，第 147 页。

需的第一手资料,不同的是访谈是以口头语言的问答来搜集信息,被访者是先听后说,问卷则是以书面语言的问答来搜集信息,被访者是先读后写;访谈通常是面对面的直接言语接触,问卷则是纸与笔的间接言语接触①。

(2)访谈法的类型。依据不同的分类标准,访谈法可以分为多种类型。①以访谈员对访谈的控制程度可分为结构性访谈、非结构性访谈与半结构性访谈。结构性访谈是由访谈员按事先设计好的访谈调查提纲依次向被访者提问并要求被访者按规定标准进行回答。非结构性访谈事先不制定完整的调查问卷和详细的访谈提纲,也不规定标准的访谈程序,而是由访谈员按一个粗线条的访谈提纲或某一个主题,与被访者交谈。半结构性访谈是指访谈员既对访谈结构有一定的控制又给被访者留有较大的表达自己观点和意见的空间。②以调查对象的数量多少可分为个别访谈与集体访谈。个别访谈是指访谈员对每一个被访者逐一进行的单独访谈;集体访谈也称为团体访谈或座谈,它是指由一名或数名访谈员亲自召集一些调查对象就访谈员需要调查的内容征求意见的调查方式。③以访谈员与被访者是否接触可分为面对面访谈、电话访谈、网上访谈。面对面访谈是指访谈双方进行面对面的直接沟通来获取信息资料的访谈方式。电话访谈是访谈员借助某种工具(电话)向被访者收集有关资料。网上访谈是访谈员与被访者,用文字而非语言进行交流的调查方式。④以访谈次数可分为横向访谈和纵向访谈。横向访谈又称一次性访谈,它是指在同一时段对某一研究问题进行的一次性收集资料的访谈。纵向访谈又称多次性访谈或重复性访谈,它是指多次收集固定研究对象有关资料的跟踪访谈,也就是对同一样本进行两次以上的访谈以收集资料的方式。

(3)访谈法的实施。根据访谈的进程,访谈过程一般分为三个阶段。第一阶段,即准备阶段。此阶段包括制订访谈计划,把握调查内容,选择适当的访谈形式(类型),设计好访谈调查表或访谈提纲,以及记录表格,选择访谈对象,初步了解被访者的情况,选好访谈时间、地点、场合等。第二阶段,即访谈阶段。此阶段应该做到尽快接近被访者,建立融洽的访谈气氛,按计划进行访谈并认真做好访谈记录。第三阶段,即结束阶段。此阶段应该关注访谈的时长与被访者的行为,合理把握好结束访谈的时机。

(五)分析总结

所谓分析总结,即在整理多种途径所搜资料的基础上,认真分析,然后提炼出相应的结论。在教育研究过程中,教师通常会搜集到大量的第一手资料(包括数据),这些资料一般处于无序状态,从中无法直接获得有价值的信息。因此,必须运用科学方法,对这些资料进行加工整理、分析处理,以揭示出其蕴含的本质特点和现象间的规律性联系。分析总结资料的步骤如下。②

1.筛选原始资料

筛选原始资料是指对获得的原始资料进行检查。检查原始资料是否完整,核实其真伪,将不符合条件的资料删除,对有缺漏的资料及时补充,以保证资料的正确和有效。

---

① 郑金洲等著:《学校教育科研方法》,教育科学出版社 2003 年版,第 167 页。

② 参见宋艳:《中小学教师怎样进行课题研究(九)——教育科研资料的处理与分析》,《教育理论与实践》2008 年第 9 期。

2.整理原始资料

根据研究目的对原始资料进行整理，由于不同课题采用不同的方法搜集资料，因而不同课题所获得的原始资料的类型有异。值得一提的是，整理不同类型原始资料的具体方法与技术不同，限于篇幅，在此恕不赘述。

3.验证资料的信度和效度

为了确保教育研究的科学性，整理原始资料之后，还需对整理之后的资料进行信度和效度的检验。信度是指资料的可靠性，它是资料反映研究对象真实程度的指标；效度是指资料的有效性，即研究资料对研究者所要研究的问题准确体现的程度。

4.分析研究资料

分析研究资料可以使资料条理和简化，描述数据的全貌以表明研究对象的性质；也可以是对部分个体进行观察所得到的信息，通过概率分析，在一定可靠性程度上推断相应的总体，描述研究对象的总体情况；还可以揭示资料本身蕴含的意义内容，构建理论框架等。

5.得出结论或验证假设

对资料的总结是由局部到整体的过程，研究者应从研究的理论框架和目的出发，设法揭示资料本身所蕴含的意义，做出合理的解释。在对结果的解释中，首先要考虑所研究的问题，分析主次，对名词做出必要的解释；其次，应该对研究方法的科学性做出分析，包括所选取研究对象的代表性、研究设计的效度、研究者的训练、测量工具的信度和效度等。在此基础上，运用推论法、演绎法、归纳法等对结果的含义恰如其分地做出解释和分析。

（六）成果表达

中小学教师的教育研究成果主要是对教育经验的积累、筛选和提炼，其表达方式既有文本形态的，如学术论文、研究报告、教育案例、教材、专著等；又有非文本形态的，如课件、教学录像、教学模型等。下面介绍几种常见成果表达方式的格式与写法。①

1.学术论文

学术论文是指站在一定的教育理论高度去观察和分析中小学教育教学领域内带有普遍学术价值的问题，在对这些问题进行探索和思考后，采用思辨的方式将材料经过逻辑加工后所形成的反映自己新观点、新见解、新认识的文章。学术论文以理论分析为主，也可称为理论性研究报告。一般包括四个部分：我想研究或解决什么问题，我为什么要研究这个问题，我是怎样研究和解决这个问题的，这个问题解决得怎么样了。在撰写学术论文时还有一些基本要求。一般学术论文由题目、摘要、前言、正文、结论、注释和参考文献等几部分组成。题目是论文内容的概括，要向读者说明研究的主要问题，即研究的问题和范围要明确。标题的文字要简练，做到精当、实在、有新意。如《学校管理面面观》这一题目就很精练，研究的问题明确，让人一看便知道要研究的内容。摘要是研究的主要内容与结构的简介，作用在于使读者通过概括简洁的文字，了解全文的主要内容和结论，摘要一般在200字左右。前言也称序言、导言，写在

---

① 参见解腊梅、梁建梅：《中小学教师怎样进行课题研究（十）——教育科研成果的表达》，《教育理论与实践》2008年第10期。

正文之前，用于说明写作的目的、研究的意义、问题的提出等。前言部分要简明扼要、开门见山、直截了当地阐明研究的目的和意义。正文要对研究内容进行全面的阐述和论证。一般的学术论文有两种论证的方法：一是实践证明，即用作为实践结果的客观事实来检验；一是逻辑证明，即用一个或几个真实判断来论证、确定另一个判断的真实性。在写作时，要以观点为轴心贯穿全文，用材料说明观点，观点与材料统一，用观点去表现主题，使观点与主题相一致。结论即经过研究后形成的总体论点。结论应指出所得到的研究结果是否支持假设，或指出解决了哪些问题，还有什么问题尚待进一步探讨。有的论文可以不写结论，但应做简单总结或提出若干建议。有的论文还要进行讨论，即从理论上对研究结果的意义进行分析和评论，对研究结果做进一步的分析。同时，指出研究结果的局限性和存在问题。参考文献包括参考的文章、书目等，附在论文的末尾。

2.研究报告

为了检验某个教育理论或某种假设，进行相关的实践探索，如实地描述记录研究过程和获得研究结果后所写成的书面报告则称为研究报告。在观察研究、调查研究、实验研究、个案研究或经验总结的基础上撰写的报告都属于此类。这些报告的共同特点是，都是用实证性方法进行研究。研究者在着手研究时总有一定的设想或假设，希望通过实际操作来进行验证。它的特点是假设加上验证，结构比较规范、严谨。研究报告的格式随着研究对象和方法的不同而有所差异，但无论是何种研究报告都应遵循一定的规范。一般来说，研究报告主要由以下七个部分组成：题目、引言、研究的方法、研究结果分析、讨论、参考文献、附录。题目应力求简练、明确、完整。一般可以直截了当点明主题，或说明研究的问题是什么。有时由于对研究对象和研究内容有较多的限制，题目比较冗长时，可以采用正副标题的形式。引言包括研究的背景、前人在这方面的研究进展情况、存在什么问题、对问题的陈述、研究的目的和理由以及研究的学术及实践价值和现实意义。研究方法的交代要具体，要把研究对象的条件、数量、取样方式、研究时间、条件控制等问题表述清楚。研究结果的分析包括研究发现、分析的结果、图表以及自己的理论概括和思考。在分析结果时，要选用最有代表性的数据，要充分运用数据来显示研究的结果，要注意定性分析和定量分析相结合、相统一。讨论时既要对研究的结果做出讨论，又要对整个研究过程的利弊得失进行讨论，对所用的研究方法及发现的问题也可以提出来讨论。参考文献一般在报告的末尾列出来。要写清楚篇目、作者、出版单位、出版日期、注明页数，以便他人查阅。附录一般直接引用原始资料，放在研究报告后面。附录的作用在于使读者更好地理解研究报告的内容，有时它对研究报告的内容也起到补充说明或提供参考资料的作用。

3.教育案例

中小学教师在研究成果的表述上，除了撰写严格规范的学术论文外，由于其研究对象、研究过程以及研究方法等具有的特点，还可以采用自己熟悉的“话语系统”和言说方式，即以叙事的方式写作鲜活的“教育故事”，真实地阐述事实的经过，描述自己的经历、自己的所作所为、所言、所想，从而体现鲜明的实践特色与风格。因此，近年来，在中小学教师中被广泛运用的成果表达方式还有教育案例、教育叙事、教育反思、教育随笔、教育日志等，它们之间虽然言说的方式大体相同，但也有一些区别。比如，教育反思是在记录教育事实的基础上，对自己的教育教学行为进行批判性的思考，常常以感想、体会等形式来表现；教育日志则是对教师日常教育教学实践中所发生的事件的一种描述和记录，是教师所见所闻、所感所思的自由写作；教育叙事常常是以讲故事的方式来表达自己对教育的理解和解释。这里仅对教育案例做分析和说明。教育案例所要叙述的问题主要有：所研究的问题是怎样提出来的；这个问题提出来后“我”是如何想方设法解决问题的；我在解决问题的过程中又遇到什么困难，我是如何克服这些困难的；问题是否解决了，如果问题没有被解决或者没有被很好地解决，“我”后来又采取了什么新的措施；我对整个事件的认识与思考。从结构来看，教育案例主要包括四大要素。一是标题。教师在撰写教育案例时首先要考虑案例的标题，借助标题来反映事件的主题和相关信息。二是条件和背景。就是向读者提供问题产生的场景，说明故事发生的环境和条件，即故事发生相关的时间、地点、人物、事情的起因等。三是主题与描述。每个案例都要有鲜明的主题，富有时代性，体现改革精神。案例应是一件文学作品或片段，它应该以一种有趣的、引人入胜的方式来讲述。四是反思与讨论。对自己解决问题的过程进行分析，梳理自己的相关经验与教训。如问题解决中有哪些利弊得失、问题解决中还存在哪些问题、问题解决中有哪些体会和启示等。

二、教育研究的范式

审视国内外已有相关研究成果，不难发现，尽管教育研究的范式很多，但比较适合中小学教师运作的教育研究范式是教育行动研究①，为此，下面将专门介绍教育行动研究。

(一)教育行动研究的内涵和特征

1.教育行动研究的内涵

(1)行动研究的内涵。行动研究(action research)是指社会情境中的参与者，为提高对所从事的社会育实践的理性认识，为加深对实践活动及其背景的理解所进行的反思研究。行动研究并非是一种孤立的研究方法，而是一种综合多种研究方法的研究范式。行动研究起源于20世纪40年代美国的社会问题研究，50年代开始应用于教育研究领域，80年代初被介绍到我国，现已逐步成为我国广大中小学教师从事教育研究的主要方式之一。

(2)教育行动研究的内涵。教育行动研究，就是有目的、有计划地对教育实践活动中的具体问题进行系统探究以提高教育实践活动有效性的一种研究范式，即教师和教育管理人员密切结合教育教学工作，综合运用多种研究方法，以直接推动教育工作的改进为目的的教育研究活动。

2.教育行动研究的特征

作为教育研究的重要方法，教育行动研究除了具备所有研究方法应有的共同特征外，还具有自身独有的特征。

(1)为行动而研究。教育行动研究的目的是解决行动研究者(教师与教育管理者)在教育

---

① 陈桂生：《什么是比较适合中小学教师运作的教育研究范式——“教育行动研究”要义》，《当代教育论坛》2002年第9期。

实践活动中遇到的具体问题，所以行动研究者关注的并不是专业研究人员感兴趣的“理论问题”，而是他们在日常的教育教学实践活动中遇到的具体的“实践问题”。对这些“实践问题”的研究，首要的目的不是为了验证理论或发现新知识，而是直接为了“实践问题”的解决。所以说，行动研究是为行动而研究，或者说，是为了改善或解决实践问题而研究。

(2)在行动中研究。教育行动研究不同于教育理论工作者经常从事的书斋式研究或实验室研究，它的研究环境是真实的教育教学现场，更确切地说，它是与实际工作(行动)过程有机结合的“现场”研究。它将科学研究和日常行动合二为一，倡导在研究中行动和在行动中研究，使教学工作伴随研究，使研究工作提升教学，研究和行动相互验证、相辅相成。

(3)由行动者研究。教育行动研究中的行动者是名副其实的教育研究主体。行动者了解自己所处环境的背景和现状，拥有研究和解决教育教学问题的第一手资料，因而，他们不仅在如何解决教育教学实践问题上拥有重要的参与权和发言权，而且在解决教育教学实践问题中起着不可替代的作用。

(4)在行动中反思。教育行动研究的过程实际上是教师与教育管理者不断反思其行动的过程，要求行动者在研究过程中不断地积极反思。只有积极反思才能深入理解具体的教育教学实践，只有深入反思才能不断提升其教育理论素养，只有持续反思才能提升其教育教学质量。

(二)教育行动研究的选题①

任何研究都是从选题开始的，教育行动研究也不例外。与其他类型的研究相比，教育行动研究的选题独具特色，这个特色就是：行动研究既不要求选题对现实问题的普遍代表性，更不追求理论研究选题应具有的高度抽象概括性，它的主旨是随时随地研究和解决具体的问题，凡是工作中的问题，都可能是研究的选题。所以，教育行动研究的选题都来源于具体教育教学问题，有具体的时间、地点、当事人、特定的情境、特定的背景、特定的事物及其发生发展的历程等，教育行动研究就是针对这些具体情境中的具体问题而展开的。比如，“解决××问题的尝试”“关于××问题的个案研究”“××问题的对策与研究”“从××入手，解决××问题的研究”。由于教师的时间、精力、工作任务和场所等的限制，这些问题往往都是发生在教室或校园里的身边事或“小”问题，但只要这个问题抓得准，就是值得研究的真问题。从这个意义上说，教育行动研究的课题，应该以教育行动者在工作过程中遇到的真实问题为研究的起点：问题即课题。另外，行动研究的选题范围很广泛，主要包括学科教学方法、课程与教学内容的开发、班级管理、学生心理健康、师生冲突、亲(家长)师关系、校务管理等方面的问题。在某种程度上说，只要教师愿意做教育实践的有心人，处处都可以发现行动研究的课题。

(三)教育行动研究的实施步骤②

教育行动研究的步骤除去选题和撰写研究报告外，还包括计划、行动、观察、反思这四个

---

① 参见荆雁凌：《中小学教师怎样进行课题研究(八)——教育科研方法之教育行动研究法》，《教育理论与实践》2008年第8期。

② 参见荆雁凌：《中小学教师怎样进行课题研究(八)——教育科研方法之教育行动研究法》，《教育理论与实践》2008年第8期。

环节。

1.计划

教育行动研究计划主要包括:行动研究的总体设想和目标或目的是什么?预期的成果及其表现形式有哪些?实现研究目标或目的的方式方法、策略、手段有哪些?需要创造哪些新的条件开展行动研究?有哪些理论可以为本项研究提供依据?国内外同行在同类问题的解决过程中有哪些好的方法可以借鉴?采取何种形式开展研究?是个体研究,还是和同事组成研究小组,或者约请专家与自己开展合作研究?行动的进度及时间的安排如何?采用哪些途径和方法收集反映研究过程和效果的资料和数据?如何对行动研究的过程和效果进行检测和评估?怎样对研究活动进行监控和检查?

2.行动

行动是对行动计划的落实和检验。这时的行动已经不是日常工作中例行公事式的习惯动作和机械操作,而是在计划中选择和确定的,是有计划、有目标、有系统(持续进行的系列行动)、有监控(自我监控和他人监控,以防止研究的随意性)的行动。简单地说,这时的行动已经是研究进程的一部分,是有研究的行动和在行动中研究。同时,它又是教师教育教学行动的一部分,是改进中的教育教学行动。在行动过程中,教师既是行动者又是研究者。作为行动者,教师要将自己拟订的行动计划付诸实施;作为研究者,教师要时刻监控行动的进展,观察新的行动产生的效果和影响,同时还要不断收集反映研究过程和效果的数据资料,反思、发现研究过程中的新问题。但是,由于教育行动研究中的行动是在实际工作环境中进行的,许多因素不可能事先确定和预测,更不可能全部控制,在行动的过程中,教师也可能形成新的认识、新的想法,在这种情况下,就可能根据实际情况的变化和各方面参与者的监督观察和评价建议对问题和计划进行修订,相应地,行动也要随之调整。因此,行动研究中的行动是灵活的、能动的。

3.观察

(1)监控行动的全过程。对教师及其行动的背景、过程、效果、特征等进行全面观察,并及时提供反馈信息,以对研究过程进行监督控制。为了提高行动研究的质量,在观察过程中应灵活运用各种已知的观察技术保证观察的科学性、客观性。除自我观察外,还可以约请局外人与当事人从不同的方面进行多视角的观察。

(2)搜集研究资料和数据。行动研究过程中应搜集的资料主要是能反映研究过程和效果的材料、数据。常见的有:教师的研究日志、教学日志;学生的作业、作品、测验或考试成绩;教师对学生的评价记录;研究过程中与同事、领导、专家交流、开会的记录;相关的问卷、访谈材料;录音、录像、磁带等。

4.反思

值得一提的是,最后阐述反思,并不意味着反思只是在行动研究的后期进行。实际上,反思伴随着行动研究的全过程。在行动研究后期的反思工作主要包括以下内容。

(1)归纳、整理和描述工作。这部分工作主要是教师对已经观察和感受到的与制订计划和实施计划有关的活动与各种现象进行归纳、分类整理,对行动研究的过程进行系统描述,将获得的数据及时进行分析，必要时可用统计方法对数据进行整理和解释。在此基础上，教师对照行动方案，主动检查教育教学改进的成效与存在的不足，总结行动研究的得失，并根据问题的情境、行动的步骤等撰写研究报告。

(2)评估与解释工作。主要是对行动研究的过程和结果进行判断和评价，对有关现象与原因进行分析解释。如有必要，可提出下一步行动研究的基本设想或建议。由于教育实践问题的复杂性，教育行动研究对问题的解决常常不是直线推进和一次完成的，而是一个从计划、行动、观察、反思到新一轮计划、行动、观察、反思直至问题解决的螺旋式发展的过程。

(四)教育行动研究报告的撰写

撰写教育行动研究报告是以文字形式总结和公开自己的研究过程和研究成果。教育行动研究报告的撰写没有固定的格式，不过，有一个可供参考的格式。

1.题目

任何研究报告都有一定的题目，教育行动研究报告亦是如此。从题目上一般可以初步明白研究报告的对象、领域与方向等问题。题目应该能够概括全篇，引人入目。如果主标题表达不到位或者范围过大的，可以用副标题加以限定。副标题是对正标题的补充，可以在前面加一个破折号；正题、副题，开头排列不要完全对齐。

2.摘要与关键词

摘要是对整个研究报告内容的简要概述，一般来说，摘要写 200～300 字为宜，不要太短也不要太长；关键词是最能代表和反映研究报告主要内容的概念术语与核心词汇，一篇研究报告的关键词一般应控制在 5～6 个左右。

3.前言

前言部分通常是以简明扼要的文字交代该研究报告要解决什么问题、研究这一问题的价值何在、已有研究的概括、研究的主要过程和研究的主要内容等。具体来说：

(1)研究问题和研究目的。该部分主要包括问题产生的背景、性质以及研究的目的与意义等。

(2)研究概况和概念界定。该部分内容旨在说明研究课题所涉及的领域的已有相关研究的概况、本研究过程的概括与主要研究内容，以及界定研究中所涉及的重要概念与专业术语。

4.正文

本部分主要包括两大主题：其一，具体阐述研究者是如何展开研究的，所拟订的研究方案的实际实施情况，在研究过程中是如何搜集与分析资料(反馈信息)的，等等。总的来说，应该真实描述整个行动研究过程，不过，描述不等于是记流水账，一定要呈现研究的要点。值得指出的是，为尊重和保护研究参与者的权益，研究中所涉及的人名、地名、单位名均应使用化名。其二，对整个行动研究过程进行评估与反思。主要对整个行动研究的过程和结果、有关现象与原因进行分析解释，说明行动研究活动过程及结果的意义，指出计划与结果的一致或不一致的原因等，提出某些对策与建议等。

5.致谢

一般而言，教育行动研究是在某些单位和个人的合作下才得以完成的，因此，出于学术论理，报告人应对那些在研究过程中给予自己支持和帮助的个人和单位表示诚挚的谢意。

6.参考文献

按一定的标准列出自己在研究过程中参考过的书目和文章的索引，一般只需要写和你的文章最相关、最重要、最新的文献。

7.附录

为了显示研究过程中的严谨性，同时也为了读者进一步了解和借鉴该项研究的一些原始资料，可以将研究过程中所涉及的调查问卷、访谈提纲及研究中所获取的某些数据等置于文尾。

第三节 教师开展教育研究的条件

研究活动是一种探索未知领域的活动，从事研究的主体理当具备一定的素质条件才能担当研究重任。同时，任何研究活动都是在一定客观环境中进行的，必须具备研究活动赖以存在的外在条件，否则，研究活动绝对不能顺利进行。教师开展教育研究活动当然不能例外，即是说，教师要想顺利开展教育研究，既要具有一定的主观条件，又要具有一定的客观条件。

一、教师开展教育研究的主观条件①

教师开展教育研究的主观条件，是指教师从事教育研究所应具备的科研素质。这些科研素质主要包括科研体质、科研知识、科研能力与科研品性等四个方面。

（一）科研体质

健康的科研体质是教师从事教育研究的前提。体质，即身体素质，一个人的身体素质是在先天遗传的基础上和后天发育的过程中共同形成的人体所表现出来的形态和机能方面相对稳定的特征，反映了“人体的健康水平和对外界的适应能力”②。科研体质，即从事科学研究所必备的身体素质。不言而喻，科学研究是一项充满艰辛与挑战的“坎坷”之路，理当要求研究者具备健康的身体素质，否则，根本难以胜任，例如，许多英年早逝的研究者就是因为缺乏健康的身体素质而被迫永远离开了“研坛”。换言之，从事科学研究必须以健康的身体素质为前提，没有健康的身体素质是无法持之以恒地开展科学研究的。由此可见，教师的科研体质是教师从事教育研究活动所必备的身体素质，缺乏健康的身体素质，教师在教育研究面前只能是“心有余而力不足”。

（二）科研知识

扎实的科研知识是教师从事教育研究活动的基础。科研知识是指从事科学研究活动所

① 参见徐红：《浅谈教师开展教育研究的主客观条件》，《小学教学研究》2011年第12期。

② 中国社会科学院语言研究所词典编辑室编：《现代汉语词典》（2002年增补本），商务印书馆2002年版，第241页。

必须具备的理论与方法。对于教师来说，开展教育研究所必备的科研知识包括教育基本理论、与教育研究有关的其他学科理论（简称相关学科理论）和教育研究方法。

1.教育基本理论

教育基本理论是指导一切教育实践的依据，当然亦是指导教育研究活动的依据。教育研究活动正是在教育基本理论的指导下开展的一种发现与解决教育问题的探索活动。从哲学的角度看，缺乏理论指导的实践是盲目的实践，一定领域的理论深度决定着相应领域的实践水平。同样，教师对于教育基本理论掌握的程度决定了教师教育研究的成败。从某种意义上讲，当前一些教师开展教育研究活动有效性不高的根本原因是他们缺乏教育基本理论。教育基本理论主要来源于教育哲学、教育原理、教育心理学、学习心理学、教育社会学、教育文化学、教育伦理学、教育评价学、学科教学论、课程原理、教学原理等教育学科。为此，加强教育学科的理论学习，积淀教育基本理论，对于教师从事教育研究来说至关重要。

2.相关学科理论

教育研究是以教育问题为研究对象的探究活动。随着教育在社会中的地位日益凸显，教育问题越来越非单纯教育学领域中的问题，而愈来愈与社会学、心理学、文化学、经济学等领域息息相关。毋庸置疑，指导教育研究活动的理论，除了教育基本理论外，还有社会学、心理学、经济学等相关学科的理论。因此，教师除了应该具备教育学科的基本理论外，还应该具备心理学原理、发展心理学、社会心理学、社会学与经济学等学科的某些基本理论。

3.教育研究方法

如果说教育基本理论与相关学科理论是教师从事教育研究的原理性知识，那么教育研究方法则是教师从事教育研究的工具性知识，因而，掌握教育研究方法对于教育研究的意义明显突出。教育研究是以教育问题这一特殊研究对象为中心展开的探究活动，必然有着自身独特的研究方法。教师开展教育研究，理当掌握教育研究所独特的研究方法。综观国内外有关教育研究方法的著作或论文可见，比较适合教师开展教育研究的方法，不仅包括文献法、观察法、访谈法、问卷法、测量法、实验法等具体的研究方法，而且还包括涵盖两种或两种以上具体研究方法的研究范式，如行动研究范式、质的研究范式等。

（三）科研能力

良好的科研能力是教师从事教育研究活动的关键。科研能力是指顺利完成科学研究活动并影响科学研究活动效率的主观条件。教师从事教育研究必备的科研能力主要包括：发现问题的能力、文献检索的能力、研究设计的能力、搜集资料的能力、整理资料的能力、分析资料的能力以及文字表达的能力等七个方面。

1.发现问题的能力

任何研究活动都是源于问题，因而发现问题是研究活动的起点，同理，教育研究也是从发现教育问题开始的。发现问题往往比解决问题更重要，因为一个问题如果没有被发现，尽管它的确存在，但仍然不可能被人们关注到，因而根本没有被解决的可能性。同时，发现的问题是否有价值或重大价值，决定着整个研究的价值与意义。显然，选择恰当的问题作为研究对象无疑是整个研究活动成功的关键一步。为此，教师应该具有审视问题的能力，善于从众多的教育问题中选择有重大价值的教育问题实属重要。

2.文献检索的能力

文献检索能力是指从国内外已有相关文献中搜集、鉴别、整理所需资料，从而形成对某一问题科学认识的能力。文献检索不仅能够提供已有相关研究的进展，避免研究过程中不必要的浪费，而且能够让当下的研究有一个合适的研究起点。值得一提的是，为了不断扩大或加深对研究问题的认识，研究者在研究过程中需要不断地查阅相关文献，因而文献检索其实贯穿于整个教育研究活动。由此可见，教师能否有效地查阅文献资料，即是否具备良好的文献检索能力，影响着研究进程、研究结果的快慢、好坏。文献检索的能力主要包括迅速准确地查找所需资料的能力、有选择性阅读的能力。

3.研究设计的能力

研究设计的能力是指对整个研究活动进行规划的能力，它包括明晰研究类型、明确研究对象、确定研究思路、选择恰当的研究方法、制定具体的研究方案和详细的操作步骤等方面的内容。显然，研究设计在整个研究过程中扮演着“统领”地位。教师只有具备一定的研究设计能力，才能研制出严格、周密、切实可行的研究设计，才能有效地开展教育研究。

4.搜集资料的能力

教育研究是为了解决教育问题的探索活动，而解决问题的依据除了部分来源于已有的相关理论外，很大程度上来源于研究过程中所获取的针对具体研究问题的资料。可见，教育研究离不开搜集资料。大量研究表明，所搜资料的丰富与否直接影响着教育研究质量的高低。显然，教师顺利开展教育研究，必须具备运用文献法、观察法、问卷法、访谈法、实验法等具体方法搜集资料的能力。

5.整理资料的能力

在教育研究过程中，教师搜集的资料很多，一般情况下，这些资料往往处于无序状态，必须进行一定的整理后才可能从中发现某些事物间的必然联系，从而把握一定的规律与本质。另外，教师在搜集资料的过程中，可能因为事先存在某些主观意向或态度倾向而致使所搜资料的客观性不强，或者因为观察与访谈过程中因时间仓促等原因而导致记录不详与不全，从而致使某些重要资料遗漏与缺失，因此，在分析研究资料之前，必先对所搜资料进行全面的整理。由此可见，整理资料的能力是教师顺利开展教育研究的必备条件之一。

6.分析资料的能力

通过整理之后的资料，虽然呈现着一定的有序状态，但它并没有直接表明某些事物间存在必然联系。要想从整理之后的资料中发现某种规律和本质联系，研究者必须对已经整理之后的资料进行认真、细致而深入的分析。想要完成这种分析，研究者必须具备对资料进行分类、甄别、筛选、统计，以及归纳与演绎等逻辑推理的能力。不难推断，分析资料的能力亦是教师顺利开展教育研究所必备的能力。

7.文字表达的能力

教育研究的成果往往是通过文字的形式呈现出来的，因而教育研究的最后阶段即是撰写研究成果的阶段。研究成果撰写的水平直接决定着当下研究的理论意义与实践价值，而研究成果撰写的水平又直接取决于撰写者的文字表达能力。从此看来,教师要想展示自己的研究所得,必须借助文字表达的方式,没有一定的文字表达能力肯定难以如愿。

(四)科研品性

优秀的科研品性是教师从事教育研究活动的保证。科研品性,即从事科学研究所应具备的品质性格。教师开展教育研究活动应备的科研品性主要包括:科研动机、科研精神与科研道德等。

1.科研动机

科研动机是引起、指向与维持科学研究活动的根本动力。不难而知,科研动机是教师开展教育研究活动的根本动力,没有科研动机,教师就不会开展教育研究。心理学的研究表明,动机是建立在需要的基础之上的。因此,要想教师产生教育研究的动机,继而出现教育研究行为,必先让教师对教育研究产生强烈的需要。教师只有深刻认识到教育研究对教育事业、学校发展与自身发展的意义,才会对教育研究产生强烈的需要。

2.科研精神

科学研究活动是一种探索未知领域的创造活动,其中必然存在着多种意料之中和意料之外的困难、挫折甚至风险,研究者只有具备一定的科研精神,才能克服科学研究过程中出现的所有困难,勇敢面对研究过程中遇到的各种挫折与风险。教育研究是一项科学研究活动,理当需要教师具备一定的科研精神。这些科研精神主要表现在:追求真理、不畏艰难、勇于献身、实事求是、独立思考、敢于创新、淡泊名利、甘于奉献、团结合作等方面。

3.科研道德

科研道德是指研究者从事科学研究活动所应备的道德素质。教师的科研道德集中反映在教师从事教育研究活动所遵循的学术道德要求和学术规范方面。教育研究的根本目的是为了进一步提高教育教学的质量,从而更好地促进人才的培养。因而,遵循学术道德,就是要求教师在教育研究过程中始终把人放在第一位,充分尊重人的各项权利;遵循学术规范,就是要求教师在教育研究过程中充分尊重他人的知识成果与知识产权,杜绝弄虚作假与剽窃抄袭行为,踏踏实实地做学问。

二、教师开展教育研究的客观条件[①]

目前,广大教师明显缺乏从事教育研究的意识与自觉性,其主要原因在于,他们对教育研究有着一些错误观念,主要表现有四:一是神秘论,认为教育科研高深莫测;二是无用论,认为从事教育科研对其教育教学工作并没有直接的帮助;三是负担论,认为从事教育科研只会进一步加重他们业已十分沉重的负担;四是无条件论,认为没有从事教育科研的条件。[②] 为了彻底改变广大教师的这些错误观念,并使之积极从事教育研究,社会、政府与学校必须为之提供相应的客观条件。

---

① 参见徐红:《浅谈教师开展教育研究的主客观条件》,《小学教学研究》2011年第12期。

② 褚远辉:《教育科研:需要中小学教师具备哪些素质》,《大理学院学报》2005年第11期。

（一）社会务必落实有利于促进教师开展教育研究的关键宣传

一种观念的改变，要么需要经历一段漫长的岁月，要么需要经历一场巨大的洗礼。为了使广大教师尽快转变先前观念而主动加入教育研究的行列，社会必须以强大的宣传力度给予他们心灵一场巨大的洗礼。关键的宣传手段主要有二：

1.落实“教师乃学者”的宣传倡导

传统教育体制下，从事教育研究一直是教育理论工作者的事情，而从事教育实践才是第一线教师的任务，认为只要最大限度地将已有的学科知识传授给学生的教师就是一名出色的教师。在这种观点的支配下，“教书匠”就成了教师的职业形象，一名成功的“教书匠”就是一名优秀的教师，与之相应，争做一名成功的“教书匠”就成了许多教师的理想追求。然而，毋庸争辩，“教书匠”远远不能胜任新形势下创新人才的培养工作，只有那些具有创新理念与创新经验的学者型教师才能真正担此重任。为此，社会要尽量通过多种渠道与方式积极宣传教师的学者形象，以之彻底改变教师安于“教书匠”形象的落后观念，以之激发广大教师参与教育研究的内部动机，使他们积极主动地走上以研究促进教学的道路上来。

2.落实“教师职业乃专门职业”的宣传引导

长期以来，社会对教师职业是否为专门性的职业——专业总存疑虑，认为只要具备一定的学科知识与教学技能的人就具备了当教师的资格。在这种观点的支配下，传授知识便成了教师的职业角色，社会认为教师的职责就是把人类长期以来积累的知识经验传授给学生，从而实现知识的传承与传播。于是，一些教师产生了一种错误观念：教师也许没有必要实行教育创新与创造，即使有必要，那也是大学教师的事情，中小学教师只要教好书就行了。由于仅仅懂得怎样传承与传播知识的教师离当下社会与教育发展所急需的创新型教师差距太远，根本无法适应新形势下社会与教育发展的需要，因而必须彻底扭转广大教师的这种错误观念。不过，要想广大教师彻底改变这种错误观念，积极走上教育创新与创造之路，仅仅依靠强制性的政策与措施是难以奏效的。然而，如果社会能够积极认同教师的专业地位，承认教师在教育创新与创造方面的社会价值，并进一步将创新与创造作为广大教师专业发展水平的重要评判依据，则教育研究就会成为教师的主动追求。

（二）政府务必落实有利于促进教师开展教育研究的关键制度

在中国特色的教育体制下，要想教师积极从事教育研究，政府可从经费投入和学术监督两项关键制度入手。

1.落实教育研究经费投入制度

教育研究活动的顺利开展，自然离不开充足的经费支持，为此，各级政府及教育主管部门必须落实相应的经费投入制度：其一，落实教师开展各类教育研究（包括课题类或非课题类的教育研究）所必需的经费；其二，落实各类表扬、表彰或奖励教育研究成绩突出的教师所必需的经费；其三，落实正规教育理论刊物办刊所必需的经费。只要这样，才能让教师踏踏实实地从事教育研究。

2.落实各类学术监督管理制度

在市场经济时代，学术腐败的确难以杜绝，而腐败的学术现象与行为无疑极大地消解了广大教师开展教育研究的热情与动力，因此，作为政府，绝不能对此置之不顾，相反，为了激发广大教师参与教育研究的积极性，必须加大学术监督力度，严打学术腐败行为。比如，对于抄袭论文、剽窃论文的现象严查严惩；对于唯利是图、乱收版面费的期刊严打严罚；对于只认课题，只认课题申报费、课题管理费和课题结题费的教育科研管理部门严审严办。

（三）学校务必落实有利于促进教师开展教育研究的关键措施

学校是直接管理教师的单位，因而落实有关促进教师开展教育研究的措施至关重要。其中，落实以下几项措施非常关键。

1.落实促进教师开展教育研究的各项管理制度

（1）落实开展教育研究的相关管理制度。比如，建立教育研究的专门管理组织，明确教育研究专门管理组织的职责，制定教育研究成果管理办法，制订教育研究经费投入使用条例，建立教育研究专项奖励制度等。这些管理制度的落实，无疑为教师开展教育研究提供了坚实的保证。

（2）落实教师在职提升教育研究能力的进修制度。为了提高教师的教育能力，每年选派一定数量的教师到各类教育学院、进修学校或师范院校进行教育研究训练。

（3）落实促进教师开展教育研究的工资与评晋制度。为了切实提高广大教师参与教育研究的积极性，学校必须将教师的教育研究成果与教师的工资、福利、晋升、晋职、评优与评先等挂钩。

（4）落实校长带头开展教育研究的制度。校长是一所学校的代表，是一所学校的引航者，校长的行为理当是全校教师最好的示范。因此，一旦校长带头开展教育研究，则学校的教育研究氛围自然形成，全体教师开展教育研究的主动性与积极性自然提高。

2.落实促进教师开展教育研究的各类平台建设

（1）落实教育研究专家指导平台。教育研究专家因为长期从事教育研究，不仅深谙各种教育研究方法，而且熟悉最新教育研究动态，因而，搭建专家指导平台，不仅可以及时为广大教师开展必要的学术讲座与学术指导，而且可以直接引领教师开展教育研究。

（2）落实教育研究信息服务平台。教师开展教育研究，离不开各种信息的支撑，学校应为教师构筑信息平台，给教师提供各种信息服务。这些信息服务主要有两类：一是书籍、报刊资料；二是网络信息资料。① 此外，学校可以根据实际情况指派某些教师专门负责搜集教育研究所需的各类信息。

（3）落实教育研究成果展示平台。如果广大教师积极开展教育研究，那么相应的教育研究成果将会层出不穷。若没有合适的平台展示教师的相关研究成果，教师开展教育研究的积极性将会大打折扣。为此，学校应为教师提供研究成果展示的平台，比如，定期展示教师的各类研究成果，定期结集出版教师的各类教育研究成果，择优向期刊推荐教师的教育研究成果（论文）等。

---

① 江新华、吕良珊：《提高中小学教师教育研究能力的主客观条件分析》，《中小学教师培训》2005年第9期。

复习思考题：

1.什么叫教育研究？

2.教育研究具有哪些特点？

3.教育研究的分类如何？

4.简述教育研究的一般过程。

5.你认为教育研究的基本范式是怎样的？

6.中小学教师顺利开展教育研究需要具备哪些条件？